Walter Hillebrand
Gerd Schulze
Rudolf Walg

WEINBAU-TASCHENBUCH

Weinbau
Taschenbuch

Walter Hillebrand

Weinbauoberamtsrat i. R.

Gerd Schulze

Landwirtschaftsdirektor

Leiter der Weinbauabteilung der Landes-Lehr- und Versuchsanstalt für Landwirtschaft, Weinbau und Gartenbau,
Bad Kreuznach

Oswald Walg

Oberlandwirtschaftsrat

Die Deutsche Bibliothek – CIP-Einheitsaufnahme

Hillebrand, Walter
Weinbau-Taschenbuch / Walter Hillebrand ; Gerd Schulze ; Oswald Walg.
– 10. Aufl. – Wiesbaden : Fachverl. Fraund, 1995
    ISBN 3-921156-30-0
NE: Schulze, Gerd:; Walg, Oswald:

10. Auflage 1995
Verlag: Fachverlag Dr. Faund GmbH
An der Brunnenstube 33 – 35, 55120 Mainz 25
Anzeigen: Paul Partsch, Mainz
Druck: Rohr-Druck, Kaiserslautern

Titelfoto: Fendt, Marktoberdorf

AKTUAN®
neu in Form

JETZT FLÜSSIG

AKTUAN SC:
Sicher • Wirtschaftlich • Raubmilbenschonend • Flüssig

- AKTUAN SC wirkt vorbeugend <u>und heilend</u> gegen Rebenperonospora und zusätzlich vorbeugend gegen Schwarzfleckenkrankheit und Roten Brenner.

- AKTUAN SC ist selbst bei durchgehender Anwendung raubmilbenschonend ohne „Wenn und Aber".

- AKTUAN SC senkt Kosten – größere Spritzabstände bedeuten weniger Behandlungen.

- AKTUAN SC ist besonders anwendungsfreundlich und einfach zu dosieren.

CYANAMID AGRAR

Vorwort

Das Taschenbuch des Weinbaues ist als Lehrbuch und Nachschlagewerk gedacht. Es bringt eine moderne Darstellung des Weinbaues. Die Anlage eines neuen Weinberges wird vom Aushauen bis zum Ertragsweinberg behandelt. Es schließen sich die Grundsätze der neuzeitlichen Rebenerziehung sowohl für die Normalerziehung als auch für die Weitraumerziehung an. Die Beschreibung der Arbeiten im Ertragsweinberg umfassen alle Stockarbeiten, die Bodenbearbeitung und die Düngung.

Die rasche Entwicklung, die wir auf allen Gebieten erleben, vollzieht sich auch im Weinbau, so daß eine zusammenfassende Darstellung aufgrund des neuesten Standes in kürzeren Zeitabständen nötig ist als früher.

Das Büchlein soll dem Jungwinzer während seiner Lehre und Fachschulausbildung helfen, dem Fachlehrer als Unterrichtsunterlage dienen und dem Betriebsleiter als Nachschlagewerk zur Verfügung stehen.

Insgesamt wurde versucht, die Ergebnisse aus den Bemühungen vieler Fachleute und Winzer um die Entwicklung des modernen Weinbaues in einem Taschenbuch zusammenzufassen.

Bad Kreuznach, im Januar 1973   Walter Hillebrand

Vorwort zur 10. Auflage

Auch nach neun Auflagen ist das Weinbau-Taschenbuch immer noch ein sehr gefragtes Nachschlagewerk für Ausbildung und Praxis. Die Herausgabe dieser zehnten Auflage, nach nur drei Jahren, erfordert keine Änderung des Textes, da keine grundlegenden neuen Erkenntnisse auf dem Gebiet der Weinbautechnik zu verzeichnen sind, angepaßt wurde allerdings die gesetzliche Grundlagen. Dies war durch das neue Deutsche Weingesetz notwendig geworden.

Der Inhalt des Buches basiert auf den langjährigen Erfahrungen der Verfasser im praktischen Weinbau und weinbaulichen Versuchswesen. Dazu kommt die Auswertung der Veröffentlichungen vieler Kollegen aus den verschiedensten Gebieten des Rebanbaues. All diesen Kollegen sei für ihre indirekte Hilfe gedankt.

Eine Fülle von Literaturhinweisen geben dem Leser die Möglichkeit zur Vertiefung des Stoffes.

Die in diesem Buch gegebenen Hinweise und Empfehlungen beruhen auf praktischen Erfahrungen im Weinbau. Bei allen Maschinen, Geräten und Materialien usw. sind in jedem Falle die Anwendungshinweise der Hersteller zu befolgen.

Bad Kreuznach, August 1995   Walter Hillebrand,
                                         Gerd Schulze,
                                         Oswald Walg

INHALTSVERZEICHNIS

„Das richtige Produkt zum richtigen Zeitpunkt."

Unsere Schwerpunkt-Empfehlung:

Vorblüte

Antracol® WG
Bayfidan® spezial WG

Nachblüte

Folicur® E
Euparen® WG

Die Weinbau-
Spezialisten!

Bayer

I. Anlage eines neuen Weinberges

Ein neuer Weinberg muß nach den Gesichtspunkten einer modernen Weinbautechnik geplant werden. Er soll rationell zu bewirtschaften sein, die „Ein-Mann-Arbeit" weitgehend ermöglichen und den qualitativ bestmöglichen Wein bei ausreichender Erntemenge liefern.

1. Gesetzliche Bestimmungen

1.1 Neuanpflanzungsverbot für Reben nach Artikel 6 VO (EWG) Nr.822/87, zuletzt geändert durch VO (EG) Nr.: 1891/94 vom 27.07.1994.

Nach dieser Verordnung ist, bis auf die nachstehend aufgezählten Ausnahmen, jede Neupflanzung von Reben bis zum 31. August 1996 untersagt.

Genehmigungen können ausnahmsweise erteilt werden für

- Flächen, die zum Anbau von als Unterlagsreben dienenden Mutterreben bestimmt sind

- Flächen, die als Ersatz für enteignete oder durch Flurbereinigung verlorene Flächen dienen

- Flächen, auf denen bestimmte Weinbauversuche durchgeführt werden sollen.

1.2. Die in dieser Verordnung dargelegten Begriffsdefinitionen sind Grundlage für alle weiteren gesetzlichen Regelungen.

Es sind dies:

Rodung: Vollständige Beseitigung der Rebstöcke, die sich auf einem mit Reben bepflanzten Grundstück befinden;

Anpflanzung: Endgültiges Einpflanzen der veredelten oder unveredelten pflanzfertigen Reben oder von Teilen von solchen zum Zwecke der Erzeugung von Trauben oder der Anlage eines Mutterrebenbestandes für die Erzeugung von Unterlagen;

Wiederbepflanzung: Die Anpflanzung von Reben aufgrund eines Rechts auf Wiederbepflanzung;

Neuanpflanzung: Die Anpflanzung von Reben, die nicht der obigen Definition der Wiederbepflanzung entspricht;

Recht auf Wiederbepflanzung: Das Recht, unter den festgelegten Bedingungen im Laufe der acht Wirtschaftsjahre nach dem Jahr der ordnungsgemäß gemeldeten Rodung auf einer Fläche, die, auf die Reinkultur bezogen, der gerodeten Fläche gleichwertig ist, Reben anzupflanzen; Für das Gebiet der ehemaligen Deutschen

Demokratischen Republik beginnt diese Frist für die nach dem 01. September 1970 gerodeten Flächen mit dem Zeitpunkt der deutschen Einigung. Dieses Recht wird auf eine Fläche von 400 Hektar beschränkt.

1.3 Es bedarf einer Klassifizierung der Rebsorten, deren Anbau in der Gemeinschaft zugelassen ist. Diese Klassifizierung ist nach Verwaltungseinheiten in empfohlene, zugelassene und vorübergehend zugelassene Sorten eingestuft und in der EWG - Verordnung 3800/81 geregelt.

Demnach sind in Deutschland folgende Rebsorten zur Pflanzung zugelassen:

1. Regierungsbezirk Köln:

Empfohlene Rebsorten: Auxerrois B, Weißer Burgunder B, Ehrenfelser B, Faberrebe B, Blauer Frühburgunder N, Gewürztraminer Rs, Huxelrebe B, Kanzler B, Kerner B, Morio-Muskat B, Müller-Thurgau B, Perle Rs, Ruländer G, Grüner Silvaner B, Blauer Portugieser N, Rieslaner B, Weißer Riesling B, Rotberger N Scheurebe B, Siegerrebe Rs, Blauer Spätburgunder N.

Zugelassene Rebsorten: Bacchus B, Domina N, Dornfelder, Dunkelfelder, Roter Elbling R, Weißer Elbling B, Freisamer B,Roter Gutedel R Weißer Gutedel B, Helfensteiner N, Heroldrebe B, Blauer Limberger N, Malvasier B, Gelber Muskateller B, Muskat-Ottonel B, Optima B, Ortega B, Reichensteiner B, Saint-Laurent N, Veltiner B, Würzer B.

2. Regierungsbezirk Trier:

Empfohlene Rebsorten: Auxerrois B, Bacchus B, Weißer Burgunder B, EhrenfelserB, Roter Elbling R (1), Weißer Elbling B (1), Faberrebe B, Freisamer B, Gewürztraminer Rs, Huxelrebe B, Kanzler B, Kerner B, Morio-Muskat B, Müller-Thurgau B, Rieslaner B, Weißer Riesling B, Ruländer G, Scheurebe B, Siegerrebe R, Blauer Spätburgunder N.

Zugelassene Rebsorten: Chardonnay B, Dornfelder N, Roter Elbling R, Weißer Elbling B, Findling B, Früher Roter Malvasier R, Weißer Gutedel B, Roter Gutedel R, Müllerrebe N, Gelber Muskateller B, Muskat-Ottonel B, Optima B, Ortega B, Perle Rs, Reichensteiner B, Grüner Silvaner B, Veltiner B.

3. Regierungsbezirk Koblenz:

Empfohlene Rebsorten: Auxerrois B, Bacchus B, Weißer Burgunder B, EhrenfelserB, Roter Elbling R (2), Weißer Elbling B (2), Faberrebe B, Freisamer B, Blauer Frühburgunder N, Gewürztraminer As, Roter Gutedel R, Weißer Gutedel B, Helfensteiner N, Heroldrebe, Huxelrebe B, Kanzler B, Kerner B, Blauer Limberger N, Morio-Muskat B, Müller-Thurgau B, Gelber Muskateller B, Muskat-Ottonel B, Optima B, (3) Perle Rs, Bl. Portugieser N, Rieslaner B, Weißer Riesling B, Rotberger

N (4), Ruländer G, Scheurebe B, Siegerrebe Rs, Grüner Silvaner B, Blauer Spätburgunder N, Saint-Laurent N, Veltiner B.

Zugelassene Rebsorten: Albalonga B (5), Chardonnay B, Domina N, Dornfelder, Dunkelfelder, Roter Elbling R, Weißer Elbling B, Färbertraube N, Findling B, Früher Malingre B, Früher Roter Malvasier R, Müllerrebe N, Nobling B, Optima B, Ortega B, Regner B (5), Reichensteiner B (6), Schönburger(62), Septimer B (5), Würzer B (5).

4. Regierungsbezirk Rheinhessen-Pfalz:

Empfohlene Rebsorten: Auxerrois B, Bacchus B, Weißer Burgunder B, Ehrenfelser B Faberrebe B, Freisamer B, Blauer Frühburgunder N, Gewürztraminer Rs, Helfensteiner N, Heroldrebe N, Huxelrebe B, Kerner B, Kanzler B, Blauer Limberger N, Morio-Muskat B, Müller-Thurgau B, Gelber Muskateller B, Muskat-Ottonel B, Optima B, Ortega B, Perle Rs, Blauer Portugieser N, Rieslaner B, Weißer Riesling B, Ruländer G, Scheurebe B, Siegerrebe Rs, Grüner Silvaner B, Blauer Spätburgunder N, Saint-Laurent N, Schönburger (61), Veltiner B (7).

Zugelassene Rebsorten: Albalonga B, Chardonnay B, Färbertraube N, Findling B, Domina N, Dornfelder, Dunkelfelder, Roter Gutedel R, Weißer Gutedel B, Früher Malingre B (8), Früher Roter Malvasier A, Roter Muskateller R, Müllerrebe N, Nobling B Septimer B, Regner B (9), Reichensteiner B, Blauer Trollinger N, Würzer B (9).

5. Saarland:

Empfohlene Rebsorten: Auxerrois B, Bacchus B, Weißer Burgunder B, Ehrenfelser B Roter Elbling R (10), Weißer Elbling B (10), Faberrebe B, Freisamer B, Gewürztraminer Rs, Kanzler B, Kerner B, Müller-Thurgau B, Weißer Riesling B, Ruländer G, Scheurebe B, Siegerrebe Rs.

Zugelassene Rebsorten: Chardonney B, Roter Elbling R, Weißer Elbling B, Roter Gutedel R, Weißer Gutedel B, Huxelrebe B, Früher Malingre B, Morio-Muskat B, Gelber Muskateller B, Muskat-Ottonel B, Optima B, Ortega B, Perle Rs, Grüner Silvaner B, Veltiner B.

6. Regierungsbezirk Darmstadt:

Empfohlene Rebsorten: Ehrenfelser B, Gewürztraminer Rs, Kerner B, Müller-Thurgau B, Weißer Riesling B, Ruländer G, Scheurebe B, Grüner Silvaner B, Blauer Spätburgunder N.

Zugelassene Rebsorten: Auxerrois B, Bacchus B, Weißer Burgunder B, Dornfelder N, Dunkelfelder N, Faberrebe B, Blauer Frühburgunder N, Kanzler B, Optima B, Blauer Portugieser N, Reichensteiner B, Rotberger N, Saint-Laurent N.

7. Regierungsbezirk Karlsruhe:

Empfohlene Rebsorten: Auxerrois B, Weißer Burgunder B, Blauer Frühburgunder N (11), Dornfelder N (13), Gewürztraminer Rs, Roter Gutedel B, Weißer Gutedel B,

Helfensteiner N (11), Heroldrebe N (11), Kerner B, Blauer Limberger N (12), Müllerrebe N (12), Müller-Thurgau B, Gelber Muskateller B Roter Muskateller R, Muskat-Ottonel B, Blauer Portugieser N (12), Weißer Riesling B, Ruländer G, Scheurebe B, Blauer Silvaner N (11), Grüner Silvaner B, Blauer Spätburgunder N, Roter Traminer R, Blauer Trollinger N (12).

Zugelassene Rebsorten: Chardonnay B.

8. Regierungsbezirk Freiburg:

Empfohlene Rebsorten: Auxerrois B, Weißer Burgunder B, Freisamer B, Gewürztraminer Rs, Roter Gutedel R, Weißer Gutedel B, Kerner B, Müller-Thurgau B, Gelber Muskateller B, Roter Muskateller R, Muskat-Ottonel B, Nobling B, Weißer Riesling B, Ruländer G, Scheurebe B, Grüner Silvaner B, Blauer Spätburgunder N, Roter Traminer R.

Zugelassene Rebsorten: Chardonnay B, Deckrot N.

9. Regierungsbezirk Stuttgart:

Empfohlene Rebsorten: Auxerrois B, Bacchus B (14), Weißer Burgunder B, Dornfelder N, Ehrenfelser B (15). Blauer Frühburgunder N, Gewürztraminer Rs, Roter Gutedel R (15), Weißer Gutedel (15), Helfensteiner N (15), Heroldrebe N (15), Kerner B, Blauer Limberger N (15), Müllerrebe N, Müller-Thurgau B, Gelber Mukateller B (15), Roter Muskateller R (15), Muskat-Ottonel B, Muskat-Trollinger N (15), Blauer Portugieser N, Weißer Riesling B, Ruländer G, Scheurebe B, Blauer Silvaner N, Grüner Silvaner B, Blauer Spätburgunder N, Blauer Trollinger N (15), Roter Traminer R.

Zugelassene Rebsorten: Chardonnay B, Perle Rs.

10. Regierungsbezirk Tübingen:

Empfohlene Rebsorten: Auxerrois B (16), Weißer Burgunder B, Chardonnay B, Dornfelder N (18), Blauer Frühburgunder N, Gewürztraminer Rs, Roter Gutedel R, Weißer Gutedel B, Helfensteiner N (17), Heroldrebe N (17), Kerner B, Blauer Limberger N (17), Müllerrebe N, MüllerThurgau B, Blauer Portugieser N (17), Weißer Riesling B (16), Ruländer G, Scheurebe B (16), Grüner Silvaner B, Blauer Spätburgunder N, Roter Traminer R.

Zugelassene Rebsorten: keine.

11.Regierungsbezirk Unterfranken:

Empfohlene Rebsorten: Bacchus B, Gewürztraminer Rs, Kerner B, Müller-Thurgau B, Blauer Portugieser N, Weißer Riesling B, Scheurebe B, Grüner Silvaner B, Blauer Spätburgunder N.

Zugelassene Rebsorten: Albalonga B, Weißer Burgunder B, Domina N, Ehrenfelser B, Faberrebe B, Blauer Frühburgunder N, Huxelrebe B, Kanzler B, Mariensteiner

B,Morio-Muskat B, Müllerrebe N, Gelber Muskateller B, Muskat-Ottonel B, Optima B, Ortega B, Perle B, Rieslaner B, Ruländer B.

12.Regierungsbezirk Mittelfranken:

Derselbe Rebsortenbestand wie im Regierungsbezirk Unterfranken.

13.Regierungsbezirk Oberfranken, Landkreis Bamberg:

Empfohlene Rebsorten: Kerner B, Müller-Thurgau B, Perle Rs, Rieslaner B, Ruländer G, Grüner Silvaner B, Blauer Spätburgunder N.

Zugelassene Rebsorten: keine.

14.Regierungsbezirk Niederbayern, Landkreis Landshut:

Derselbe Rebsortenbestand wie im Regierungsbezirk Oberfranken.

15.Regierungsbezirk Oberpfalz, Landkreis Regensburg:

Derselbe Rebsortenbestand wie im Regierungsbezirk Oberfranken.

16.Regierungsbezirk Schwaben, Landkreis Lindau:

Empfohlene Rebsorten: Bacchus B, Kerner B, Müller-Thurgau B, Blauer Portugieser N, Blauer Spätburgunder N.

Zugelassene Rebsorten: keine.

17. Regierungsbezirk Kassel, Landkreis Melsungen,Gemeinde Böddiger:

Empfohlene Rebsorten: Kerner B, Müller-Thurgau B, Perle Rs, Grüner Silvaner B.

Zugelassene Rebsorten: keine.

18. Sachsen:

Empfohlene Rebsorten: keine.

Zugelassene Rebsorten: Bacchus B, Weißer Burgunder B, Dornfelder N, Weißer Elbling B, Roter Elbling R, Gewürztraminer Rs, Goldriesling B, Weißer Gutedel B, Roter Gutedel R, Kerner B, Blauer Lemberger N, Morio Muscat B, Müller-Thurgau B, Blauer Portugieser N, Weißer Riesling B, Ruländer G, Saint Laurent N, Scheurebe B, Blauer Spätburgunder N, Traminer Rs, Trollinger N, Blauer Zweigelt N.

19. Sachsen-Anhalt:

Empfohlene Rebsorten: keine.

Zugelassene Rebsorten: Bacchus B, Weißer Burgunder B, Dornfelder N, Faberrebe B, Gewürztraminer Rs, Weißer Gutedel B, Roter Gutedel R , Kerner B, Morio-Muskat B , Müller-Thurgau B , Blauer Portugieser N, Weißer Riesling B, Ruländer G,Scheurebe B, Grüner Silvaner B, Blauer Spätburgunder N.

20. Thüringen:

Empfohlene Rebsorten: keine.

Zugelassene Rebsorten: Bacchus B, Weißer Burgunder B, Dornfelder N, Faberrebe B, Gewürztraminer Rs, Weißer Gutedel B, Roter Gutedel R, Kerner B, Morio-Muskat B, Müller-Thurgau B, Blauer Portugieser N, Weißer Riesling B, Ruländer G, Scheurebe B, Grüner Silvaner B , Blauer Spätburgunder N.

(1) Ausschließlich im Landkreis Trier-Saarburg für die Schaumweinbereitung empfohlen

(2) Ausschließlich im Landkreis Cochem-Zell für die Schaumweinbereitung empfohlen

(3) Ausschließlich im Landkreis Bad Kreuznach zugelassen

(4) Ausschließlich im Landkreis Ahrweiler empfohlen

(5) Ausschließlich im Landkreis Bad Kreuznach empfohlen

(6) Im Regierungsbezirk Koblenz mit Ausnahme des Landkreises Ahrweiler zugelassen

(7) Ausschließlich in den Landkreisen Mainz-Bingen und Alzey-Worms sowie im Gebiet der Städte Mainz und Worms empfohlen

(8) Ausschließlich im Landkreis Landau-Bergzabern für die Gemeinden Maikammer, Kirrweiler und Edenkoben zugelassen

(9) Im Regierungsbezirk Rheinhessen-Pfalz mit Ausnahme der Gemeinden Trechtingshausen, Oberheimbach, Niederheimbach, Oberdiebach, Bacharach, Breitscheid und Manubach zugelassen

(10) Für die Schaumweinbereitung empfohlen

(11) Ausschließlich im Enzkreis für die Gemeinden Illingen, Knittlingen, Maulbronn, Mühlacker, Ölbronn, Ötisheim und Sternenfels sowie im Landkreis Karlsruhe für die Gemeinden Oberderdingen empfohlen

(12) Im Regierungsbezirk Karlsruhe mit Ausnahme des Landkreises Rastatt und des Stadtkreises Baden-Baden empfohlen

(13) Ausschließlich im Enzkreis für die Gemeinden Illingen, Knittlingen, Maulbronn, Mühlacker, Ölbronn, Ötisheim und Sternenfels sowie im Landkreis Karlsruhe für die Gemeinden Oberderdingen zugelassen

(14) Ausschließlich im Main-Tauber-Kreis und in den Gemeinden Krautheim und Schöntal des Hohenlohekreises empfohlen

(15) Im Regierungsbezirk Stuttgart mit Ausnahme des Main-Tauber-Kreis und der Gemeinden Krautheim und Schöntal des Hohenlohekreises empfohlen

(16) Ausschließlich im Bodensee-Kreis empfohlen

(17) Ausschließlich in den Landkreisen Reutlingen und Tübingen empfohlen

(18) Ausschließlich in den Landkreisen Reutlingen und Tübingen zugelassen

18

2.0 Weingesetz vom 8. Juli 1994

Das ehemalige Weinwirtschaftsgesetz, welches die Anbauregelung beinhaltete ist rechtlich übergegangen in das Weingesetz vom 08.08.1994. Der zweite Abschnitt dieses Gesetzes befaßt sich mit den Anbauregeln.

Reben dürfen zur Herstellung von inländischem Wein und anderen Erzeugnissen aus inländischen Weintrauben nur auf solchen Flächen angebaut werden, die rechtmäßig bepflanzt werden können. Desweiteren wird festgelegt, daß Erzeugnisse aus anderen Rebpflanzungen (nicht rechtmäßige Anlagen) bis zum 31. August des der Ernte folgenden Jahres nachweislich zu destillieren sind.

Alle Rebflächen in den derzeit 13 bestimmten Anbaugebieten, die zulässigerweise mit Reben zur Erzeugung von Wein bepflanzt sind oder bepflanzt werden, gelten als zur Erzeugung von Qualitätswein b. A. geeignet.

Neuanpflanzungen von Reben dürfen nur dort genehmigt werden, wo Weine einer Mindestqualität gewonnen werden können. Von bestimmten Leitsorten wird im langjährigen Durchschnitt die Erreichung von Mindestmostgewichten erwartet.

Mindestmostgewichte der Vergleichsrebsorten

Gebiet	Rebsorte	%vol	°Oe
Weißer Traubenmost	Ahr Riesling	7,5	60
Baden	Riesling Gutede	1 9,4	72
	Silvaner	9,8	75
	Müller-Thurgau	10,3	78
	Ruländer	11,3	84
Franken	Silvaner	9,4	72
	Müller-Thurgau	10,2	77
Hessische Bergstraße	Riesling	8,3	65
Mittelrhein	Riesling	7,5	60
Gebiet	**Rebsorte**	**%vol**	**°Oe**
Mosel - Saar - Ruwer:			
Bereich Obermosel und Moseltor	Müller-Thurgau	8,3	65
übrigen Bereiche	Riesling	7,5	60
Nahe	Riesling	8,3	65
Pfalz: Bereich Mittelhardt			
Deutsche Weinstraße	Riesling	9,1	70
Bereich			

Südliche Weinstraße	Silvaner	9,1	70
Rheingau	Riesling	9,1	70
Rheinhessen	Silvaner	9,1	70
Saale - Unstrut	Müller-Thurgau	7,5	60
Sachsen	Müller-Thurgau	7,5	60
	Riesling	8,3	65
	Weißer Burgunder	9,1	70
	Gewürztraminer	9,8	75
Württemberg	Müller-Thurgau	9,8	75
	Silvaner,Riesling	9,4	72
	Ruländer, Kerner Roter Traubenmost	10,8	81
Baden	Blauer Spätburgunder	10.8	81
Franken	Blauer Spätburgunder	10,6	81
Pfalz	Portugieser	8,3	65
Rheinhessen	Portugieser	8,3	65
Saale - Unstrut	Portugieser	7,5	60
Württemberg	Trollinger	8,9	69
	Schwarzriesling und Blauer Spätburgunder	10,3	78
übrige bestimmte Anbaugebiete	Blauer Spätburgunder	9,1	70

Die Länder haben dazu Ausführungsbestimmungen erlassen. Genehmigungsbehörde für die Anbauregelung ist in Rheinland-Pfalz die Bezirksregierung, in Hessen das Weinbauamt Eltville. Die Überwachung der Anbauregelung obliegt in Rheinland-Pfalz der Landwirtschaftskammer, in Hessen der Dienststelle des Reblausbekämpfungsdienstes. In Franken wird beides durch die Regierung von Unterfranken und in Baden-Württemberg durch die Regierungspräsidien wahrgenommen.

Ziel: Ziel beider gesetzlichen Bestimmungen ist die Anpassung des Weinbauflächenpotentials an die langfristige Nachfrage nach Wein. Mengenüberschüsse an Wein sollen, im Interesse eines stabilen und ausreichend hohen Preises, vermieden werden.

Zusätzlich soll erreicht werden, daß Weinbau nur dort betrieben wird, wo im langjährigen Mittel zweifelsfrei Qualitätswein geerntet werden kann.

Inhalt: Sofern Flächen in bestimmten Anbaugebieten zulässigerweise mit Reben zur Erzeugung von Wein bepflanzt sind oder werden, gelten sie als zur Erzeugung von Qualitätswein geeignet.

Wiederanpflanzungen sind nicht genehmigungspflichtig.

Die Wiederbepflanzung muß im Laufe von acht Wirtschaftsjahren nach dem Jahr der ordnungsgemäß durchgeführten und gemeldeten Rodung vorgenommen sein. Ansonsten verliert diese Fläche das Recht auf Wiederbepflanzung.

Die Meldungen über die durchgeführten Maßnahmen (Wiederanpflanzungen, Rodungen o.a.) sind in der EU-Weinbaukartei jeweils bis zu dem der Maßnahme folgendem 31.05. zu melden.

Die Landesregierungen können die Übertragung von Wiederbepflanzungsrechten auf eine andere als die gerodete Fläche zulassen. Übertragungen von Pflanzrechten aus Steillagen (über 30% Hangneigung) in Flachlagen (weniger als 30 % Hangneigung) bzw. in andere bestimmte Anbaugebiete sind nicht zulässig.

Die Übertragung von Pflanzrechten sind an gewisse Bedingungen geknüpft, die in entsprechenden Landesverordnungen geregelt sind. Diese sind bei den entsprechenden Behörden zu erfragen.

Genehmigungen für Neuanpflanzungen dürfen nur erteilt werden,wenn

– die Grundstücke zur Erzeugung von Qualitätswein b.A. geeignet sind.

– die Vermarktung durch den bewirtschafteten Betrieb gewährleistet ist

– ein unmittelbarer räumlicher Zusammenhang mit zulässigerweise mit Reben bepflanzten oder vorübergehend nicht bepfanzten Rebflächen besteht.

– diese Flächen im Rahmen von Flurbereinigungsmaßnahmen als Rebflächen ausgewiesen werden

– die Flächen für die Durchführung von wissenschaftlichen Versuchen bestimmt sind.

Genehmigungen für Neuanpflanzungen sind nicht erforderlich für nicht weinbergmäßig bepflanzte Flächen, wenn sie zusammen mit anderen nicht derartigen Flächen desselben Nutzungsberechtigten nicht größer als ein Ar sind und nicht in unmittelbarem räumlichen Zusammenhang mit einer weinbergmäßig bepflanzten Fläche stehen.

Weine aus nicht genehmigten Rebanlagen sind nicht verkehrsfähig.

3. Pflanzenschutzrechtliche Vorschriften

Die Vorschriften des ehemaligen Reblausgesetzes sind in das Pflanzenschutzgesetz eingearbeitet worden.

In der Verordnung zur Bekämpfung der Reblaus ist der Verkehr mit Reben geregelt:

3 Abs. 1: Aus von der Reblaus befallenen Gemeinden und Ortsteilen darf bewurzeltes Pflanzgut von Reben in von der Reblaus nicht befallene Gemeinden und Ortsteile nur verbracht werden, wenn es wirksam entseucht ist und die zuständige Behörde die Entseuchung bescheinigt hat.

4 Abs. 1: in von der Reblaus befallenen Gemeinden und Ortsteilen dürfen nur Wurzelreben, die nicht gegen die Wurzelreblaus anfällig sind, angebaut werden.

Die Veröffentlichung der nicht von der Reblaus befallenen Gemeinden erfolgt im Bundesanzeiger. Ebenso die Veröffentlichung über nicht reblausanfällige Rebsorten.

Die Überwachung der reblausrechtlichen Vorschriften obliegt in Rheinland-Pfalz den zuständigen Staatlichen Lehr- und Versuchs- bzw. Forschungsanstalten, in Hessen dem Weinbauamt mit Weinbauschule Eltville, in Bayern der Regierung von Unterfranken und in Baden-Württemberg den Regierungspräsidenten.

4. Saatgutrechtliche Vorschriften

Saatgutverkehrsgesetz - Rebenpflanzgutverordnung

Es dürfen nur Pflanzreben in den Verkehr gebracht werden, die anerkannt sind. Dieser Einschränkung obliegen nicht Reben, die im eigenen Betrieb erzeugt und zur Pflanzung in eigenen Weinbergen veredelt wurden. Die Überwachung der Bestimmungen des Saatgutverkehrsgesetzes obliegt im Rheingau dem Weinbauamt mit Weinbauschule, Eltville, in Rheinland-Pfalz der Landwirtschaftskammer, in Franken der Regierung von Unterfranken und in Baden-Württemberg den Regierungspräsidien.

Die gesetzlichen Bestimmungen unterliegen häufigen Veränderungen. Sie sind nicht in allen Bundesländern völlig gleich. Es kann nur der allgemeine Stand bei der Abfassung des Manuskriptes wiedergegeben werden.

4.1 Weinrechtliche Vorschriften

Es dürfen nur empfohlene oder zugelassene Reben angepflanzt werden. Die Länder haben für die bestimmten Anbaugebiete die Sorten festgelegt.

2. Der Umtriebsplan

Ein gleichmäßig hoher Ertrag ist in einem Weinbaubetrieb nur dann zu erzielen, wenn *Ertragsrebfläche* (ERF), *Junganlagen* (JA) und *Rebbrachfläche* (RBF) im rechten Verhältnis stehen. Wer zu viele alte Weinberge hat, erntet jedes Jahr weniger und muß eines Tages große Flächen aushauen, weil sie unrentabel sind. Wer zu viele Brachflächen besitzt, hat immer geringe Ernten. Wer nacheinander viele Jungfelder aufbauen muß, hat hohe Kosten aufzubringen.

Das Hilfsmittel zur harmonischen Gestaltung der Rebflächen ist der *Umtriebsplan*.

Die *Umtriebszeit* (UZ) umfaßt das Lebensalter eines Weinberges einschließlich der notwendigen Brachezeit. Im Pfropfrebenbau wird in der Regel mit einer Umtriebszeit von 30 Jahren gerechnet. In ihr sind enthalten: 3 Brachejahre, 2 Jungfeldjahre, 25 Ertragsjahre.

Die Rebfläche eines Betriebes wird z.B. im 30 Teile aufgegliedert. Ein Teil (1/30) wird als *Umtriebseinheit* (UE) bezeichnet. Die Umtriebseinheit stellt eine Hilfsgröße dar, welche die Rechnung im Umtriebsplan wesentlich erleichtert und komplizierte Formeln überflüssig macht. Ein UE = 3,3% der Gesamtrebfläche (GR). Dementsprechend besteht die Gesamtrebfläche eines Betriebes aus 3 UE Brachfläche, 2 UE Jungfeldfläche und 25 UE Ertragsfläche. Für den jeweiligen Betrieb wird die UE aus folgender Formel errechnet:

Gesamtrebfläche : Umtriebszeit = Umtriebseinheit (GR: UZ = UE)

Beispiel: Ein Betrieb hat 18 ha Gesamtrebfläche. Daraus ergibt sich folgende Rechnung:

> 18:30 = 0,6 ha
> Eine UE beträgt also 0,6 ha. Theoretisch müßte der Betrieb
> 3 x 0,6 ha Rebbrachfläche   = 1,8 ha
> 2 x 0,6 ha Jungfeldfläche   = 1,2 ha und
> 25 x 0,6 ha Ertragsrebfläche = 15,0 ha besitzen.

Abweichungen von diesen Zahlen werden immer vorkommen, da

- die einzelnen Weinberge in der Größe voneinander abweichen,
- Weinberge wegen guten Wuchses und guter Leistungsfähigkeit über die als Norm angenommene Umtriebszeit hinaus noch einige Jahre stehen bleiben können,
- andere wegen starker Frostschäden oder anderen Krankheiten oder wegen abnehmender Leistungsfähigkeit als unrentabel früher ausgehauen werden müssen.

Im Hinblick auf die hohen Kosten einer Neuanlage sollte die Umtriebszeit nicht zu niedrig angesetzt werden.

Die Umtriebszeit wird heute auch durch die *Hektarhöchstertragsregelung* beeinflußt. Bestehen in einem Betrieb Verhältnisse, die selbst bei reduziertem Anschnitt, ständig zur Überschreitung dieser Höchsterträge führen (fruchtbare Böden, reichtragende Sorten), ist die Umtriebszeit zu verlängern. Die Anforderung an die Leistung der Rebanlagen wird reduziert, die Weinberge können länger stehen bleiben. Das ist möglich, weil die Hektarhöchstertragsregelung betriebsbezogen und nicht parzellenbezogen ist.

Beispiel: Die Umtriebszeit wird aus den angeführten Gründen auf 40 Jahre verlängert, dann ergibt sich daraus folgende Rechnung:

18 ha GR : 40 Jahre UZ	= 0,45 ha UE
Theoretisch müßte der Betrieb	
3 x 0,45 ha Rebbrachfläche	= 1,35 ha,
2 x 0,45 ha Jungfeldfläche	= 0,90 ha und
35 x 0,45 ha Ertragsrebfläche	= 15,75 ha

besitzen.

3. Der Sortenplan

Für den wirtschaftlichen Erfolg eines Betriebes ist die Wahl der Sorten und ein harmonisches Sortenverhältnis wesentlich.

Einflüsse auf die Sortenwahl:

- Vermarktung
- Arbeitswirtschaft
- Eigenart des Weinbaugebietes
- Eigenschaften der Sorten
- Güte der Lagen

3.1 Vermarktung und Sortenwahl

Während in Frankreich in der Vermarktung die Rebsorte keine dominierende Stelle einnimmt, insbesondere weil dort selbst berühmte Weine überwiegend aus Verschnitten mehrerer Rebsorten gewonnen werden, stehen in Deutschland im Verkauf sortenreine Weine im Vordergrund. Verschnitte sind, unberechtigterweise, mit einem Negativimage behaftet. Der Trend in der Vermarktung konzentriert sich mehr und mehr auf die traditionellen Sorten wie Riesling, Silvaner und Burgunder (Weißer, Grauer, Blauer).

Genossenschaftswinzer müssen sich bei der Sortenwahl nach den Empfehlungen ihrer Genossenschaft richten.

Bei *Traubenverkauf* an den *Händler* wird in der Regel mehr die Menge als die Güte bezahlt. Händler kaufen vorwiegend Trauben für einfache Weine. Im Anbau stehen daher Sorten im Vordergrund, die neben einer wenigstens mittleren Qualität auch eine ausreichende Menge liefern.

Bei *Traubenverkauf* an *Weingüter* wird heute nach Qualität bezahlt. Im Anbau sind daher Sorten zu bevorzugen, die neben einer ausreichenden Menge auch eine gute Qualität bringen. Da die Trauben fast immer an den gleichen Betrieb verkauft werden, ist die Sortenwahl mit dem Traubenabnehmer abzustimmen.

Faßweine werden in steigendem Maße über *Erzeugergemeinschaften* oder *Verbundzusammenschlüsse* an große Weinhandelsunternehmen verkauft. Diese Unternehmen benötigen von einer Weinsorte sehr große Mengen. Käufer von deutschen Weinen verlangen eine Sorten- und Lagebezeichnung. Große Weinhandelsunternehmen vermarkten daher überwiegend über Großlagen oder Bereiche. Durch die Verschnittvorschriften des Weingesetzes sind sie innerhalb einer Großlage an höchstens 3 verschiedenen Rebsorten interessiert. Der Winzer muß daher vor jeder Neuanlage die Sortenfrage mit der Erzeugergemeinschaft oder dem Verbund abstimmen. In der Regel wird von der abnehmenden Hand eine

Sortenempfehlung gegeben. Wer andere Sorten anbaut, muß damit rechnen, daß die davon gewonnenen Weine von den Weinhandelsunternehmen nicht gekauft werden.

Flaschenweinerzeuger können nur mit Qualitätsweinen ein dauerhaftes Geschäft aufbauen. Sie brauchen vorwiegend bessere Kreszensen. In der Sortenwahl haben sie mehr Freiheit als Betriebe mit anderer Vermarktungsform.

Sie können ein breiteres Rebsortiment anpflanzen und auch Spezialsorten besitzen. Wo überwiegend gute bis sehr gute Lagen vorhanden sind, kann auch eine Qualitätssorte, wie z.b. der Riesling in Weißweingebieten oder der Spätburgunder in Rotweingebieten, dominieren.

Literatur:
HILLEBRAND, W.: Hat die Rebsorte Silvaner heute noch einen Anbauwert? - Kriterien der Sortenwahl. Deutsches Weinbau-Jahrbuch 1980, 65-70

3.2. Arbeitswirtschaft und Sortenwahl

Die Lese bereitet in größeren Betrieben Schwierigkeiten, auch wenn der Einsatz des Traubenvollernters zu einer gewissen Entlastung der Arbeitsspitze „Traubenlese" beitragen kann. Durch Anbau von Sorten mit verschiedenem Lesezeitpunkt muß man die Ernte über einen längeren Zeitraum verteilen. So können Sorten, die rasch faulen und zu schneller Lese zwingen, wie z.B. Müller-Thurgau, nur in beschränktem Umfang angepflanzt werden. Auch Sorten, die viel Heftarbeit verursachen, wie z.B. Kerner, oder mehr als normal gespritzt werden müssen, sollten im Anbau nicht im Vordergrund stehen.

3.3. Gebietseigenart und Sortenwahl

Die Weinspezialität eines Gebietes ist für den Verkaufserfolg von großer Bedeutung. Sie wird nicht nur von der Bodenart, sondern ebenso von der Rebsorte bestimmt. Darauf muß bei der Sortenwahl Rücksicht genommen werden. Ein Gebiet, dessen Weincharakter z.B. vom Riesling geprägt wird, kann keine Sorte mit völlig anderer Art anbauen, denn langfristig erwartet der Verbraucher aus einem bestimmten Weinbaugebiet auch einen bestimmten Weintyp. So wirbt, um ein Beispiel zu nennen, der Rheingau mit seinem hohen Rieslinganteil. Dort wird man daher in erster Linie den Riesling oder Sorten mit ähnlichem Geschmacksbild anpflanzen.

Literatur:
HILLEBRAND, W.: Die Leistung der Rebsorte Riesling im Weinbaugebiet Nahe. Deutsches Weinbau-Jahrbuch, 1979, 37-41.

3.4. Sorteneigenschaft und Sortenwahl

Hierbei sind Ertragsfähigkeit, Qualität, Bukett, Bodenansprüche, Anfälligkeit gegen Krankheiten, Frostfestigkeit, Wuchskraft usw. jeder Sorte zu berücksichtigen. Jede Sorte muß eine ausreichende Ertragssicherheit garantieren. Nähere Ausführungen sind dem *Taschenbuch der Rebsorten*, aus dem gleichen Verlag, zu entnehmen.

3.5. Einfluß der Lage auf die Sortenwahl

Die Güte der Lage hat auf die Weinqualität einen entscheidenden Einfluß. Der Winzer muß daher eine Vorstellung von der Güte seiner Weinbergslagen haben.

Bei der *Beurteilung der Weinbergslagen* kann ein einfaches Punktsystem angewandt werden, das für den Gebrauch in der Praxis ausreichend genau ist.

Punktsystem

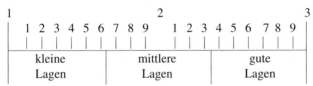

Die kleinen Lagen werden zwischen 1 und 1,6 Punkten eingruppiert, *mittlere Lagen* zwischen 1,7 und 2,3 Punkten und *gute Lagen* von 2,4 bis 3 Punkten. In der Beurteilung sind die wichtigsten Faktoren, die die Güte beeinflussen, zu berücksichtigen: Hangrichtung, Hangneigung, Höhe über NN und Bodenart.

Hangrichtung

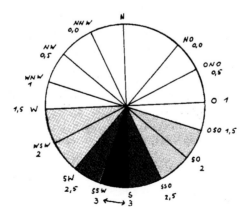

Windrose

27

Aus dieser Windrose ist zu ersehen, daß die guten Lagen zwischen SSO und SW liegen. Das Kernstück zwischen S und SSW kann als beste Spitzenlage deklariert werden. Die mittleren Lagen bewegen sich zwischen OSO und SSO sowie SW und W. Die kleinen Lagen gehen von O bis OSO und W bis WNW. Die Windrose zeigt deutlich, daß die westlich orientierten Lagen etwas besser zu beurteilen sind als die östlich geneigten, weil Wärmeentwicklung und Lichtintensität in den Nachmittagsstunden besser sind als vormittags.

Hangneigung

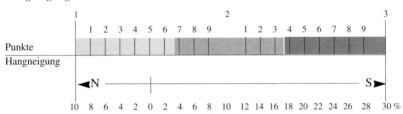

Lagen ab 18 % und mehr Neigung sind als gute Lagen zu bezeichnen. Die besten Lagen haben 30 % und mehr Neigung. Die mittleren Lagen bewegen sich zwischen 4 und 17 % Neigung. Alle Lagen, die weniger als 4 % Neigung haben, sind als gering zu bezeichnen. Der Tiefstpunkt ist bei 10 % Gefälle zur sonnenabgewandten Seite erreicht. Gelände mit noch größerer Hängigkeit in dieser Richtung dürfte in keinem Falle noch als Rebland geeignet sein.

Höhe über NN

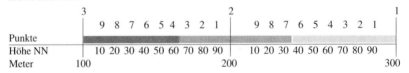

Die guten Lagen reichen bis 160 Meter über NN, die mittleren Lagen von 170 Meter bis 230 Meter über NN und alles, was höher als 230 Meter liegt ist als kleine Lage zu betrachten. Diese Höhenangaben können als Richtwerte für Deutschland angesehen werden. Nach Süden verschieben sich die Werte so, daß dort auch höhere Lagen qualitätsmäßig besser beurteilt werden.

Bodenart

Hier wird die unterschiedliche Erwärmbarkeit und die wasserhaltende Kraft der Böden berücksichtigt. Gesteinsböden, wozu auch Kies- und Sandböden zählen, erwärmen sich leicht. Lehmige Böden haben eine weniger gute Erwärmbarkeit, tonige Böden und Kalkböden sind sehr schwer erwärmbar. Die Erwärmbarkeit ist höher einzustufen als die wasserhaltende Kraft.

Bodenart	Wasserhaltende Kraft Punkte	Erwärmbarkeit Punkte	$1/2$ Summe
Sand, steinig	1,0	3,0	2,00
lehmiger Sand	1,5	2,6	2,05
sandiger Lehm	2,5	2,3	2,40
Lehm	3,0	2,0	2,50
toniger Lehm	2,8	1,6	2,20
lehmiger Ton	2,4	1,3	1,85
Ton	2,0	1,0	1,50

Gesteinsböden sind wie Sandböden zu behandeln. Für geringe Tiefgründigkeit bis 1 Punkt Abzug. Stauende Nässe bis 1 Punkt Abzug.

Große Wasserflächen in der Nähe von Rebland, wie der Bodensee, der Rhein, die Staustufen der Mosel, wirken klimaverbessernd. Solche Lagen erhalten 0,5 Punkte mehr.

Maifrostlagen und windoffene Lagen erhalten einen Abzug von 0,5 bis 1,0 Punkten.

Die Schätzung wird in ihrer Handhabung an einem Beispiel sofort deutlich: der Betrieb Müller besitzt eine Lage mit Hangrichtung nach SSW, 30 % Neigung, 150 Meter über NN und lehmigem Tonboden.

Berechnung

Hangrichtung	=	3,0	Punkte
Hangneigung	=	3,0	Punkte
Höhe über NN	=	2,5	Punkte
Bodenart	=	1,85	Punkte
Summe	=	10,35	Punkte : 4 = 2,59 Punkte

Die Summe der Punkte muß durch die Anzahl der Faktoren geteilt werden, um die Punktzahl zur Gütebeurteilung zu erhalten.

Der Weinberg kann also als eine gute Lage bezeichnet werden. Im Falle der Maifrostgefährdung wären 0,5 Punkte abzuziehen. Der Weinberg wäre dann eine mittlere Lage.

In der Sprache der Praxis wird eine kleine Lage auch als *Müller-Thurgau-Lage*, entsprechend der Mindestanforderungen der Sorte an die Lage, eine mittlere Lage als *Silvaner-Lage* und eine gute Lage als *Riesling-Lage* bezeichnet.

Dieser Schätzungsrahmen ist sehr einfach und für eine grobe Lagebeurteilung in der Praxis ausreichend genau. Der Winzer benötigt zu seiner Handhabung keine besonderen Hilfsmittel.

Literatur:

BECKER, N.J.: Ökologische Kriterien für die Abgrenzung des Rebgeländes in den nördlichen Weinbaugebieten. Die Wein-Wissenschaft, 1977, 77-102.

BECKER, N.J.: Weinbauklima und Weinbergsböden. Der Deutsche Weinbau, 1979, 695-702.

BECKER, N., BOGENRIEDER, A., MAY, Th.: Vergleich verschiedener Methoden zur Beurteilung der lokalklimatischen Wärmegunst von Rebanlagen. Die Wein-Wissenschaft 1985, 371-393

BETTNER, W., BETTNER, L., HOPPMANN, D.: Untersuchungen des Leistungsverhaltens sowie des Bestandsklimas bei unterschiedlichen Standweiten an der Rebsorte Riesling. Die Wein-Wissenschaft 1987, 147-178.

GLEBKE, W.: Zur klimatologischen Bonitierung von Wein-Anbaugebieten. Die Wein-Wissenschaft, 1980, 19-33.

HILLEBRAND, W.: Ein Wort zur Sortenfrage. Deutsches Weinbau-Jahrbuch, 1990, 35-38.

HOPPMANN, D.: Standortuntersuchungen im Rheingau und in Baden. Weinberg und Keller, 1978, 66-92.

HOPPMANN, D., SCHALLER, K.: Einfluß verschiedener Standortfaktoren auf Quantität und Qualität. Die Wein-Wissenschaft 1981, 371-377.

HORNEY, G.: Bodentemperaturen in verschiedenen Böden unter gleichen Bedingungen. Weinberg und Keller 1969, 401-406.

4. Vom Aushauen bis zur Pflanzung

4.1. Allgemeine Maßnahmen

In der Neuanlage soll im Direktzug und in steilen Hanglagen mit der Seilwinde oder im Querbau gearbeitet werden können. Gelegentlich, besonders wo eine Flurbereinigung noch nicht durchgeführt wurde, sind daher folgende Maßnahmen nötig:

- Beseitigung von Mauern
- Planierungen zur Ausschaltung von Seitenhang
- Verhinderung und Begrenzung von Erosionsmöglichkeiten
- Beseitigung stauender Nässe

Alle diese Maßnahmen sollten sofort nach dem Aushauen erfolgen. Bei Planierungen darf der Mutterboden nicht vergraben werden. Das Feld soll zu Beginn der Brache so hergerichtet sein, wie es später gerodet wird.

Einteilung der Rebflächen nach Hangneigung und Mechanisierbarkeit

Hangneigung	Mechanisierbarkeit
0–20 % Flachlagen (einschließlich Groß- terrassen und befahrbaren Quer- terrassen)	Vollmechanisierung im Direkt- zug möglich
21–30% Schwache Hanglage	Teilmechanisierung im Direkt- zug möglich (Schlepper mit Allrad- antrieb). Einsatz von Traubenvoll- erntern ist je nach Fabrikat möglich.
31–40% mittlere Hanglage	Teilmechanisierung möglich, im Direktzug mit Kettenschlepper und Geräteträgern. Einsatz von Traubenvollerntern ist je nach Fabrikat möglich.
41–50% starke Hanglage	
51% und mehr Steillage	Mechanisierung durch Seilzug.
unabhängig von der Hangneigung, z.B. nicht befahrbare Terrassen- weinberge	Handarbeit, Transportarbeiten durch stationäre Einschienenbahn möglich.

Die Grenzen der Mechanisierbarkeit zwischen den einzelnen Neigungsstufen sind fließend. Sie werden auch durch die Bodenart und die Art der Bodenpflege bestimmt. So ist die Schleppersteigfähigkeit in begrünten Anlagen besser als auf offenem Boden.

Die Mechanisierbarkeit einzelner Arbeitsvorgänge richtet sich nach deren Zugkraftbedarf. Je steiler eine Lage, desto schwieriger ist es, die vorhandene Schlepperleistung auf den Boden zu bringen.

Literatur:

BACK, W., MAUL, D.: Maschinenbesatz und Maschinenkosten in Weinbaubetrieben mit Direktzuglagen. Der Deutsche Weinbau, 1983, 629-630.

PREUSCHEN, G.: Einfluß von Wegen und Mauern auf die Mechanisierung. Der Deutsche Weinbau, 1974, 900-905.

RIEDER, W., DITTMANN, M.: Ein Vorschlag zur Hangkartierung von Rebflächen. Der Deutsche Weinbau 1981, 1463-1465.

RÜHLING, W.: Schlepper für Weinbausteillagen. Der Deutsche Weinbau 1980, 522-528.

4.2. Querbau in Hanglagen

Der Weinbau in Seilzuglagen - in der Fallinie - hat den Nachteil des höheren Arbeitsaufwandes und den der Erosionsgefährdung. Durch Ausbau von Horizontalterrassen (Abb. 1 bis 4) und Übergang zum Querbau läßt sich die Erosion ausschalten. Werden die Terrassen breit genug angelegt, wird die Bearbeitung mit dem Schlepper ermöglicht. Aus einer früheren Seilzuglage wird eine Direktzuglage mit allen Rationalisierungsmöglichkeiten. Die entstehenden Erdböschungen werden mit einer Magerrasenmischung begrünt. Die Begrünung wird gemulcht oder gemäht. Hierzu stehen Spezialmaschinen zur Verfügung, die schräg gestellt werden können. Wo sich die Anschaffung eines solchen Gerätes

Abb. 1:
Planieren von
Querterrassen

Abb. 2

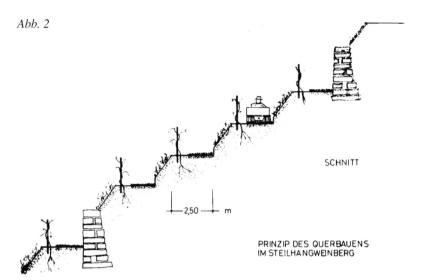

SCHNITT

|← 2,50 →| m

PRINZIP DES QUERBAUENS
IM STEILHANGWEINBERG

nicht lohnt, kann auch eine tragbare Motorsense zum Einsatz kommen. Als letzte Lösung verbleibt die Anwendung eines Blattherbizides (Kontaktmittel) wie z.B. Basta, das oberirdisch die Pflanzenmasse zerstört, das Weiterwachsen aus den Wurzeln aber ermöglicht.

Da an der Böschung das Erdreich weniger Wasser enthält, soll zwischen Böschungsrand und erster Rebreihe ein Abstand von mindestens 40 cm eingehalten

Abb. 3

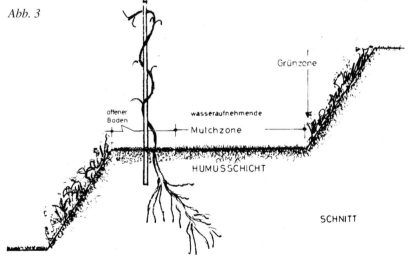

Grünzone

offener
Boden

wasseraufnehmende

Mulchzone

HUMUSSCHICHT

SCHNITT

Abb. 4:
Querbau

werden. Leider lassen die Besitzverhältnisse mit ihren schmalen, in der Fallinie verlaufenden Grundstücken, einen Übergang zu Querbau nur selten zu. Bei Flurbereinigungen muß die Möglichkeit des Querbaues in jedem Falle geprüft werden. In vielen Gemarkungen wird der Weinbau nur durch Querbau zu erhalten sein.

Läßt sich der Hang nicht für den Querbau umgestalten, ist ein enges Wegenetz mit Abständen nicht über 60 m erforderlich, um den Einsatz von Großraumsprühgeräten und Kompostschleudern zu ermöglichen. Zwischen zwei Wegen dürfen keine unterbrechenden Mauern sein (Abb. 5). Vom Weg zum oberen Hangende muß Sichtverbindung bestehen (Abb. 6).

Bei Baumaßnahmen im Weinberg, wie z.B. Stützmauern und Treppen, sind die

Abb. 5

Mauern dürfen die
Parzellen nicht
unterbrechen

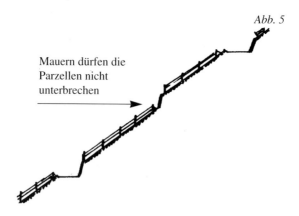

34

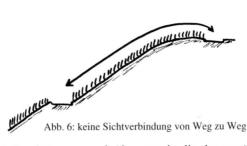

Abb. 6: keine Sichtverbindung von Weg zu Weg

einschlägigen *Unfallverhütungsvorschriften*, sowie die der zuständigen Berufsgenossenschaft, zu beachten.

Stellvertretend sei hier ein kurzer Auszug aus den Unfallverhütungsvorschriften wiedergegeben:

Der Unternehmer hat zur Verhütung von Arbeitsunfällen Einrichtungen, Anordnungen und Maßnahmen zu treffen, die den Bestimmungen der Unfallverhütungsvorschriften und im übrigen den sicherheitstechnischen und arbeitsmedizinischen Regeln entsprechen.

Der Unternehmer hat die Versicherten über die bei ihrer Tätigkeiten auftretenden Gefahren, sowie über die Maßnahmen zu ihrer Abwendung von der Beschäftigung und danach in angemessenen Zeitabständen, zu unterweisen.

Arbeitsplätze müssen so eingerichtet und beschaffen sein und so erhalten werden, daß sie ein sicheres Arbeiten ermöglichen. Dies gilt insbesondere hinsichtlich des Materials, der Geräumigkeit, der Festigkeit, der Standsicherheit der Oberfläche, der Trittsicherheit, der Beleuchtung und Belüftung, sowie hinsichtlich des Fernhaltens von schädlichen Umwelteinflüssen und Gefahren, die von Dritten ausgehen.

Literatur:
ALLEWELDT, G. und BERNDT, H.: Veröffentlichungen über Weinbau am Steilhang. Dokumentation der Weinbauforschung 1964 bis 1971. Bundesforschungsanstalt für Rebenzüchtung Geilweilerhof.
FAUST, H., PERRET, P. und KOBLET, W.: Bau und Bewirtschaftung von Kleinterrassen. Schweizerische Zeitschrift für Obst- und Weinbau, 1974, 474-482, 509-515.
FOLTYN, O.: Wie kann der Qualitätsweinbau am Hang lohnender gestaltet werden? Vorträge der 25. Rheinhessischen Weinbauwoche, 1972, 58-67.
FOLTYN, O.: In- und ausländische Erfahrungen mit dem Bau von Querterrassen im Weinbau. Der Deutsche Weinbau, 1976, 982-990.
KIEFER, W.: Stand der Querterrassen im Weinbau. Der Deutsche Weinbau, 1977, 1084-1086.
MICHALSKY, A.: Vor- und Nachteile der Terrassierung im Weinbau. Der Deutsche Weinbau, 1976. 967-971.
NEIPERG, GRAF VON: Querterrassierung seit 1948. Der Deutsche Weinbau, 1976, 972-978.
RÜHLING, W.: Entwicklungen zur Erweiterung und Verbesserung der Mechanisierung im Weinbau für Direktzug- und Steillagen. Der Deutsche Weinbau, 1983, 612-622.
STUMM, G.: Sinnvolle Abstimmung des Maschinen- und Gerätebesatzes auf die Betriebsgröße hilft auch im Steillagenweinbau Kosten sparen. Der Deutsche Weinbau, 1983, 632-636.
WANNER, E.: Weinbergsumlegung und Zeilenrichtung. Der Deutsche Weinbau, 1950, 377.
-.-: Weinbau am Steilhang, KTBL-Schrift 238, 1979, Landwirtschaftsverlag, Marktallee 89, 44 Münster-Hiltrup.

4.3. Einschienenbahn in Steillagen

Wo eine Erschließung der Hanglagen durch Wege oder ein Übergang zum Querbau nicht möglich sind, kann unter Umständen eine Einschienenbahn, wie sie z.B. in der MONORACK-Bahn* zur Verfügung steht, die technischen Probleme lösen.

Die früheren Versuche mit Seilschwebebahnen und Schrägaufzügen befriedigen nicht. Die Einschienenzahnradbahn kann Material, Arbeitsgeräte und Arbeitskräfte transportieren. Sie hat folgende Vorteile: Das Funktionsprinzip ist einfach, das Baukastensystem ermöglicht jegliche Erweiterung, der Flächenanspruch ist gering, die Bahn läßt sich leicht an die Oberfläche anpassen, über Mauern führen, ohne dort Einschnitte anbringen zu müssen, und bewältigt Steigungen bis 100 %, auf kurzen Strecken auch 120%. Es lassen sich Abzweigungen anbringen. Es können je nach Typ bis 500 kg oder bis 3 Personen transportiert werden. Geschwindigkeit 0,7 m/sec. Die Einschienenzahnradbahn ist eine ideale Lösung. Ob der Einsatz wirtschaftlich ist, muß natürlich vor dem Kauf geprüft werden.

Einschienenbahn

* Firma Roll Habegger AG, Industriestraße 2, CH-3601 Thun/Schweiz; Deutschlandvertretung: K. Maihöfer, Bruckstraße 50, D-7012 Fellbach/Stuttgart.

Literatur:
BÄCKER, G.: Die Steillagenerschließung mit Bahn. Der Deutsche Weinbau 1980, 925-926.
BÄCKER, G.: Erweiterung der Einsatzgrenzen des Direktzuges in Steillagen. Der Deutsche Weinbau 1981, 689-692.
BÄCKER, G., RIEDER, W., JUNGER, W.: Monorak-Bahnen im Einsatz. Der Deutsche Weinbau 1980, 925-929.
BERNDT, H.: Weinbau am Hang. Dokumentation der Weinbauforschung 1978, Bundesforschungsanstalt für Rebenzüchtung, Geilweilerhof.
GEIGER, K.: Einfluß der Rebenerziehung und Unterstützungsform auf die Mechanisierung in Steillagen. Der Deutsche Weinbau 1979, 721-716.
JUNGER, W.: Erfahrungen mit der Einschienenbahn. Der Deutsche Weinbau 1980, 928-929.
PFAFF, F., ACHILLES, A.: Die mechanische Traubenernte. KTBL-Arbeitsblatt, September 1989. Beilage Der Deutsche Weinbau Nr. 25/26 1989.

RIEDER, W.: Die wirtschaftlichkeit des Einsatzes der Monorack Bahn. Der Deutsche Weinbau 1980, 926-928.

RÜHLING, W., ARNOLD, H.G.: Mechanisierung von Steilagen mit Einschienenbahn-Alternative zur Flurbereinigung. Der Deutsche Weinbau 1983, 1334-1342.

RÜHLING, W.: Bahnen für Weinbau-Steillagen. KTBL-Arbeitsblatt. Der Deutsche Weinbau, 1988 Heft 21.

SCHNECKENBURGER, F.: Bewirtschaftungsmöglichkeiten und Grenzen am Steilhang. Der Deutsche Weinbau 1980, 959-622.

SCHNECKENBURGER, F.: Zur Bewirtschaftung von Klein- oder Querterrassen. Der Deutsche Weinbau, 1987, 195-199.

STUMM, G.: Trägt die Monorack-Einschienenbahn zur Verbesserung der Wirtschaftlichkeit des Steillagenweinbaues bei? Der Deutsche Weinbau 1983, 1343-1349.

STUMM, G.: Monorailbahn - Alternative für Steilst-Weinbaulagen? Der Deutsche Weinbau 1984, 916-917.

Einschienenbahn

Monorack Einschienenbahn

4.4. Das Aushauen

Mit zunehmendem Alter läßt die Leistung der Reben in einem Weinberg nach. Die Erntemenge sinkt mehr und mehr in den unrentabelen Bereich. Die Reben müssen entfernt oder wie es in der Fachsprache heißt, ausgehauen werden.

Das Nachlassen der Leistungsfähigkeit der Rebstöcke wird auf verschiedene Ursachen zurückgeführt, nämlich

- natürliche Alterung,
- zunehmende Viruserkrankungen und
- Rebenmüdigkeit des Bodens.

Die *Rebenmüdigkeit* des Bodens ist ein Sammelbegriff des Zusammenwirkens verschiedener Faktoren, die den Leistungszerfall der Reben auslösen. Als Hauptursache wird die Monokultur angesehen, in der Rebenanbau betrieben wird. Das Fehlen eines Fruchtwechsels führt zu einer einseitigen Beanspruchung des Bodens. Je länger eine Fläche mit Reben genutzt wird, umso negativer wirkt sich dies aus. Die Erfahrung hat gelehrt, daß eine sofortige Wiederbestockung eines Weinbergs nach dem Aushauen zu Beständen führt, in denen die Reben frühzeitig wieder altern. Zur Beseitigung dieser Rebenmüdigkeit hat sich das Einschalten einer Ruhezeit, Brache genannt, bewährt.

4.5. Die Brache

Mit der Brache soll eine Gesundung des Bodens erreicht werden. Als Mindestzeit werden drei Jahre angesehen. Da Forschungen ergeben haben, daß die Leistungsabnahme der Reben überwiegend Folge eines zunehmenden Virusbefalles ist, muß die Brache aber auch zu einer Dezimierung der im Boden lebenden virusübertragenden Nematoden genutzt werden. Frau Dr. Rüdel empfiehlt eine Langzeitbrache von ca. fünf Jahren, da in dieser Zeit virushaltige Wurzeln verrotten und Schadnematoden absterben können.

In der Brachezeit soll die Fläche nicht unbewirtschaftet liegen bleiben, sondern als sogenannte Grünbrache erfolgen.

Luzerne ist die klassische Pflanze für die Grünbrache. In der Regel beträgt diese 3 Jahre, in armen Böden 4 Jahre. Luzerne liefert außerdem ein wertvolles Viehfutter.

Die *Luzerne* stellt für den Boden eine Gesundungspflanze dar. Die tiefgreifenden Wurzeln bewirken eine gewisse Tiefenlockerung und bei guter Düngung auch eine Tiefendüngung. Ihre Wurzelrückstände hinterlassen dem Boden Humus und Stickstoff. Die Luzerne muß jährlich mit 8 dt/ha Thomasphosphat und 4 dt/ha 40er Kali gedüngt werden, damit der Boden nicht an beiden Nährstoffen stark verarmt. Wo kein Viehfutter benötigt wird, stehen heute andere Brachepflanzen im Vordergrund.

Bokharaklee ist für eine *zweijährige Brache* geeignet und wird in den reinen Weinbaubetrieben eingesetzt. Normalerweise samt die Pflanze einmal aus. Samt sie nicht aus, sollte im Spätsommer oder Frühjahr gemäht werden. Das Mähgut kann auf der Fläche verbleiben. Aus der Wurzelmasse erfolgt ein neuer Ausschlag. Aussaatmenge 25 bis 30 kg/ha.

Für die Brache können auch andere Pflanzen genommen werden. Sie erfordern in der Regel mehr Pflege.

Für eine *einjährige Brache* kommen Pflanzen in Frage, die auch für die Kurzzeitbegrünung Verwendung finden (siehe Seite 210).

Auf geeigneten Standorten kann die Brachfläche auch *landwirtschaftlich genutzt* werden.

An der Mosel wird auf den fruchtbaren Schieferböden häufig auf eine Brache verzichtet.

Für die Langzeitbrache zur Dezimierung der virusübertragenden Nematoden macht Frau Dr. Rüdel folgenden Bewirtschaftungsvorschlag:

	1. Jahr	2. Jahr	3.u.4. Jahr	5. Jahr
April	tief rigolen mechanisch unkrautfrei halten bis August	Schwarzbrache + Stroh	Luzerne/ Sonnenblumen/ Bokharaklee/ Kartoffeln/	tief rigolen, dann Schwarzbrache und Stroh
August	dichte Aussaat von Ölrettich* (25-30 kg/ha)	Ölrettich*, oder wie 3.4.Jahr	Zuckerrüben/ Wicken/Erbsen	Ölrettich*

* o.a. Cruciferen

Literatur:
DIETER, A.: Prüfung der möglichen Feindwirkung verschiedener Pflanzenarten auf parasitäre Nematoden an Reben. Die Wein-Wissenschaft 1987, 235-240.
RÜDEL, M.: Schadnematoden im Weinbau und ihre Bekämpfung. Rebe und Wein 1989, 29-31.

Hinweise: Rechtzeitig vor dem Rigolen ist, bei Begrünung der Brachfläche, die Grünmasse zu mulchen und frühestens 14 Tage danach oberflächlich in die Krume einzuarbeiten, um den Verrottungsprozeß in Gang zu bringen.

Unverrottetes Grünmaterial darf nicht in den Unterboden gelangen, weil es dort vertorft, die Bildung von Wurzelschimmel fördert und den Wasser- und Gasaustausch zu den tiefer gelegenen Bodenschichten unterbindet.

Das Rigolen humoser Böden mit vorausgegangener Grünbrache führt zu einer starken Freisetzung von Nitrat. Dies kann durch Rigolen vor der Grünbrache abgemindert werden. In der Regel erfolgt das Rigolen am Ende der Grünbrache.

4.6. Vorratsdüngung

Die Zeit vor der Neupflanzung ist die einmalige Gelegenheit schwer bewegliche Nährstoffe in tiefere Bodenschichten zu bringen.

Art und Menge der notwendigen Dünger sind grundsätzlich durch eine Bodenuntersuchung zu bestimmen, denn

- das spart Kosten,
- dient dem Umweltschutz und
- der Erhaltung der Bodengesundheit.

4.7. Entnahme von Bodenproben

Der Erfolg der Bodenuntersuchung hängt von der Art der Probeentnahme ab. Die Proben müssen dem Durchschnitt der zu untersuchenden Fläche entsprechen. Die folgenden Angaben gelten auch für Proben aus Ertragsweinbergen oder Junganlagen.

Die Zahl der Probelöcher wird durch die Bodenbeschaffenheit bestimmt. Je ungleichmäßiger Ober- und Unterboden sind, desto mehr Probelöcher müssen geschlagen werden. Ist die Fläche weitgehend gleichmäßig, genügen 3 bis 4 Bodeneinschläge auf 10 Ar.

Es sind getrennte Proben zu entnehmen aus

- Oberboden (0 bis 30 cm) und Unterboden (30 bis 60 cm),
- Oberhang und Unterhang,
- Teilstücken mit unterschiedlichem Boden, z.B. Kiesstellen,
- Teilstücken mit schlechtem Wuchs und
- Teilstücken, die mit unterschiedlichen Rebsorten bestockt waren.

Der für ein bestimmtes Teilstück aus den einzelnen Bodeneinschlägen entnommene Boden wird getrennt nach Ober- und Unterboden zu je einer Durchschnittsprobe von 300 bis 500 Gramm gemischt. Grobe Steine sind auszuscheiden.

Zeit der Probeentnahme: Die Entnahmezeit richtet sich nach dem Zeitpunkt der geplanten Düngung. Da die Nährstoffwerte im Boden im Jahresrhythmus nur geringfügig schwanken, kann die Entnahme so rechtzeitig erfolgen, daß noch

40

genügend Zeit für die Untersuchung, den Kauf der Dünger und die Ausbringung vor dem Rigolen zur Verfügung steht.

Kennzeichnung der Bodenproben: Die Versendung der Proben an das Bodenuntersuchungslabor erfolgt in kleinen Kästchen oder Plastikbeuteln. Eine ausreichende Kennzeichnung ist wichtig. Diese außen anbringen, damit sie durch die Feuchtigkeit des Bodens nicht unleserlich wird.

Notwendige Angaben:

- Name und Adresse des Betriebes,
- Herkunft der Probe - Grundstücksbezeichnung,
- Kultur - geplante Neupflanzung, o. Junganlage, o. Ertragsanlage,
- Entnahmetiefe - Oberboden oder Unterboden,
- Untersuchungszweck - Vorratsdüngung oder Erhaltungsdüngung,
- Weitere Hinweise auf evtl. Mangelsymptome, Wuchsdepressionen oder Ertragsstörungen.

Untersuchung der Bodenproben: Die normale Untersuchung erstreckt sich auf pH-Wert bzw. Aktivkalk,

Phosphat,

Kali,

Magnesia,

Bor und Humus.

Wer weitere Untersuchungen wünscht muß dies angeben.

Das *Untersuchungsergebnis* mit den Analysewerten wird dem Betrieb mit einer Düngungsempfehlung zugestellt.

Eine Parzelle ist dann mit Nährstoffen gut versehen und benötigt keine Vorratsdüngung, wenn das Untersuchungsergebnis Nährstoffgehalte der Versorgungsstufe C aufweist. Nähere Angaben siehe Seite 292 – 294.

Die Nährstoffe

Phosphorsäure: Sie gelangt durch die normale Oberflächendüngung nur sehr langsam in die Tiefe. Es wird daher ein etwa fünfjähriger Vorrat angestrebt. Entzugszahlen und Werte für eine einfache Erhaltungsdüngung sind für alle Nährstoffe dem Kapitel "Mineraldüngung" Seite 287 ff. zu entnehmen.

Kali: Es ist im Boden weniger schwer beweglich als Phosphat. Eine Vorratsdüngung ist daher vornehmlich in bindigen Lehm- bis Tonböden erforderlich. Es wird ein etwa dreijähriger Vorrat benötigt.

Sehr hohe Kalimengen sind gelegentlich in kaliarmen Diluvialböden erforderlich, wenn dort eine sogenannte Kalifixierung eingetreten ist. (siehe Seite 324)

Magnesium: Da Kalium von der Pflanze schneller aufgenommen wird als Magnesium, muß im Boden ein Verhältnis von $K_2O:MgO$ von etwa 2 bis 3:1 eingestellt werden. Extremer Mangel tritt vornehmlich in Sandböden auf. Die leichtere Beweglichkeit von Magnesium im Boden erfordert einen bis dreijährigen Vorrat.

Kalk: In sauren Böden ist die Beseitigung des Kalkmangels für die Verfügbarkeit der Nährstoffe und die Gesundheit der Reben von großer Bedeutung. Die Gesundkalkung kann 50 bis 100 dt/ha CaO erfordern. Auch hier sind die nötigen Mengen durch Bodenuntersuchung zu bestimmen. Bei Kalkmangel fehlt in der Regel auch Magnesium. In diesem Falle ist Magnesiumbranntkalk zu düngen. Mengen von mehr als max. 50 dt/ha sollen in mehreren Teilgaben gegeben werden. Zu hohe Kalkgaben beeinträchtigen vorübergehend das Gleichgewicht des Bodenlebens, was vorübergehend das Rebenwachstum stört.

Anzustrebender pH-Wert in den Weinbergsböden	
Bodenart	pH-Wert
Sandböden	6,0-6,5
Lehmböden	6,5-7,0
Tonböden	6,8-7,2

Eine gewisse Rolle spielt auch der Aktivkalk. Er ist zur Verbesserung der Bodenstruktur erwünscht. In leichten Sandböden ist er nicht erforderlich. In mittleren bis schweren Böden sind jedoch Aktivgehalte von 0,1 bis 1,0 % anzustreben.

In Böden mit 15 % und mehr Aktivkalk sind die Reben chlorosegefährdet.

Zeitpunkt und Art der Ausbringung der Vorratsdünger: Die Wurzeln junger Reben reagieren sehr empfindlich auf hohe Salzkonzentrationen im Boden. Solche Überkonzentrationen können entstehen, wenn hohe Mengen gedüngt werden müssen und wenn die Zeit zwischen Düngung und Pflanzung zu kurz ist. Folgendes ist daher zu beachten:

● Kleine Düngermengen bis Spätherbst oder Vorwinter ausbringen.

● Große Mengen sind auf mehrere Gaben zu verteilen.

● Eine erste Gabe kann schon in den alten Weinberg vor dessen Aushauen gestreut werden.

● Den Dünger kann man auch auf die begrünte Brache verteilen.

● Die Düngermengen sind gleichmäßig zu verteilen, damit keine örtlichen Überkonzentrationen entstehen.

- Der Dünger wird in die Krume leicht eingearbeitet und gelangt so durch die Rodung in den Untergrund, den Hauptwurzelbereich der Rebe.

Der Vorratsdünger kann auch schon zu Beginn der Brachezeit ausgebracht werden. Anschließend wird sofort gerodet. Folgende Vorteile werden angegeben:

- Salzschäden an den Wurzeln werden vermieden,
- der Boden setzt sich bis zur Pflanzung,
- die Wiederverdichtungsgefahr, besonders im Bereich der Fahrspuren, wird reduziert,
- die während der Brache anfallende Grünmasse wird durch die Rodung nicht vergraben.

Bei einmaligen Gaben sollten nach RASP und ZIEGLER folgende Düngermengen nicht überschritten werden:

Rein-Nährstoff	schwerer Boden	leichter Boden
P_2O_5	600 kg/ha	300 kg/ha
K_2O	700-900 kg/ha	350-450 kg/ha
MgO	900 kg/ha	450 kg/ha
Bor	3-3,6 kg/ha	1,5-1,8 kg/ha
CaO	80 dt/ha	40 dt/ha
Quelle:	RASP, H.: Der Deutsche Weinbau, 1981, 231-234 ZIEGLER, B.: Winzerkurier, 1985 Nr. 9, 16-18	

Auswaschungen von früh verabreichten Vorratsdüngermengen treten nicht auf, da die Düngung nur mit schwer beweglichen Nährsalzen erfolgt.

In der Regel sind heute keine großen Vorratsdüngermengen nötig, sondern nur noch dort, wo Flächen neu in Rebkultur genommen werden oder viele Jahre ungenutzt brach lagen. Bei Wiederbepflanzungen im planmäßigen Umtrieb sind die Böden durch die übliche regelmäßige Düngung überwiegend mit Nährstoffen gut versorgt. Nicht selten gibt es auf solchen Flächen keine Unter- sondern eine Überversorgung. Es ist dann keine oder nur eine kleine Vorratsdüngung erforderlich oder es ist ein unharmonisches Nährstoffverhältnis zueinander auszugleichen.

Bodenverbesserung

Die Bodenverbesserung ist besonders dort wichtig, wo eine Brache aus irgendeinem Grund nicht eingeschaltet wird.

a) *Kompost*: Zur Verbesserung humusarmer Böden, insbesondere auch von chloroseanfälligen Böden, ist Müllkompost sehr geeignet. Es werden etwa 300 cbm/ha (240 t) gut verrotteten Kompostes in zwei bis drei Gaben, in Abständen von zwei bis drei Wochen, auf dem Gelände verteilt, jeweils etwas eingearbeitet und dann mit untergerodet.

Müllkompost darf nur zum Einsatz kommen, wenn das Grundstück nicht im Wasserschutzgebiet liegt und wenn der Boden nicht mit Schwermetallen belastet ist. Letzteres ist durch eine Bodenuntersuchung festzustellen. Die Schwermetallgrenzwerte sind in der Klärschlammverordnung festgelegt. Nähere Angaben sind auf Seite 262 ff. zu finden.

b) *Überfahren mit guter Erde:* In Sand-, Kies- und Gesteinsböden kann der Boden durch Überfahren mit lehmiger Erde verbessert werden. Wenn es geht, wird die Erde sofort nach dem Aushauen aufgefahren.

Literatur:
BUCHER, R.: Neuere Erkenntnisse in der Bemessung und Gestaltung der Meliorationsdüngung bei Weinbergs-Umlegungsprojekten. Der Deutsche Weinbau, 1968, 920-927.
FOX, R.: Rigolen und Vorratsdüngung aus heutiger Sicht. Rebe und Wein, 1989, 365-366.
HILLEBRAND, W.: Die Rebenmüdigkeit des Bodens und ihre Beseitigung. Deutsches Weinbau-Jahrbuch, 1974, 125-132.
PLATZ, R.: Überlegungen zur Standortvorbereitung von Neuanlagen. Vorträge der 23. Rheinhessischen Weinbauwoche, 1972, 68-74.
PLATZ, R.: Zur Verträglichkeit hoher Vorratsdüngergaben im Weinbau. Vorträge der 24. Rheinhessischen Weinbauwoche, Oppenheim 1973, 55-63
RASP, H.: Auswirkung einer Vorratsdüngung bei Neuanlagen von Weinbergen. Der Deutsche Weinbau, 1981, 231-234.
RASP, H.: Gedanken zur Vorratsdüngung bei der Neuanlage von Weinbergen. Rheinische Bauernzeitung 1985, 328.
RUPP, D.: Rigolen von Rebböden und die Nitratauswaschung. Der Deutsche Weinbau, 1988, 1135-1138.
SCHALLER, K. und STEINBERG, B.: Die mineralische Düngung im Weinberg. Der Deutsche Weinbau, 1978, 1048.
SCHOLL, W., MEIER, D.: Beseitigung der Rebenmüdigkeit. Rebe und Wein, 1981, 216 – 224
-.-: Vorratsdüngung im Weinbau. Der Deutsche Weinbau, 1973, 64.
ZIEGLER, B.: Vorratsdüngung im Weinbau. Winzerkurier, 1985 Nr. 9, S. 16-18.

4.8. Tiefenbodenbearbeitung (Roden, Rigolen) vor dem Pflanzen*

Zweck: Lockerung des im Laufe der Jahre durch das ständige Befahren und Begehens verdichteten Bodens.

Beachten! Jede Tiefenlockerung bedeutet einen tiefen Eingriff in das Bodengefüge. Darum muß durch eine Profilgrabung, die Lockerungsbedürftigkeit des Bodens untersucht werden.

Nachteile einer Tiefenlockerung:

Tiefgelockerter Boden ist für eine Wiederverdichtung anfälliger, als ein natürlich gelagerter.

* Auszug aus dem KTBL-Arbeitsblatt Bodenvorbereitung vor der Wiederbepflanzung von Weinbergen in Direktzuglagen von B. Ziegler. Beilage in Der Deutsche Weinbau 1990 Nr. 29.

44

Tiefe, insbesondere wendende Bearbeitung zerstört das Porensystem.
An der Grenze zwischen gelockertem und gewachsenen Boden kann eine Verdichtungszone entstehen. Überschüssiges Wasser kann nicht abfließen und staut sich dort. Das kann Chlorose auslösen oder verstärken.

Die Bodenlockerung soll zu einer möglichst geringen Vermischung von Ober- und Unterboden führen. **Das Verfrachten der humusreichen Krume in die Wurzelzone wird nicht mehr als vorteilhaft angesehen.** Jede Pflugsohlenbildung soll möglichst vermieden werden. *Es ist daher besser nur zu lockern und nicht zu wenden.* Wo eine bodenschonende Bodenpflege, unter Einbeziehung der Begrünung, viele Jahre praktiziert wurde, sind Böden selten lockerungsbedürftig.

4.8.1 Hublockerungsverfahren

4.8.1.1 Tiefengrubbern

Arbeitsweise:
Lockerung ohne wesentliche Vermischung der Bodenschichten; Intensität der Lockerung ist abhängig von der Anzahl der Grubberzinken, bzw. der Anzahl der Überfahrten; Lockerungstiefe hängt von der Schlepperleistung ab, in der Regel werden 35 bis 50 cm erreicht.

Vorzüge: geringer Geräteaufwand, wenig störungsanfällig.

Probleme: geringe Lockerungsintensität, schmale Lockerungsfurche, Boden muß ausreichend abgetrocknet sein; hoher Zugkraftbedarf; weitere Oberbodenbearbeitung notwendig.

Eignung:
Einsatz bei weniger verdichteten Böden oder Böden mit hohem Steingehalt, evtl. als Ergänzung einer flacheren Spaten-, Pflug- oder Fräsarbeit (Verhinderung von Sohlenbildung). Massivere Verdichtungen sind stufenweise zu lockern.

4.8.1.2. Wippscharlockerung
Arbeitsweise:
Zapfwellengetriebenes Schar wippt auf und ab. Schwert ist feststehend, meist ein bis zwei Arbeitswerkzeuge; intensive Lockerung ohne wesentliche Vermischung der Bodenschichten. Arbeitstiefe zwischen 50 und 80 cm.

Vorzüge: gutes Eindringen in verhärtete Böden, konstanter Tiefgang, hohe Lockerungsintensität.

Probleme: hoher Zugkraftbedarf, Lockerungserfolg ist von ausreichendem Abtrocknungsgrad des Bodens abhängig; weitere Oberbodenbearbeitung erforderlich.

Eignung:

Zur Behebung tiefergehender Allgemeinverdichtungen und die Beseitigung von Sperrschichten (Ortstein, Planierungssohlen). Ohne eine ausreichende Abtrockung ist nicht der erforderliche Brecheffekt zu erwarten. In feuchten Böden kommt es zur Gefügeverschlechterung.

4.8.1.3 Hubschwenklockerung

Arbeitsweise:

Zapfwellenangetriebene Schare pendeln vor und zurück, Schar und Schwert sind fest zusammen, meist zwei bis vier Arbeitswerkzeuge; intensive Lockerung ohne wesentliche Vermischung der Bodenschichten; erreichbare Tiefe 40 bis 60 cm.

Vorzüge: geringer Zugkraftbedarf.

Probleme: schwieriges Eindringen in verhärtete Böden, hohe Schlepperbelastung durch Erschütterungen; trockene Böden erforderlich; weitere Oberbodenbehandlung nötig.

Eignung:

zur Behebung von nicht übermässigen Allgemeinverdichtungen.

4.8.1.4 Stechhublockerung

Arbeitsweise:

Ca. 1 m tiefe und intensive Lockerung ohne wesentliche Vermischung der Bodenschichten. Spezialgerät für den Raupenvorspann.

Vorzüge: konstanter Tiefgang, robustes Gerät.

Probleme: hoher Kraftbedarf für Zug und Antrieb, nur wenige Geräte vorhanden; weiterer Arbeitsgang zur Oberflächenbearbeitung erforderlich.

Eignung:

Einsatz auf größeren Flächen, wie z.B. Flurbereinigungsverfahren; zur Behebung von tiefgehenden und massiven Verdichtungen.

4.8.2 Abbruchlockerungsverfahren

4.8.2.1 Pflügen

Arbeitsweise:

Vorwiegend wendend bis mischend, kein stärkeres Zerkleinern der Bodenaggregate, mittlerer Lockerungsgrad.

Vorzüge: geringe Störungsanfälligkeit, verhältnismäßig hohe Arbeitsgeschwindigkeit möglich.

Probleme: Vergraben des belebten Oberbodens, Schaffung von Sohlenverdichtungen (Pflugsohle), hinterläßt Pflugfurche (Einebnung nötig).

Eignung:

Nur in Sonderfällen ist ein tieferes Wenden mit dem Rigolpflug angebracht, z.B. zum Mischen eines stärker podsolierten Bodens. Dagegen kann ein flaches Pflügen (Schälen) zum Einarbeiten von organischer Masse oder von abgestorbener Gründüngung akzeptiert werden.

4.8.2.2 Spaten

Spatenfräsen (rotierende Arbeitsweise)

Arbeitsweise:

Vorwiegend mischend, starke Zerkleinerung der Bodenaggregate.

Vorzüge: intensive und homogene Lockerung, einfacher Einsatz der Rebenpflanzmaschine.

Probleme: Schaffung von Sohlenverdichtungen, durch das Zerstören intakter Bodenaggregate erfolgt eine rasche Wiederverdichtung des Bodens, schlechte Wasserführung - Staunässegefahr.

Eignung:

Eine tiefere Bearbeitung mit der rotierenden Spatenmaschine sollte nur in Ausnahmefällen erfolgen. Hier muß dann eine ausreichende Schonung und Stabilisierung des Bodens gewährleistet sein.

Gegen eine flachere Bearbeitung (max. 25 cm), z.B. als Bodenvorbereitung für das Rebenpflanzen, ist weniger einzuwenden.

Stechend arbeitende Spatenmaschinen

Arbeitsweise:

Lockernd, leicht mischend, bei geringerer Einstichfrequenz geringe bis mittlere Zerkleinerung der Bodenaggregate, erreichbare Arbeitstiefe: 40-50 cm.

Vorzüge: keine stärkere Wendung des Bodens, befriedigende Arbeit noch bei leicht feuchten Böden, nur geringe Gefahr einer Sohlenbildung, stabilere Lockerungsstruktur.

Probleme: Pflanzenreste werden nicht immer völlig untergearbeitet.

Eignung:

In allen Fällen, wo ein tieferes Lockern nötig ist, sind diese nicht wendend arbeitende Geräte einsetzbar. Bei Vermeidung zu hoher Einstichfrequenzen und zu intensiver Vermischung ist ein Einsatz bis zu 50 cm Tiefe vertretbar. Mit der stechend arbeitenden Spatenmaschine kann auch noch bei einer gewissen Bodenfeuchte gearbeitet werden.

4.8.2.3 Mehrzweck-Meliorationsverfahren (MM 100).

Arbeitsweise:

Lockerung ohne wesentliche Bodenvermischung oder -wendung; spatenähnliche Werkzeuge bearbeiten ca. 1/3 der Arbeitsbreite, die Bodenbeschichtung der dazwischen liegenden Bereiche bleibt erhalten. Lockerungstiefe je nach Werkzeugwahl 40 bis 80 cm.

Vorzüge: befriedigende Lockerung auch bei leicht feuchten Böden, geringe Gefahr einer Sohlenbildung; stärkere Zerstörung der Aggregate nur im unmittelbaren Bereich der Arbeitswerkzeuge.

Probleme: vorhandener Pflanzenbewuchs oder Pflanzenreste werden nur unzureichend untergearbeitet, daher meist Nacharbeiten nötig; unter ungünstigen Verhältnissen können die nicht unmittelbar bearbeiteten Zonen die Arbeitsweise der Rebenpflanzmaschine stören; hohe Schlepperbelastung durch Erschütterungen daher auch als Anhängegerät angeboten.

Eignung:

Lockerungsverfahren für Verdichtungen bis ca. 80 cm Tiefe, das allerdings eine weitere Bearbeitung des Oberbodens erforderlich macht. Tiefe und Art der Bearbeitung kann durch die Wahl verschiedener Werkzeuge variiert werden. Durch die Variation der Einstichfrequenz kann die Lockerungsintensität verändert werden. Das Verfahren läßt auch bei etwas feuchteren Böden einen Lockerungseffekt erwarten.

Nicht bewährt haben sich die *pneumatische Lockerung* und das *Umbaggern des Bodens mit einem Schreitbagger.*

Die pneumatische Lockerung kann höchstens in Terrassenlagen zur Anwendung kommen, wenn andere Verfahren aus technischen Gründen nicht möglich sind und das Rigolen von Hand wegen des hohen Arbeitsaufwandes zu teuer ist.

Allgemeine Hinweise

Zeitpunkt:
Die Bodenlockerung kann von Herbst bis zum Frühjahr erfolgen. Die Ausführung im Herbst und Vorwinter ist vorzuziehen, weil der gelockerte Boden die Winterfeuchtigkeit gut aufnehmen kann und die Oberfläche eine schöne Frostgare erhält. Roden bei gefrorenem Boden, hoher Schneedecke oder extremer Nässe sollte unterbleiben. Tiefenlockerungen sind grundsätzlich bei trockenem Boden vorzunehmen, damit die verdichteten Bodenschichten aufbrechen.

Art der Durchführung:
Vor Arbeitsbeginn Grenzsteine freilegen, damit nicht in das Nachbargrundstück hineingerodet wird. In schweren Böden rodet man nur auf 40 cm Tiefe, um das Vordringen der Wurzeln in größere Tiefe zu erschweren. Tonböden verdichten sich im Untergrund sehr schnell und nehmen den Wurzeln die Lebensmöglichkeit. Als Folge kümmern die Jungreben. In allen anderen Böden rodet man auf 60 cm Tiefe. In flachgründigen Böden ist eine Untergrundlokkerung angebracht. Ortsteinschichten im Untergrund müssen unbedingt aufgesprengt werden, wenn die Reben gedeihen sollen. Das Vorhandensein solcher Schichten kann man oft daran erkennen, daß Wasser in den Rebengassen steht, das nicht in den Untergrund abfließen kann.

Wichtig! Während des Rodens sind alle Wurzelrückstände sorgfältig zu sammeln und anschließend zu verbrennen. Im Boden zurückbleibende Wurzelreste können virusverseucht sein und Ausgangspunkte für Neuverseuchungen darstellen. Auch der Wurzelschimmel kann von solchen Resten auf Wurzeln der neu gepflanzten Reben übertragen werden.

Literatur:
FAUST, H.: Verbesserung der Böden durch Rigolen. Der Deutsche Weinbau 1958, 93-100.
GÖTZ, G., RUPP, D.: Untersuchungen über Verfahren der Bodenlockerung (Rigolen) für Rebenpflanzungen in terrassierten Steillagen. Forschungsring des Deutschen Weinbaus, Jahresbericht 1985, 72-74.
MAUL, D.: Tiefenlockerung von Weinbergsböden. Deutsches Weinbau-Jahrbuch 1979, 115-120.
RUPP, D.: Bodenverbesserung für Rebpflanzungen in terrassierten Steillagen. Der Deutsche Weinbau, 1989, 1089-1150.
SCHULTE-KARRING, H.: Neues über Technik und Einsatz der Tiefen-Lockerung im Weinbau. Deutsches Weinbau-Jahrbuch 1974, 93-100.

SCHULTE-KARRING, H.: Auswirkungen und Einsatzmöglichkeiten der Pneumatik-Bodenlockerung im Weinbau. Der Deutsche Weinbau 1982, 606-612.

SCHULTE-KARRING, H.: Fachgerechte Bodenvorbereitung vor Neupflanzung. Der Deutsche Weinbau, 1988, 282-284.

SCHULTE-KARRING, H.: Pneumatische Tiefenlockerung - Alternative für Terrassenweinbau. Der Deutsche Weinbau, 1986, 1115-1117.

STRENG, P., SCHOTTDORF, W.: Grünbrache. Rebe und Wein 1986, 88-92.

STUMM, G.: Pneumatische Lockerung bei der Vorbereitung von Terrassenflächen unter betriebswirtschaftlichen Aspekten. Der Deutsche Weinbau 1986, 1118-1122.

ZIEGLER, B.: Bodenvorbereitung vor der Wiederbepflanzung. Weinwirtschaft (Anbau), 1987 Nr. 3, S. 14-16.

ZIEGLER, B., BRECHT, N., STEPP, G.: Bodenbearbeitung vor dem Pflanzen. Der Deutsche Weinbau, 1989, 1146-1150.

4.9 Das Abzeilen (Abreißen)

Der Maschineneinsatz im Weinbau, insbesondere die mechanische Bodenbearbeitung, erfordert eine peinlich genaue Pflanzung, um spätere Stockbeschädigungen durch die Arbeitsgeräte zu vermeiden. Um das zu erreichen, ist eine genaue Abzeilung erforderlich.

Was ist zu beachten?

Zeilenrichtung: Früher versuchte man die Zeilenrichtung möglichst nach Süden zu legen, um die günstigste Besonnung zu erreichen. Heute ist entscheidend, daß die Gassen keinen Seitenhang aufweisen, weil dieser ein Abrutschen der Arbeitsgeräte (Schlepper oder Sitzpflug) in die Rebstöcke bewirkt und zu deren Beschädigung führt.

Grenzabstand: In Rheinland-Pfalz ist dies im *Nachbarschaftsgesetz* (Gesetz- und Verordnungsblatt vom 15.6.1970) geregelt. Der Grenzabstand gegenüber den parallel zu den Rebzeilen verlaufenden Grenzen muß die

halbe Gassenbreite

betragen.

- mindestens aber 0,75 m bei Gassenbreite bis 2,00 m und
- mindestens 1,40 m bei Gassenbreiten über 2,00 m.

Werden neben Weinbergen Flächen aufgeforstet, muß der Wald zum Weinberg 10 m Abstand halten.

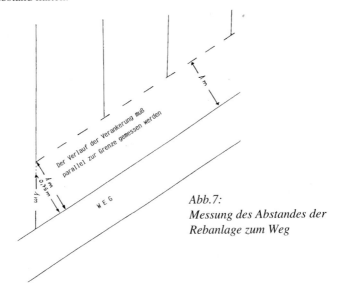

Abb.7:
Messung des Abstandes der Rebanlage zum Weg

51

Abstand vom Weg: Gegenüber dem Weg und sonstigen Grenzen sind 1 m Abstand vorgeschrieben, gerechnet vom äußersten Rebstock oder der äußersten Verankerung der Erziehungsvorrichtung. Der Abstand zum Weg ist im rechten Winkel zu messen. Läuft nämlich die Zeile schräg zum Weg hin, ergibt die in Zeilenrichtung zum Weg hin gemessene Strecke von 1 m einen geringeren Abstand als das Gesetz vorschreibt (siehe Abb. 7).

Sind die Wege schmal, muß für den Schlepper genügend *Vorgewende* liegen bleiben. Um das Wenden zu erleichtern und nicht zu viel Raum an das Vorgewende zu verlieren, kann an jedem Ende des Weinbergs jede zweite Zeile um einen Stockabstand kürzer gemacht werden (Abb. 8). Zum leichteren Wenden und zum Vermeiden des Zurückstoßens, wird nicht jede Gasse hintereinander befahren, sondern in einem verlängerten Kreisbogen, wie in der Abb. 8 dargestellt.

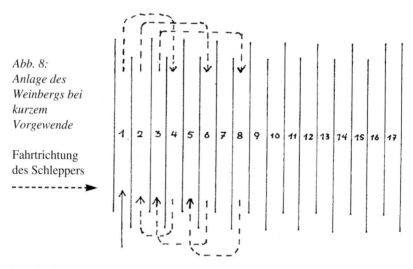

Abb. 8:
Anlage des
Weinbergs bei
kurzem
Vorgewende

Fahrtrichtung
des Schleppers

Der Schlepper beginnt unten in Gasse 1, fährt oben aus der Gasse 1 in die Gasse 4, unten aus der Gasse 4 in die Gasse 2 und oben aus der Gasse 2 in die Gasse 6; weiter geht es unten aus der Gasse 6 in die Gasse 3 und oben aus der Gasse 3 in die Gasse 8. Unten geht es dann aus Gasse 8 in die Gasse 5. Oben werden jetzt immer 4 Gassen überschlagen und in die 5. eingefahren, unten werden 2 Gassen überschlagen und in die folgende 3. eingefahren.

Schmalspurschlepper mit Senkrechtaushebung benötigen im Durchschnitt 3 m Vorgewende; ohne Senkrechtaushebung sind 3,50 bis 4,50 m nötig. Das Vor-

52

gewende kann natürlich durch Zurückstoßen des Schleppers verkleinert werden, aber der flüssige Arbeitsablauf wird dadurch bedeutend erschwert und die Arbeitszeit verlängert.

Der letzte Stock wird nicht wie früher zwischen Ankerdraht und Endstickel gepflanzt, denn dort wird ein Teil der Sommertriebe nicht vom Drahtrahmen erfaßt und muß geheftet werden. Es ist arbeitswirtschaftlich besser, den letzten Stock einen halben Stockabstand vom Endstickel entfernt in der Zeile anzupflanzen (Abb. 9 und 10).

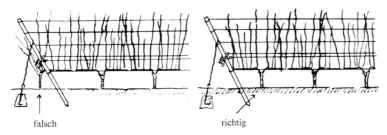

falsch   richtig

Abb. 9: Pflanzen des letzten Stockes

Stoßzeilen (Stümmel) sind weitgehend zu vermeiden. Sie erschweren vor allen Dingen die Arbeit mit der Seilwinde. Unterschiede in der Feldbreite können auf die einzelnen Zeilen verteilt werden, wenn dies 20 cm je Zeile nicht übersteigt.

Durchgänge sind überall dort angebracht, wo die Zeilen länger als 80 m sind. In Abbildung 10 ist zu sehen, wie die Stöcke zu pflanzen sind.

Gassenbreite und Stockabstand werden im Kapitel Rebenerziehung behandelt.

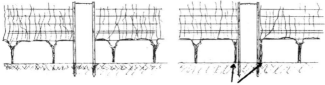

Abb.10: Beim Einsatz von Stockräumgeräten die Reben so pflanzen

Ausführung

1. In der Praxis kommen verschiedene Verfahren zur Anwendung.

   ● Zur Markierung der Zeilen werden sofort die Endstickel gesetzt.

   ● Zur Markierung der Zeilenrichtung wird von

     – Endstickel zu Endstickel ein Draht über den Boden gespannt oder

– an einer Leine oder Draht entlang eine Markierungsrille gezogen oder stattdessen mit Kreidepulver eine Linie markiert.

Notwendiges Gerät: Zollstock, Bandmaß, Visierstäbe, Leine, Markierungspfählchen, Hammer, Rillenzieher und in Steillagen zusätzlich Wasserwaage nebst Senkblei, um waagerecht messen zu können, besonders wenn auf der Fläche unterschiedliches Gefälle besteht. Papier und Bleistift

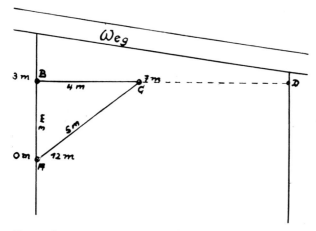

Konstruktion eines rechten Winkels mit Hilfe eines Bandmaßes   Abb. 11

2. Die Feldbreite wird oben und unten im rechten Winkel gemessen.

Das Anlegen des rechten Winkels kann mit einem Bandmaß, nach dem Satz des Pythagoras (3 m, 4 m, 5 m) und drei Fluchtstäben geschehen. Der rechte Winkel ist so zu legen, daß eine der Katheten mit der Fallinie parallel läuft, am besten auf der Grenzlinie.

Die andere Kathete muß eine Flucht über die ganze Breite des Grundstückes ermöglichen. Wenn das nicht durchführbar ist, oder wenn auf dem Grundstück unterschiedliche Fallinien auftreten, müssen mehrere rechte Winkel gelegt werden. Mindestens sind zwei Winkel, oben und unten, zu legen.
Siehe Abb. 11 und Erläuterungen.

Bei Punkt A wird das Bandmaß mit seinem Nullpunkt angelegt und auf der Feldgrenze 3 m bis Punkt B gemessen; dort wird ein Visierstab eingesteckt.

Die 12-Meter-Marke des Bandes wird wieder bei Punkt A angelegt. An der 7-Meter-Marke wird das Bandmaß strammgezogen und ein Visierstab eingesteckt. Bei Punkt B haben wir dann den rechten Winkel. Von Punkt B wird nun über Punkt C ein Stab einvisiert, der Punkt D ergibt. Nun kann die Feldbreite von B nach D gemessen werden. Würde die Feldbreite am Weg entlang messen, erhielten wir eine zu lange Strecke. Außerdem garantiert nur die Messung im rechten Winkel, daß über die ganze Feldbreite die vorgesehene Gassenbreite gleich bleibt.

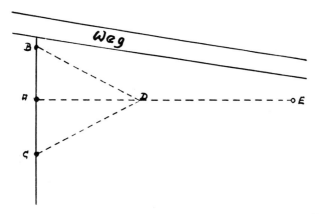

Konstruktion eines rechten Winkels mit Hilfe einer Leine   Abb. 12

Ist kein Bandmaß vorhanden, wird eine Mittelsenkrechte errichtet. Die Einzelheiten sind aus der Abbildung 12 zu entnehmen. Von Punkt A wird mit der Leine nach Punkt B und C eine gleiche Länge abgetragen. Von Punkt B und C wird mit der doppelten Länge in Richtung Punkt D ein Kreisboden geschlagen. Die beiden Kreisbögen treffen sich in D. Die Verbindung von D nach A ist die Senkrechte, die rechtwinklig auf der Strecke B-C steht. Von Punkt A wird über D nach R visiert. Jetzt kann die Feldbreite von A nach E gemessen werden.

Die rechtwinkligen Linien werden auf dem Boden markiert. Von A nach E wird die Leine gespannt. Sie wird an drei oder vier Stellen mit einem Pflock befestigt, damit sie nicht verrutscht. Dann wird mit einem spitzen Stab an der Leine entlang eine Rille gezogen.

3. Die *Gassenbreiten* werden auf den rechtwinkligen Linien abgemessen und durch einen Pfahl, die späteren Zeilen (Rebreihen), markiert.

Wie wird die Anzahl der Zeilen errechnet?

Allgemein	Zahlenbeispiel
1. $\dfrac{\text{Grundstück (parallel gemessen)}}{\text{gewünschte Gassenbreite}}$ = theoretische Anzahl der Gassen.	$\dfrac{30 \text{ m}}{1{,}90 \text{ m}}$ = 15,789 Gassen (das ist praktisch nicht möglich).
2. Theoretische Gassenzahl auf-oder abrunden. Abgerundet wird, wenn die Gassen etwas breiter werden sollen, aufgerundet wenn sie etwas schmaler werden sollen als zunächst geplant.	15,789 aufgerundet = 16 Gassen abgerundet = 15 Gassen
3. $\dfrac{\text{Grundstücksbreite}}{\text{Anzahl der errechneten Gassen}}$ = tatsächliche Gassenbreite	$\dfrac{30 \text{ m}}{15}$ = 2,00 m

Die Anzahl der Zeilen ist um 1 höher als die Anzahl der Gassen, da die Nullinie mitgerechnet werden muß.

Beträgt der Grenzabstand nicht die halbe Gassenbreite, muß dieser vorher abgerechnet werden. Notwendige Auf- oder Abrundungen nicht zu Lasten des Grenzabstandes durchführen.

In Berglagen kann man am oberen auslaufenden Hang oft das untere Grundstücksende nicht sehen. Hier muß man beim Abreißen noch eine zusätzliche Linie im rechten Winkel zur Markierung der Gassenbreite an der Stelle ziehen, von der aus beide Enden des Feldes einzusehen sind.

4. *Der Stockabstand* wird im rechten Winkel zu den Zeilen festgelegt. Da die Wege fast immer schräg zum Weinberg verlaufen, pflanzt man eine Stockreihe parallel zum Weg, alle anderen Stöcke aber im rechten Winkel zu den Zeilen. Aus der Abbildung 13 ist die Pflanzweise zu ersehen. Ist in der Mitte des Feldes ein Durchgang nötig, werden die Stöcke wie aus Abbildung 13 ersichtlich gepflanzt.

5. *Weinberge in Mulden und an Kuppen* bereiten beim Abzeilen große Schwierigkeiten, da die Feldbreite oben und unten stets eine große Differenz aufweist, die sich nicht auf die einzelnen Rebgassen verteilen läßt. In der Abbildung 14a ist eine Möglichkeit mit Stoßzeilen gezeigt. Eine derartige Anlage der Zeilen

56

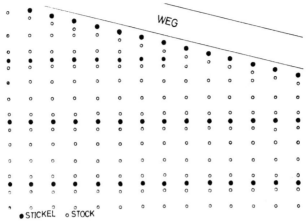

Abb. 13: Beispiel für die Einteilung der Rebstockpflanzstellen

hat den Vorteil, daß innerhalb der Gassen kein Seitenhang auftritt, der die maschinelle Arbeit erschwert. Da die Rebgassen mit zunehmender Geländehöhe immer schmäler werden, muß die Arbeitsbreite der Bodenbearbeitungsgeräte mehrmals verstellt werden.

Abb. 14a: Einteilung der Rebgassen in Mulden und an Kuppen

In Abbildung 14b ist eine Möglichkeit dargestellt, bei der die Rebgassen vom Tal zum Berg parallel verlaufen. Alle Stoßzeilen laufen auf die Mittellinie des Feldes zu. Die eingetragenen Pfeile geben die Hangrichtung an und zeigen, daß bei dieser Gassenanordnung Seitenhang nicht zu vermeiden ist. Die Arbeitsbreite der Bodenbearbeitungsgeräte muß zwar nicht verstellt werden, ihr Abrutschen in die Stöcke ist jedoch kaum zu verhindern. Weinberge an Mulden und an Kuppen wird man daher meistens in der Form anlegen, wie sie in Abbildung 14a dargestellt ist. Diese Form hat die kleineren Nachteile.

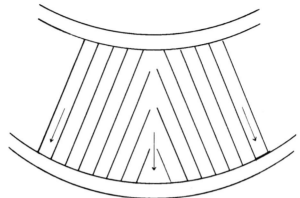

Abb. 14b: Einteilung der Rebgassen in Mulden und an Kuppen

Abzeilen für den Einsatz der Pflanzmaschine

Auch für den Einsatz der Pflanzmaschine muß vorher wenigstens zum Teil abgezeilt werden.

Ist die Pflanzmaschine mit Laser ausgestattet, so muß für den Fahrer die Fahrtrichtung als zukünftige Zeilenrichtung in Form von Markierungspunkten erkennbar sein. Diese Markierung ist vor Beginn der Arbeit anzubringen.

Arbeitet die Maschine nicht mit Laser, dann sind seitlich versetzt von der geplanten Zeilenrichtung, Führungsdrähte zu ziehen.

Zur Regulierung des Stockabstandes und zur Festlegung der ersten, von der Maschine bedienten Pflanzstelle, wird ein Steuerungsdraht um ein Mehrfaches des geplanten Stockabstandes oberhalb dieser Pflanzstelle befestigt.

Aus diesem Grund ist auch die oberste Pflanzstelle jeder Zeile zu markieren. Ist der Weg nicht gerade und muß der Markierungspunkt der Pflanzstelle um einen vollen Stockabstand versetzt werden (s.Abb. 14c).

Abb. 14c: Vorbereitendes Abzeilen für den Einsatz der Pflanzmaschine

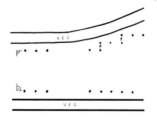

Die versetzten Reihen müssen dann ebenfalls im rechten Winkel fortgeführt werden.

Auf alle Fälle sollte vor dem Einsatz der Pflanzmaschine der Lohnunternehmer über die notwendigen Vorbereitungen befragt werden.

Literatur:

SCHULZE, G.: Richtiges Auszeilen von Neuanlagen. Der Deutsche Weinbau, 1988, 285-288.

4.10 Bestellen der Pflanzreben

4.10.1 Auswahl der Unterlage

Im modernen Weinbau mit breiten Rebgassen werden kräftig wachsende Unterlagen benötigt, die den durch die Klonenzucht reich und regelmäßig tragenden Edelsorten eine möglichst lange Lebensdauer garantieren.

Die Wahl der Unterlage ist abhängig von

- Boden,
- Standweite der Reben und der
- Rebsorte.

Boden (Bodenart, Kalkgehalt):

Leichte und trockene Böden ermöglichen der Rebe keine starke Wuchskraft. Eine wuchskräftige Unterlage ist daher nötig, z.B. 5BB.

Tiefgründige, humose Böden bewirken bei der Rebe eine starke Wuchskraft. Eine weniger wuchsstarke Unterlage ist daher angebracht, z.b. SO4,, Binova, 5C u.a.

Kalkhaltige Böden verlangen den Einsatz kalkverträglicher Unterlagen wie z.b. SO4 und Binova. Die Kalkempfindlichkeit der Ertragssorte kann durch die Unterlage gemindert, aber nicht ganz ausgeglichen werden. Über die Kalkempfindlichkeit der Rebsorten gibt das Taschenbuch der Rebsorten im gleichen Verlag Auskunft.

Standweite:

Enge Standräume erfordern weniger wuchskräftige Unterlagen, weite Standräume erfordern wuchskräftige Unterlagen.

Rebsorte:

Die Verrieselungsanfälligkeit der Blüte einzelner Ertragsreben ist bei der Unterlagenwahl zu berücksichtigen. So wird die Möglichkeit der Verrieselung z.b. durch die sehr starkwüchsige 5BB verstärkt, weniger dagegen durch 125 AA, 5C, Binova, SO4 und am wenigsten durch 26 G. Darum wird man z.b. die Unterlage 5BB nie für den sehr verrieselungsanfälligen Traminer wählen und für den etwas anfälligen Riesling nur auf ganz extrem armen Böden. Die moderne Klonenselektion hat die Verrieselungsanfälligkeit der Ertragssorten ganz allgemein herabgesetzt. Wo starke Verrieselungen auftreten, sind sie häufig auch durch weinbautechnische Fehler, wie z.B. zu hohe Stickstoffdüngung, ausgelöst.

Eine zusammenfassende Darstellung der Eigenschaften der gebräuchlichsten Unterlagen vermittelt die umseitige Tabelle.

Die wichtigsten Unterlagssorten und ihre Eigenschaften

Sorte	Kreuzung	Wuchs	Kalkverträglichkeit	Eignung
Kober 5 BB	Vitis berlandieri x Vitis riparia	sehr stark starker Wachstumsschub auf tiefgründigen Böden – besonders während der Blütezeit und in den ersten 10-15 Jahren	gut	für arme, trockene, wuchsschwache Böden und weite Standräume; sonst wegen Verrieselungsgefahr nicht empfehlenswert. Für Riesling nur in extrem trockenen Böden geeignet. Verzögert die Reife etwas.
Kober 125 AA	Vitis berlandieri x Vitis riparia	stark	gut etwas besser als 5 BB	für Böden, die noch wuchsschwach sind und wo 5 BB nicht empfehlenswert ist, in Kombination mit weiten Standräumen.
5 C Geisenheim	Vitis berlandieri x Vitis riparia	mittelstark	gut	für mittlere bis leichtere, aber nicht extrem trockene Böden – nicht für nasse und kalte Böden
Selektion Oppenheim 4 (SO 4)	Vitis berlandieri x Vitis riparia	mittelstark	sehr gut	für kräftige Kalkböden (Chlorose-Böden), wuchsstarke Böden, nicht für arme oder trockene Böden.
3309 Couderc	Vitis riparia x Vitis rupestris	schwach	mäßig	für tiefgründige, feinerdereiche, *kalkarme* Böden. Die Sorte hat keine große wirtschaftliche Bedeutung. Die Lebensdauer der Rebanlage erreicht oft nicht die 20 Jahre. Die Unterlage ist nur sinnvoll in sauren Böden; diese sind aber meist flachgründig.
Geisenheim 26 (26 G)	Vitis vinifera (Trollinger) x Vitis riparia	stark	gut	für leichte Sandböden bis schwere Tonböden; Nachteil: Sorte ist nicht reblausfest! Anbau nicht in allen Weinbaugebieten erlaubt.
Binova	Vitis berlandieri x Vitis riparia	mittelstark (etwas stärker als SO 4)	sehr gut	Eignung wie SO 4. Bei blütenempfindlichen Sorten kommt es kaum zu Rieselschäden, daher auch gut für windoffene Lagen. Gut für Böden die bereits mehrmals mit Reben bestockt waren.

Literatur:

BECKER, H.: Die Unterlagensorte „Geisenheim 26" (26 G). Der Deutsche Weinbau, 1983, 155.

BECKER, H., FLIESENIG, W.: Ergebnisse langjähriger Prüfung von Unterlagsreben. Der Deutsche Weinbau, 1984, 261-265.

EHMER, R.: Die Unterlagenwahl im Weinbau, Rebe und Wein, 1982, 66-69.

FADER, W.: Zur Klonenauswahl in der Praxis. Der Deutsche Weinbau, 1984, 887-889.

FINGER, H., MERTENS, H.: Oppenheimer Unterlagenzüchtung im europäischen Wettbewerb. Der Deutsche Weinbau, 1981, 1367-1370.

MERTNES, H.: Die Leistung der Selektion Oppenheim 4 im Vergleich zu anderen Unterlagen. Deutsches Weinbau-Jahrbuch, 1975, 49-57.

SCHUMANN, F.: Richtige Wahl der Unterlage. Winzer-Kurier, 1982/2/14.

SCHUMANN, F., FRIESS, H.: Beziehungen zwischen Edelreis und Unterlage. Die Wein-Wissenschaft, 1976, 94-120.

Das *Bestellen der Pflanzreben* bei einem Rebenveredlungsbetrieb soll rechtzeitig erfolgen, damit man die Unterlage und das Edelreis erhält, die als Pfropfkombination für den neu anzulegenden Weinberg richtig sind. Der Rebenveredler muß seinerseits im Herbst vor der nächsten Rebenveredlung die für ihn nötigen Edelreiser und Unterlagen bestellen. Ende des nächsten Jahres kann er die daraus gewonnenen Pfropfreben verkaufen, die im Frühjahr darauf gepflanzt werden. Pfropfreben, die z.b. im Frühjahr 1993 gepflanzt werden sollen, müssen bis August 1991 bestellt werden. Wer später bestellt, erschwert dem Rebenveredler die Disposition und muß meistens die Reben kaufen, die angeboten werden. Das sind selten Edelsorten und Unterlagen, die in die betreffende Lage passen.

4.10.2 Berechnung des Pflanzrebenbedarfs

Beispiel:

Feldgröße	= 2200 qm
Gassenbreite	= 2,00 m
Stockabstand	= 1,10 m

Feldgröße : (Gassenbreite x Stockabstand) = Anzahl der Reben

2,00 x 1,10 = 2,20 qm Standraum für 1 Rebe
2200 : 2,2 = 1000 Pflanzreben

Da man in der Regel für das Vorgewende einige Quadratmeter des Feldes benötigt, die nicht bepflanzt werden können, bleiben einige Reben übrig. Diese werden als Nachpflanzreben benutzt.

Die Anzahl der nötigen Reben kann auch aus der Tabelle auf Seite 135 abgelesen werden.

Literatur:

Schumann, F.: Worauf sollte der Winzer beim Rebenkauf achten? Winzerkurier, 1980 Nr. 1, S. 14-15.

4.11 Das Pflanzen (Setzen)

Die Pflanzreben werden meistens in der Zeit von November bis Dezember geliefert. Sie sind sofort beim Empfang auf Stückzahl und Pflanzfähigkeit zu prüfen. Beanstandungen sollten dem Lieferanten gegenüber sofort, spätestens nach 24 Stunden, unter Vorlage der beanstandeten Reben geltend gemacht werden. Gleichmäßige, allseitig kräftige Bewurzelung, gute Verwachsung und Holzreife des Edelreises sind die Kriterien einer guten Pflanzrebe.

Die *Prüfung der Verwachsung* erfolgt durch die Drehprobe. Hierbei darf keine Gewalt angewandt werden, weil sich damit jeder Pfropfkopf abdrehen läßt. Bei der Zungenveredlung und dem Jupiterschnitt muß die Rückenseite gut verwachsen sein. Bei der Lamellenveredlung und Omegaveredlung ist auf eine gute Rundumverwachsung zu achten.

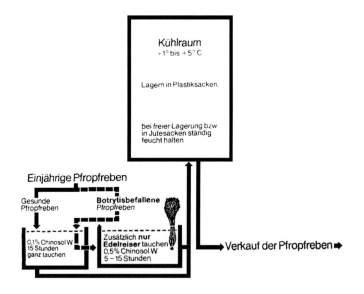

Abb. 15a:

Rebenhygiene mit Chinosol W nach Prof. Dr. H. Becker, Leiter des Instituts für Rebenzüchtung und Rebenveredlung, Forschungsanstalt Geisenheim / Rhg.

Aufbewahrung der Pflanzreben: Bis zur Pflanzung sind die Reben so aufzubewahren, daß keine Wurzelfäule, Schimmelbildung oder Austrocknung eintreten kann, daß die Reben nicht erfrieren und daß Wärmeeinfluß nicht zu vorzeitigem Austrieb führt, da dadurch die zum Anwuchs notwendigen Reservestoffe angegriffen werden.

Es ist daher vorteilhaft, die Pfropfreben vor der Lagerung mit Chinosol zu *desinfizieren.* Diese Maßnahme kann auch durch den Rebenveredler erfolgen.

Chinosolbehandlung:

– Erd- und Torfreste von den Pflanzreben entfernen.

– Trockene Reben mehrere Stunden wässern.

– Rebenbündel 15 Stunden in mindestens 10° C warme 0,1 %ige Chinosollösung eintauchen.

– Sind die Reben bereits stark von Botrytis befallen, Edelreiser zusätzlich 5 bis 15 Stunden mit 0,5 %iger Chinosollösung behandeln. Die Reben sind kopfüber, ohne die Wurzeln, einzutauchen (Siehe Abb. 15a).

Die Lagerung der Reben erfolgt am zweckmäßigsten in Kühlräumen. Da Winzerbetriebe diese Möglichkeit in der Regel nicht selbst haben, sollte man, wenn möglich, die Reben bis kurz vor der Pflanzung beim Rebenveredler belassen.

Als Notbehelf ist der Einschlag im Freien an einer schattigen Stelle im Garten möglich. Die Bündel werden geöffnet und die Reben so tief in die Erde eingegraben, daß der Edelreiskopf gerade mit Erde bedeckt ist. Zwischen den Reben sollen keine Hohlräume sein, weil dort Schimmel auftritt. Bei Frostwetter wird mit etwas Stroh abgedeckt. Bei frostfreiem Wetter wird das Stroh wieder entfernt. Werden die Reben nur kurzfristig aufbewahrt, können die ungeöffneten Bündel auch in einem kühlen Raum in mäßig feuchtem Sand eingeschlagen werden.

Pflanzzeit

Eine *Herbstanpflanzung* ist möglich und hat folgende *Vorteile:*

● Die Reben bekommen bis zum Frühjahr eine feste Verbindung mit dem Boden und können sich mit dem rigolten Feld festsetzen.

● Das Pflanzen kann ohne Wasser durchgeführt werden.

● Die Pflanzung erfolgt in einem Arbeitstal, statt während der Arbeitsspitze im Frühjahr.

Als Nachteile können auftreten:
- Ein sehr kalter Winter kann zu Schäden an den Reben führen.
- Hasen und Kaninchen können die Triebe abfressen.

Soll im Herbst nach der Weinlese gepflanzt werden, ist das Roden bereits im August vorzunehmen. Bei der Herbstpflanzung werden die Wurzeln, nicht aber die Triebe eingekürzt. Die gepflanzten Reben werden so weit mit Erde abgedeckt, daß die untersten zwei Augen des Triebes gegen Frost geschützt sind. Im Frühjahr wird dann der Trieb nach dem Abdecken auf 1 Auge zurückgeschnitten.

Die *Hauptpflanzzeit* liegt im Frühjahr, von Ende April bis Mitte Mai, wenn die *Bodentemperatur* +7 bis +10 Grad Celsius erreicht hat und die Böden weitgehend abgetrocknet sind. D.h., daß in leichten Böden, die sich rasch erwärmen, ab Mitte April, in schweren Böden, die sich nicht so schnell erwärmen, ab Mitte Mai gepflanzt werden kann.

4.11.2 Herrichten der Pflanzreben

- *Der Rückschnitt des Edelreistriebes* erfolgt auf 1 Auge oder das Achselauge, welches im Winkel zwischen Edelreis und Trieb sitzt. Dies hat den großen Vorteil, daß sich nur 1 oder 2 Triebe bilden. Später wird sowieso nur der Trieb aus dem Achselauge belassen, da er die senkrechte Verlängerung der Wurzelstange darstellt und den künftigen Stamm bildet.
Der überstehende Zapfen am Edelreis ist zu entfernen, da die Rebe ihn selten überwallt. Das alte eingetrocknete Gewebe kann verfaulen und den Eintritt von Bakterien und Krankheiten ermöglichen. Absterben von Stöcken (Apoplexie) kann auch von solchen stehengelassenen Zapfen ausgehen.
Der Zapfen darf aber nicht so tief abgeschnitten werden, daß eine Wunde entsteht, deren Austrocknungszone die Saftzufuhr zum Trieb stört. Kümmerwuchs der jungen Rebe ist die Folge oder auch Eingehen des Stockes in den ersten drei Jahren. Dies tritt besonders dann ein, wenn nicht nur sehr dicht, sondern auch noch schräg abgeschnitten wird. Der Zapfen sollte daher nie kürzer als 2 mm über dem Knoten abgeschnitten werden (siehe auch Abb. 16).
- *Das Entfernen der Edelreiswurzeln* ist dringend erforderlich.
- *Der Rückschnitt der Seitenwurzeln* erfolgt auf Stummel.
- *Der Rückschnitt der Fußwurzeln* wird, je nach Pflanzlochdurchmesser auf 2 bis 10 cm vorgenommen. Versuche haben ergeben, daß das Wachstum des Triebes im 1. Jahr durch längere Wurzeln gefördert wird. Die Wurzeln müssen auf jeden Fall so weit eingekürzt werden, daß sie sich beim Pflanzen nicht an den Wandungen des Pflanzloches nach oben schieben können.

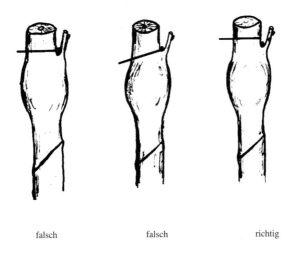

falsch	falsch	richtig

Abb. 16:
Abschneiden des
überstehenden
Edelreiszapfens

Das Herrichten der Pfropfreben wird unmittelbar vor dem Pflanzen ausgeführt. Es werden nur so viele Reben hergerichtet, als an demselben Tage gepflanzt werden können, damit die Schnittfläche der Wurzeln frisch und nicht eingetrocknet in den Boden gelangen.

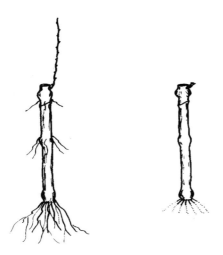

Abb. 16b:
Pfropfrebe vor und
nach dem Herrichten

65

4.11.3 Pflanzverfahren

Pflanzgeräte

Je nach Bodenart werden zur Herstellung der Pflanzlöcher verschiedene Pflanzgeräte eingesetzt.

Der *Spaten* ist ein ideales Pflanzgerät. Allerdings verursacht das Herstellen der Löcher damit den höchsten Arbeitsaufwand. Die *Pflanzzange* ist wie der Spaten zu beurteilen.

Der *Erdbohrer* hat gegenüber dem Spaten den Vorteil der leichteren Handhabung. Durch die drehende Bewegung kommt es zu keiner Verdichtung der Pflanzlochwände. In Großbetrieben wird der *motorisierte Erdbohrer* eingesetzt. Für Kleinbetriebe ist er unwirtschaftlich. Mit dem Erdbohrer lassen sich die Pflanzlöcher sehr schnell und gut herstellen.

Der *Pflanzstickel* ist nicht für alle Böden geeignet. Er hat einen Durchmesser von 4 bis 5 cm. Das Loch wird in den Boden gestoßen und dabei die Erde verdrängt. In schweren Lehm- und Tonböden kommt es hierbei zu einer starken Verdichtung der Lochwände. Diese Verdichtung kann so stark sein, daß die neu gebildeten Wurzeln sie nicht zu durchdringen vermögen. Die Rebwurzeln wachsen im Loch im Kreis herum, und spätestens im dritten Jahr stirbt die Pfropfrebe ab. In leichteren Böden, die nicht zur Verdichtung neigen, ist jedoch der Setzstickel ein Pflanzgerät, das, im Gegensatz zum Spaten und Handbohrer, wesentlich weniger Arbeit verursacht.

Pflanzschwert, Locheisen und Geißfuß haben den Nachteil, daß wegen des geringen Lochdurchmessers keine Pflanzerde mitgegeben werden kann. Sie sollten daher nur in humosen Böden eingesetzt werden. In schweren Böden gibt es auch mit diesen Geräten Bodenverdichtungen. Vorteil ist der geringe Arbeitsaufwand.

Die Wurzeln müssen auf Stummel eingekürzt werden, was die Entwicklung der Jungreben im ersten Jahr etwas behindert.

Kenndaten und Beurteilungskriterien verschiedener Pflanzmethoden

Pflanzmethode und Pflanzquerschnitt	Wurzelrückschnitt auf cm	Einsatzbereiche	Möglichkeit der Pflanzerdezugabe	Mindestbedarf an AK	Pflanzlöcher bzw. Pflanzleistung/Std.	Verfahrens-		Beurteilung der Rebentwicklung
						Vorteile	Nachteile	
Pflanzspaten Ø ca. 20-25 cm	ca. 8 cm und länger = Handbreite	außer Gesteinsböden fast überall möglich	ja	1	ca. 50-80 bei günstigen Bedingungen	großes Pflanzloch u. langer Wurzelrückschnitt wirken sich günstig auf Wurzel- u. Triebentwicklung aus	körperlich anstrengend und arbeitsaufwendig	sehr gut: günstiges Wurzel- und Triebwachstum
Geißfuß	ca. 1 cm auf Stummeln	steinige Böden scheiden grundsätzlich aus, große Vorbehalte; Grenzmethode	nein	1	ca. 200-300 bei günstigen Bedingungen	einfache Methode; hohe Leistung	zu kurzer Wurzelrückschnitt führt häufig zu ungleichem Längenwachstum	gut bis befriedigend; sehr abhängig von Bodenart und Bodenzustand
Pflanzschwert	ca. 2-3 cm	für leichte Lehm bis Lößlehme; steinige, nasse u. tonige Böden bedingt einsetzbar	nein	1	ca. 150-200 bei günstiger Bodenstruktur	einfach und schnell, sehr abhängig vom Geschick der Person	Bodenverdrängung nicht immer günstig für Wurzelentwicklung	dsgl.; oft besser
Pflanzzange Ø 20-25 cm Handbreite	ca. 8 cm und länger =	dsgl.	ja	1	ca. 100-120 bei optimalen Bodenverhältnissen	höhere Leistung, sonst wie Spaten	kraft- und arbeitsaufwendig	gut bis sehr gut; ähnlich dem Spaten
Hohlbohrer (Halbschale) Ø 12-15 cm	ca. 4-8 cm = bis Handbreite	dsgl.	ja	1	ca. 100 bei günstigen Bedingungen	höhere Leistung, pflanzenbaulich hinter dem Spaten	dsgl.	gut; etwas ungünstiger als Pflanzzange
Handbohrer Ø ca. 12-16 cm	ca. 5-8 cm = bis Handbreite	dsgl.	ja	1-2	—	dsgl.	sehr arbeitsaufwendig	dsgl.
Motor-Verdrängerbohrer (1 Mann) Ø ca. 9-12 cm	ca. 4-6 cm	dsgl.	ja	1	ca. 200-250 besitzt eine höhere Drehzahl als 2 Mann-Erdbohrer (im Wechsel)	hohe Leistung	führt zu Wandverdichtungen Körperlich sehr anstrengend und Lärmbelästigung	gut bis befriedigend; sehr abhängig von Bodenart und Bodenzustand

Pflanzmethode und Pflanzquerschnitt	Wurzelrückschnitt auf cm	Einsatzbereiche	Möglichkeit der Pflanzerdezugabe	Mindestbedarf an AK	Pflanzlöcher bzw. Pflanzleistung/Std.	Verfahrens- Vorteile	Nachteile	Beurteilung der Rebentwicklung
Motor-Förderbohrer (2 Mann) Ø ca. 16-20 cm	ca. 8 cm und länger =Handbreite	für fast alle Bodenarten im Weinbau geeignet; steinhaltige Böden stellen eine echte Grenze dar	ja	2	ca. 150-200 Bohrerdrehzahl ist geringer als bei 1-Mann-Erdbohrer	hohe Leistung, zunehmender Pflanzlochdurchmesser begünstigt Rebentwicklung	dsgl. umständlich und schwerfällig in der Handhabung	gut bis sehr gut; jedoch nur bei günstigen Bodenvoraussetzungen
Schlepper-Hydrobohrer (Anbau-Förderbohrer) Ø ca. 16-20 cm und größer	dsgl.	dsgl.	ja	1-2	ca. 200-250 erfordert mehr Geschick von Fahrer u. evtl. zweite Person	gute Leistung, einfache Bedienung, sonst wie oben	höhere Anschaffungskosten; bei ungünstigen Bedingungen Wandverschmierungen möglich	dsgl.
Schlepper-Zapfwellenbohrer (Anbau-Förderbohrer) Ø ca. 16-20 cm und größer	dsgl.	dsgl.	ja	2	ca. 200-250 dsgl.	dsgl.	dsgl.	dsgl.
Wasserlanze (=Hydroverfahren) Wasserdruck 2-4 bar und größer Ø ca. 7-10 cm	ca. 2-3 cm	für leichte bis mittlere Böden; zur Verdichtung neigende und tonige Böden scheiden aus	nein	2	ca. 300-400 Leistung wird bestimmt vom Fassungsvolumen der Spritze, des Bodenzustandes u. der Bodenart	Schnellmethode; sehr niedrige Beschaffungskosten; kein Verschleiß	führt sehr häufig zu Verdichtungen u. Verschlämmungen im Fußwurzelbereich; Pflanzerfolg von vielen Zufälligkeitsfaktoren abhängig	gut bis ungenügend; hängt sehr ab von der Bodenart, Bodenzustand, Zeitpunkt und Ausführung
Pflanzmaschine (durchgehender Pflanzgraben)	ca. 8-10 cm =von allen Pflanzmethoden am längsten	auf allen fließfähigen Böden; Einschränkungen bei Nässe und erhöhtem Steinanteil im Boden	nein	2-3	ca. 800-1200 Leistung wird von einigen Faktoren (wie Schlepper, Fahrer, Einleger, Boden u. Steuerungsart bzw. Tastsystem) bestimmt	sehr hohe Leistung; zur Zeit bestes Pflanzverfahren aus pflanzenbaulicher, arbeitswirtschaftlicher u. betriebswirtschaftlicher Sicht	begrenzter Einsatz am Hang (Fall- und Schichtlinie)	sehr gut; als bestes Pflanzverfahren einzustufen

Lott. H. u. Pfaff. F. KTBL-Arbeitsblatt Nr. 42, 1986

4.11.3.2 Handpflanzung

Handpflanzung mit Spaten, Pflanzzange, Erdbohrer, Setzstickel, Locheisen, Pflanzschwert oder Geißfuß wird heute nur noch zur Nachpflanzung eingesetzt oder auf Flächen in denen andere Verfahren nicht eingesetzt werden können. Dies sind vorwiegend Steil- und Terrassenlagen oder sehr steinige oder sehr feuchte Böden.

Beschreibung des Pflanzvorgangs mit Spaten, Pflanzzange, Pflanzstickel oder Erdbohrer:

Das Pflanzloch: Für die etwa 30 bis 35 cm lange Pfropfrebe wird ein Pflanzloch von knapp 40 cm Tiefe hergestellt. Da die Reben in den meisten Fällen in humusarmen Böden von steiniger, kiesiger oder sandiger Struktur angebaut werden, ist es notwendig, zur Förderung der Wurzelbildung humose Pflanzerde in das Pflanzloch zu geben. In nährstoffreichen Lehmböden kann man darauf verzichten.

Der Pflanzvorgang muß sorgfältig erfolgen. In das Pflanzloch wird eine Handvoll Pflanzerde gegeben, um die Wurzelbildung der Jungrebe anzuregen. In den Abbildungen 17 und 18 sind die Einzelheiten dieser Pflanzung dargestellt. Auf den Boden des Pflanzloches schüttet man eine Handvoll Pflanzerde. Darauf werden die eingekürzten Fußwurzeln der Pfropfrebe gleichmäßig verteilt. Dann gibt man noch etwas Pflanzerde dazu und füllt das Loch bis zur Hälfte mit Feinerde, die gut angedrückt wird. Zur Schließung der Hohlräume zwischen Wurzeln und Erde werden 2 bis 3 Liter Wasser in das Pflanzloch gegossen. Es ist falsch, die Reben nach dem Pflanzen noch einmal leicht anzuheben, um eventuell nach oben stehende Wurzeln in die richtige Lage zu bringen, weil sie da-

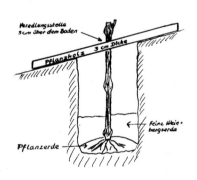
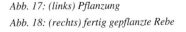
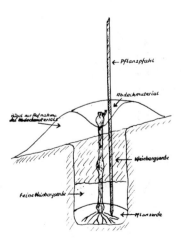

Abb. 17: (links) Pflanzung

Abb. 18: (rechts) fertig gepflanzte Rebe

69

durch die innige Verbindung mit dem Boden verlieren. Sobald das Wasser in die Erde eingezogen ist, wird das Loch ganz mit Erde gefüllt. Die Veredlungsstelle muß nach dem Pflanzen 3 cm über der Erdoberfläche stehen (Abb. 17), um die Bildung von Edelreiswurzeln zu erschweren. Damit das erreicht wird, verwendet man eine Pflanzlatte von etwa 1 m Länge und 3 cm Stärke. Sie wird in Zeilenrichtung über das Pflanzloch gelegt und die Pfropfrebe so gepflanzt, daß die Veredlungsstelle an der Oberkante der Pflanzlatte steht. Das Auge des Edelreises soll hangaufwärts zeigen. Pflanzen mehrere Personen nebeneinander, müssen alle die Pfropfrebe auf die gleiche Seite der Latte halten. In Hanglagen, wo Erdverluste durch Erosion entstehen, wird die Veredlungsstelle nicht 3 cm höher gepflanzt, sondern erdbodengleich. Nur am unteren Hangende, wo Erde angeschwemmt wird, pflanzt man 3 bis 4 cm höher.

Pflanzerde: In sehr leichten, feinerdearmen und sehr schweren, bindigen Böden wird das Anwachsen der gepflanzten Reben gefördert, wenn in das Pflanzloch eine gute, humusreiche Pflanzerde eingebracht wird. In den meisten Böden ist Pflanzerde allerdings nicht nötig.

Folgende Stoffe haben sich bewährt:

Abb. 19: Guter Austrieb einer paraffinier-
en Pflanzrebe

Abb. 20: Guter Austrieb einer nicht
paraffinierten Pflanzrebe

70

Torf:

Ballentorf muß vor der Mischung von 1:1 mit feiner Erde gut angefeuchtet werden, und zwar in einem so hohen Maße, daß mit der Hand bei leichtem Druck Wasser herausgepreßt werden kann. Je ha werden etwa 25 bis 30 Ballen benötigt.

Schwarztorf wird naturfeucht geliefert. Er muß in der Regel nicht angefeuchtet werden. Handelsprodukte sind Humintorf, Vitihum. Je Loch werden 2 Liter mit Feinerde im Verhältnis 1:1 gemischt.

Pflanztorf, wie z.B. Humosil, Triohum, Cultural u.a. enthalten Nährstoffe und Spurenelemente. Etwa 2 Liter dieser Produkte werden je Pflanzloch im Verhältnis 1:1 mit Feinerde gemischt.

Kompost eignet sich nur, wenn er gut abgelagert ist. Je ha werden etwa 10 m³ benötigt.

Hygromull: In sehr bindigen Böden kann statt Torf oder Kompost Hygromull zur besseren Durchführung des Bodens zugestezt werden. Es werden 1 Sack Hygromull mit 1 Ballen Torf oder 0,5 m³ Kompost gemischt. Hygromull kann auch mit feiner Weinbergserde im Verhältnis 1:3 ohne weitere Zusätze gemischt werden.

Völlig ungeeignet sind:

Walderde ist als Pflanzerde ungeeignet, weil mit ihr der gefährliche Dickmaulrüßler in die Weinberge eingeschleppt wird.

Mineraldünger darf unter keinen Umständen der Pflanzerde beigemischt werden, weil schwere Wurzelverbrennungen die Folge sind.

4.11.3.3 Hydropflanzung

Hierbei werden die Pflanzlöcher mit Hilfe eines Wasserstrahles (mit einer Hydropflanzlanze - Abb. 21) ausgespritzt. Die Methode eignet sich für alle Böden mit Ausnahme von steinigen Böden und Tonböden. Die Lanzen sind so gebaut, daß entweder ein schmales Loch von etwa 3 cm Durchmesser oder ein breiteres von etwa 7 cm Durchmesser ausgespült wird. Je nach Bodenart werden je Loch 1,5 bis 2 Liter Wasser benötigt. Das Ausspritzen eines breiteren Loches hat den Vorteil, daß Pflanzenerde beigefüllt werden kann. Die Löcher dürfen nicht zu tief ausgespült werden, damit unter dem Wurzelkranz der Rebe kein Hohlraum entsteht, der das Anwachsen erschwert oder gar unmöglich macht.

Abb. 21:
Hydropflanzgerät
(Wasserlanze)

4.11.3.4 Maschinenpflanzung

Die Pflanzmaschine hat die klassische Handpflanzung verdrängt, da sie leistungsstark und kostengünstig ist. Die Qualität des Pflanzens mit der Maschine wird von keinem anderen Verfahren übertroffen.

Vorteile: ● Große Flächenleistung,

● billiger als andere Verfahren,

● hervorragend wachsende *Jungreben.*

Nachteile: ● unbedeutend, nur in steinigen und schweren, nassen Böden nicht einsetzbar.

Wichtig für eine einwandfreie Arbeit ist, daß das Feld vor dem Einsatz mit einer Rotorhacke eingeebnet wird.

Die Pflanzreihen werden durch einen Draht markiert. Bei Maschinen die mit *Laserstrahl* arbeiten können ist das überflüssig. Der Rückschnitt der Wurzeln erfolgt auf 8 cm, was eine optimale Länge bedeutet.

Pflanzerde muß nicht beigegeben werden.

Neben der bewährten einreihig arbeitenden Maschine mit einer Stundenleistung

72

von 800 bis 1200 Reben, gibt es jetzt auch eine dreireihig arbeitende, mit einer Stundenleistung von 3000 bis 4000 Reben. Die Technik kann unterschiedlichen Gassenbreiten angepaßt werden.

Die für den Einsatz der Pflanzmaschine notwendigen vorbereitenden Arbeiten, sind ab Seite 58 nachzulesen.

Lieferfirmen: G. Kopf, 6741 Landau-Mörlheim; I. Wagner, 6701 Friedelsheim; Clemens, 5560 Wittlich.

Abb. 22:
Pflanzmaschine

Literatur:

BECKER, H.: Hygienische Lagerung von Rebenvermehrungsgut und Pfropfreben. Der Deutsche Weinbau 1982, 147-155.

LOTT, H., PFAFF, F.: Pflanzmaschine im Test - Erste Versuchsergebnisse aus Rheinhessen. Der Deutsche Weinbau 1983, 680-694.

LOTT, H., PFAFF, F.: Die technischen Hilfsmittel zur Pflanzung von Wurzelreben. KTBL-Arbeitsblatt Nr. 42, 1986.

LOTT, H., PFAFF, F.: Erfahrungen über die manuelle und maschinelle Pflanzung von Pfropfreben. Der Deutsche Weinbau, 1987, 483-485.

EHMER, R.: Erfahrungen beim Einsatz der Rebenpflanzmaschine. Rebe und Wein, 1988, 394-395.

PFAFF, F.: Planung und Pflanzung einer Weinbergsneuanlage. Weinwirtschaft (Anbau), 1990, Nr. 2, 12-16.

4.11.3.5 Abdecken des Kopfes der Pflanzrebe

Der sich bildende junge Trieb ist gegen Spätfrost sehr empfindlich. Zum Schutz wird er mit Sägemehl, Torf oder Sand abgedeckt. Mit Erde soll nicht abgedeckt werden, weil diese nach Regen verkrustet. Der junge Trieb kann diese Kruste nicht durchstoßen, wächst krumm, vergeilt und ist für den späteren geraden Stammaufbau unbrauchbar.

Das Abdecken *kann wegfallen*, wenn der Pfropfkopf *paraffiniert* wird. Hierzu ist ein Spezialparaffin nötig, wie es auch in der Rebenveredlung zur Anwendung kommt.

Folgende Punkte sind beim Paraffinieren zu beachten, damit die Reben nicht geschädigt werden:

- Die Pfropfköpfe müssen sauber und trocken sein.
- Nur Paraffine mit hohem Schmelzpunkt (ca. 71^0-73 ^{0}C) verwenden.
- Anwendungstemperatur von 80^0-85 ^{0}C unbedingt einhalten.
- Eintauchtiefe ca. 10 cm.

Ausführung: Eine ausreichende Menge Paraffin in einen Topf geben und auf einer elektrischen Kochplatte zum Schmelzen bringen. Die Anwendungstemperatur von 80 bis 85 Grad nicht überschreiten. Die Temperatur laufend mit einem Sterilisierthermometer, wie es auch zum Einkochen von Obst verwendet wird, überwachen. Steht kein Thermometer zur Verfügung, das Schmelzen in einem Wasserbad vornehmen, da dann keine Überhitzung des Wachses stattfindet.

Hat das Wachs die Anwendungstemperatur von 80 bis 85 ^{0}C erreicht, werden 4 bis 6 Reben mit dem Edelreiskopf ganz kurz 10 cm eingetaucht und sofort in einem Behälter mit kaltem Wasser abgekühlt. Das Abkühlen verhindert ein Zusammenkleben der Reben.

Der Austrieb wird durch das Paraffinieren etwas zurückgehalten, was über die kritische Zeit der Maifröste hinweghelfen kann. Auch Sonnenbrand kann nicht auftreten, da die Triebe sofort ergrünen, wenn sie dem vollen Licht ausgesetzt sind (Abb. 19).

In frostfreien Lagen kann auf das Paraffinieren und Abdecken verzichtet werden (Abb. 20). Es wird nach dem Pflanzen nur so viel Erde beigezogen, daß die Veredlungsstelle bedeckt ist. Eine nicht abgedeckte Knospe erhält beim Austrieb sofort einen grünen Trieb, der keineswegs vertrocknet oder durch die Sonne verbrannt wird. Das zeitraubende Abdecken kann daher unterbleiben.

4.11.3.6 Kartonagen

Es sind dies Pflanzreben, die im Frühjahr vor der Pflanzung in Spezialkartonbehälter zur Auspflanzung im Juni herangezogen werden, wenn aus irgend einem Grunde rasch Pflanzmaterial benötigt wird. Die Pflanzung muß sehr sorgfältig erfolgen und ist daher zeitaufwendig. Die Jungreben müssen gut abgehärtet sein.

Zum Pflanzen wird ein Loch von etwa 10 cm Durchmesser benötigt, das mit dem Spaten oder Erdbohrer hergestellt wird. Kartonagereben werden mit der Hülle gepflanzt. Versucht man diese zu entfernen, fällt der Wurzelballen leicht auseinander. Die Reben werden vorsichtig in das Loch gestellt und mit etwas Feinerde eingeschlämmt. Die Erde darf nicht mit einem Holz festgestampft werden, weil die jungen Wurzeln abgerissen werden. Das ganze Pflanzen muß so erfolgen, daß unter keinen Umständen die jungen Wurzeln abreißen, weil dann der grüne Trieb wegen Wassermangel abstirbt. Folgt auf das Pflanzen eine lange Trockenperiode, muß in leichten Böden einmal nachgewässert werden.

Nach dem Pflanzen

Unabhängig vom Pflanzverfahren erhält jede Rebe sofort einen *Pflanzpfahl.* Er macht die Pflanzstelle sichtbar, so daß nicht aus Versehen auf die Rebe getreten wird, und ist später zum Anheften des jungen Triebes erforderlich. Man kann auch beim Abreißen die Pflanzpfähle zur Markierung der Pflanzstellen bereits in den Boden schlagen und dann dicht vor die Pfählchen pflanzen.

Da durch die Pflanzarbeiten der Boden des Feldes festgetreten wurde, wird nach Beendigung der Pflanzung *sofort eine Bodenlockerung* vorgenommen. Wenn es die Zeit erlaubt, wird nach dem Pflanzen auch die *Unterstützungsvorrichtung* erstellt, weil die Pfähle sich in den noch lockeren Boden müheloser und schneller einschlagen lassen. Holzstickel werden dann am Kopf nicht so häufig durch den schweren Vorschlaghammer beschädigt.

Literatur:

ADAMS, K. und MAUL, D.: Die Neu- und Junganlage in anbautechnischer und betriebswirtschaftlicher Sicht. Der Deutsche Weinbau, 1970, 382-390.

EISENBARTH, H.J.: Zum Pflanzen von Pfropfreben. Der Deutsche Weinbau, 1969, 1333-1336.

FADER, W.: Einsatz von Pflanzerden beim Pflanzen von Reben. Der Deutsche Weinbau, 1975, 419-420.

FADER, W.: Praktische Hinweise und Erfahrungen zur Neuanlage und Jungfeldpflege. Der Deutsche Weinbau, 1976, 515-517.

FADER, W.: Das Pflanzen von Reben. Der Deutsche Weinbau, 1978, 553-554.

HASSELBACH, Fr.: Der Einfluß verschiedener Pflanzmethoden auf das Trieblängenwachstum in Junganlagen. Deutsches Weinbau-Jahrbuch, 1975, 93-99.

KIEFER, W. und HOFFMANN E. L.: Untersuchungen über verschiedene Methoden beim Pflanzen von Pfropfreben. Weinberg und Keller, 1970, 267-299.

KOPF, G.: Rebenpflanzgerät. Der Deutsche Weinbau, 1978, 124.

KRAUS, V.: Das Pflanzen der Rebe mit Wasserstrahl. Der Deutsche Weinbau, 1969, 1339-1340.

KRÖLL, T.: Verwendung handelsüblicher Pflanzerden. Der Deutsche Weinbau, 1972, 298-299.

LOTT, H., PFAFF, F.: Untersuchungen über die Mechanisierung der Pflanzarbeiten im Weinbau. Der Deutsche Weinbau 1985, 474-478.

SCHALES, W.: Pfropfreben nach der Pflanzung abdecken? Der Deutsche Weinbau, 1975, 512-513.

SCHENK, W.: Das Paraffinieren der Pfropfreben, eine Maßnahme zur Verminderung des Ausfallrisikos. Deutsches Weinbau-Jahrbuch, 1967, 142-147.

SCHWAPPACH, E.: Ergebnisse eines Pflanzversuchs zur Prüfung des Anwuchses. Der Deutsche Weinbau, 1969, 1337-1338.

-.-: Die Auswirkungen unterschiedlicher Pflanzmethoden von Reben. Der Deutsche Weinbau 1969, 1333-1340.

4.11.3.7 Pflanzen mit Mulchfolien

In den siebziger Jahren wurden umfangreiche Versuche des Pflanzens mit Mulchfolie durchgeführt und eine Reihe von Vorteilen im Vergleich zu konventioneller Pflanzweise festgestellt. Insgesamt ist das Verfahren zu teuer. Die entstehenden Mehrkosten für die Neuanlage werden von den Vorteilen nicht aufgewogen. Die Methode ist daher aus der Praxis wieder verschwunden. Lediglich in der Rebenveredlung hat die Mulchfolie in Rebschulen noch Bedeutung. Für Interessierte an dem Pflanzen mit Mulchfolie sind die wichtigsten Veröffentlichungen im Literaturhinweis angegeben.

Literatur:

-.-: Anwendung von Mulchfolien in Rebenneuanlagen. Der Deutsche Weinbau, 1973, 410-426.

AGULHON, R.: Anwendung von Mulchfolien bei der Pflanzung von Reben in Frankreich. Der Deutsche Weinbau, 1974, 170-173.

FADER, W.: Anwendung von Folien zur Bodenbedeckung in Neuanlagen (Direktzuglagen). Der Deutsche Weinbau, 1972, 262-266.

FADER, W.: Mulchfolien in Rebjunganlagen. Weinberg und Keller, 1974, 183-191.

FOLTYN, O. UND HASSELBACH, F.: Bringt die Folienabdeckung Vorteile in Junganlagen? Deutsches Weinbau-Jahrbuch, 1974, 111-118.

FREYTAG, G.: Anwendung von Kunststoffolien im Weinbau (Seilzuglagen). Der Deutsche Weinbau, 1972, 266-268.

HASSELBACH, F.: Erfahrungen mit Folienabdeckung im Weinbau. Der Deutsche Weinbau, 1974, 174-175.

HASSELBACH, F.: Wirtschaftliche und pflanzenphysiologische Vorteile im Weinbau durch Mulchfolie. Der Deutsche Weinbau, 1976, 334-335.

HILLEBRAND, W.: Anwendung von Mulchfolien in Rebneuanlagen. Broschüre „Kunststoffe im Weinbau", 19-25. Herausgeber KTBL, Bartningstraße 49, 6100 Darmstadt.

REIMANN, W.: Anwendung von Mulchfolien in Neuanlagen, Der Deutsche Weinbau, 1975, 121-122.

RHEINGANS, KH.: Ausbringungstechnik und Kosten der Mulchfolie. Der Deutsche Weinbau, 1976, 336-337.

STEINBERG, B. UND ABEL, E.: Die Anwendung von Mulchfolien in Junganlagen. Weinberg und Keller, 1974, 121-143.

5. Pflege und Aufzucht der Jungfelder

Über die Entwicklung der Jungreben entscheidet die Güte der Pfropfreben, die Sorgfalt der Pflanzung und vor allen Dingen die Pflege im ersten Jahr.

5.1 Laubarbeiten

Ausbrechen: Hierüber werden immer noch gegensätzliche Auffassungen geäußert. Früher beließ man zwei bis drei Triebe, heute läßt man in der Regel nur einen Trieb stehen. Es werden daher von den vielen Trieben, die sich auf dem Pfropfkopf entwickeln, alle bis auf einen Trieb ausgebrochen. Warum macht man das? Durch diese Maßnahme wird das Längenwachstum des einen Triebes so gefördert, daß im nächsten Frühjahr meistens schon auf Stammhöhe angeschnitten werden kann. Dies ergibt einen schönen geraden Stamm aus einem Stück, der es ermöglicht, früh Fruchtholz anschneiden zu können.

Diese eintriebige Jungfeldaufzucht und das frühe Belasten des Stockes durch Fruchtholz ist im modernen Pfropfrebenweinbau mit stark wachsenden Unterlagen, wie wir sie z.B. in den *Berlandieri x Riparia-Kreuzungen* kennen, für ein ausgeglichenes Triebwachstum wesentlich. Bei der früheren langsamen Aufzucht, mit dem radikalen Rückschnitt im zweiten Jahr, und den niedrigen Stämmen, kamen die Stöcke häufig in die Holzproduktion. Der zu wenig belastete Stock führte mit seiner großen Triebkraft fast regelmäßig zu mehr oder weniger starkem Verrieseln der Blüte. Solche Weinberge brachten häufig in den ersten zehn Jahren fast keinen Ertrag, bis endlich die Wuchskraft etwas nachließ. Heute wird der Stock bei der frühen Belastung durch Fruchtholz blütefester und bringt wesentlich bessere Erträge.

Zeit des Ausbrechens: Das Ausbrechen auf einen Trieb erfolgt so früh wie möglich. Sobald die ersten Triebspitzen die Abdeckschicht durchstoßen, beginnt man mit der Arbeit. Das Abdeckmaterial wird vorsichtig mit den Fingern entfernt und alle Triebe, die sich am Pfropfkopf zeigen, werden bis auf einen entfernt. Man läßt nur denjenigen stehen, der sich aus dem Achselauge entwickelt, weil dieser die senkrechte Verlängerung der Wurzelstange darstellt und später einen völlig geraden Stamm ergibt. Es wird also nicht der Trieb belassen, der bereits am längsten ist, sondern der, der den günstigsten Stamm ergibt. Danach wird wieder etwas Abdeckmaterial angehäufelt und der gelbe Teil des Triebes damit bedeckt, denn dieser kann bei starker Besonnung verbrannt werden. Was vorher aus der Abdeckung herausschaute, läßt man auch jetzt unbedeckt. Wenn beim Pflanzen die Pfropfköpfe paraffiniert wurden, ist das Abdecken der Reben überflüssig und das Ausbrechen erleichtert. Solche Reben treiben etwas später aus, wachsen aber genausogut wie abgedeckte Reben. Wurde beim Pflanzen nicht abgedeckt, ist das Ausbrechen einfach und wenig zeitraubend.

Heften und Entgeizen ist von großem Einfluß auf die Entwicklung der Triebe. Der junge Trieb muß alle 20 cm festgebunden werden. Wird nicht oft genug geheftet, kann der junge Trieb bei Sturm abbrechen. Hängt er herunter, bilden sich viele Geiztriebe, die das Längenwachstum beeinträchtigen. Mit dem Heften wird gleichzeitig entgeizt. Die Geize müssen schon im Entstehen beseitigt werden. Sie dürfen nicht zur Entfaltung eines Blattes kommen. Läßt man die Geize zu lang werden und entfernt sie dann, entstehen am Trieb Wunden. Außerdem wird dadurch das Wachstum des Haupttriebes gehemmt. Hat der Haupttrieb die später geplante Stammhöhe überschritten, kann, bei kräftigem Wuchs, auf das weitere Entgeizen im oberen Triebbereich verzichtet werden. Wunden im späteren Stammbereich des Triebes können im dritten bis fünften Lebensjahr der Stöcke Ursache für plötzliches Absterben (Apoplexie) sein.

Als *Bindematerial* wird vorwiegend Bast verwandt. Neuerdings gibt es auch Heftringe, kunststoffummantelte Heftdrähte, Heftstreifen und Kunststoffbänder. Über die Brauchbarkeit entscheidet, daß das Band nicht einschneidet. Die Bänder werden nicht zu fest angebracht, da die Triebe auch in die Dicke wachsen.

Ein *Gipfeln* wird im ersten Jahr nur dann ausgeführt, wenn das Längenwachstum zu stark ist. Meistens ist es nicht nötig und auch nicht sinnvoll, da die Bildung des Wurzelwerkes von der oberirdischen Blattmasse abhängig ist.

5.2 Schädlingsbekämpfung: In den Jungfeldern ist die Peronosporabekämpfung besonders wichtig. Da sich der einzige Trieb aus der Erdbodennähe entwickelt, ist er sehr peronosporagefährdet. Etwa ab Anfang Juni hat die Spritzung einzusetzen, die regelmäßig wöchentlich einmal bis Anfang September durchgeführt wird. Man verwendet kupferfreie Mittel, die keinerlei ungünstigen Einfluß auf die Blätter ausüben.Die letzten drei Bekämpfungen werden mit einem Kupfermittel ausgeführt, weil dies den Wachstumsabschluß einleitet und dadurch die Holzreife fördert.

Oidium tritt in Jungfeldern selten auf. Beim Erscheinen der ersten Schadsymptome ist der Spritzbrühe ein systemisches Fungizid beizufügen.

Spinnmilben sind schädigend in Jungfeldern ebenfalls selten zu finden. Der Einsatz eines Akarizides ist daher erst bei Erreichen der Schadschwelle vorzunehmen.

5.3 Schutz gegen Wildverbiß (Hasen- und Kaninchenfraß): Die Tiere können durch Abfressen der jungen Triebe großen Schaden anrichten. Ältere Triebe sind weniger gefährdet.

Schutzverfahren:

Jungfeldschutz durch einen Zaun: Der Erfolg von Umzäunungen hängt davon ab, daß möglichst keine Schlupflöcher für Hasen oder Kaninchen vorhanden sind. Als Material dient engmaschiger Draht von 1,50 m Höhe. Neuerdings werden auch Polyäthylennetze verwandt. Zum einfachen Betreten des Feldes, zur Ausführung der Pflegearbeiten, ist ein leicht zu öffnendes und wieder zu schließendes Tor anzubringen. (Abb. 24 und 26).

Am einfachsten ist der *Einzelstockschutz* durch Manschetten aus Gitterfolien (Abb. 25) in blauer oder schwarzer Farbe. Damit die Manschetten rund um die Rebe stehen, werden sie vor der Verwendung umgedreht. Grüne Gitterfolien haben den Nachteil, daß sie gelegentlich von den Tieren angenagt werden.

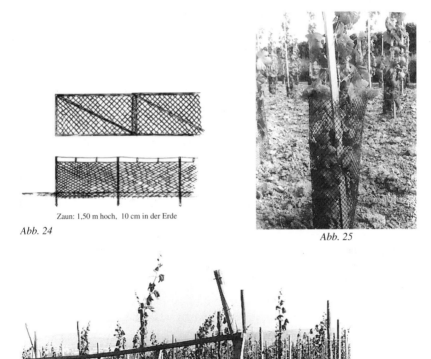

Zaun: 1,50 m hoch, 10 cm in der Erde

Abb. 24

Abb. 25

Abb. 26

Als überholt sind der Einzelstockschutz durch Drahthosen, Rückstandsbleche der Kronkorkenherstellung und Kunststoffmanschetten aus gelochter Folie anzusehen.

Fraßschutz durch *Wildverbißmittel*, die auf die grünen Triebe gespritzt werden, wirken gut. Z. Zt. steht leider kein zugelassenes Mittel zur Verfügung. Über den Stand der Zulassung ist der amtliche Rebschutzdienst zu befragen.

Die chemischen Wildverbißmittel konnten als *Sommerschutz* kombiniert mit den Peronosporamitteln ausgebracht werden; als Winterschutz verhüteten sie in etwas konzentrierter Anwendung das Annagen der jungen Stämme.

Geruchsabwehr durch LÜTZELDÜNGER wirkt nur bis zum nächsten Regen. STINKLAPPEN mit einem speziellen Stinköl halten Hasen und Kaninchen recht gut ab. Die Lappen müssen jedoch sofort entfernt werden, wenn die Beeren Erbsendicke erreicht haben, weil sonst die Trauben in Geschmack und Geruch beeinträchtigt werden können.

Die Winzer haben im Kampf gegen Hasen und Kaninchen auch so etwas wie *Hausmittel* entwickelt. So soll in Dosen aufgestelltes Rinderblut durch seinen Geruch die Tiere fernhalten. Andere pflanzen Zwiebeln zwischen die jungen Reben und berichten von gutem Erfolg.

Als *Winterschutz* gegen das Annagen der jungen Stämme hat sich das Auslegen von Obstbaumschnittholz als Nahrungsquelle bewährt.

Da für Fraßschäden durch Hasen und Kaninchen kein Wildschaden bezahlt wird, sind die Jagdpächter anzuhalten, die Tiere jährlich zu bejagen.

5.4 Bodenbearbeitung: Nach der Pflanzung ist der Boden durch das Herumlaufen festgetreten und bedarf einer gründlichen Lockerung. Im Jungfeld sollte kein verkrusteter Boden geduldet werden, weil lockerer Boden der Rebe günstigere Wachstumsbedingungen bietet als verkrusteter. Unkraut sollte nicht hochkommen, weil es schneller wächst als die jungen Rebtriebe und diesen Licht und Luft wegnimmt. Unkraut verhindert auch das rasche Abtrocknen der Rebtriebe nach Regen und Tau und begünstigt daher den Peronosporabefall. Insgesamt sind 5 bis 6 Bodenlockerungen nötig.

5.5 Schnitt und Stammaufbau: Die eintriebige Aufzucht im ersten Jahr soll die Möglichkeit zum Aufbau des Stammes im zweiten Jahr schaffen.

Die Länge des Anschnittes im zweiten Jahr richtet sich nach der im ersten Jahr erreichten Trieblänge, der gewünschten Stammhöhe, der Wüchsigkeit der Unterlage und der Fruchtbarkeit des Bodens (Abb. 27). Folgende Tabelle kann als Anhalt für den Anschnitt im zweiten Jahr dienen:

| Länge des einjährigen | Anzahl der anzuschneidenden Augen | |
Triebes in cm	armer Boden	kräftiger Boden
unter 10 cm	nachpflanzen	nachpflanzen
10 bis 15 cm	Rückschnitt	2
15 bis 30 cm	auf 2 Augen	3
30 bis 60 cm	3	4
50 bis 90 cm	4	5
90 bis 120 cm	5	6
120 bis 150 cm	6	7
über 150 cm	6	7

Welche Augen bleiben stehen?: Der einjährige Trieb ist nie bis in die höchste Spitze ausgereift. Er wird deswegen so lange von oben nach unten abgeschnitten, bis man auf das grüne Holz stößt, denn dann ist auch das darunter liegende Auge gesund. Von diesem Auge an abwärts läßt man die notwendige Anzahl von Augen stehen. Reicht der ausgereifte Trieb über die gewünschte Stammhöhe hinaus, wird das unterste Auge bei einem Biegdraht 10 cm unter dem Gertdraht angeschnitten, bei 2 Biegdrähten 5 cm über dem untersten. Bei zu hohem Anschnitt wächst der Stamm zu schnell über den Biegdraht hinaus und muß bald zurückgenommen werden. Es wird also versucht, so hoch wie nötig und möglich anzuschneiden. Ein Rückschnitt in Bodennähe auf zwei Augen erfolgt nur bei Reben, die im ersten Jahr einen Trieb unter 30 cm entwickelt haben. Reben, die im ersten Jahr einen Trieb von weniger als 10 cm entwickelten, müssen durch eine neue Rebe ersetzt werden, da ihre mangelhafte Wuchskraft fast immer auf Schäden an der Wurzelstange oder der Veredlungsstelle zurückzuführen ist. Als großer Vorteil der eintriebigen Aufzucht ist die Tatsache zu sehen, daß meistens ein bleistiftstarker Trieb entsteht, der wenig Mark besitzt. Der Stamm aus einem solchen Trieb ist winterfrostfester als aus einem dicken, markigen (Abb. 27).

Das richtige *Entfernen der überzähligen Augen* nach dem Schnitt ist sehr wichtig. Es wird durchgeführt, wenn die Knospen in die Wolle kommen. Sie lassen sich dann leicht mit der Hand abstreifen und hinterlassen keine schädigenden Stammwunden. Werden die überzähligen Augen mit der Schere geblendet oder wird mit dem Entfernen gewartet, bis sich das erste Blatt entfaltet hat, entstehen am Stamm größere Wunden. An dieser Stelle trocknet das Gewebe etwas ein und die Saftbahnen werden teilweise unterbrochen. Ein stark mit solchen Narben besetzter Stamm zeigt ein einseitiges Dickenwachstum und bleibt an einer

Stelle schmal. Solche Stämme altern schnell und müssen bald verjüngt werden. Oft sind solche Wunden so groß, daß die Stöcke im 3. oder 4. Jahr absterben.

Die *Schnittzeit* sollte vor dem Austrieb liegen, damit die Jungreben nicht zu stark bluten. Siehe auch Kapitel Rebschnitt Seite 179.

Damit der junge Stamm gerade wächst, wird er an einen *Pflanzpfahl* gebunden. Als Bindematerial eignen sich Plastikbänder sehr gut. Drahtkordel ist ungeeignet, weil sie beim Dickenwachstum in den Stamm einwächst und diesen abschnürt.

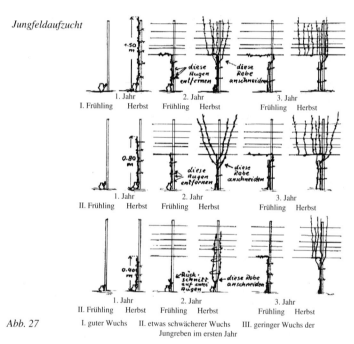

Jungfeldaufzucht

Abb. 27

I. guter Wuchs   II. etwas schwächerer Wuchs   III. geringer Wuchs der Jungreben im ersten Jahr

5.6. Nachpflanzen: Da in einem neu gepflanzten Weinberg nie alle Reben anwachsen, entstehen Fehlstellen, die, besonders wenn es viele sind, die Ertragsleistung und damit die Wirtschaftlichkeit des Weinberges herabsetzen.

Damit genügend Nachpflanzreben zur Verfügung stehen, sollten stets ca. 10 % mehr Reben gekauft werden als nötig sind. Er ist vorteilhaft, diese Nachpflanzreben im Jungfeld einzuschulen, damit sie sich ebenso wie die Reben im Weinberg entwickeln.

Nachpflanzen im August:

Bereits im August sind nicht angewachsene Reben im Jungfeld zu erkennen. Sie werden durch Reben in Erdtöpfen oder Kartonagen ersetzt. Diese Nachpflanzreben werden mit den Töpfen, die später im Boden zerfallen, ausgepflanzt. Auf diese Weise bleibt der Wurzelballen zusammen, es tritt keine Unterbrechung des Wachstums ein und man hat im zweiten Jahr einen weitgehend geschlossenen Rebenbestand.

Nachpflanzen im zweiten Jahr:

Vor dem Austrieb im zweiten Jahr müssen alle nicht angewachsenen und alle nur schwach gewachsenen Reben durch Nachpflanzreben ersetzt werden.

Das ist deswegen besonders wichtig, da im dritten Jahr die normal entwickelten Reben den Nachpflanzreben so viel Licht wegnehmen, daß sie sich nur kümmerlich entwickeln. Die Jungreben sind gegen Hasenfraß zu schützen.

Nachpflanzen im dritten Jahr und später:

Die Aufzucht von Nachpflanzreben im dritten Jahr und später ist schwierig und gelingt nicht immer. Die Reben werden häufig nicht nur ein Opfer mangelnder Pflege, sondern auch der Herbizidbehandlung oder Bodenbearbeitung. Um diese Schwierigkeiten auszuschalten, werden Hochstammreben zur Nachpflanzung angeboten. Hierbei ist das Edelreis auf eine 90 cm lange Unterlage gepfropft und somit sofort ein 60 cm hoher Stamm vorhanden. Diese Reben werden wie üblich gepflanzt. Der Stamm ist durch eine Kunststoffmanschette gegen Hasen- und Kaninchenfraß zu schützen. Ausbrechen und Entgeizen am Stamm aus der Unterlage entfällt. Es folgt eine eintriebige Aufzucht eines Edelreistriebes. Im folgenden Jahr werden, je nach Wuchskraft, 3 bis 5 Augen angeschnitten. Der Stamm ist natürlich an einen Pfahl anzubinden. Vorteil dieser Reben ist, daß sie nicht unter Lichtmangel leiden und daher gut wachsen. Auch durch eine Herbizidbehandlung am Boden werden sie nicht in Mitleidenschaft gezogen. Mit solchen Hochstammreben können auch in späteren Jahren entstandene Fehlstellen noch beseitigt werden.

Hochstammreben können bei extrem hohen Winterfrösten erfrieren und im Gegensatz zu normal veredelten Reben aus dem Stammfuß nicht mehr austreiben.

Sind im Jungfeld nur wenig Lücken vorhanden, können diese auch durch Fruchtholz benachbarter Stöcke zugezogen werden.

Literatur:

ADAM, K. und MAUL, D.: Die Neu- und Junganlagen in anbautechnischer und betriebswirtschaftlicher Sicht. Der Deutsche Weinbau, 1970, 328-390.

BEETZ, K.: Anlage, Pflege und Aufzucht von Jungfeldern. Der Deutsche Weinbau, 1961, 400-409.

EISENBARTH, H.J.: Pflegearbeiten in Junganlagen. Der Deutsche Weinbau, 1981, 630-632.

FADER, W.: Praktische Hinweise und Erfahrungen zur Neuanlage und Jungfeldpflege. Der Deutsche Weinbau, 1976, 515-517.

FADER, W.: Pflegearbeiten in Junganlagen. Der Deutsche Weinbau, 1977, 682-684.

HASSELBACH, F.: Neue Erkenntnisse bei der Aufzucht von Junganlagen. Vorträge der Rheinhessischen Weinbauwoche, 1973, 77-82.

MAUL, D.: Rationalisierung bei der Erstellung von Rebneuanlagen. Der Deutsche Weinbau, 1979, 228-232.

MÜLLER, E.: Stockarbeiten in Junganlagen. Die Winzer-Zeitschrift, März 1990, 25-27.

PFAFF, F., BECKER, E.: Hochstammreben - eine Möglichkeit zum Ausbessern lückenhafter Weinberge. Deutsches Weinbau-Jahrbuch, 1983, 113-117.

STUMM, G.: Hochstammreben oder Pfropfreben - eine Betrachtung unter wirtschaftlichen Aspekten. Der Deutsche Weinbau 1985, 845-847.

6. Rebenanlagen und Rebenerziehung

Die Erziehung der Rebe in Rebenanlagen dient der Formung des Stockes zur Erreichung einer harmonischen Saftverteilung mit dem Ziel, die Ausbildung von Fruchtholz und Trauben zu fördern, sowie die notwendigen Pflegearbeiten zu erleichtern.

6.1 Grundsätze

Die Anlage- und Erziehungsform bestimmt weitgehend den Arbeitsaufwand in den Weinbergen und damit den wirtschaftlichen Erfolg der Betriebe.

Die Vielfalt auf diesem Gebiet hat sich in den letzten Jahren durch den Zwang zur Mechanisierung der Weinbergsarbeiten grundlegend gewandelt. Es sind Anlage- und Erziehungsformen entstanden, die heute überall in Deutschland zu finden sind. Früher, im Zeitalter der Handarbeit, war die Anlageform und Erziehungsart für die Arbeitserledigung von untergeordneter Bedeutung, denn der Arbeitsaufwand war in ebenen, geneigten und steilen Lagen fast gleich. So entwickelten sich in den verschiedenen Gegenden sehr unterschiedliche Anlageformen und Erziehungsarten, die den speziellen lokalen Bedingungen, unter denen die Rebe kultiviert wurde, Rechnung tragen sollten. Der moderne Weinbau hat bewiesen, daß die Begründungen für die Verschiedenartigkeit der alten Anlage- und Erziehungsformen nur sehr begrenzt richtig waren. Heute muß beides eine weitgehende Mechanisierung der Weinbergsarbeiten erlauben. Daß hierbei die Wuchskraftunterschiede von Sorte und Boden, sowie die besonderen klimatischen Bedingungen eines Gebietes nicht ganz außer acht gelassen werden können, versteht sich von selbst.

Wir sind im Zeitalter der ständig steigenden Löhne gezwungen, den Arbeitsumfang so niedrig wie möglich zu halten. Das geht nur über Anlage- und Erziehungsformen, die den Geräteeinsatz erlauben, ohne daß hierbei das Streben nach Qualität und gleichmäßiger Erntemenge vernachlässigt wird.

Die Klonenzucht hat zu so fruchtbaren Reben geführt, daß bei intensiver Bewirtschaftung in günstigen Jahren Mengen geerntet werden, die den Markt belasten. Um den Markt zu harmonisieren, sind daher Hektarhöchsterträge eingeführt worden. Dies ist bei der Gestaltung der Erziehung der Rebe zu berücksichtigen.

Die *Rebenanlage* umfaßt
Gassenbreite und
Stockabstand.
Hierbei bestimmen die Art des Maschineneinsatzes die Gassenbreite und die Wuchskraft, als Produkt von Boden, Sorte und Unterlage den Stockabstand.

Die *Rebenerziehung* umfaßt
Stammhöhe,
Art des Fruchtholzes und
Laubwandhöhe.

6.2. Die Gassenbreite

Der Maschineneinsatz bestimmt die Gassenbreite

Anlageformen

Gassenbreite in Meter	Anlagebezeichnung
1.30 bis 1.80	Normalanlage
1.90 bis 2.20	erweiterte Normalanlage
2.30 bis 3.50	Weitraumanlage

Zwischen Schlepper und Rebstöcken muß ein *ausreichender Sicherheitsabstand* vorhanden sein. Zu geringe Sicherheitsabstände erfordern ein sehr vorsichtiges Fahren, damit keine Stämme beschädigt und Triebe oder Laub abgerissen werden. Sie setzen die Arbeitsleistung sehr herab, da langsam gefahren werden muß. Außerdem fährt der Schlepper immer über die gleichen Stellen, was zu starken Bodenverdichtungen führt. Bei breiten Gassen kann der Schlepper übersetzt fahren und so den Bodendruck vermindern.

Schmalspurschlepper haben Breiten von 0,80 bis 1,20 m und können ab 1,40 m Gassenbreite eingesetzt werden.

Sie benötigen einschließlich eines Sicherheitsabstandes zu den Rebstöcken von 0,30 bis 0,40 m folgende Mindestgassenbreite:

Schlepperbreite	Sicherheitsabstand	Mindestgassenbreite
0,80 m	0,30 + 0,30 = 0,60 m	1,40 m
	0,40 + 0,40 = 0,80 m	1,60 m
0,90 m	0,30 + 0,30 = 0,60 m	1,50 m
	0,40 + 0,40 = 0,80 m	1,70 m
1,00 m	0,30 + 0,30 = 0,60 m	1,60 m
	0,40 + 0,40 = 0,80 m	1,80 m

Die *arbeitstechnisch günstigste Gassenbreite* beginnt bei 1,80 m.

Wird der Schmalspurschlepper in weiträumigen Anlagen mit Laubdreiteilung oder herabhängenden Trieben eingesetzt sind Gassenbreiten nicht unter 2,80 m nötig.

Normalschlepper haben Breiten von 1,50 bis 1,70 m und können in Anlagen mit Gassenbreiten ab 2,30 m eingesetzt werden. Sie benötigen einschließlich eines Sicherheitsabstandes zu den Rebstöcken von 0,40 bis 0,50 folgende Mindestgassenbreiten:

Schlepperbreite	Sicherheitsabstand	Mindestgassenbreite
1,50 m	0,40 + 0,40 = 0,80 m	2,30 m
	0,50 + 0,50 = 1,00 m	2,50 m
1,60 m	0,40 + 0,40 = 0,80 m	2,40 m
	0,50 + 0,50 = 1,00 m	2,60 m
1,70 m	0,40 + 0,40 = 0,80 m	2,50 m
	0,50 + 0,50 = 1,00 m	2,70 m

Die *arbeitstechnisch günstigste Gassenbreite* beginnt bei 2,60 m.

Bei *Weitraumanlagen* mit breiten Laubwänden muß der Sicherheitsabstand wegen der herabhängenden Triebe auf 0,65 bis 0,75 m = 1,30 bis 1,50 m erweitert werden. Daraus ergeben sich folgende Mindestgassenbreiten:

Schlepperbreite	Sicherheitsabstand	Mindestgassenbreite
1,50 m	0,65 + 0,65 = 1,30 m	2,80 m
	0,75 + 0,75 = 1,50 m	3,00 m
1,60 m	0,65 + 0,65 = 1,30 m	2,90 m
	0,75 + 0,75 = 1,50 m	3,10 m
1,70 m	0,65 + 0,65 = 1,30 m	3,00 m
	0,75 + 0,75 = 1,50 m	3,20 m

Die *arbeitstechnisch günstigste Gassenbreite* beginnt bei 3,00 m.

Der *Seilzug* wird im Steilhang eingesetzt, wo die Wuchskraft meist gering ist und eine gewisse Schattenwirkung durch die Laubwand Vorteile bringt. Die Mindestgassenbreite bewegt sich zwischen 1,40 bis 1,70 m.

Literatur:

RÜHLING, W.: Einfluß des Reihenabstandes auf die Schleppergröße. Der Deutsche Weinbau, 1979, 728-735.
SCHNEKENBURGER F., und MARTIN, R.F.: Bibliographie zum Thema Steillagen im Weinbau. Die Wein-Wissenschaft, 1980, 52-62

ÜBERSICHT - GASSENBREITEN

Steillagen

Bewirtschaftung von Hand	Seilzugbewirtschaftung intensiv	Seilzugbewirtschaftung extensiv
sehr steiles Gelände, kleine Parzellen, Kleinterrassen 1,30 m	1,40 bis 1,70 m	1,80 m bis 2,00 m

Direktzuglagen

Einsatz von Schmalspurschleppern		Einsatz von Normalschleppern	
Erziehungsart mit schmalen Laubwänden 1,80 m bis 2,20 m	Erziehungsart mit breiten Laubwänden 2,40 m bis 2,80 m	Erziehungsart mit schmalen Laubwänden 2,40 m bis 2,80 m	Erziehungsart mit breiten Laubwänden ab 3,20 m

Beurteilung verschiedener Anlageformen

Normalanlage

- Gute Leistungsfähigkeit in Bezug auf Menge und Güte.
- Die Selbstbeschattung bei hohen Laubwänden ist etwas nachteilig.
- Bis 1.70 m Gassenbreite können nicht alle Mechanisierungsmöglichkeiten ausgeschöpft werden.
- Die höchste Arbeitsproduktivität ist nicht erreichbar.

Erweiterte Normalanlage

- Gute Leistungsfähigkeit in Bezug auf Menge und Güte.
- Die beim Anschnitt nötige Augenzahl pro qm erfordert, im Vergleich zur Normalanlage, eine größere Augenzahl je Rebstock.
- Durch kleinere Stockabstände läßt sich eine Überlastung der Stöcke vermeiden.
- Alle Mechanisierungsmöglichkeiten können ausgeschöpft werden.

Weitraumanlagen

Lenz Moser (†} aus Rohrendorf bei Krems/Österreich hat die Bedeutung dieser Erziehung für den modernen Weinbau herausgestellt. Deshalb werden die Weitraumanlagen vielfach auch als "Lenz-Moser-Anlagen" bezeichnet. Die *Bedeutung* der Weinraumanlage liegt in der durch sie möglichen Senkung des Arbeitsaufwandes. Sie hat durch die inzwischen sehr gut entwickelte Schmalspurschleppertechnik und die Weiterentwicklung der Normalerziehung zur erweiterten Normalerziehung an Bedeutung verloren.

Gassenbreite 2.40 bis 2.80 m

● Der Einsatz von Normalschleppern ist möglich.

● Eine ausreichende Menge ist nur auf Böden mit starker Wuchskraft erreichbar.

● Die beim Anschnitt nötige Augenzahl pro qm erfordert eine größere Augenzahl je Rebstock, was bei der Wahl der Erziehung zu berücksichtigen ist.

● Durch kleinere Stockabstände läßt sich eine Überlastung der Stöcke vermeiden.

Gassenbreite ab 3.00 m

● Weinbautechnisch schwierige Anlageform.

● Negative Laubverdichtungen sind nur durch exakte Laubarbeiten zu verhindern (siehe Seite 111).

● Die beim Anschnitt nötige Augenzahl pro qm erfordert sehr große Augenzahlen je Stock, was nur durch einen Spezialrebschnitt (siehe Seite 112 – 115) erreichbar ist und den Stock stark belastet.

● Die Erträge sind niedriger. Im Blick auf die Hektarhöchsterträge kann dies ein Vorteil sein.

Anlageform in Steillagen

● Als optimaler Rebenstandraum werden 2.00 qm angegeben.

● In extrem trockenen und nährstoffarmen Böden sind kleinere Standräume nötig, um ausreichende Erträge zu erzielen.

● In sehr triebigen Böden und bei starkwüchsigen Rebsorten, sind größere Standräume angebracht.

● Die maximale Gassenbreite für den Einsatz von Seilzuggeräten ist bei 1.70 m erreicht.

6.3 Der Stockabstand

Wuchskraft, Art des Fruchtholzes und Zahl der anzuschneidenden Augen bestimmen den Stockabstand.

Während die Gassenbreite durch die Mechanisierungsmöglichkeiten bestimmt wird, ist bei der Wahl des Stockabstandes auf die Ansprüche des Rebstockes zu achten.

Entscheidend sind,

- die zu erwartende W u c h s k r a f t der Rebstöcke als Produkt von Boden, Unterlage und Sorte,
- die Wahl der F r u c h t h o l z f o r m , die von der Anzahl der anzuschneidenden Augen pro Stock abhängig ist, da diese mit steigender Gassenbreite zunimmt.
- Der k l e i n s t e mögliche Stockabstand beträgt 1,00 m. Kleinere Abstände verursachen sehr dichte Laubwände, was den möglichen Befall durch Pilzkrankheiten sehr erhöht und durch die mangelhafte Belichtung die Reife der Trauben beeinträchtigt.

Bodenart	Stockabstand
sehr trocken, flachgründig, wuchsschwach	1,00 m bis 1,.20 m
tiefgründig, wuchsstark	
a) bei schwachwachsender Unterlage	bis 1,40 m
b) bei wuchsstarker Unterlage	bis 2,00 m

6.4 Die Stammhöhe

Die Stammhöhe muß der Gassenbreite harmonisch angepaßt und auf die Arbeitstechnik abgestimmt sein.

Eine Rebe mit großem Standraum entwickelt ein umfangreiches Wurzelwerk und dementsprechend ein starkes oberirdisches Wachstum. Hierzu gehört *ausreichend altes Holz,* das die Möglichkeit zur Ablagerung von Reservestoffen bietet. Im Pfropfrebenweinbau, mit stark wachsenden Unterlagen, sind die ständigen Verrieselungen der Blüte erst zurückgegangen, als man die Stämme erhöhte.

Die Technik setzt ebenfalls genügende Stammhöhen voraus. Die H e r b i z i d b e h a n d l u n g mit einem Spritzbalken ist bei zu niedrigen Stämmen nicht möglich. Der Balken benötigt eine Bodenfreiheit von etwa 30 cm und schlägt bei Bodenunebenheiten bis zu 50 cm aus. Die M i n d e s t s t a m m h ö h e beträgt daher 0,50 m.

90

Hohe Stämme erleichtern auch die Handarbeiten, Rebschnitt, Biegen und Lese, da sich der Ausführende weniger bücken muß. Bequem auszuführende Arbeiten, die weniger anstrengen, erhöhen die Arbeitsleistung.

Nach oben wird die Stammhöhe von der erforderlichen Laubwandhöhe begrenzt. Stammhöhen über 100 cm sind daher aus arbeitstechnischen Gründen nachteilig. Aus diesen Zwängen ergeben sich die Stammhöhen. MAUL, Neustadt, nennt daher als günstigste Arbeitshöhe (Greifbereich) eine Stammhöhe oder unterste Biegdrahthöhe von 0,70 m bis 0,80 m sowie eine oberste Fangdrahthöhe von 1,70 m bis 1,80 m.

Gassenbreite	Stammhöhe	
	Bodenart	
	wuchsschwach	wuchsstark
	Normalanlage	
1,40-1,60 m	50 cm	60 cm
1,70-2,20 m	60 cm	80 cm
	Weitraumanlage (Spalierdrahtrahmen)	
2,30-2,70 m	70 cm	80 cm
	(Jochdrahtrahmen)	
2,80-3,50 m	100 cm	120 cm

Erziehungssysteme wie Umkehrerziehung (siehe Seite 117), Vertikoerziehung (siehe Seite 120) oder Trierer Rebenerziehung nach Slamka (siehe Seite 124) erfordern wegen der anderen Formgebung des Rebstockes andere Stammhöhen.

Wichtiger Hinweis!

Beim Einsatz technischer Geräte, wie z.B. des Herbizidspritzbalkens, ist nicht die Stammhöhe maßgebend, sondern der F r e i r a u m zwischen dem Boden und dem niedrigsten Teil der Fruchtrute. Das ist besonders bei der Pendelbogenerziehung zu beachten, wenn das Bogenende weit nach unten unter den Biegdraht gezogen wird.

6.5 Das Fruchtholz

Sorteneigenschaft und Stockabstand bestimmen das Fruchtholz.

Nach alter Regel werden folgende Fruchtholzarten unterschieden (Abb. 27):

Zapfen	2 bis	4	Augen
Strecker	4 bis	8	Augen
Flachbogen (Drahtrebe)	8 bis	12	Augen
Halbbogen	8 bis	12	Augen
Pendelbogen	12 bis	20	Augen
Ganzbogen	15 bis	20	Augen

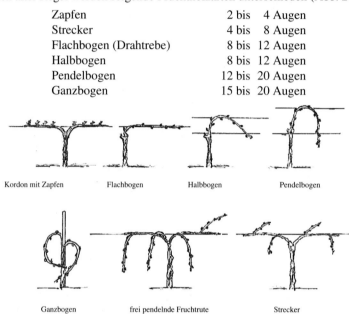

Abb. 27: Fruchtholzformen

Der *Zapfen* kommt beim Kordonschnitt zur Anwendung, der bei sehr weiten Stockabständen notwendig ist (Abb. 31, 32).

Der *Strecker* findet in der Weitraumanlage Anwendung (Abb. 54).

Der *Flachbogen* ist ein gestreckter Halbbogen, der flach auf den Biegdraht gelegt wird. Der in der Praxis übliche Ausdruck Flachbogen ist nicht richtig, da ein Bogen nicht flach sein kann. Die gelegentlich benutzte Bezeichnung D r a h t r e b e ist richtiger, kann aber den Ausdruck Flachbogen nicht mehr verdrängen.

Der *Halbbogen* oder einfach Bogrebe genannt, wird immer seltener verwandt. Er kommt höchstens noch in wuchsschwachen Seilzuglagen zur Anwendung. Es ist besser, auf ihn zu verzichten und einen Flachbogen zu erziehen.

Der *Pendelbogen* kommt bei weiträumigen Anlagen zur Anwendung. Schon bei Gassenbreiten ab 1,80 m müssen je Stock so viele Augen angeschnitten werden, daß diese sich nur auf 1 bis 2 Halbbogen unterbringen lassen. Der Halbbogen wird in der Praxis überwiegend als Pendelbogen bezeichnet, weil die Fruchtrute noch ein Stück frei nach unten über den Biegdraht hinauspendelt.

Der *Ganzbogen* ist die Fruchtholzform der Pfahlerziehung, wie sie hauptsächlich noch an Mosel-Saar-Ruwer, Ahr und Mittelrhein zu finden ist.

Die *frei pendelnde Fruchtrute* ist eine Fruchholzform in Weitraumanlagen, die nicht angebunden wird. Mit fortschreitender Vegetation senken sich die frei hängenden Fruchtruten unter der Last der Trauben immer mehr nach unten, wobei sich das anfänglich ungleiche Wachstum der Lotten ausgleicht (Abb. 57).

Die grünen Triebe reifen je nach Jahr und Sorte unterschiedlich lang aus. Im Durchschnitt erreicht die Holzreife eine Trieblänge von 1,20 bis 1,50 m. Bei der Planung wird man daher von Fruchtruten mit einer Länge von 1,20 m ausgehen. Bei den Rebsorten Riesling, Silvaner und Müller-Thurgau befinden sich auf 1 Meter Fruchtholzlänge etwa 10 bis 14 Augen, im Durchschnitt also 12 Augen.

Anzahl Augen für verschiedene Fruchholzlängen	
1,00 m = 12 Augen	1,30 m = 16 Augen
1,10 m = 13 Augen	1,40 m = 17 Augen
1,20 m = 14 Augen	1,50 m = 18 Augen

Diese Gegebenheiten bestimmen die Auswahl der Fruchtholzform.

B e i s p i e l:

Vorgaben: Normalerziehung, Gassenbreite 2,00 m, Stockabstand 1,00 m, zu erwartende Wuchskraft stark, notwendiger Anschnitt 10 Augen je qm Rebenstandraum.

Problemdarstellung: Entsprechend der vorgegebenen Bedingungen

[Gassenbreite x Stockabstand = Rebenstandraum.
Rebenstandraum x geplantem Anschnitt (Anzahl der Augen je qm) = Anschnitt von Augen je Stock.].

müssen pro Stock 20 Augen angeschnitten werden. Wegen der durchschnittlich erreichbaren ausgereiften Holzlänge kann die Fruchtholzlänge normalerweise 1,20 m nicht überschreiten. Deshalb lassen sich 20 Augen auf einer Fruchtrute nicht unterbringen. Statt 1 langen müssen daher 2 kürzere Ruten angeschnitten werden. Da der Stockabstand nur 1,00 m beträgt, ist der Flachbogen nicht anwendbar, es sei denn die Fruchtruten würden übereinander gebogen. Bei diesem Standraum muß daher der Halbbogen oder Pendelbogen als Fruchtholzform gewählt werden.

Würde in diesem Beispiel der Stockabstand über 1,70 m ausgedehnt, so betrüge die erforderliche anzuschneidende Zahl Augen über 34 und wäre auf 2 Halbbogen von 1,40 m Länge mit je 17 Augen nicht mehr unterzubringen. Daraus ergibt sich, daß mit z u n e h m e n d e r G a s s e n b r e i t e d e r S t o c k a b - s t a n d v e r r i n g e r t w e r d e n m u ß , wenn Fruchtruten angeschnitten werden sollen.

Stockabstände unter 1 m sind jedoch weinbautechnisch nicht sinnvoll. Bei weiten Stockabständen sind daher andere Schnittformen zu wählen, z.B. Kordonerziehung oder Sylvozerziehung.

Anzahl anzuschneidender Augen bei unterschiedlichen Stockabständen und 10 Augen/qm					
	GASSENBREITE IN METER				
Stockabstand	Normalanlage			Weitraumanlage	
m	1,80 m	2,00 m	2,20 m	2,50 m	3,00 m
	qm Standraum / Augenzahl	qm Standraum / Augenzahl	qm Standraum / Augenzahl	qm Standraum / Augenzahl	qm Standraum / Augenzahl
1,00	1,80 — 18	2,00 — 20	2,20 — 22	2,50 — 25	3,00 — 30
1,10	1,98 — 20	2,20 — 22	2,40 — 24	2,75 — 27	3,30 — 33
1,20	2,16 — 22	2,40 — 24	2,60 — 26	3,00 — 30	3,60 — 36
1,30	2,34 — 23	2,60 — 26	2,86 — 29	3,25 — 32	3,90 — 39
1,40	2,52 — 25	2,80 — 28	3,08 — 31	3,50 — 35	4,20 — 42
1,50	2,70 — 27	3,00 — 30	3,30 — 33	3,75 — 37	4,50 — 45

(Siehe auch Tabelle Seite 174)

6.6 Die Laubwandhöhe

Die Laubwandhöhe ist von großem Einfluß auf die Qualität.

Die höchstmögliche Qualität wird nur erreicht, wenn eine ausreichende Menge Laub zu Verfügung steht. Untersuchungen haben ergeben:

hohe Laubwände	niedrige Laubwände
besseres Triebwachstum bessere Holzreife höhere Erträge bessere Qualität	geringes Triebwachstum geringere Holzreife geringere Erträge geringere Qualität

Aus Untersuchungen läßt sich ableiten, daß im Schnitt je Trieb nach dem Gipfeln 13 bis 16 Blätter verbleiben müssen, um das Verhältnis Menge : Güte optimal zu gestalten. Davon läßt sich folgende Faustregel ableiten:

n o t w e n d i g e L a u b w a n d h ö h e = 1,30 m bis 1,50 m

Selbstverständlich ist die optimale Laubwandhöhe je nach Sorte und Wuchs verschieden. Auch die unterschiedliche Witterung des Jahres hat einen Einfluß. Die Faustregel kann daher nur als ein grober Anhalt dienen. Bei geringer Wuchskraft der Rebe wird man die empfohlene Höhe 20 bis 30 cm niedriger wählen. In sehr trockenen Jahren wird man die Laubwand beim Gipfeln etwas stärker einkürzen, um den Wasserverbrauch durch die Transpiration zu begrenzen. Bei ausreichendem Wuchs der Rebe und bei normalen Witterungsverhältnissen sollte man sich jedoch an die Faustregel halten. Bei der Weitraumanlage ergibt sich die Laubmenge aus der dreigeteilten Laubwand. So beträgt bei einer Gassenbreite von 3,00 m die Laubwand rechnerisch 3 x 90 cm, also 2,70 m, was fast der Gassenbreite entspricht.

Wichtig!

Das vorhandene *Laub muß ausreichend* belichtet sein. Das ist nur zu erreichen, wenn der *Zusammenhang zwischen Standraum der Rebe und Fruchtholzgestaltung* beachtet wird. So führt z.B., das in der Praxis häufig zu beobachtende Übereinanderbiegen der Fruchtruten zu verdichteten Laubwänden.

Folge:

1. Das Laub trocknet nach Tau und Regen nur sehr langsam ab. Dies begünstigt das Auftreten von Pilzkrankheiten.

2. Das Laub wird mangelhaft belichtet, was niedrigere Mostgewichte zur Folge hat und auch die Holzreife beeinträchtigt.

Der Laubwandhöhe wird auch von der Arbeitsseite her eine Grenze gesetzt. Die Reben müssen geheftet und gegipfelt werden. Vom Boden aus gerechnet ist bei 2,20 m (30 cm Gipfelhöhe über dem obersten Rankdraht), die größtmögliche Arbeitshöhe erreicht. Bei breiten Rebgassen zwischen 2,30 bis 2,70 m ist eine optimale Laubwandhöhe nicht ganz zu erreichen.

Gassenbreite m	Stammhöhe m	Laubwandhöhe m	Gesamthöhe m
1,40	0,50	1,10-1,40	1,60-1,90
1,60	0,60	1,30-1,60	1,90-2,20
1,80	0,70	1,50	2,20
2,00	0,70	1,50	2,20
2,20	0,70	1,50	2,20
2,40	0,70	1,50	2,20
2,60	0,80	1,40	2,20
ab 2,80	1,00	Dreiteilung der Laubwand nötig	

Literatur:

HILLEBRAND, W.: Laubwandhöhe und Traubenqualität. Deutsches Weinbau-Jahrbuch 1968, 62-65.

HOFFMANN, E.: Untersuchungen über den Einfluß der Laubwandhöhe auf Ertrag u. Qualität bei verschiedenen Klonen der Sorte Blauer Spätburgunder. Die Wein-Wissenschaft 1983, 326-346.

KOBLET, W. und PERRET, P.: Wanderung der Assimilate innerhalb der Rebe. Die Wein-Wissenschaft, 1972, 146-154.

KOBLET, W.: Blattfläche und Qualität. Schweizerische Zeitschrift für Obst- und Weinbau, 1964, 543-547.

MAUL, D.: Anforderungen an Erziehungsart und Werkzeuge bei Handarbeiten im Weinbau. Der Deutsche Weinbau 1986, 721.

SCHÖFFLING, H.: Untersuchungen zur Bestimmung der optimalen Laubwandhöhe beim Rebengipfeln. Schweizerische Zeitschrift für Obst- und Weinbau, 1967, 571-577, 617-620.

SCHÖFFLING, H.: Die richtige Laubwandhöhe beim Rebengipfeln, Rebe und Wein, 1967, 166-169.

SCHÖFFLING, H.: Qualitätssteigerung durch optimale Laubwandhöhe. Der Deutsche Weinbau, 1978, 697-703.

6.7 Pfahlerziehung mit Ganzbogen

Stockaufbau: Der Stamm wird auf 60 cm hochgezogen. Auf ihn werden 1 bis 2 Ganzbogen, an der Mosel auch teilweise 3, geschnitten. Dies entspricht im Normalfall einem Anschnitt von 15 bis 20 Augen/qm.

Vorteile der Erziehung:

● Auf kleiner Fläche kann ein h o h e r E r t r a g erzielt werden. Das ist in Vollerwerbsbetrieben mit wenig Fläche, wie sie an der Mosel noch zahlreich vorhanden sind, von Bedeutung.

● In Steillagen ist die Querbegehung der Flächen möglich, was eine bedeutende körperliche Arbeitserleichterung bedeutet.

● Auf kleinen Terrassen und in sehr flachgründigen Steillagen wird die Einzelpfahlerziehung als sinnvoller gegenüber der Drahtrahmenerziehung angesehen.

Abb. 28
Pfahlerziehung mit
Ganzbogen

Nachteile der Erziehung:

● Hier ist vor allen Dingen der erheblich höhere Arbeitsaufwand zu nennen. Er entsteht insbesondere im Bereich der Laubarbeiten. Dabei werden, als Zielholz für den Anschnitt im nächten Jahr, 4 bis 5 Triebe in der Nähe des Pfahles angebunden und die anderen Triebe 3 Blatt über dem letzten Geschein abgekappt. Dies führt zu einer erheblichen Geiztriebbildung, die ein Entgeizen als zusätzliche Laubarbeit notwendig macht.

6.8. Erziehung in Spalierdrahtrahmen

In Normalanlagen mit Gassenbreiten bis 1.80 m und erweiterten Normalanlagen mit Gassenbreiten von 1.80 m bis 2.20 m und zum Teil auch in Weitraumanlagen, werden die Sommertriebe in Spalierdrahtrahmen hochgezogen.

Vorteile:

● Die Erziehung ist die technisch einfachste.

● Sie erlaubt die weitgehendste Mechanisierung der notwendigen Pflegemaßnahmen.

● Für Menge und Güte lassen sich optimale Bedingungen schaffen.

● In trockenen Hanglagen wird eine bessere Bodenbeschattung erreicht.

Von der Fruchholzform her sind vier Variationen möglich:

  Flachbogenerziehung
  Halbbogen- und Pendelbogenerziehung
  Kordonerziehung
  Sylvozerziehung

6.8.1 Flachbogenerziehung

Stockaufbau: Bei der Flachbogenerziehung ist nur ein Biegdraht vorhanden. Die Fruchtrute, auch Drahtrebe oder Flachbogen genannt, wird flach auf diesen Draht gelegt. Je nach Sorteneigenschaft und Wuchsstärke werden je Stock *ein* oder *zwei* Flachbogen angeschnitten (Abb. 29 a u. b). Ein *Ersatzzapfen* wird nur dann angeschnitten, wenn dies zur Erhaltung der Form nötig ist. Der *Stamm*

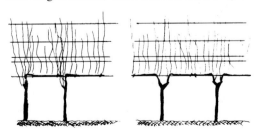

Abb. 29a:
Flachbogenerziehung

97

wird grundsätzlich 10 cm unter dem Biegdraht gehalten. Bei einer Biegdrahthöhe von beispielsweise 60 cm wird der Stamm auf 50 cm Höhe gezogen und dann der Flachbogen angeschnitten. Auf keinen Fall darf der Stamm auf volle Biegdrahthöhe gezogen werden, weil er dann bald über diesen hinauswächst und verjüngt werden muß. Einzelheiten sind dem Kapitel Rebschnitt zu entnehmen. Werden zwei Flachbogen angeschnitten, wird der Stamm unter dem Biegdraht leicht vergabelt und auf die Gabelenden die Flachbogen angeschnitten. Beim *Biegen* wird der Flachbogen in Biegdrahthöhe durch eine kleine Drehung scharf gekrächt, flach auf den Draht gelegt und mit zwei Biegdrähten festgebunden. Man kann ihn aber auch ein- bis zweimal um den Draht schlingen und nur am Ende festbinden (Abb. 29c). Das geht schneller, macht aber dann im nächsten Jahr etwas mehr Arbeit beim Herausschneiden des zweijährigen Holzes.

Abb. 29b
Flachbogenerziehung

Abb. 29c:
Flachbogenerziehung; links
Fruchtholz mit Bindedraht festge-
bunden, rechts Fruchtholz um
den Draht geschlungen (Draht-
rebe).

Die Flachbogenerziehung hat folgende *Vorteile*:

- Der Austrieb aller Triebe ist sehr gleichmäßig.
- Die Triebe wachsen aus einer Ebene nach oben, was die Heftarbeiten erleichtert und verkürzt.
- Die Trauben hängen in einer Höhe, was die Lesearbeiten von Hand erleichtert und verkürzt.

An *Nachteilen* sind folgende zu nennen:

- Sorten mit sprödem Holz, wie z.B. Silvaner, Faber, Scheurebe, Müller-Thurgau und etwas auch alle Burgundersorten, brechen beim Biegen, wenn gekrächt wird, leicht ab,. Dies läßt sich jedoch, ohne Nachteil, durch nicht zu scharfes Biegen verhindern.

- Ist durch kräftigen Wuchs ein langer Anschnitt nötig, müssen die Drahtreben am Ende ein Stück aufeinandergelegt werden. An dieser Stelle entsteht eine ungünstige Triebzusammenballung.

- Ab 1.80 m Gassenbreite wird die Unterbringung der nötigen anzuschneidenden Augen auf dem Flachbogen schwierig. Der Grenzpunkt, von dem ab auf Halbbogen übergegangen werden muß, hängt von der Zahl der anzuschneidenden Augen je qm Rebenstandraum ab.

6.8.2 Halbbogen und Pendelbogen-Erziehung

Stockaufbau: Bei der Halbbogen- und Pendelbogenerziehung sind zwei Biegdrähte vorhanden (Abb. 30). Der Bogen wird über einen Hilfsbiegdraht in einem leichten Knick nach unten gebogen und an dem darunter befindlichen Biegdraht festgebunden. Je nach Sorteneigenchaften und Wuchsstärke werden je Stock *ein* oder *zwei* Bogen angeschnitten. Ein *Ersatzzapfen* wird nur dann angeschnitten, wenn es zur Erhaltung der Form nötig ist.

Der *Stamm* wird über den Biegdrähten hinaus bis auf 15 cm an den Hilfsbiegdraht herangeführt. Auf keinen Fall darf der Stamm bis an den Hilfsbiegdraht hochgezogen werden, weil er dann bald über diesen hinauswächst und verjüngt werden muß.

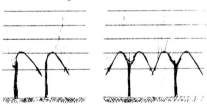

Abb. 30: Halbbogen und Pendelbogenerziehung

Die Halbbogen- und Pendelbogenerziehung hat folgende *Vorteile:*

- Vorteilhafte Saftverteilung durch das Herunterbiegen des Fruchthozes.
- Sorten, die zum Verrieseln neigen, werden durch diese Fruchholzform blühfester und damit fruchbarer.
- Gute Ausbildung des Zielholzes
- Es können je Stock mehr Fruchtaugen angeschniten werden als bei der Flachbogenerziehung.
- Das Biegen ist leicht und mit wenig Bruch verbunden.
- Bei der mechanischen Traubenernte haben sich die Halbbogen- und Pendelbogen-Erziehung als am günstigsten erwiesen.

Als *Nachteile* sind folgende zu nennen:

● Die Triebe wachsen nicht aus einer Ebene nach oben, was das Heften erschwert.

● Durch das kräftige Herunterbiegen wachsen die mittleren Triebe auf dem Halbbogen bei älteren Anlagen weniger stark. Die wenigen Blätter an den kurzen Trieben können die Trauben nicht zur höchsten Reife bringen.

● Ist bei der Pendelbogenerziehung wegen starken Wuchses ein sehr langer Anschnitt nötig und werden daher die Bögen bis weit unter den untersten Biegdraht heruntergezogen, lassen sich die Sommertriebe am Ende der Fruchtrute (Schnabeltriebe) kaum im Drahtrahmen festhalten. Sie werden daher in der Regel auf wenige Blätter über der obersten Traube eingekürzt. Auf diesen Sommertrieben entsteht ein ungünstiges Blatt-Traubenverhältnis, das zu einer Qualitätsbeeinträchtigung der Trauben führt. Mostgewichtseinbußen sind an diesen Trieben bis zu 20^0 Oe möglich. Wird eine höhere Erntemenge erwartet als es im Rahmen der Hektarhöchstertragsregelung erwünscht ist, bietet das Entfernen der Schnabeltriebtrauben eine Möglichkeit der Mengenreduzierung bei gleichzeitiger Qualitätsverbesserung.

6.8.3 Kordonerziehung

Stockaufbau: Der Kordon ist die Schnittform für weite Stockabstände. Nach Versuchen von Prof. F. Ritter können damit Abstände von 3 bis 4 m überbrückt werden. Als Fruchtholz werden *Zapfen von 2 bis 3 Augen* angeschnitten. Der Kordonarm vermehrt das alte Holz und damit die Speichermöglichkeit von Reservestoffen. Hierdurch wird die Blühfestigkeit des Stockes und damit seine Fruchtbarkeit verbessert. Sorten, die nur auf langem Holz tragen, sind allerdings für diese Erziehung nicht geeignet. RITTER hat auf einen wichtigen Umstand beim Kordonschnitt hingewiesen, auf dessen Nichtbeachtung viele Mißerfolge mit dieser Erziehung zurückzuführen sind. Die angeschnittenen Zapfen dürfen nie auf der Unterseite des Kordonarmes stehen, da es nicht ausbleibt, daß der Zapfen gelegentlich entfernt werden muß, weil er zu lang geworden ist. An

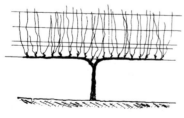

Abb. 31: Kordonerziehung

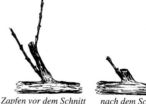

Zapfen vor dem Schnitt   nach dem Schnitt

Abb. 32: Kordonerziehung

100

dieser Stelle gibt es eine große Schnittwunde an der ein Teil des Gewebes eintrocknet. Einige Leitbahnen fallen dadurch für den Saftstrom aus. Wenn bei einem älteren Kordonarm viele solcher Wunden um den Arm verteilt sind, ist schließlich der mögliche Saftdurchfluß so gering, daß das Triebwachstum zurückgeht. Der Kordonarm muß dann abgeschnitten und neu aufgebaut werden. Beachtet man, daß die Zapfen nur auf der Oberseite des Schenkels zu stehen kommen, bleibt der Kordonarm gesund, weil er auf der Unterseite stets intakte Leitbahnen behält (Abb. 31 und 32).

Schnitt: Beim Anschnitt des Zapfens ist darauf zu achten, daß nicht viel Zuwachs an altem Holz entsteht. Das wird dadurch erreicht,.daß stets nur zwei, höchtens 3 Augen angeschnitten werden. Der Zapfen wird grundsätzlich auf den untersten Trieb geschnitten, der dem Kordonarm am nächsten sitzt. Da die Basalaugen in der Regel etwas weniger fruchtbar sind als weiter oben stehende, müssen je qm Rebenstandraum etwas mehr Augen angeschnitten werden.

Vorteile der Kordonerziehung:

- Es sind weite Stockabstände möglich.
- Die Arbeit mit automatischen Stockräumern wird erleichtert.
- Das Gerten entfällt.
- Da alle Triebe aus einer Ebene nach oben wachsen, werden Heftarbeiten und Lese erleichtert.
- Beim Zapfenschnitt ist die Holzreife nicht so wichtig, da auch bei schlecht ausgereiftem Holz die untersten 2 bis 3 Augen fast immer gut ausgereift sind.
- Der Kordonarm vermehrt das alte Holz und vermindert damit die Neigung zur Verrieselung der Blüte.

Nachteile der Kordonerziehung:

- Nicht alle Rebsorten sind für den Kordonschnitt geeignet.
- Bei sehr weiten Stockabständen dauert der Aufbau des Kordonarmes 2 bis 3 Jahre. Dadurch kommen die Weinberge 1 bis 2 Jahre später in den Vollertrag.
- Bei Stockausfällen entstehen große Lücken, die schwer mit Fruchtholz zu schließen sind.
- Der Schnitt ist schwieriger als der von Flachbogen, Halbbogen, Pendelbogen oder Ganzbogen.
- Bei Befall durch Phomposis läßt sich praktisch nur befallenes Holz anschneiden.
- Nach mehreren Jahren verkahlen die Kordonarme. Eine Verjüngung ist daher nach etwa 6 bis 10 Jahren erforderlich.

Da die Nachteile die Vorteile überwiegen, ist diese Erziehung nicht allgemein empfehlenswert.

Drahtrahmen: Es können die gleichen Drahtrahmenformen wie bei der Flachbogenerziehung erstellt werden. Der Kordonschnitt erfordert also keinen eigens auf ihn zugeschnittenen Drahtrahmen.

6.8.4 Sylvozerziehung

Die Rebenerziehung mit Sylvozschnitt stammt aus dem Raume Conegliano (Venetien) in Italien und heißt in Österreich *Steirische Bogenerziehung.* Der Sylvozschnitt kann Anwendung finden, wenn in wuchskräftigen Anlagen Stockabstände über 1,30 m erforderlich sind und mehr als 34 Augen je Stock angeschnitten werden müssen. Da höhereAugenzahlen auf 2 Halbbogen (Pendelbogen) nicht unterzubringen sind, werden 1 bis 3 Halbbogen mehr angeschnitten, die von einem oder zwei Schenkeln tief nach unten gebogen und unten an einem dort angebrachten Biegdraht festgebunden werden (Abb. 33).

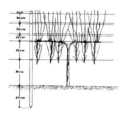 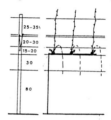

Abb. 33:Klassische Sylvoz-Erziehung   Abb. 34: Modifizierte Sylvoz-Erziehung

Vorteile der Erziehung:

● Durch den Schenkel ist mehr altes Holz vorhanden. Das verbessert die Blühfestigkeit.

● Es können pro Rebstock hohe Augenzahlen angeschnitten werden.

● Es sind weite Stockabstände möglich.

Nachteile der Erziehung:

● Es besteht die Gefahr, daß zu stark angeschnitten wird, was zu hohen Erträgen von geringer Qualität führt.

● Sorten mit sprödem Holz sind für das scharfe Biegen nach unten nicht geeignet, da die Fruchtruten leicht abbrechen.

Um diesen Nachteil aufzuheben, empfiehlt SLAMKA, Trier, eine modifizierte Sylvozerziehung. Dabei werden die Fruchtruten zunächst nach oben gezogen und dann erst über einen Hilfsbiegdraht nach unten (siehe Abb. 34)

102

- Auf dem Schenkel entstehen beim Schnitt die gleichen Schwierigkeiten wie beim Kordonschnitt.
- Am unteren Teil der Fruchtrute bilden sich nur kurze Triebe, die den Trauben nicht die für die höchste Zuckerbildung optimale Laubmasse zur Verfügung stellen können.
- In jungen, noch sehr wuchskräftigen Weinbergen können diese Triebe noch so lang werden, daß sie in einem zusätzlichen Arbeitsgang eingekürzt werden müssen. Wenn mit zunehmendem Alter der Reben die Wuchskraft nachläßt, ist das nicht mehr erforderlich.

6.8.5 Aufbau des Drahtrahmens

A l l g e m e i n e s :

Die Erziehung der Reben in Drahtrahmen soll

- die Mechanisierung der Pflegearbeiten erleichtern,
- die Erziehung einer optimal hohen Menge und Güte fördernden Laubwand ausreichende Belichtung ermöglichen und
- zu einer Belüftung des Bestandes führen, die die Infektionsgefahr für pilzliche Erkrankungen mindert.

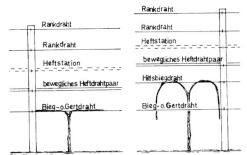

Abb. 35:
Bezeichnung der Drähte im Drahtrahmen

Im Drahtrahmen wird der Draht an den das Fruchtholz angebunden, gegertet wird, als B i e g - oder G e r t d r a h t bezeichnet. Bei der Halbbogen- oder Pendelbogenerziehung kommt ein sogenannter H i l f s b i e g d r a h t hinzu. Zum Einklemmen der Sommertriebe sind ein oder zwei b e w e g l i c h e H e f t - d r a h t p a a r e vorhanden, die bei fortschreitendem Wachstum in darüber befindliche H e f t s t a t i o n e n hochgezogen werden können. Zur Erleichterung des Rebschnittes werden sie aus der Heftstation herausgenommen und in eine Wartestation 15 cm unter dem Biegdraht gelegt. Feste, nicht bewegliche Drähte am oberen Teil der Pfähle werden R a n k d r ä h t e genannt (Abb. 35).

103

In der Praxis sind die verschiedensten Drahtrahmenvariationen zu finden. Hierzu einige Beispiele:

1. Ein bewegliches Heftdrahtpaar für mehrere Heftstationen.
2. *Ein bewegliches Heftdrahtpaar und zwei oder drei feste Rankdrähte.*
3. Ein bewegliches Heftdrahtpaar für zwei Heftstationen und ein oder zwei feste Rankdrähte.
4. Drei oder vier feste Rankdrähte, Zaundrahtrahmen.
5. Zwei bewegliche Heftdrahtpaare.
6. *Zwei bewegliche Heftdrahtpaare und evtl. ein zusätzlicher fester Rankdraht.*

Besonders bewährt und daher empfehlenswert sind nur die unter Ziffer 2 und 6 genannten Formen.

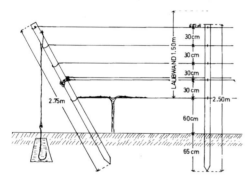

Abb. 36:
Drahtrahmen für Normalanlage mit Flachbogenerziehung

Formen von Drahtrahmen:

Drahtrahmen mit einem beweglichen Heftdrahtpaar und zwei oder drei festen Rankdrähten

Dieses Drahtrahmensystem eignet sich nur für aufrecht wachsende Rebsorten mit gutem Rankvermögen wie z.B. Riesling, Traminer, Ehrenfelser.

Für das bewegliche Heftdrahtpaar gibt es nur eine Heftstation. Der Abstand zum Biegdraht bzw. Hilfsbiegdraht muß so gewählt werden, daß beim ersten Heften möglichst alle Triebe erfaßt werden und nur wenig Nachheften nötig ist. Beim Pendelbogen lassen sich nie alle Triebe erfassen. Folgende Abstände sind üblich:

● Flachbogenerziehung höchstens 30 cm über dem Biegdraht,
● Halbbogenerziehung bis 25 cm über dem Biegdraht und
● Pendelbogenerziehung höchstens 20 cm über dem Hilfsbiegdraht. Siehe Abb. 36-39

104

Bei der Halbbogen- und der Pendelbogenerziehung wird der Drahtrahmen mit einem H i l f s b i e g d r a h t versehen. Der Abstand von Biegdraht und Hilfsbiegdraht soll wenigsten 30 cm, besser 40 cm betragen. Früher wurden diese beiden Drähte nur in einem Abstand von 15 bis 20 cm auseinander angebracht. Dieser Abstand war zu gering, weil nach dem Biegen die Drähte durch den Druck des Halbbogens oder Pendelbogens in der Mitte zwischen den Stickeln noch höhstens 5 bis 10 cm auseinander waren, wodurch der Vorteil des Bogens verlorenging.

Sobald die Triebe im Frühjahr lang genug sind, werden die Drähte in die Heftstation über dem Biegdraht eingelegt. Durch eine Heftklammer je Stickellänge kann man die Triebe so fest zwischen die Drähte klemmen, daß sie auch bei einem Sturm nicht herausgerissen werden. Darüberhinaus fördert das Dazwischenklemmen das senkrechte Wachsen der Triebe nach oben, ihr Festranken und vermindert den Arbeitsaufwand des Heftens. Die Rankdrähte werden im Abstand von 25 bis höchstens 30 cm auf der windabgewandten Seite angebracht. Der Wind drückt dann die Triebe an die Drähte, was das Festranken fördert. Das Festnageln der Rankdrähte erfolgt nicht mit einem Krampen (Haften), weil diese sich erfahrungsgemäß nach 3 bis 4 Jahren lockern und herausfallen, sondern mit einem Heftnagel, der fest eingeschlagen wird.

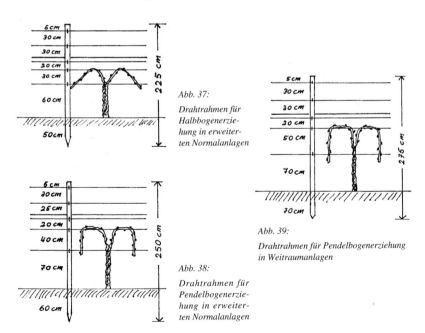

Abb. 37:

Drahtrahmen für Halbbogenerziehung in erweiterten Normalanlagen

Abb. 39:

Drahtrahmen für Pendelbogenerziehung in Weitraumanlagen

Abb. 38:

Drahtrahmen für Pendelbogenerziehung in erweiterten Normalanlagen

Drahtrahmen mit zwei beweglichen Heftdrahtpaaren

Dieser Drahtrahmen hat sich für Rebsorten bewährt, die weniger aufrecht wachsen und eine geringere Rankfähigkeit besitzen wie z.B. Silvaner, Müller-Thurgau oder Kerner (Abb. 41).

Abb. 40:

Halbbogen-Pendelbogen-Erziehung

Das unterste bewegliche Heftdrahtpaar wird vor dem Rebschnitt 15 cm unter dem Biegdraht auf dort vorhandene Nägel gelegt. Nach dem ersten Heften verbleibt das Heftdrahtpaar in der ersten Station über dem Biegdraht. Wenn die Drähte durch Heftklammern noch zusammengezogen werden, haben die grünen Triebe einen festen Halt und wachsen senkrecht nach oben. Das zweite bewegliche Heftdrahtpaar wird vor dem Schnitt auf die Stickel in dort vorhandene Nägel gelegt. Der Schnitt wird jedoch wenig behindert, wenn dieses Heftdrahtpaar in der dritten Heftstation verbleibt, in die es beim dritten Heften hochgezogen wurde. Ein am Stickelende angebrachter fester Rankdraht erleichtert die Erzie-

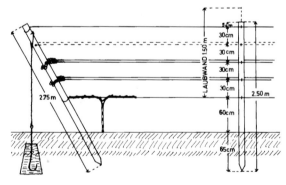

Abb. 41:

Drahtrahmen mit zwei beweglichen Heftdrahtpaaren und einem festen Rankdraht

106

hung einer ausreichend hohen Laubwand. Er muß an der windabgewandten Seite angebracht werden. Diese Drahtanordnung ist auch bei sehr kräftig wachsenden Reben und in windigen Lagen vorteilhaft, da die grünen Triebe besonders gut festgehalten werden.

Für die Abstände zwischen den Heftstationen gilt dasselbe wie Seite 104 (Drahtrahmen mit einem beweglichen Heftdrahtpaar) beschrieben.

Sonstige Drahtrahmenvariationen

Die sonstigen Drahtrahmenvariationen sind weniger empfehlenswert. Aus Gründen der Vollständigkeit sind sie in den Abbildungen 42 bis 47 dargestellt.

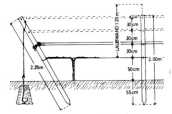

Abb. 42: Unvollkommener Drahtrahmen

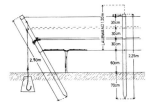

Abb. 43: Drahtrahmen mit einem beweglichen Heftdrahtpaar und einem festen Rankdraht

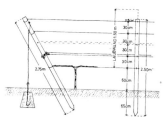

Abb. 44: Guter Drahtrahmen für Normalanlage mit Flachbogenerziehung

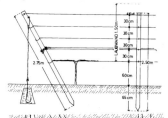

Abb. 45: Zaundrahtrahmen für Normalerziehung mit Flachbogenerziehung

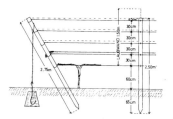

Abb. 46: Zaundrahtrahmen mit einem beweglichen Gleitdraht für Normalanlagen mit Flachbogenerziehung

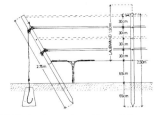

Abb. 47: Drahtrahmen mit zwei beweglichen Heftdrahtpaaren für Normalanlage mit Flachbogenerziehung

107

Drahtrahmen für den Einsatz eines Laubhefters

Für den Einsatz eines mechanischen mit Kunststoffschnüren arbeitenden Laubhefters wird nur ein vereinfachter Drahtrahmen benötigt.

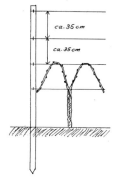

Abb. 48

Es werden außer dem Biegdraht, und eventuell Hilfsbiegdraht nur noch 2 feste Rankdrähte angebracht.

Spalierdrahtrahmen im Steilhang

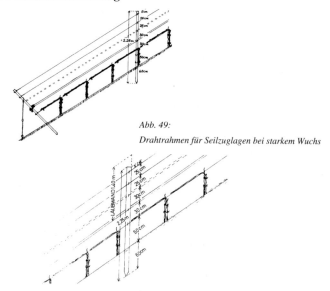

Abb. 49:

Drahtrahmen für Seilzuglagen bei starkem Wuchs

Abb. 50: Drahtrahmen für Seilzuglagen bei schwachem Wuchs

108

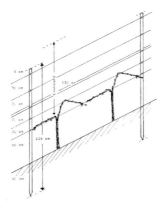

Abb. 51: Drahtrahmen für Seilzuglagen bei starkem Wuchs mit kombinierter Flachbogen-Halbbogenerziehung

Je nach Sorte und Wuchskraft wählt man die Flachbogenerziehung (Abb 29, 49 und 50) oder die kombinierte Flachbogen-Halbbogenerziehung (Abb. 51). Da Steilhänge selten sehr triebkräftige Böden besitzen, genügt in der Regel der Anschnitt von einem Flachbogen. Der Flachbogen wird hangabwärts gebogen, um eine vorteilhafte Saftverteilung zu erreichen. Entsprechend der geringeren Wuchskraft und der geringeren Wasserkapazität der Böden am Hang können die Drahtrahmen etwas niedriger sein. In der Regel kann daher ein Rankdraht weniger angebracht werden. Da am Steilhang die Gefahr besteht, daß sich die Stämme talwärts neigen, wird jeder an der Talseite mit einem Pfählchen versehen.

6.8.6. Erziehung der Rebe in anderen Unterstützungssystemen

Weitraumanlagen mit dreigeteilter Laubwand

Hierunter sind Rebanlagen mit Gassenbreiten von 2,80 bis 3,50 m und dreigeteilter Laubwand zu verstehen.

Vorteile:

● Senkung des Arbeitsaufwandes.
● Größere Flächenleistung einer Arbeitskraft.
● Senkung der Maschinenkosten, da im Gemischtbetrieb der Zweitschlepper entbehrlich ist.
● Senkung der Anlagekosten.
● Viele Arbeiten, besonders die Unkrautbekämpfung und das Heften, sind nicht mehr so zeitgebunden.

- Gründüngung und Dauerbegrünung werden erleichtert.
- Der hohe Stamm hebt das Fruchtholz sehr oft über die Frostzone, sowohl bei Früh- o. Spätfrost, als auch bei Winterfrost.

Nachteile:

- Die Anlage kommt ein Jahr später in den Vollertrag, da die Aufzucht länger dauert.
- Wenn bei einem extremen Winterfrost die Stämme erfrieren, ist die Wiederaufzucht schwieriger als bei der Normalerziehung.
- Schnitt und Erziehung sind bei Weitraumerziehungen mit Joch schwieriger als in den Normalerziehungen.
- Wer die Weitraumtechnik nicht versteht, erntet eine etwas geringere Menge und Güte.
- Nicht alle Sorten eignen sich für die Weitraumerziehung.

Nach dem die Weitraumanlagen zunächst streng nach dem Vorbild von Lenz Moser erstellt wurden, haben sich in den letzten Jahren in der Praxis abgeänderte und neue Formen entwickelt. Alle haben das Ziel, neben einer Vereinfachung des Schnittes und Drahtrahmenaufbaues, die zu erzielende Qualität zu verbessern.

Bei diesen Weitraumanlagen schafft man eine dreigeteilte Laubwand. Ein Drittel der Triebe wird im Drahtrahmen senkrecht nach oben geführt und je ein Drittel läßt man nach links und rechts hängend nach unten wachsen. Das hängende Laub erfordert G a s s e n b r e i t e n von 3,00 bis 3,20 m. Nur in begründeten Ausnahmen darf diese auf 2,80 m fallen, wenn wuchsschwache Standorte, schmale Grundstücke oder trockene Hänge, wo eine gewisse Schattenwirkung erwünscht ist, vorliegen. Bei engeren Gassen ist ab Mitte Juli, wenn die Laubmasse voll entwickelt ist, das Durchfahren wegen der hängenden Triebe unmög-

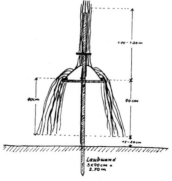

Abb. 52: Vorbildlich dreigeteilte Laubwand ergibt eine optimale Laubfläche

110

lich und deren Schattenwirkung so groß, daß die Assimilation behindert wird. Das Maximum der Gassenbreite liegt bei 3,50 m, weil man bei breiteren Gassen die nötige Augenzahl je qm nicht mehr anschneiden kann. Der *Stockabstand*, der von der Wuchskraft als Produkt von Boden, Sorte und Unterlage bestimmt wird, hat bei dieser Erziehungsform sein Optimum zwischen 1,20 und 1,40 m. Auf sehr wuchsschwachen, trockenen Standorten kann er auch einmal auf 1,00 m begrenzt werden. Stockabstände über 1,50 m sind nicht möglich, weil der große Rebenstandraum den Anschnitt von derart viel Augen pro Stock erfordert, daß man diese beim Schnitt nicht unterbringen kann.

Die *Laubwandhöhe* beträgt 3,00 m, wenn man die dreigeteilte Fläche aufeinanrechnet, und entspricht damit der geforderten Norm (Abb. 52).

Der *Erfolg* der Weitraumerziehung mit dreigeteilter Laubwand hängt davon ab, daß diese Dreiteilung konsequent angestrebt wird. Sobald weniger als zwei Drittel der Triebe nach unten wachsen, gibt es im Drahtrahmen infolge Laubzusammenballung eine *schädliche Laubglocke*, die nicht genügend Luft, Licht und Sonne ins Stockinnere gelangen läßt (Abb. 53).

Nachteile der Laubglocke:

- Im Stockinnern vergilben die Blätter.
- Die Gescheine verrieseln.
- Im Stockinnern trocknet das Laub schlecht ab, was die Peronosporagefahr erhöht.
- Die mangelnde Durchlüftung erhöht den Oidiumbefall.
- Die mangelnde Durchlüftung fördert die Traubenfäule und die Stielfäule.
- Im Stockinnern reifen die Triebe schlecht aus.
- Menge und Güte der Trauben werden beeinträchtigt.

Die schädliche Laubglocke kann nur durch richtigen Schnitt und Ordnen des Laubes verhindert werden.

Laubglocke vermeiden

Dreiteilung des Laubes ist ganz wichtig!

gut — Ertrag — schlecht
Qualität

Abb. 53:

Vorteile der Laubdreiteilung:

- Alle Triebe stehen luftig, werden gut besonnt und erhalten genügend Licht.
- Auch in das Innere des Stockes gelangt noch so viel Licht, daß dort die Blätter voll funktionsfähig bleiben.
- Weder Perosonspora noch Oidium, noch Botrytis werden gefördert.
- Die gute Verteilung der Laubmasse fördert die Blüte. Dadurch wird die Ertragstreue begünstigt.
- Die Traubenqualität ist nicht geringer als in der Normalerziehung.
- Die Laubarbeiten erfordern nur einen sehr geringen Arbeitsaufwand.

Die Entwicklung der Rebenerziehung zur sogenannten e r w e i t e r t e n N o r - m a l a n l a g e mit Schmalspurschleppermechanisierung hat die Weitrauman- lage aus dem praktischen Weinbau weitgehend verdrängt. Deshalb ist eine ge- naue Beschreibung der verschiedenen Variationen überflüssig. Es folgt daher nur noch ein kurzer Überblick als Beitrag zur historischen Entwicklung.

Weitraumanlagen mit Strecker-Zapfenerziehung

Sie wurde von Weingutsbesitzer Bründelmeyer aus Langenlois/Österreich ent- wickelt.

Stockaufbau: In den ersten vier Jahren nach der Pflanzung wird der Stamm in 1,00 m Höhe vergabelt und je ein Schenkel in 1,20 m Höhe nach rechts und links gezogen. Jeder Schenkel erhält *2 Strecker* von je 6 bis 8 Augen und 2 Zap- fen mit je 1 Auge (Abb. 54, 55 56).

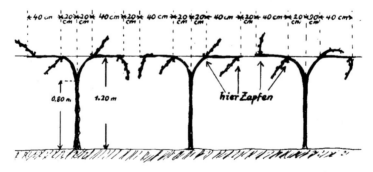

Abb. 54: Weitraumanlage mit Strecker – Zapfenerziehung

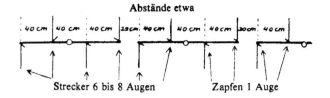

Abstände etwa

| 40 cm | 40 cm | 40 cm | 25cm | 40 cm | 40 cm | 40 cm | 30cm | 40 cm |

Strecker 6 bis 8 Augen   Zapfen 1 Auge

Abb. 55:

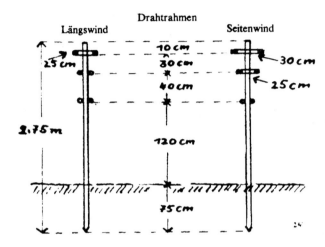

Drahtrahmen

Längswind   Seitenwind

25 cm   10 cm   30 cm

30 cm   25 cm

40 cm

2,75 m   120 cm

75 cm

Abb. 56:
Drahtrahmenaufbau
für Weitraumanlage
mit Strecker-Zapfen-
Erziehung

Weitraumanlagen mit frei pendelnder Fruchtrute

Diese Form der Erziehung geht auf Weinbau-Oberamtsrat Müller, Dirmstein, zurück, der Anfang der 60er Jahre das Querjoch in seinen Weitraumanlagen entfernte und die angeschnittenen Halbbogen nicht mehr festband, sondern frei pendeln ließ (Abb. 57).

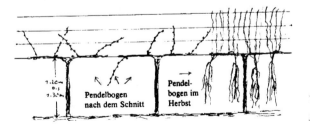

Pendelbogen   Pendel-
nach dem Schnitt   bogen im
                     Herbst

Abb. 57:
Weitraumanlage
frei pendelnder Fruchtrute

113

Weitraumanlage mit Winkelrutenerziehung

Diese Erziehung wurde von Weingutsbesitzer Karl Merz, Ockenheim, entwikkelt. Zur Erzielung einer besonders guten Qualität wird der Ertrag durch mäßigen Anschnitt auf durchschnittlich 70 bis 80 hl/ha begrenzt (Abb. 58-60).

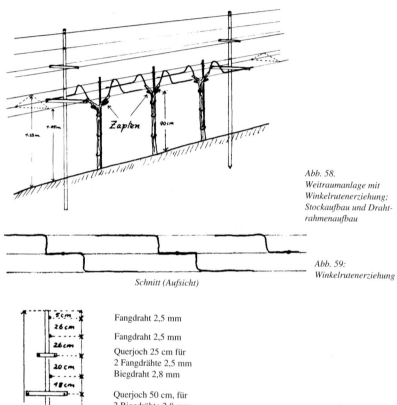

Abb. 58.
Weitraumanlage mit
Winkelrutenerziehung;
Stockaufbau und Draht-
rahmenaufbau

Abb. 59:
Winkelrutenerziehung

Schnitt (Aufsicht)

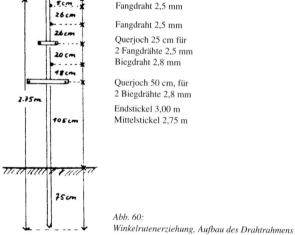

Fangdraht 2,5 mm

Fangdraht 2,5 mm

Querjoch 25 cm für
2 Fangdrähte 2,5 mm
Biegdraht 2,8 mm

Querjoch 50 cm, für
2 Biegdrähte 2,8 mm

Endstickel 3,00 m
Mittelstickel 2,75 m

Abb. 60:
Winkelrutenerziehung, Aufbau des Drahtrahmens

114

Stockaufbau: Es wird ein Stamm gezogen, der in 90 cm Höhe auf zwei Schenkel vergabelt wird (Abb. 58). Die Vergabelung ist wichtig, weil auf diese Weise eine Laubzusammenballung im Stockinnern unterbunden wird. Auf jeden Schenkel wird eine Fruchtrute mit 12 bis 17 Augen und ein Zapfen mit zwei Augen angeschnitten.

Weitraumanlage mit vergabelten Halbbögen

Diese Form ist überall dort erforderlich, wo die Reben einen extrem starken Wuchs entwickeln.

Stockaufbau: Der Stamm wird in 90 cm Höhe vergabelt. Die beiden Gabelenden werden in 1,00 m Höhe vergabelt, diesmal aber quer zur Gassenrichtung. Auf jedes der vier Enden wird eine Fruchtrute mit durchschnittlich 10 bis 12 Augen geschnitten.

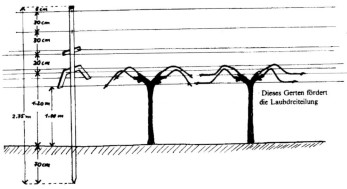

Abb. 61:
Weitraumanlage mit Halbbogenerziehung, Stockaufbau und Drahtrahmenaufbau

Literatur:

ADAMS, K. (1968): Formen der Rebenerziehung unter Berücksichtigung des Qualitätsgedankens. Rebe und Wein, 21, 410-413.

ADAMS, K. (1969): Die Weitraumanlage in weinbautechnischer und betriebswirtschaftlicher Sicht. Die Wein-Wissenschaft, 24, 120-130.

ALTMANN, H.: Einfluß der Erziehungsarten auf Ertrag und Qualität. Winzer, 1967, 153-155.

BÄCKER, G., WEBER, M., STRUCK, W. (989): Einfluß der Anbautechnik auf die Arbeitsqualität von Traubenvollerntern. Der Deutsche Weinbau 44, 1161-1168.

BECKER, TH. (1968): Rentabel wirtschaften durch moderne Erziehungsformen. Der Deutsche Weinbau, 23, 70-74, 301-305.

EICHELSBERGER, H. (1966): Die Entwicklung der Rebenerziehung seit 1945. Rebe und Wein, 19, 211-212.

EISENBARTH, H.J. (1969): Die Normalerziehung in weinbautechnischer und betriebswirtschaftlicher Sicht. Die Wein-Wissenschaft, 24, 111-119.

FAAS, K (1967): Die Rebenerziehung - Qualität und Rentabilität. Der Deutsche Weinbau, 22, 788-790.

FADER, W. (1965): Einfluß verschiedener Erziehungsarten - Normal- und Weitraumerziehung - auf Rebe, Boden sowie Arbeits- und Kostenaufwand. Die Wein-Wissenschaft, 20, 1-19, 62-78, 127-139, 168-181.

FADER, W. UND MAUL, D.: Voraussetzung zur Gestaltung moderner Anlageformen. Der Deutsche Weinbau, 1975, 931-935.

HILLEBRAND, W. (1969): Weiterentwicklung der Weitraumerziehung. Deutsches Weinbau-Jahrbuch, 1970, 36-47.

HILLEBRAND, W. (1970): Die Entwicklung der Rebenerziehung seit 1945. Der Deutsche Weinbau, 25, 1155-1169.

HILLEBRAND, W. (1974): Einheitliche Bezeichnungen für die Erziehungsarten der Rebe. Die Wein-Wissenschaft, 29, 82-91.

HILLEBRAND, W.: Der heutige Stand der Rebenerziehung. Deutsches Weinbau-Jahrbuch, 1978, 107-114.

HILLEBRAND, W.: Rebenerziehung einmal anders. Deutsches Weinbaujahrbuch, 1987, 59 – 59

KIEFER, W. und WEBER, M.: Der Einfluß von Flach- und Halbbogenerziehung auf die Anbautechnik und den Ertrag bei der Sorte Riesling. Deutsches Weinbau-Jahrbuch, 1975, 111-122.

KIEFER, W. und WEBER, M.: Untersuchungsergebnisse zur Frage der Rebenerziehung bei verschiedenen Zeilenbreiten mit der Rebsorte Riesling. Deutsches Weinbau-Jahrbuch, 1980, 95-101.

KIEFER, W.: Einfluß der Rebenerziehung und Unterstützungsform auf die Ertragsleistung und Mechanisierung in Direktzuglagen. Der Deutsche Weinbau, 1979, 703-716.

KRAUS, V. (1969): Rebenerziehung und Rebschnitt in den tschechoslowakischen Weinbaugebieten. Die Wein-Wissenschaft, 24, 102-110.

MÜLLER, E., KIEFER, W. (1989): Leistungsvergleich verschiedener Rebenerziehungssysteme. Der Deutsche Weinbau, 44, 658-665.

PEYER, E. (1964): Streckbogen oder Halbbogen im Drahtbau? Schweizerische Zeitschrift für Obst- und Weinbau, 100, 181.

PEYER, E. (1968): Sylvoz- oder Zweietagenschnitt bei Reben. Schweizerische Zeitschrift für Obst- und Weinbau,. 104, 305-311.

PFAFF, F. (1966): Die Weinbautechnik in der Weitraumerziehung. Der Deutsche Weinbau 21, 237-245.

PFAFF, F.: Pendelbogen-Erziehungsform im Weinbau. Der Deutsche Weinbau, 1976, 209-213.

RITTER, F. (1955): Überlegungen zur Rebenerziehung. Der Deutsche Weinbau, 10, 66-68.

RITTER, F. (1964): Strecker- und Kordonerziehung bei verschiedenen Standweiten. Weinberg und Keller, 11, 535-546.

SCHNECKENBURGER, F. u.,a. (1968): Weitraum- und Normalanlagen im Ertragsvergleich. Der Deutsche Weinbau, 23, 846-867.

SCHUMANN, F. (1969): Historische Erziehungsmaßnahmen im Weinbau. Deutsches Weinbau-Jahrbuch, 1970, 26-36.

SCHWAPPACH, E.: Mehrjährige Erziehungsversuche in Franken. Deutsches Weinbau-Jahrbuch, 1975, 101-110.

SCHWARZENBACH, H. (1969): Mechanisierung und Erziehungssysteme der Reben. Landwirt, 23, 12-14, Ref. Mitteilungen Klosterneuburg, 1969, 19, 248.

SLAMKA, P. (1987): Erfahrungen mit der Sylvoz-Erziehung. Weinwirtschaft Anbau, 8/9, S. 10-13.

TEPE, W. (196): Die Umkehrkultur der Rebe. Die Wein-Wissenschaft, 21, 210-23; (1967) 22, 165-180.

WEISS, E. (1966): Vergleich verschiedener Erziehungsformen am Drahtrahmen. Deutsches Weinbau-Jahrbuch, 967, 73-79.

WEISS, E. (1973): Die Leistung verschiedener Erziehungsarten in Südbaden. Deutsches Weinbau-Jahrbuch, 1974, 153-159.

-.-: Rebenerziehung jetzt auf Traubenvollernter einstellen. Der Deutsche Weinbau, 1979, 241-242.

Umkehrerziehung

Diese Erziehung wurde 1966 von Prof. Dr. Tepe im heimischen Weinbau zur Diskussion gestellt. Heute ist sie als weiträumige Erziehung in Italien und Österreich zu finden. Erste Versuche in Deutschland hat Prof. Dr. Kiefer in Geisenheim angelegt. Sie wird auch als Eindrahterziehung, Hochkordon oder Freiwachsende Erziehung bezeichnet.

Die nach unten hängende lockere Laubwand erfordert Gassenbreiten ab 2,50 m. Die Reben werden auf eine Stammhöhe von 1,80 m gezogen. Bis zum nächsten Stock, in etwa 1,30 m Abstand, wird ein Rebarm gezogen. Auf diesen Arm werden im Abstand von rund 30 cm Strecker von 6 bis 8 Augen geschnitten. Bei einem Anschnitt von durchschnittlich 10 Augen je qm Rebenstandraum ist ein Anschnitt von 34 Augen erforderlich. Diese Augenzahl erfordert 5 bis 6 Strecker. Ein gleichmäßiger Trieb auf den Streckern wird nur erreicht, wenn an der Übergangsstelle vom senkrechten Stamm zum waagerechten Rebarm kein Fruchtholz angeschnitten wird. Um zu vermeiden, daß durch den jährlichen Schnitt auf dem Rebarm Höcker von altem Holz entstehen, die den Schnitt erschweren und zur Vergreisung des Rebarmes führen, wird in der Achsel des Streckers ein Zapfen mit einem sichtbaren Auge angeschnitten. Am Zapfen bilden sich in der Regel zwei Triebe und zwar aus dem sichtbaren Auge und aus dem Achselauge. Diese beiden Triebe liefern im nächsten Jahr den neuen Strecker und den neuen Zapfen. Die Strecker werden nicht angebunden. Die zunächst aufwärts wachsenden grünen Triebe neigen sich mit Zunahme des Eigengewichtes nach unten. Sobald die Trauben Erbsendicke erreicht haben, hängen alle Triebe nach unten. Im August werden die herabhängenden Triebe 30 cm über dem Boden eingekürzt.

Die Gefahr der Laubglockenbildung kann, nach Slamka (Trier), abgemildert werden, wenn über dem Kordonarm im Abstand von 20 bis 25 cm Höhe ein Heftdrahtpaar eingezogen wird. Dadurch wächst ein Teil der Triebe länger nach oben, was zu einer Auflockerung der Laubglocke führt. Die Stammhöhe muß in diesem Falle um die 20 bis 25 cm reduziert werden, damit die Erziehung durch das zusätzliche Heftdrahtpaar insgesamt nicht höher wird.

Der Drahtrahmen bedarf einer guten Verankerung. Dies kann durch einen schräg eingeschlagenen Endstickel, der an einem Betonanker befestigt wird, erreicht werden. Die Verankerung kann aber auch durch einen diagonal angebrachten Versteifungsstickel (Abb. 62) erreicht werden. Bei dieser Verankerung kann der Schlepper leichter aus den Rebgassen herausfahren. Den hohen Stämmen muß durch einen kräftigen Pfahl der nötige Halt gegeben werden. An diesen Pfahl werden die Stämme durch eine Achterschlaufe (Abb.62) mit einem Plastikband befestigt. Der obere Haltedraht, der den Rebarm mit den Streckern und die ganze Last der Trauben zu tragen hat, unterliegt einer starken Beanspruchung, die nur von einem 31er Draht ausgehalten wird. Der Hilfsdraht, in der Mitte der Unterstützung, ein 25er Draht, ist nicht unbedingt erforderlich. Die Verankerungsstickel sollen eine Zopfstärke von 9 bis 10 cm haben, bei den übrigen genügt eine solche von 6 bis 7 cm. Die Anlage bekommt nur dann einen ausreichenden Halt, wenn die Pfähle 80 cm tief in den Boden geschlagen werden.

Vorteile der Erziehung:

- Der Rebschnitt ist weniger arbeitsaufwendig, erfordert aber mehr fachliches Können als im Spalierdrahtrahmen.
- Das Biegen entfällt.
- Es fallen keine Heftarbeiten an. Da aber ca. zwei Drittel der Triebe zur windabgewandten Seite fallen, kann auf ein Laubordnen nicht ganz verzichtet werden.
- Es kann stark angeschnitten werden, wenn dies nötig ist.
- Die Verrieselungsgefahr ist gemindert, weil viel altes Holz mit entsprechenden Reservestoffen vorhanden ist, vor der Blüte der Stock noch gut durchlüftet ist und ganz allgemein ein geringeres vegetatives Wachstum auftritt.
- Der hohe Stamm hebt das Fruchtholz oft über die Frostzone, sowohl bei Spät- und Frühfrösten als auch bei Winterfrösten.
- Die Anlagen sind luftig, besonders im Anfang der Vegetation, wenn die Triebspitzen noch weit vom Boden entfernt sind. Die Gefahr pilzlicher Erkrankungen ist in dieser Zeit gemindert.

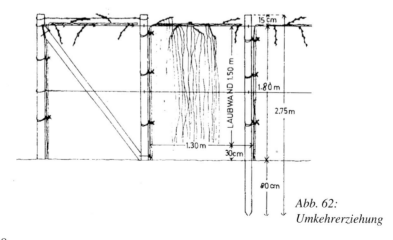

Abb. 62:
Umkehrerziehung

118

Nachteile der Erziehung:

- Auf schwachwüchsigen Standorten und bei schwachwüchsigen Sorten fällt das vegetative Wachstum früher ab als in Normalanlagen. Der Stock fällt vom Holz, die Ertragsleistung nimmt ab.
- Der Rebschnitt erfordert mehr fachliches Können, als der einfache Bogenschnitt. Er ist in 1,80 m Höhe körperlich anstrengend.
- Durch die Erziehung des hohen Stammes und des langen Rebarmes kommt die Anlage bis 2 Jahre später in den Vollertrag.
- Der Arbeitsaufwand für das Ausbrechen und Entspitzen der hängenden Triebe ist höher.
- In der zweiten Vegetationshälfte besteht die Gefahr der Laubglockenbildung. Das kann erhöhten Pilzbefall und negative Ertragsbeeinflussung zur Folge haben. Das Laubordnen ist daher dringend nötig.
- Die Lese erfordert einen 15-30 %igen höheren Arbeitsaufwand als in der Drahtspaliererziehung.

Sonstige Beurteilungskriterien:

- Bei Durchführung eines sachgerechten Rebschnittes und ordnender Laubarbeiten treten im allgemeinen keine Ertragsunterschiede gegenüber der Spaliererziehung auf. Gütemäßig kann es zu leichten Einbußen kommen.
- Da die Spaliererziehnug im Direktzug mehr Mechanisierungsmöglichkeiten bietet, sind arbeitswirtschaftliche Vorteile nur in nicht vollmechanisierbaren Hanglagen gegeben.

Literatur:

KIEFER, W., EISENBARTH, H.J., WEBER, M.: Ergebnisse und Erfahrungen zur Umkehrerziehung im deutschen Weinbau. Der Deutsche Weinbau, 1983, 161-166.

WEISS, E.: Versuchsergebnisse und Erfahrungen zur Rebenerziehung in Steillagen des Weinbaugebiets. Baden. Der Deutsche Weinbau, 1981, 1084-1088.

MEINKE, E.: Umkehrerziehung - Weinbau ohne Laubarbeit. Badischer Winzer, 1980, 446-448.

REDEL, H.: Vergleiche der Moser-Hochkultur mit der Eindrahterziehung im Hinblick auf das Krankheitsauftreten, die Menge und Güte des Ertrages, sowie des Arbeitsaufwandes. Die Wein-Wissenschaft, 1982, 310-335.

Vertikoerziehung

Die von KRAUS in der CSFR erprobte Vertikoerziehung hat ihre Vorläufer in der Pyramidenerziehung, die im 19. Jahrhundert von METZGER erwähnt wird, und der sog. Bäumchenerziehung (Eggenberger u.a.) in der Schweiz. Sie kann auch als eine Erziehung mit einem senkrecht gestellten Kordonarm angesehen werden.

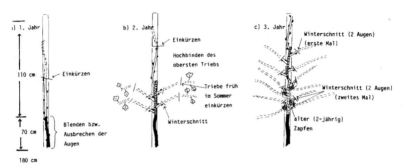

Abb. 63: Neuaufbau einer Vertikoanlage

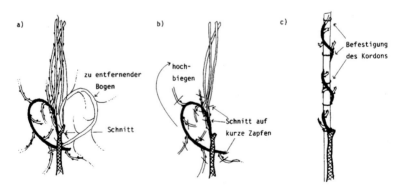

Abb. 64: Aufbau der Vertikoerziehung durch Umstellung der Pfahlerziehung mit Ganzbogen.
(Beide Abbildungen übernommen von H. R. Schulz, s. Literaturhinweis am Ende des Kapitels)

120

Ab einer Höhe von 60 bis 80 cm werden möglichst dicht am vertikalen Kordon kurze Zapfen von 1 bis 3 Augen etagenmäßig verteilt.

Der untere Teil des Kordons entspricht der Stammhöhe wie bei der Erziehung in Spalierdrahtrahmen. Der obere Teil entspricht der Kordon-Zapfenerziehung, die hier, im Gegensatz zur Erziehung im Drahtspalier, nicht horizontal auf dem Biegdraht liegt, sondern vertikal als Fortsetzung des Stammes verläuft (**verti**ka-ler **Ko**rdon).

Die Vertikoerziehung besitzt in Direktzuglagen keine Vorteile. Der komplizierte Stockaufbau und Rebschnitt sind dagegen von großem Nachteil.

In Seilzuglagen sind eindeutige arbeitswirtschaftliche Vorteile vorhanden. Die Zeiteinsparung beträgt im Vergleich zur Pfahlerziehung mit Ganzbogen ca. 400 Akh/ha und im Vergleich zur Spaliererziehung bis 200 Akh/ha.

Gassenbreite:

Seilzuglagen mindestens 1,60 m, besser 1,80 m.
Direktzuglagen mindestens 2,40 m.

Stockabstände:

Kraus fordert Abstände von 0,60 m bis 0,80 m. Besser sind jedoch Abstände nicht unter 1,00 m, wie in Kapitel 6.2 ausgeführt.

Problem!

Die *apikale Dominanz* (Wachstumspolarität) ist bei dieser Erziehung ein Problem.

Die Rebe hat ihre stärkste Wachstumsintensität und damit die stärkste Triebbildung im oberen Bereich des einjährigen Holzes oder des Kordons. Dies führt fast immer zu einer vorzeitigen Verkahlung des Kordons im unteren Bereich. Durch Stockaufbau und Stockarbeiten wird versucht dem entgegen zu wirken.

Aufbau des Kordons:

Der Aufbau des Kordons wird, wie in Abb. 63 u. 64 dargestellt, durchgeführt. Während des Aufbaues kann der K o r d o n u m d e n P f a h l h e r u m g e -w i c k e l t werden, weil dies ihn zusätzlich stabilisiert und die angeschnittenen Zapfen besser verteilt.

- Im e r s t e n J a h r ist eine Fruchtrute hochzuziehen, die untersten Augen sind auszubrechen und am oberen Triebteil sind 5 bis 6 Augen zu belassen.
  Die daraus sich bildenden Sommertriebe sind ca. 1 Woche vor der Blüte einzukürzen mit Ausnahme des Triebes, in der Regel der oberste, der den Kordonarm weiter nach oben verlängern soll.

- Im z w e i t e n J a h r ist beim Rebschnitt der hochgezogene Trieb auf 5 bis 6 Augen und die übrigen einjährigen Triebe auf zweiäugige Zapfen zurückzuschneiden.

- Im dritten Jahr wird der Rebschnitt in gleicher Weise vorgenommen bis die Endlänge des Kordons von etwa 1,80 m erreicht ist.

- Das Ende des Kordonarmes wird zunächst noch 15 bis 25 cm flach auf den oberen Haltedraht gebunden oder zwischen den Doppeldraht gespannt. Danach werden alle horizontal liegenden Augen geblendet, damit der obere Kordonteil nicht durch das Gewicht der Trauben abbricht. Das letzte Auge wird belassen, damit der sich bildende Trieb für den nötigen Nährstoffdurchfluß zu Erhaltung des Kordonendes sorgt. Erst nach etwa zwei bis drei Jahren, wenn der Kordonarm genügend kräftig ist, wird das flach aufgelegte Ende abgeschnitten.

Der schrittweise Aufbau des Kordons ist wichtig, um die Wachstumspolarität abzumildern und langfristig die Fruchtbarkeit der Zapfen zu stärken.

Umstellung einer Pfahlerziehung mit Ganzbogen:

- Die einjährigen Triebe werden auf zweiäugige Zapfen geschnitten.

- Der zweijährige Bogen wird als Kordonarm nach oben gebogen und um den Pfahl gewickelt. Siehe Abb. 64

Unterstützungsvorrichtung:

Den Rahmen bilden kräftige Pfähle, die im Abstand von 6 bis 7 m mindestens 60 cm tief in den Boden zu schlagen sind und die nötige Windfestigkeit gewährleisten.

Jeder Stock erhält einen stabilen, dauerhaften Stützpfahl, an den der Kordonarm mit kräftigem, elastischem Bindematerial befestigt wird.

Am oberen Ende der Pfähle werden ein oder zwei Drähte zur Befestigung der Stützpfähle angebracht. Bei der Verwendung von Holzpfählen ist ein 32er Draht angebracht, bei Eisenpfählen zwei 25er oder 28er Drähte.

Rebschnitt:

Es gelten die *Grundsätze des Kordonschnittes* Seite 178. Bei der *Anzahl der anzuschneidenden Augen* je qm, Rebenstandraum gelten die Regeln wie bei anderen Erziehungsarten.

Die erfahrungsgemäß etwas geringere Fruchtbarkeit der basalen Augen, als Folge des Zapfenschnittes, wird durch vermehrtes Austreiben von Achselaugen und schlafenden Augen ausgeglichen.

Das Entfernen der Triebspitze kurz vor der Blüte soll das mittlere Traubengewicht erhöhen. Bei ungünstigem Blütewetter und sehr starkem Wuchs wird dadurch auch das Verrieseln der Blüte gemindert.

Laubarbeiten:

Laubarbeiten sind nötig, um

● eine erhöhte Krankheitsanfälligkeit durch Laubverdichtungen,
● eine Zunahme der apikalen Dominanz und damit
● die Verkahlung des Kordonarmes

zu verhindern. Werden die Laubarbeiten vernachlässigt, ist auch mit Qualitätseinbußen zu rechnen.

Folgende Arbeitsgänge fallen an:

1. Einkürzen der Triebspitzen 3 bis 5 Blätter über dem letzten Geschein kurz vor der Blüte. Am Trieb sollen etwa 8 Blätter verbleiben.

Dies dient

● der Unterdrückung der Wachstumspolarität, was besonders im oberen Bereich des Kordons wichtig ist

und zur

● Verhinderung von Windbruchschäden.

2. Senkrecht hochwachsende und festgerankte Triebe sind, zur Vermeidung von Laubverdichtungen seitwärts herauszuziehen.

3. Geiztriebe werden, soweit sie über den Haupttrieb herausragen, gekappt.

Menge und Qualität:

Im Vergleich zu anderen Erziehungsarten sind gleich hohe Mengen geerntet worden. Die gleiche Qualität ist nur bei sachgerechter Bearbeitung erreichbar.

Beurteilung:

Nach bisherigen Erfahrungen ist diese Erziehung nur in steilen oder nicht flurbereinigten Seilzug- oder Terrassenlagen sinnvoll, wenn die Erstellung eines Spalierdrahtrahmens Probleme mit sich bringt. Gegenüber der Pfahlerziehung sind Arbeitseinsparungen bis 400 Akh/ha möglich.

Literatur:

FADER, W.: Bericht über die Vertikoerziehung. Der Deutsche Weinbau, 1983, 948-951.

KIEFER, W.: Versuchsergebinsse und Erfahrungen mit der Vertikoerziehung. Weinwirtschaft-Anbau-, 1987 Nr. 3, 10-13

KIEFER, W.: Erfahrungen und Versuchsergebnisse mit der Vertikoerziehung. Rebe und Wein, 1988, 1, 23-26.

KRAUS, V.: Vertiko - Versuch zur Lösung gegenwärtiger Probleme der Hochkultur. Der Deutsche Weinbau, 1982, 1549-1552.

KRAUS, V., KIEFER, W., EISENBARTH, H.J., WEBER, M., SLAMKA, S. BAUER, K.: Die Vertikoerziehung im Weinbau, Der Deutsche Weinbau 1985, 1118-1138.

SCHNECKENBURGER, F.: Vergleich von Normal- und Vertikoanlagen 1990. Der Deutsche Weinbau, 1991, 423.

SCHULTZ, H.R.: Sieben Jahre praktische Erfahrungen mit der Vertikoerziehung im Steilhang. Die Winzer-Zeitschrift 1988, April. 22-23

SLAMKA, P.: Aktueller Wissensstand und bisherige Erfahrungen mit der Vertikoerziehung nach Kraus. Der Winzer, Mai 1985, S. 9-17

Trierer Rebenerziehung

Diese neue Form der *Rebenerziehung für den Steilhang* wurde von Dr. Paul SLAMKA an der Landes- Lehr- und Versuchsanstalt für Weinbau in Trier entwickelt.

Als Verteilungselement für das Fruchtholz wird auf den Unterstützungspfahl des Rebstockes, in einer Höhe von ca. 1,50 m, ein sogenanntes *"Rebenrad"* gesteckt. Es besteht aus einem Ring mit 4 Verstrebungen und einer Befestigungsnabe. Der Rebstamm wird über dem Ring mit 2, 3 oder 4 kurzen Schenkeln, die an den Verstrebungen verteilt werden, aufgebaut. Am Ende jedes Schenkels werden ein Zapfen und ein Strecker oder eine Fruchtrute angeschnitten. Siehe Abb. 65. Die sich bildenden Triebe wachsen zunächst nach oben, ähnlich wie bei der Umkehrerziehung, und fallen später durch das Blatt- und Traubengewicht glockenförmig über den Ring nach außen und unten, was eine Laubverdichtung verhindert.

Folgende *Vorteile* werden angegeben:

- Den Sommertrieben wird die natürliche Form des Wuchses ermöglicht.
- Es entstehen keine Laubverdichtungen, was zu einer guten Belichtung und Belüftung der Triebe führt. Dies fördert die Fruchtbarkeit der Augen und die Qualität der Trauben. Oidium, Botrytis und Peronospora werden nicht gefördert.
- Es sind verschiedene Anschnittarten (Strecker, Fruchtruten) möglich. Die Anzahl der anzuschneidenden Augen je Stock bzw. je qm Rebenstandraum kann variiert werden (wie bei anderen Erziehungsarten auch).
- Das Anbinden (Gerten) des Fruchtholzes entfällt.
- Es sind weniger Laubarbeiten nötig; evtl. ein einmaliges Einkürzen.
- Der Boden wird gut beschattet, was das Aufkommen von Samenunkräutern erschwert.
- Da keine Heftdrähte vorhanden sind, ist der Rebschnitt weniger arbeitsaufwendig, da nicht, wie in einer Spalieranlage, festgerankte Triebe herausgezogen werden müssen.

124

- Es besteht, wie in jeder Pfahlerziehung, die Möglichkeit der Querbegehung.
- Der Arbeitsaufwand beträgt etwa 1000 Akh/ha, die Pfahlanlage alter Art benötigt um 1500 Akh/ha.

B e u r t e i l u n g : Die Erziehungsform befindet sich noch im Versuchsstadium, sodaß Slamka sie noch nicht allgemein empfiehlt.

Literatur:

SLAMKA, P.: Trierer Erziehung nach Slamka - Alternative im Steilhang. Weinwirtschaft-Anbau, Nr. 8, 1988, S. 17-20.

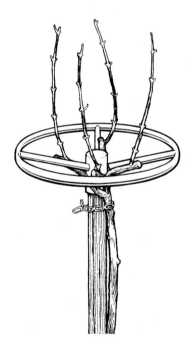

Abb. 65: Rebenrad für Trierer Rebenerziehung

8. Material für Drahtrahmen

Bei der *Auswahl des Unterstützungsmaterials* ist auf folgendes zu achten:

- Die *Erziehungsart*, denn davon hängen z. B. die Länge und Zopfstärke der Pfähle und die Drahtstärke ab.
- Die *Mechanisierung*, weil z.b. nicht alle Pfahlarten für den Einsatz des Traubenvollernters geeignet sind.
- Die *Standfestigkeit der Pfähle* im Hinblick auf sehr windexponierte Lagen. Bei starken Stürmen können z.b. Fichtenpfähle abbrechen und schwache Stahlpfähle umknicken.
- Die *Lebensdauer der Pfähle*, denn wünschenswert ist die Haltbarkeit über die Lebensdauer eines Weinberges. Die ist jedoch in Beziehung zu setzen mit dem Preis bei der Anschaffung und dem Preis für nötigen Materialeinsatz und die Arbeitskosten für die Unterhaltungsarbeiten.
- *Arbeitsaufwand bei der Erstellung.*
- *Wartungsaufwand* während der Standdauer.
- *Kosten einschließlich Zubehör.*

8.1 Pfähle (Stickel)

8.1.1 Holzpfähle

Holzarten: Fichte/Tanne, Akazie (Robinie), Bankgirai; selten Pinie, Douglasie.

Ohne Imprägnierung werden die Harthölzer Akazie und Bankgirai verwendet.

Pinien-Pfähle° werden aus Portugal geliefert. Imprägniert wird eine Lebensdauer von 20 Jahren garantiert. Die gute Festigkeit des Holzes soll eine geringere Zopfstärke als die von Fichtenpfählen erfordern. Die Neigung zur Rissebildung ist gering, weshalb eingeschlagene Nägel gut halten.

Da die Imprägnierung mit CKA-Salzen erfolgt, das arsenhaltig ist, müssen bei der Erstellung der Anlagen Schutzhandschuhe getragen werden.

Literatur:

-.-: Pinienholz für Rebpfähle. Der Deutsche Weinbau, 1988, 560.

Bei den sogenannten *Akazienpfählen* handelt es sich in Wirklichkeit um Robinienholz, die "falsche Akazie". Es ist darauf zu achten, daß die Akazienpfähle aus Kernholz geschnitten sind, denn dieses ist sehr dauerhaft und kann Standzeiten von 15 bis 25 Jahren erreichen. Nachteilig ist, daß diese Pfähle sich verbiegen können und dann nicht mehr genau in der Reihe stehen.

Bankgirai ist ein Hartholz aus den Tropenwäldern Südostasiens, das ebenfalls ohne Imprägnierung einsetzbar ist. Der Kauf dieser preisgünstigen Pfähle wird trotzdem nicht empfohlen, da die Abholzung der tropischen Regenwälder nicht zu verantworten ist.

In Pfähle aus Hartholz lassen sich normale Nägel schwer einschlagen. Durch Spezialnägel und ein pneumatisches Nagelgerät läßt sich das Problem lösen.

Hartholzpfähle werden in der Regel vierkantig angeboten. Die harten Kanten führen zu Beschädigungen der Schlagstöcke von Traubenvollerntemaschinen. Neuerdings werden daher auch abgerundete Hartholzpfähle angeboten.

Von den Nadelhölzern wird in erster Linie *Fichte* und *Tanne* verarbeitet, die bei guter Imprägnierung eine ausreichende Lebensdauer besitzen. Der gerade Wuchs, das leichte Einschlagen der Nägel, die hohe Elastizität des Holzes bei geringem Gewicht und die gute Imprägnierbarkeit machen sie auch heute noch zu den meist gekauften Holzpfählen im Weinbau. Wegen des runden Querschnittes eignen sie sich vorzüglich für die maschinelle Traubenernte im Gegensatz zu kantigen Pfählen.

Abb. 66: Holzpfähle aus Fichtenholz   *Abb. 67: Holzpfähle aus Akazienholz*

Imprägnierung

Die Lebensdauer der Fichtenpfähle hängt von der Güte der Imprägnierung ab, die vor der *Weiß-, Braun- und Moderfäule* schützen soll. Gemäß DIN 68 810 „Imprägnierte Holzpfähle", sind heute gleichwertige Imprägnierverfahren gebräuchlich:

1. Einstelltrogtränkung im Heiß-Kalt-Verfahren (Steinkohlenteeröl-Imprägnierung)

2. Kesseldruckimprägnierung (Salzimprägnierung).

3. Doppelimprägnierung als Kombination von 1. und 2.

Anforderungen an das Holz

Für beide Verfahren schreibt die DIN-Norm vor, daß nur gesundes Holz zulässig ist. Bläue – und Lineatusbefall sind zulässig. Die Bläue ist ein Pilz, der die Imprägnierfähigkeit des Holzes verbessert. Vor der Holzschutzbehandlung werden die Hölzer durch Weißschälen auf der ganzen Länge entrindet und ab 3 cm am Zopfende gefaßt. Entrindet wird sofort nach dem Einschlag. Durch Lufttrocknung wird die Tränkereife erzielt, die bei einer Holzfeuchte unter 30 % eintritt.

Maße der Pfähle

Die Maße der Pfähle sind in der DIN-68 810 geregelt. Die gebräuchlichsten Dimensionen für den Weinbau sind folgende:

Länge der Pfähle m	Zopfstärke cm
1,75	6-7
2,00	6-7
2,00	7-8
2,25	7-8
2,50	7-8
2,75	8-10
3,00	8-10

8.1.2. Imprägnierverfahren

Einstelltrogtränkung im Heiß-Kalt-Verfahren

Imprägniermittel ist *Steinkohlenteeröl* nach Bundesbahn- oder Bundespostvorschrift. Das Öl hat eine bestimmte Zusammensetzung gemäß der Erfahrung bei der Imprägnierung von Bahnschwellen und Masten.

Das tränkereife Holz wird in das Öl eingetaucht. Die Eintauchtiefe ist abhängig von der späteren Einschlagtiefe. Die imprägnierte Zone muß nach dem Einschlag noch deutlich (ca. 20 cm) über den Boden reichen. Die Pfähle werden ca. 2 Std. lang auf 110 Grad erhitzt. Durch die Hitze dehnt sich die Luft im Holz aus. Während der anschließenden Abkühlung zieht sich die Luft im Holz wieder zusammen und zieht dabei das Öl in das Holz. Sobald ca. 50 Grad C. erreicht sind, werden die Pfähle herausgenommen. Eine ringförmige Schicht von ca. 6 mm ist dann mit Öl durchtränkt. Erfahrungsgemäß zieht sich das Öl im Laufe der Zeit weiter in das Pfahlinnere. Bei frisch imprägnierten Pfählen, an die ein Rebstock zu stehen kommt, muß durch Zeitungspapierumwicklung die am Pfahl festgebundene Rebe vor Ölausschwitzung geschützt werden.

Nach diesem Verfahren können die Pfähle so imprägniert werden, daß sie eine Rebengeneration überstehen.

Kesseldruckimprägnierung

Imprägnierungsmittel sind   CKF-Salze (Chrom-Kupfer-Fluor-Salze).
CKB-Salze (Chrom-Kupfer-Bor-Salze)
CKA-Salze (Chrom-Kupfer-Arsen-Salze)

Die gebräuchlichsten Imprägniermittel sind die CKF-Salze. Bei CKB-Salzen muß der Borgehalt so niedrig sein, daß Jungreben durch Bor-Überdosis nicht geschädigt werden. Bei den arsenhaltigen CKA-Salzen sind bei der Erstellung der Anlagen Schutzhandschuhe zu tragen.

Bei der Kesseldruck-Imprägnierung wird meist das *Vakuum-Druckverfahren* angewandt, um mit einer Salzlösung von 2 bis 4,4 %, je nach Holz- oder Salzart, die Vollzelltränkung, also die Sättigung der imprägnierten Außenzone des Holzes mit der Salzlösung zu erreichen. Zuerst wird ein Vakuum erzeugt. Bei Fichtenholz wird dann nach 1 Std. mit der Salzlösung geflutet und ein Druck von 8 bar aufgebracht. Nach ungefähr 5 Std. Druck ist die Imprägnierung abgeschlossen. Mit einem Nachvakuum wird überschüssige Salzlösung aus Umweltschutzgründen abgesaugt. Das Holz ist nun grüngelb gefärbt. Nach etwa 6 Wochen ist das Salz fest an das Holz fixiert, die Pfähle sind dann olivgrün. Es ist daher darauf zu achten, daß salzimprägnierte Pfähle vor dem Einbau über 6 Wochen gelagert wurden.

Vorteile des Fichten-Tannenpfahles

● Nägel lassen sich leicht einschlagen.
● Der runde Querschnitt ist vorteilhaft für den Traubenvollernter, da das Schlagwerk geschont wird.
● Fichten-Tannenholz ist elastisch und verkraftet auch härteste Schläge.

Nachteile des Fichten-Tannenpfahles

● Gegenüber Metallpfählen und Kunststoffpfählen ist ein Mehrarbeitsaufwand für das Nageln von ca. 35 Akh/ha erforderlich.
● Wartungsarbeiten während der Standzeit sind erforderlich, z.B. für herausgefallene Hefthaken und Nägel.
● Die Haltbarkeit entspricht nur bei gutem Holz und sehr guter Imprägnierung der Standzeit eines Weinberges.

Verschiedene Hersteller bieten daher *Garantiepfähle* an. Eine fünfzehnjährige Standzeit wird garantiert.

Einbauhinweise

Das Einschlagen der Pfähle sollte bald nach dem Pflanzen der Reben erfolgen, wenn der Boden noch locker ist. Es empfiehlt sich zur Erleichterung die Löcher mit dem Erdbohrer oder der Wasserlanze vorzubohren.

8.1.3 Stahlpfähle

Dauerhaft sind nur verzinkte Stahlpfähle (Abb. 68). Die Haltbarkeit über Jahre ist von der Dicke der Zinkauflage abhängig. Die Pfähle werden in verschiedenen Profilen angeboten. Für das Anbringen der Drähte sind Laschen oder Aussparungen vorhanden.

Vorteile:

● Eine sorgfältig erstellte Anlage ist praktisch wartungsfrei.

● Die Lebensdauer der Pfähle kann mit der des Weinbergs gleichgesetzt werden. Bei sehr guter Verzinkung kann sie auch länger sein.

● Gut geeignet für den Einsatz des Traubenvollernters.

Abb. 68:
Stahpfähle

Nachteile:

- Auf sauren und staunassen Standorten kommt es, insbesondere bei bandverzinkten Pfählen zu vorzeitigen Korrosionsschäden.
- Durch Abtrag kommt es im Pfahlbereich zu einer Zinkanreicherung im Boden.

W i c h t i g !

Stahlpfähle sind *tiefer in den Boden* zu *schlagen*, damit die nötige Standfestigkeit erreicht wird.

Auf die *Materialstärke* ist zu achten. In Anlagen ab 1.80 m soll sie mindestens 1,5 mm betragen.

Das *Profil* bestimmt ebenfalls Stabilität und Festigkeit.

Die D r a h t a u f h ä n g u n g s m ö g l i c h k e i t ist bei den einzelnen Stahlpfahltypen unterschiedlich. Zwei Arten werden angeboten:

- außenliegende Drahtaufhängung und
- innenliegende Drahtaufhängung.

Außenliegende Laschen sind für ein maschinelles Entfernen der Heftdrähte vorteilhaft. Nachteilig ist, daß diese Laschen beim Traubenvollernteeinsatz zugeschlagen werden können und daß sich die Heftdrähte in Senken oder Mulden aushängen können. Innenliegende Laschen haben diese Nachteile nicht, sind aber für ein maschinelles Entfernen der Heftdrähte schlecht geeignet.

Verzinkungsarten:

Bandverzinkung (Sendzimirverzinkung): Die Pfähle werden aus verzinktem Blech, das kontinuierlich in einer Bandverzinkungsanlage feuerverzinkt wird, gefertigt. Wesentlich ist, daß hierbei die Tauchdauer im Zinkbad sehr kurz ist und somit nur eine geringe Zinkauflage erreicht wird. Das Schneiden und die Kaltverformung erfolgen nach dem Verzinken. An den Schnittkanten ist die Verzinkung unterbrochen. Dies bedeutet, nach Angabe der Hersteller, keine Unterrostungsmöglichkeit, die die Lebensdauer der Pfähle herabsetzt. Die Verzinkungsart führt zu einer dichten, festen Zinkauflage. Sie fällt dadurch dünner aus als bei Stückverzinkung.

Zinkauflage etwa 350 g/qm
Zinkschicht etwa 0,02 mm

Auf sauren und staunassen Böden und bei hoher SO_2-Belastung der Luft kann die dünnere Zinkschicht zu vorzeitigem Abrosten führen. Auf solchen Standorten sind bandverzinkte Pfähle weniger gut geeignet.

Stückverzinkung: Die Verzinkung erfolgt nach dem Schneiden der Stahlpfähle auf Länge. An den Schnittkanten ist die Verzinkung nicht unterbrochen. Die

Zinkauflage ist stärker, da die Tauchzeit länger ist.

Zinkauflage etwa 700 bis 900 g/m²

Zinkschicht etwa 0,07 bis 0,08 mm

Der Z i n k a b t r a g durch Korrision an der Zone Boden-Luft wird mit 0,002 bis 0,003 mm jährlich angenommen. Die Abtragungsrate soll sich nach einigen Jahren deutlich verlangsamen. Die theoretische zu errechnende Lebensdauer eines Stickel aufgrund der Zinkabtragung durch Korrision ist nicht gleich der Abtragungszeit der Zinkschicht. Die Stickel halten aufgrund des Stahlkerns länger. Die Lebensdauer wird mit mehr als 20 Jahre angegeben.

Literatur:

KOHL, F.W.: Lebensdauer von Weinbergspfählen aus kontinuierlich feuerverzinktem Feinblech. Der Deutsche Weinbau, 1981, 500-503.

RENNER, M.: Einsatz feuerverzinkter Weinbergspfähle. Der Deutsche Weinbau, 1980, 1387-1389.

8.1.4 Kunststoffpfähle

M a t e r i a l :

Hart-PVC oder
Recycling-Kunststoff ver-
schiedener Herkunft.

H a l t b a r k e i t : Sie ist abhängig von dem

Kunststoffmaterial, der verar-
beiteten Menge Kunststoff und
der Formgebung, dem Profil.

B e a c h t e n ! Die meisten, der z. Zt. auf dem Mark befindlichen Kunst- stoffpfähle vibrieren beim Einschla- gen stark und können nur mit Hilfe der Wasserlanze problemlos gesetzt werden. Der nötige Halt im Boden er- fordert ein etwas tieferes Einschlagen als Holzpfähle. Als Endpfähle em- pfiehlt es sich Holz- oder Stahlpfähle zu verwenden.

Abb. 69:
Kunststoffpfähle

132

Vibrierende Kunststoffpfähle haben sich beim Einsatz eines Traubenvollernters nicht bewährt.

Pfahltypen:

> *Röhrenförmige Pfähle,* die innen hohl sind. Sie müssen aus Gründen des Vogelschutzes oben mit einer Kappe verschlossen werden.
>
> *Vollkunststoffpfähle* mit verschiedenem Profil.

Die Möglichkeiten der Drahtaufhängung können außen- oder innenliegend sein, wie bei Stahlpfählen, und haben die gleichen dort beschriebenen Vor- und Nachteile.

8.1.5 Betonpfähle

Dauerhaft sind Pfähle, die aus festem Spannbeton mit einer Eisenarmierung hergestellt sind, der Wasser nicht eindringen läßt. Im Winter würde das eingedrungene Wasser zu Eis frieren und den Pfahl sprengen. Die heute angebotenen Betonpfähle entsprechen diesen Anforderungen.

Abb. 70:
Betonpfähle

Vorteile:

- Gute Pfähle sind fast unbegrenzt haltbar, wenn sie nicht durch Bearbeitungsgeräte beschädigt werden.
- Ein sorgfältig erstellter Drahtrahmen ist praktisch wartungsfrei.

Nachteile:

- Die Pfähle sind sehr schwer.
- Die Drähte müssen vor Reibschäden durch Kunststoffhülsen geschützt werden.

133

- Diese Hülsen sind nicht sehr haltbar. Der nötige Ersatz verursacht zusätzliche Arbeit.
- Die wenig elastischen Pfähle sind für den Einsatz von Traubenvollerntern ungünstig. Es kann zu Beschädigungen der Ernteeinrichtung kommen.

Betonpfähle werden mit einer Schlagkatze in den Boden getrieben. Es ist vorteilhaft, die Löcher mit einer Wasserlanze vorzuspülen. In die Röhre der Schlagkatze wird ein Gummipolster aus einem Stück alten Autoreifen eingelegt, damit der Pfahl nicht beschädigt wird. Das Einschlagen ist vorzunehmen, solange der gerodete Boden noch locker ist.

Die sehr schweren Pfähle haben nur geringe Verbreitung in der Nähe der Herstellerfirmen erlangt.

Abb. 71:
Schlagkatze zum
Einrammen von Pfählen

8.1.6 Pfahlbedarf

Damit der Drahtrahmen einen guten Halt hat, muß er alle 4 bis 5 m durch einen Pfahl gestützt werden. Die Anzahl der gepflanzten Reben wird daher durch drei oder vier geteilt und das Ergebnis ist die Anzahl der nötigen Pfähle. Hinzu kommen noch die Endpfähle in der doppelten Zahl der Rebzeilen. Da die Endpfähle schräg in den Boden geschlagen werden, müssen sie 25 cm länger sein als die übrigen Pfähle.

Beispiel für eine Normalanlage mit einer Pflanzweite von 1,80 x 1,30 m: Nach der Tabelle auf Seite 135 sind hierzu je ha 4277 Reben nötig. 4277:4= 1070 Pfähle. Der Weinberg habe 83 Reihen, was 166 Endstickel ergibt.

8.1.7 Pflanzpfähle

Für die moderne Rebenaufzucht sind Pflanzpfähle unentbehrlich. In Weinbergen mit hohen Stämmen, vor allen Dingen in Hanglagen, sollte ein stabiler Pflanzpfahl gewählt werden, der immer beim Stock als Stammstütze verbleiben kann. Länge etwa 1,50 m.

Notwendige Eigenschaften:

- Ausreichende Länge, möglichst bis zum oberen Biegdraht.
- Große Stabilität
  - wegen der Unterstützungsfunktion,
  - um den Unterstockbodenbearbeitungsgeräten Stand zu halten und
  - die Beanspruchung durch den Traubenvollernter auszuhalten.
- Lebensdauer wenigsten ca. 6 Jahre, bis der junge Stamm so kräftig ist, daß er sich unter der Last der Trauben nicht mehr verbiegt. Stämme über 60 cm Länge sollten einen dauerhaften Pfahl als Stammstütze für die gesamte Lebensdauer des Weinberges erhalten.
- Keine Schädigung der Rebe durch die Imprägniermittel bei Holzpfählen.
- Runde Form, weil scharfe Kanten an den Schlagstöcken des Traubenvollernters Beschädigungen hervorrufen können.

Tabelle für den Bedarf an Pflanzreben und Pflanzpfählen je ha

Gassen-breite cm	Stockabstand in cm										
	100	110	120	130	140	150	160	170	180	190	200
130	7700	6993	6519	5911	5495	5128	4808	4524	4273	4048	3846
140	7150	6494	5946	5494	5102	4762	4464	4203	3967	3759	3571
150	6667	6060	5555	5128	4762	4444	4167	3922	3703	3508	3333
160	6250	5682	5209	4807	4464	4167	3906	3676	3472	3289	3125
170	5882	5347	4904	4520	4202	3921	3677	3460	3219	3095	2941
180	5556	5050	4629	4277	3968	3704	3476	3268	3083	2823	2778
190	5263	4785	4386	4049	3759	3509	3257	3096	2924	2720	2631
200	5000	4545	4166	3846	3571	3333	3125	2941	2777	2631	2500
210	4762	4329	3968	3626	3402	3174	2976	2801	2645	2506	2384
220	4545	4132	3784	3497	3240	3030	2841	2674	2525	2390	2272
230	4348	3953	3623	3345	3106	2898	2717	2558	2415	2288	2174
240	4167	3788	3472	3205	2977	2772	2604	2451	2315	2192	2083
250	4000	3636	3333	3155	2857	2667	2500	2376	2222	2105	2000
260	3846	3496	3205	2959	2747	2564	2404	2262	2137	2024	1923
270	3703	3367	3087	2849	2646	2469	2315	2179	2058	1949	1852
280	3571	3247	2976	2750	2551	2381	2221	2101	1989	1879	1786
290	3444	3135	2873	2652	2463	2299	2155	2028	1935	1815	1724
300	3333	3030	2777	2564	2381	2222	2083	1951	1854	1754	1666
310	3226	2933	2688	2481	2304	2151	2016	1896	1792	1697	1616
320	3125	2841	2604	2404	2222	2083	1953	1838	1736	1645	1563
330	3030	2755	2538	2331	2164	2020	1875	1782	1683	1594	1515
340	2941	2674	2451	2267	2119	1961	1838	1730	1634	1548	1471
350	2857	2624	2381	2198	2041	1905	1786	1682	1585	1517	1429

Abb. 72: Pflanzpfähle, von links nach rechts: Tonking, Bankgirai, 3 mal Kunststoff, Glasfiber.

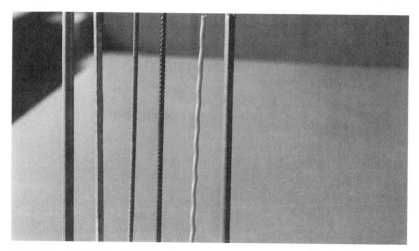

Abb. 73: verschiedene Metall-Pflanzpfähle, teilweise kunststoffummantelt.

Abb. 74: Verzinkter Metall-Wellstab als Stütze des Rebstammes mit einer verzinkten Stahlklammer am Biegdraht befestig.

Abb. 75: Verzinkter Metall-Wellstab als Stütze des Rebstammes. Der Stamm ist mit einem Plastikbinder befestigt.

Fichten/Tannenpfähle sollten *salzimprägniert* sein, da Teeröl bei Hitze ausschwitzt und an den grünen Rebteilen Verbrennungen verursacht, sofern die Pfählchen nicht mit Papier umwickelt werden.

Pfähle aus Nadelholz gehen bei der maschinellen Lese nicht zu Bruch.

Akazien- und Bankgiraipfähle sind aufgrund ihrer Stabilität und langen Lebensdauer gut geeignet.

Bambusstäbe (Tonkingstäbe) sind preiswert, aber nicht lange haltbar. Als Dauerstütze und bei maschineller Traubenlese sind sie ungeeignet.

Metallstäbe, gewellt oder glatt, halten lange und können unter Umständen wieder verwendet werden. Aus Stabilitätsgründen sollten sie mindestens 6 mm Durchmesser haben.

Kunststoffstäbe sind brauchbar, wenn beim Kauf auf gute Stabilität geachtet wird. Das gilt besonders bei hohen Stämmen und in windoffenen Lagen.

Glasfiberstäbe sind lange haltbar. Ihre Belastung darf nicht zu hoch sein.

137

Die Pflanzpfähle müssen am Biegdraht mit sog. Ösendraht, Driller, Kunststoff- oder Metallklammer befestigt werden. Die Bindung muß fest sein, da sie sonst bei starker Windbelastung in Schräglage gedrückt werden.

Literatur:

WEBER, M.: Materialien für die Erstellung einer Unterstützungsvorrichtung im Weinbau. Der Deutsche Weinbau, 1986, 217-230.

PAFF, F.: Erstellen einer Drahtanlage, DWZ (Die Winzer Zeitschrift), 1991, Nr. 3, 27-29.

8.1.9 Weinbergspfähle und Umweltschutz:

Befürchtungen: Die Imprägniersalze könnten Boden und Grundwasser belasten. Die Verwendung von Hartholz aus den Tropenwäldern trägt zur Vernichtung der Tropenwälder bei, die eine wichtige Funktion für das Klima auf der Erde erfüllen.

In einigen Fällen konnte Teeröl im Grundwasser nachgewiesen werden, was man der Verwendung von teerölimprägnierten Pfählen zuschob. Es steht daher zur Diskussion in Wasserschutzgebieten die Verwendung so imprägnierter Pfähle zu verbieten.

Nach Angaben des Deutschen Holzschutz-Verbandes (DHV) haben bisherige Untersuchungen weder bei Steinkohlenteer- noch bei Salzimprägnierung einen Austrag in den Boden ergeben.

Folgende Gründe werden angegeben: Die *Steinkohlenteerimprägnierung* findet bei sehr hohen Temperaturen statt. Die außen liegende Holzzone trocknet so aus, daß keine Teerabgabe an den Boden erfolgen kann. Bei *chromhaltigen Holzschutzmitteln* erfolgt nach der Imprägnierung eine chemische Reaktion, Fixierung genannt, die das Chrom fest mit der Holzfaser verbindet und sie in ungiftige Verbindungen umsetzt. Daher ist keine Abgabe an den Boden möglich. Beim Kauf daher fixierte Ware verlangen.

B e a c h t e n ! Das Verbrennen von salzimprägnierten Pfählen an Ort und Stelle oder in hauseigenen Öfen ist verboten. Beim Aushauen eines Weinbergs müssen diese einer dazu ausgerüsteten Feuerungsanlage oder einer entsprechenden Deponie zur Entsorgung zugeführt werden.

Bei der Diskussion um das Tropenholz weist die Holzindustrie darauf hin, daß die Exportländer die Deviseneinkünfte für ihre wirtschaftliche Entwicklung unbedingt nötig hätten. Die Erhaltung dieser Wälder als Klimaregulator hat aber sicher Vorrang.

Verzinkte Pfähle geben ständig Zink an den Boden ab. Bei einer Zinkschicht von 0,07 mm, einer Zinkmenge von 350 Gramm/Pfahl und einem jährlichen Abtrag von ca. 0,001 mm, ergibt sich eine theoretische Zinkfreisetzung von 5

Gramm Zink/Pfahl und Jahr. Nach Untersuchungen von WALG können die Zinkgehalte des Bodens im unmittelbaren Pfahlbereich mehr als 1000 mg/kg Boden betragen. In der Gassenmitte gehen sie dagegen auf 30 bis 50 mg zurück. Sie liegen daher nur geringfügig über dem geogenen (natürlichen) Ursprungszinkgehalt.

B e a c h t e n ! Um den Zinkgehalt des Bodens nicht zusätzlich zu erhöhen in Anlagen mit verzinkten Pfählen auf Klärschlamm- oder Müllkompostanwendung verzichten, da beide Stoffe fast immer mit Zink belastet sind.

8.2 Drähte

Die Stärke der Drähte muß so gewählt werden, daß sie durch die auftretende Spannung nicht reißen. Nach Untersuchungen des früheren Max-Planck-Institutes in Bad Kreuznach, geht die von der Praxis gewählte Spannung nie über 100 kg hinaus, selten über 50 kg und liegt überwiegend bei den Biegdrähten zwischen 20 und 30 kg und bei den Heftdrähten zwischen 10 und 20 kg. Die Reißfestigkeit der Drähte ist westentlich höher.

Reißfestigkeit:

Verzinkte oder ummantelte Stahldrähte	2,5 mm Ø =	150-170 kg
	3,0 mm Ø =	270-350 kg
Edelstahldraht	1,2 mm Ø =	135 kg
	1,4 mm Ø =	185 kg
	1,5 mm Ø =	240 kg
Vollkunststoffdrähte aus PVC oder PE	2,5 mm Ø =	100-140 kg
	3,0 mm Ø =	140-180 kg
Vollkunststoffdrähte aus Polyamid oder Perlon	2,5 mm Ø =	200-240 kg
	3,0 mm Ø =	340-380 kg

Anforderungen:
  – lange Lebensdauer,
  – ausreichende Reißfestigkeit,
  – geringe Dehnung,
  – elastisch und nicht zu hart, wegen einfacher Verarbeitung,
  – glatte Oberfläche, auch nach Jahren noch, um Reibschäden an den grünen Rebteilen auszuschalten.
Folgende Drahtarten stehen zur Verfügung:
  – Eisendrähte, verzinkt
  – Eisendrähte, kunststoffummantelt
  – Eisendrähte, kunststoffversintert
  – Zink-Aluminiumdrähte
  – Kunststoffdrähte
  – Edelstahldrähte

8.2.1 Stark verzinkte Eisendrähte

In den meisten Fällen werden immer noch stark verzinkte Eisendrähte für die Erstellung der Drahtrahmen verwandt. Qualitätsdrähte halten die Lebensdauer eines Weinbergs von 20 bis 25 Jahren aus. Die Zinkschicht ist nach 12 bis 15 Jahren abgetragen; dann beginnt die Verrostung, die zu Reibschäden an den Trieben führt.

Notwendige Drahtstärken:

– Heftdraht	2,5 mm	1000 m = 38 kg	100 kg = 2600 m
– Biegdraht	2,8 mm	1000 m = 48 kg	100 kg = 2100 m
– Ankerdraht	3,1 mm	1000 m = 59 kg	100 kg = 1700 m
– Welldraht	3,1 mm	1000 m = 65 kg	100 kg = 1550 m

Der Welldraht kann in Steillagen nützlich sein, weil die daran befestigten Pfählchen und Stämme nicht hangabwärts rutschen. Da durch die Wellen die Drahtspannung immer etwas nachläßt, hat sich dieser Draht in der Praxis nur begrenzt durchsetzen können.

8.2.2 Kunststoffummantelte Eisendrähte

Plastikummantelte Eisendrähte mit einem verzinkten Kern haben den Vorteil, daß an der glatten Oberfläche keine Reibschäden an den Trieben auftreten. Sie eignen sich daher sehr gut für Windlagen. Damit die Kunststoffummantelung nicht abgerieben wird, müssen alle Heftnägel und Haften ebenfalls kunststoffummantelt sein.

Notwendige Drahtstärken:

– Heftdraht	2,5 mm	1000 m = 23 kg	100 kg = 4550 m
– Biegdraht	2,8 mm	1000 m = 31 kg	100 kg = 3700 m
– Ankerdraht	3,1 mm	1000 m = 32 kg	100 kg = 3450 m

Die angegebene Drahtstärke bezieht sich auf den Durchmesser mit Kunststoffummantelung. Der Eisenkern ist etwas dünner.

8.2.3 Kunststoffumsinterter Eisendraht

Bei der Herstellung wurde die korrisionsschützende PVC-Schicht auf den verzinkten Kerndraht aufgeschmort bzw. aufgebrannt. Diese Beschichtung ist so innig, daß eine Unterrostung auch dort nicht eintritt, wo der Draht örtliche Beschädigungen erfährt. Auch beim Verrödeln wird die PVC-Schicht nicht verletzt. Die Lebensdauer ist daher besonders lang. Sonstige Eigenschaften wie kunststoffummantelte Drähte.

Die PVC-Stärke beträgt 0,25 mm. Ein verzinkter Drahtkern von 2,0 mm kommt dann auf 2,5 mm Stärke.

140

Kerndraht- durchmesser	Außendraht- durchmesser	1000 m = kg	100 kg = m
2,0 mm	2,5 mm	27,0	3700
2,2 mm	2,8 mm	32,7	3060
2,5 mm	3,1 mm	41	2400

8.2.4 Edelstahldraht

Nichrostender Draht von langer Lebensdauer, der das Lebensalter eines Weinbergs überdauert. Da der Draht bis zum Ende der Standzeit des Weinberges glatt bleibt, treten keine Reibschäden auf. In der Praxis hat sich auch gezeigt, daß der etwas dünnere Drahtdurchmesser keine Triebschädigungen verursacht. Der Chromgehalt von mindestens 12,5 % macht den Draht durch und durch korrisionsbeständig. Der höhere Preis gegenüber anderen Drähten wird durch die sehr lange Lebensdauer und den geringen Aufwand für Nacharbeiten, da Reißschäden kaum auftreten, aufgewogen. Die hohe Reißfestigkeit läßt geringere Drahtdurchmesser zu.

- Heftdraht   1,2 mm   1000 m = 8,9 kg   100 kg = 11 194 m
- Biegdraht   1,4 mm   1000 m = 13,0 kg   100 kg = 7 692 m
- Ankerdraht 1,6 mm   1000 m = 15,9 kg   100 kg = 6 287 m

8.2.5 Zink-Aluminium-Draht

Es handelt sich um einen Draht mit Stahlkern, der mit einer Auflage von 95 % Zink + 5 % Aluminium versehen ist. Nach Angaben des Herstellers genügen im Vergleich zu verzinkten Drähten geringere Durchmesser, da eine größere Reißfesitigkeit vorhanden ist.

- Heftdraht   2,0 mm   1000 m = 25   kg   100 kg = 4000 m
- Biegdraht   2,2 mm   1000 m = 31,4 kg   100 kg = 3440 m
- Ankerdraht oder bei höherer Beanspruchung
              2,5 mm   1000 m = 38,5 kg   100 kg = 2600 m

Nach Labortests wird eine dreifache Lebensdauer gegenüber verzinktem Draht angegeben.

8.2.6 Kunststoffdraht

Der reine Kunststoffdraht unterliegt nicht der Korrosion und verursacht an den grünen Trieben keine Reibwunden. An Heftnägeln, Krampen und an Eisen- oder Betonpfählen kann der Draht Scheuerschäden erleiden. Durch Plastikhüllen an den Scheuerstellen wird dies vermieden.

Bezeichnung	Durchmesser mm	1000 m = kg	100 kg = m
Bayco	3	8,5	12 000
	4	15,4	7 000
Sniafil	2,8	7,4	4 000
	3,0	8,5	12 000

Der Draht muß entsprechend der Firmenanweisung gut gespannt werden. Er dürfte in erster Linie als Heftdraht geeignet sein, da Biegdrähte beim Schnitt manchmal aus Versehen beschädigt werden. Die hohe Dehnbarkeit ist auf jeden Fall als Nachteil anzusehen. Nicht immer wird eine feste Laubwand erreicht, die bei starkem Wind das Herausreißen der Triebe verhindert.

Drahtbedarf

Der Bedarf kann leicht nach folgender Formel errechnet werden:

Länge der Zeilen x Anzahl der Zeilen

Beispiel:
Länge der Zeilen = 80 m
Anzahl der Zeilen = 83
80 x 83 = 6640 m

Der Drahtrahmen habe vier 25er Heftdrähte und einen 28er Biegdraht. Von verzinktem 25er Eisendraht wiegen 1000 m = 38 kg und vom 28er Draht 48 kg. Ein durchlaufender Draht über die 83 Zeilen hat 6640 m Länge. Es wird dann gerechnet:

6,64 x 38 x 4 = 1009,28 kg 25er Draht
6,64 x 48 = 318,72 kg 28er Draht

Für jeden Anker werden noch etwa 3 m 28er Draht benötigt. Für 166 Anker sind das etwa 500 m oder 24 kg. Bei Verwendung von 30er Ankerdraht sind 30 kg nötig.

8.2.7 Zubehör zum Drahtrahmen

Hefthaken (Heftnägel) feuerverzinkt, vierkantig, diagonal oder flach gebogen. Abmessungen: 34/45, 34/55, 34/60 mm

In den Hefthaken werden die beweglichen Heftdrähte eingelegt. In Bodensenken hilft man sich gegen das Heraustreten der Heftdrähte aus den Hefthaken in der Weise, daß man ihn mit dem kurzen Schenkel nach unten zeigend einschlägt.

142

Abb. 77: *Kunststoffhalter für Kunststoffdraht*

Abb. 76: Zubehör
zum Drahtrahmen

Schlaufen (Haften, Krampen). Abmessungen: 31/3 und 31/34
Sie dienen grundsätzlich zum Anheften aller feststehenden Drähte. Sie werden heute immer mehr durch Hefthaken ersetzt. Diese sind so weit in den Pfahl durchzuschlagen, daß der kurze Schenkel knapp das Holz berührt. Nur so läßt sich der Draht nachspannen. Der feste Sitz der Hefthaken ist auch bei Rißbildung im Pfahl weitgehend gewährleistet.

Kettennägel feuerverzinkt, Abmessung: 42/55 mm
In die Kettennägel werden die Weinbergsketten eingehängt. Deshalb haben diese Nägel einen breiten Kopf. Sie sind so tief auf der Seite der Endpfähle einzuschlagen, daß sich die Weinbergsketten gerade noch einhängen lassen. Man verwendet starke Nägel, damit sie die Zugbelastung, die auf den Drähten liegt, aushalten.

Weinbergsketten (Heftketten)
Mit Hilfe der sechsgliedrigen Weinbergskette aus 3,1 mm Draht, können die Drähte gleichzeitig gespannt und bewegt werden.

Hefthaken	34/55 mm	1000 Stück = 6,5 kg;	1 kg = 150 Stück
Kettennägel	42/55 mm	1000 Stück = 8,3 kg;	1 kg = 120 Stück
Schlaufen	31/31 mm	1000 Stück = 3,8 kg;	1 kg = 200 Stück
Schlaufen	31/34 mm	1000 Stück = 4,2 kg;	1 kg = 240 Stück

Pfahlklammern

Statt Heftnägel oder Schlaufen, können auch Pfahlklammern zur Befeistigung der Drähte verwandt werden. Die federnden Klammern werden von Hand auf den Pfahl geschoben und der Draht dort eingeklemmt (Abb 78 und 79).

143

Abb. 78: Pfahlklammer

Abb. 79: Pfahlklammer

Drahtausleger (Heftfedern, Heftdrahthalter)

Drahtausleger dienen dazu die beweglichen Heftdrähte vor dem Heften auf einen Zwischenraum von 40 cm bis 60 cm auseinander zu spreizen, damit die Triebe dazwischen wachsen. Haben die Triebe eine ausreichende Länge ereicht, wird die Vorrichtung zugeschwenkt und damit die Triebe eingeklemmt. Folgende Vorteile sind zu nennen.

   – Der Zeitpunkt des Heftens ist weniger termingebunden.
   – Es tritt bei starkem Wind kaum Windbruch auf.
   – Der Arbeitsaufwand wird verkürzt, die Arbeit erleichtert.

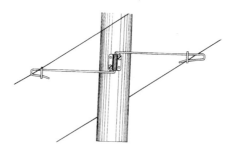

Abb. 80: Drahtausleger

144

Drahtspanner

Die Drähte in der Heftvorrichtung müssen immer straff gespannt sein, damit die grünen Triebe bei stärkerem Wind, oder später durch die Last der Trauben nicht herausgerissen werden. Hierzu dienen Drahtspanner, die in verschiedenen Formen angeboten werden. Die Abb 81 zeigt eine einfache Form. Mit einem Steckhebel lassen sich die Drähte spannen. Weitere Formen, meistens komplizierter zu handhaben, sind dem KTBL-Blatt ab Seite 155 zu entnehmen.

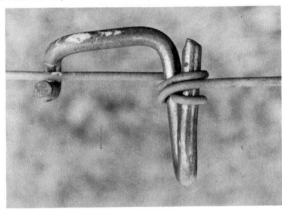

Abb. 81:
Drahtspanner

Wenn ein Drahtrahmen gut verankert wurde, und die Drähte sich dementsprechend nur wenig lockern, genügt als Spanner eine Heftkette zum Nachspannen (Abb. 82). Man steckt ein kleines Eisen durch die Kette und zieht den Draht stramm.

Werden Heftketten als Drahtspanner eingesetzt, so genügt bei kurzen Reihen eine Heftkette an einem Ende. Bei langen Reihen kann an jedem Ende eine Heftkette angebracht werden. Bei stabiler Verankerung geben die Endpfähle jedoch so wenig nach, daß eine Heftkette als Drahtspanner ausreicht. Sind Durchgänge vorhanden, können die Ketten zum Spannen am Durchgang angebracht werden (Abb. 94). Man kann dann von einer Stelle aus nach beiden Seiten spannen. Damit der Zug auf den Pfahl nicht einseitig wirkt und diesen herumdreht, werden die Ketten wechselseitig angebracht (Abb. 94).

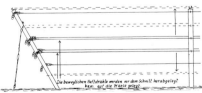

Abb. 82: Heftketten als Drahtspanner

Abb. 83:
Verschiedene Drahtspanner

8.2.8 Verankerung der Drahtrahmen

Jeder Drahtrahmen muß gut verankert werden, damit die Endstickel nicht nachgeben und sich die Drähte dementsprechend nicht oder nur sehr wenig lockern. Wird das nicht beachtet, entsteht viel zusätzliche Arbeit durch Nachziehen der Drähte.

Folgende Ankerformen sind vorhanden:

- Steinanker
- Betonanker
- Schraubanker
- Spreitzanker (Erdanker)

W i c h t i g ! Alle Anker, außer dem Spreitzanker, sind tief in den festen, gewachsenen Boden einzubringen, also tiefer als der durch das Rigolen gelockerte Boden. Nur so sitzt er auch bei hoher Zugbeanspruchung fest.

Steinanker

Steinanker, wie sie früher meist benutzt wurden, geben nur in Normalanlagen mit kurzen Reihen einen ausreichenden Halt. In langen Reihen müssen große Bruchsteine eingegraben werden. In Weitraumanlagen reichen aber auch diese Steine für die hohe Zugbeanspruchung nicht aus (Abb. 84).

Abb. 84: Steinanker

Schraubanker

Diese Anker halten hohe Zugbeanspruchungen aus, wenn sie wenigstens 30 cm
tief in den gewachsenen Boden unter die Rodtiefe geschraubt werden. Das ergibt eine Tiefe von 70 bis 80 cm. Es werden folgende Typen unterschieden:

Ankerscheiben	12 cm Ø für normale Böden und Normalanlagen
Ankerscheiben	15 cm Ø für besonders lockere Böden und Weitraumanlagen
Kurzanker	10 cm Ø für steinige Böden
Kurzanker	15 cm Ø für Weitraumanlagen in lockeren, steinigen Böden.
Stabanker	10 cm Ø wenn sehr hohe Zugbeanspruchungen auftreten

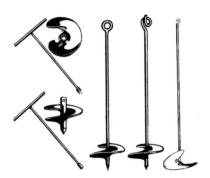

Abb. 85: Schraubanker
Ankerscheiben

Kurzanker

Stabanker

Abb. 86:
Ankerscheiben und Kurzanker
werden mit einer Spezialstange in
den Boden gedreht.

147

Stabanker haben am oberen Ende eine Öse, durch die man zum Eindrehen in den Boden ein Stück Holz oder Metall stecken kann.

In sehr steinigen Böden lassen sich Ankerscheiben oder Kurzanker besser eindrehen als Stabanker.

Das Setzen von Schraubankern erfordert 75 % weniger Zeit als das Setzen von Stein- oder Betonankern.

Abb. 87: Verankerung mit Schraubanker

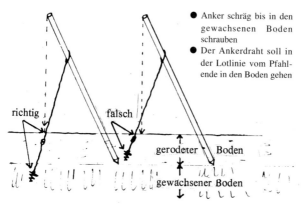

- Anker schräg bis in den gewachsenen Boden schrauben
- Der Ankerdraht soll in der Lotlinie vom Pfahlende in den Boden gehen

richtig   falsch

gerodeter Boden

gewachsener Boden

Spreizanker (Erdanker)

Der Spreizanker ist nur für sehr steinige Böden geeignet. Er braucht nur so tief in den Boden geschlagen werden, bis die Öse am oberen Ende sich gerade über dem Boden befindet. Siehe Abb. 88 u. 89. Anschließend wird ein Bolzen in das Rohr eingeführt und mit dem Hammer eingeschlagen.

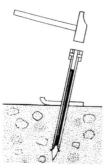

Abb. 88:
Erdanker – Fenox (Spreizanker)

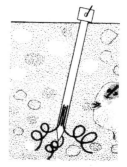

Abb. 89:
Erdanker – Fenox (Spreizanker)

148

Betonanker

Diese Anker sind leicht selbst herzustellen und halten sehr hohe Zugbeanspruchung aus, wenn sie richtig gesetzt wurden. In ein 60 cm tiefes Loch, das nach unten etwas breiter wird, betoniert man ein 5 mm starkes Armiereisen ein (Abb. 90). Damit sich der Anker nicht aus dem Boden hebt, wird er nur bis auf 40 cm Höhe betoniert und oben mit Erde gut zugestampft, sobald der Ankerdraht angebracht und der Beton trocken ist.

Abb. 90:
Betonanker

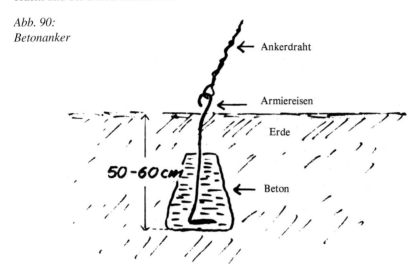

Technik des Ankersetzens

Die richtige Neigung des Endstickels ist dann vorhanden, wenn er mit etwa 60 bis 65 Grad in den Boden geschlagen wird.

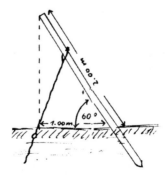

Abb. 91:
Neigung des Endstickels

Verbindung von Anker und Pfahl:

Es ist bei Stein- oder Schraubenankern falsch, vom Stickel zum Anker einen durchgehenden Draht zu verwenden. Wenn der Ankerdraht durchrostet oder beschädigt wird, passiert dies an der Grenze von Boden zur Erdoberfläche. Der Anker erhält daher einen gesonderten Draht, den man 10 cm unter der Erdoberfläche in einer Schlaufe enden läßt (Abb. 92). Reißt der Ankerdraht einmal ab, braucht man die Schlaufe nur freilegen und kann einen neuen Draht vom Stickel her einziehen. Am Endstickel wird der Draht im oberen Drittel befestigt.

Abb. 92: Verbindung von Anker und Pfahl /Stickel)

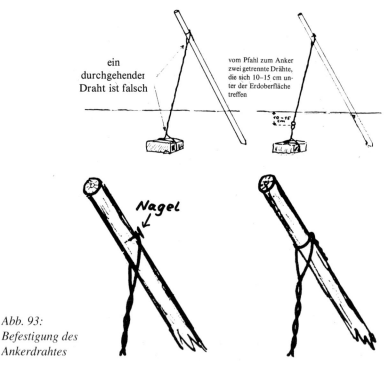

Abb. 93:
Befestigung des
Ankerdrahtes

In Abb. 93 sind zwei Möglichkeiten dargestellt. Man kann den Verbindungsdraht zum Anker in einer Schlaufe um den Pfahl legen und ihm dann mit einem Kettennagel Halt geben. Das Drahtende wird mit dem Ankerdraht im Boden verrödelt. Bricht der Endpfahl einmal ab, braucht der neue Pfahl nur in die Schlaufe gesteckt und in den Boden geschlagen werden. Nach dem Einschlagen eines Nagels ist die Verankerung wieder hergestellt. Meistens läßt man den

150

Verbindungsdraht zum Anker am Pfahl enden. Der Draht wird dort einmal um den Pfahl geführt, verrödelt und mit einem Haften festgenagelt. Bricht der Pfahl einmal ab, muß der Draht gelöst werden. Hierbei bricht er gerne an der Verrödelung ab und muß an dem neu eingeschlagenen Pfahl etwas tiefer angebracht werden. Das Ganze ist zeitaufwendiger, sowohl bei der Erstellung, als auch beim Auswechseln eines Pfahles. Bei Betonankern läßt man die Schlaufe des Armiereisens 10 bis 15 cm über den Erdboden herausschauen (Abb. 90).

8.2.9 Durchgänge

Übersteigt die Länge der Rebreihen 80 bis 100 m, ist es zweckmäßig, in der Mitte einen Durchgang anzulegen. Bei Gassenlängen über 160 m sind auch zwei Durchgänge zweckmäßig. Bei manchen Arbeiten ist es zeitsparend, wenn man nicht die ganze Zeilenlänge ablaufen muß, um aus der Gasse herauszukommen. In Abbildung 94 ist die Anlage eines Durchgangs dargestellt.

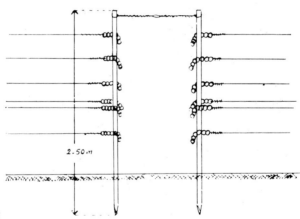

2.50 m

Abb. 94: Durchgang

8.2.10 Materialbedarf für 1 ha Neuanlage

R e c h e n b e i s p i e l

Breite des Weinbergs 128 m	Gassenbreite 1,80 m
Länge des Weinbergs 78 m	Stockabstand 1,30 m

Anzahl der Reihen	128 : 1,80	= 71 Reihen
Anzahl der Pflanzreben	78 : 1,30	= 60 Reben je Reihe
	71 Reihen x 60 Reben	= 4260 Stück

Pfähle (Stickel)

Zwei Rechnungsmöglichkeiten: z.B. alle 4 Stöcke 1 Pfahl

a) 4260 Reben : 4 = 1065 + 71 = 1136 Pfähle

b) 60 Reben je Reihe : 4 = 15 Abstände, was 16 Pfählen entspricht. Es wird je Reihe 1 Pfahl mehr gebraucht als errechnet werden.

Abstände	1	2	3	4	5	6	7	8	9	10	11	12	13	14	15	
Pfähle		1	2	3	4	5	6	7	8	9	10	11	12	13	14	15	16

Je Reihe werden 14 Mittelpfähle und 2 Endpfähle benötigt.

14 x 71	= 994 Mittelpfähle	
2 x 71	= 142 Endpfähle	= 1136 Pfähle

Draht

Der Drahtrahmen habe

5 Heftdrähte, 1 Biegdraht und für 42 Anker je 3 m Draht

78 m Feldlänge x 71 Reihen = 5538 m für 1 durchlaufenden Draht.

25er verzinkter Draht 1000 m	=	38 kg (Heftdraht)
28er verzinkter Draht 1000 m	=	48 kg (Biegdraht)
31er verzinkter Draht 1000 m	=	59 kg (Ankerdraht)
Heftdraht 5538 x 38 x 5	=	1052,2 kg
Biegdraht 5538 x 48	=	265,8 kg
Ankerdraht 142 x 3 x 0,059	=	25,1 kg

Drahthaspel **Drahtabwickelvorrichtung**

  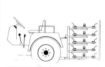

Drahthaspeln

Heftketten
je Endpfahl 6 = 852 Stück

Kettennägel
je Endpfahl 8 = 1136 Stück, 100 Stück 8,3 kg = 9,4 kg

Heftnägel
je Mittelpfahl 8 Stück = 7952, 1000 Stück = 6,5 kg ergeben 51,7 kg.

Weitere Angaben über Material für Neuanlagen sind dem KTBL-Blatt "Materialien für Unterstützungsvorrichtungen im Weinbau" zu entnehmen.

Tabelle für Drahtbedarf je ha (Eisendraht)			
Gassenbreite cm	laufende Meter	kg für einen durchlaufenden Draht	
		2,5 mm	2,8 mm
120	8322	336	416
130	7692	308	384
140	7124	288	360
150	6668	268	336
160	6252	252	312
170	5884	236	296
180	5556	224	280
190	5264	212	264
200	5000	200	252
220	4544	184	228
240	4164	168	208
260	3844	152	292
280	3568	144	180
300	3332	136	168
320	3124	124	156
350	2856	112	144

Literatur:

ADAMS, K.: Materialformen und weinbautechnische Hinweise zur Erstellung der Unterstützungsvorrichtung. Der Deutsche Weinbau, 1969, 530-535.

BECKER, E.: Geeignetes Unterstützungsmaterial für den fortschrittlichen Weinbau. Der Deutsche Weinbau, 1984, 242-252.

CHRIST, G.: Holz oder Metall? Ein Kostenvergleich. Der Deutsche Weinbau, 1980, 245-246.

FADER, W., MAUL, D.: Unterstützungsmaterial für den Weinbau - Eigenschaften und Kosten. Der Deutsche Weinbau, 1981, 259-262.

FINKENAUER, K.: Kosten einer Rebneuanlage. Der Deutsche Weinbau, 1976, 207-208.

HELLER, W., KIEFER, W., WEBER, M.: Pfähle u. Drähte für die Unterstützungsvorrichtung im Weinbau. Der Deutsche Weinbau, 1983, 301-307.

KÜMMERER, H. und WALTER, A.: Hat der imprägnierte Weinbergstickel seine Berechtigung verloren? Deutsches Weinbau-Jahrbuch, 1974, 149-152.

LIPPS, H.P.: Materialien für Rebneuanlagen. Der Deutsche Weinbau, 1974, 166-167.

LIPPS, H.P.: Weinbergsstickel in der Bewährung. Der Deutsche Weinbau, 1975, 188-189.

MAISENBACHER, H., SEIFERT, E. und VOGT, H.: Geprüfte Weinbergspfähle aus Holz. Deutsches Weinbau-Jahrbuch, 1966, 40-44.

MAUL, D.: Was ist beim Einkauf von Materialien zur Erstellung einer Weinbergsneuanlage zu beachten? Der Deutsche Weinbau, 1972, 138-140

MAUL, D.: Rationalisierung bei der Erstellung von Rebanlagen. Der Deutsche Weinbau, 1979, 228-232.

NORD, O.: Drahtrahmenunterstützung im Weinbau. Der Deutsche Weinbau, 1973, 178-180.

PAFF, F., BECKER, E.: Materialien für moderne Unterstützungsrahmen. Der Deutsche Weinbau, 1988, 276-280.

STUMM, G.: Weinbauliche und Betriebswirtschaftliche Aspekte zur Verwendung von Rebpfählen. Der Deutsche Weinbau, 1977, 200-203.

TRÜBSWETTER, T.: Weinbergspfähle aus Holz heute noch fachgerecht. Rebe und Wein, 1969, 349-350.

TRÜBSWETTER, T.: Holzpfähle im Weinbau. Der Deutsche Weinbau, 1979, 1360-1362.

WALG, O.: Verzinkte Weinbergspfähle: Einsatzmöglichkeiten und Grenzen. Weinwirtschaft (Anbau) 1988, 26-27.

WEBER, M.: Pfähle und Drähte für die Unterstützungsvorrichtung. Der Deutsche Weinbau, 1989, 217-220.

WILHELM, R.: Die Bedeutung des Holzstickels für den Weinbau - seine Herstellung und Vergütung. Rebe und Wein, 1969, 166-171.

-.-: Erstellung von Drahtrahmen mit Vöest Spalierpfählen. Der Deutsche Weinbau, 970, 436.

-.-: Verzinkte Weinbergspfähle. Der Deutsche Weinbau, 1978, 1435.

-.-: Silberstreifen in den Rebanlagen (Eisenpfähle). Der Deutsche Weinbau, 1976, 1309-1312.

8.2.11 KTBL-Arbeitsblatt:

Materialien für die Unterstützungsvorrichtung im Weinbau, Typentabelle

Die Rebenerziehung hat einmal das pflanzenbauliche Ziel, qualitativ und quantitativ die Traubenerträge sicherzustellen. Zum anderen soll sie aus arbeitswirtschaftlicher Sicht optimale Voraussetzungen für die Mechanisierung der weinbaulichen Arbeiten liefern. Zum Komplex der Rebenerziehung zählen die Kriterien wie Zeilenabstand, Stammhöhe, Art des Fruchtholzes, Rebschnitt und Art der Unterstützung. Unter den klimatischen Bedingungen der Bundesrepublik Deutschland benötigt die Rebe eine Unterstützung, die das alte und das junge Holz sowie die Sommertriebe des Rebstockes in einer bestimmten Erziehungsform hält und bei großer Blattoberfläche gute Belichtungsverhältnisse schaffen soll. Darüber hinaus hat die Auswahl der Unterstützungsvorrichtung auf die spätere Durchführung weinbaulicher Arbeiten und den Einsatz technischer Verfahren entscheidenden Einfluß. Insbesondere ist zu berücksichtigen der Einsatz von Maschinen zum Vorschnitt der Reben, von Laubschneidegeräten und Vollerntern.

Heute findet meist die rationelle Drahtrahmenunterstützung Verwendung, die in den letzten Jahren vereinheitlicht wurde. Die Pfahlunterstützung hat nur noch in wenigen Steillagen-Gebieten Bedeutung. In unerschlossenen Seilzuglagen mit unregelmäßiger Parzellenform wird verstärkt die Vertikoerziehung getestet, da diese gegenüber der Einzelpfahlerziehung wesentliche arbeitswirtschaftliche Vorteile hat.

Wegen der langjährigen Nutzung der Dauerkultur „Rebe" sind Fehler bei der Anlage der Unterstützung erst nach längeren Zeiträumen reparabel. Daher sollte auf die Auswahl der Materialien für die Unterstützungsvorrichtungen besondere Sorgfalt verwendet werden.

In den nachfolgenden Tabellen werden die auf dem Markt befindlichen Materialien zur Erstellung der Unterstützungsvorrichtung wie Pfähle, Drähte, Verankerungen und sonstiges Zubehör mit den wichtigen technischen Daten und Preisen angeführt. Bei den Preisen handelt es sich um Durchschnittspreise bezogen auf mittlere Mengen. Sie können je nach Abnahmemenge, Ort und Zeitpunkt Schwankungen unterliegen.

Bei der Auswahl der verschiedenen Materialien sollten die Kriterien Haltbarkeit, Zweckmäßigkeit und Preis berücksichtigt und gegeneinander abgewogen werden. Die Haltbarkeit wird von außerordentlich vielen Faktoren wie Standort, Klima, Boden, Material, Imprägnierung, Korrisionsschutz, Maschineneinsatz usw. beeinflußt, sodaß hier keine allgemein gültigen Auswahlkriterien aufgeführt werden können. Die Möglichkeiten der Preisvergleiche sollten stets ausgeschöpft werden.

Neben dem Bezug der Materialien bei den angegebenen Hersteller- bzw. Vertriebsfirmen, ist der Kauf der meisten Artikel bei den Genossenschaften und dem Landhandel möglich.

a) Stickel, Pflanzpfähle

Material	Hersteller/Vertrieb	Typ, Anwendung	Querschnitt	Länge cm	sonstige Abmessungen cm	Abstand Drahtstationen cm	Gew. kg	Fäulnis- bzw. Korrosionsschutz	Prüfung/Normung	Jahre Garantie	besonderes Zubehör
Holz, meist Fichte	Verschiedene Firmen	Stickel für Pfahlunterstützung	(Kreis)	250, 250, 275, 275	⌀ Zopf 2/3, ⌀ Zopf 3/5, ⌀ Zopf 2/3, ⌀ Zopf 3/5			Imprägniersalz oder Steinkohlenteeröl	DIN 68 810, DIN 68 810, DIN 68 810, DIN 68 810		
Holz, meist Fichte	Verschiedene Firmen	Stickel für Drahtrahmen-unterstützung	(Kreis)	200, 200, 200, 225, 225, 225, 250, 250, 275	⌀ Zopf 5/7, 6/7, 7/9, 5/7, 6/7, 7/9, 6/7, 7/9, 7/9	beliebig vorzunehmen	3–6	Imprägniersalz oder Steinkohlenteeröl	DIN 68 810 (9×)		
Holz, meist Fichte	Verschiedene Firmen	Pflanzpfähle	(Kreis)	125, 150	⌀ Zopf 2/3, ⌀ Zopf 2/3, ⌀ Zopf 3/4			Imprägniersalz oder Steinkohlenteeröl	DIN 68 810, DIN 68 810		
Holz, meist Fichte	Rütgerswerke 6450 Hanau	Stickel für Drahtrahmen-unterstützung	(Kreis)	200, 200, 200, 200, 225, 225, 225, 225, 250, 250, 250, 250, 250, 250, 250, 275, 275, 275, 275	⌀ Zopf 5/7, 6/7, 7/8, 7/9, 5/7, 6/7, 7/8, 7/9, 5/7, 6/7, 6/8, 7/8, 7/9, 8/9, 8/10, 6/7, 6/8, 7/8, 7/9	beliebig vorzunehmen	3–6	Imprägniersalz und zusätzl. Steinkohlenteeröl		15 (15×)	
Holz, Akazie	Willenshofer A-8650 Kindberg	Stickel für Drahtrahmen-unterstützung	(Quadrat)	200, 230, 250, 270	⌀ 5–8, 5–8, 6–8, 7–8, 8–9	beliebig vorzunehmen	5–10				Spezialhaken wegen Härte des Holzes erforderlich
Holz, Akazie	Willenshofer A-8650 Kindberg	Pflanzpfähle	(Quadrat)	125, 150	⌀ 2,2×2,2, 2,2×2,2						
Holz, Tonkin	R. Schachtrupp 2000 Hamburg	Pflanzpfähle	(Ring)	120, 120, 150, 150, 150	⌀ 0,8–1,0, 1,0–1,2, 1,0–1,4, 1,2–1,4, 1,5–1,7						

Material	Hersteller/Vertrieb	Typ/Anwendung	Querschnitt	Länge cm	sonstige Abmessungen cm	Abstand Drahtstationen cm	Gew. kg	Fäulnis- bzw. Korrosionsschutz	Prüfung/Normung	Jahre Garantie	besonderes Zubehör
Beton mit Eisenarmierung	Feisst 7601 Hohberg 2	Stickel zur Drahtrahmenunterstützung		200 225 250 275 300	6.0×6.5	beliebig	ca. 20 ca. 23 ca. 25 ca. 28 ca. 30				Halterungen für Drahtanbringung
Beton mit Eisenarmierung	Kronimus 7551 Iffezheim (KRO-BE)	Stickel für Drahtrahmenunterstützung		225 250 270	6.0×6.0 6.0×6.8	12,5 12,5 12,5 12,5	18 20 22 30		„DLG anerkannt"		Kunststoffhalter zum Einschieben in die Kerben
Kunststoff	Gebr. Averhage 4406 Drensteinfurt (Jota-Plast) bzw. Walter Klein 6520 Worms 1	Stickel für Drahtrahmenunterstützung		200 225 250	⌀ 6.0	10 10 10	2,2 2,4 2,7			15	
Kunststoff	Gebr. Averhage 4406 Drensteinfurt (Jota-Plast) bzw. W. Klein 6502 Worms 1	Pflanzpfähle		120 130 140	⌀ 2.0						
Kunststoff	WKZ-Weser-Kunststoff-Zuwehme GmbH Kiesweg 5 3472 Beverungen 1	Mittelpfahl u. Endpfahl		200 225 250 270	≥ 6.0 7.0 8.0	beliebig					Drahthalter werden mit Schußgerät befestigt

Material	Hersteller/ Vertrieb	Typ. Anwendung	Querschnitt	Länge cm	sonstige Abmessungen cm	Abstand Draht-stationen cm	Gew. kg	Fäulnis- bzw. Korrosionsschutz	Prüfung/ Normung	Jahre Garantie	besonderes Zubehör
Metall	Alpine Montan A-4010 Linz (Voest-Pfahl)	Stickel für Drahtrahmenunterstützung 40		200 225 250	4.2×2.5 4.2×2.5 4.2×2.5	12 12 12	2.80 3.15 3.50	sendzimir-verzinkt (bandverzinkt) sv. oder feuerverzinkt (fv.)			Krallenschutz-hütchen aus Kunststoff, Einschlaghaube aus Guß
		50		200 225 250	5.2×3.0 5.2×3.0 5.2×3.0	12 12 12	3.35 3.75 4.20				
		60		250	6.2×3.0	12	4.65				
		60 S		275 300	6.2×3.0 verstärkt verstärkt	12	6.00 6.50				
		90 E Endstickel für Drahtrahmenunterst.		250 275 300	6.0×6.0 5.0×6.0 5.0×6.0	12 12 12	8.00 8.65 9.60	sendzimirverz. (bandverz.) oder feuerverzinkt			
Metall	Großverzinkerei 6680 Neunkirchen-Saar (GVN)	Mittelstickel für Drahtrahmen-unterstützung		196 220 245	4.6×4.0×1.2 4.6×4.0×1.2 4.6×4.0×1.2	12.2 12.2 12.2	2.3 2.6 2.9	sendzimirverz. (bandverz.) oder feuerverzinkt	„DLG anerkannt"		Fangdrahtbügel, Fangdrahtkette, Kunststoffhaken-schutz, Schlag-schuh, Metall-hülsen zur Er-höhung der Standfestigkeit
		Endstickel für Drahtrahmen-unterstützung		222.5 247 271.5	6.3×4.8×1.5 6.3×4.8×1.5 6.3×4.8×1.5	12.3 12.3 12.3	4.9 5.5 6.0	feuerverzinkt	„DLG anerkannt"		

Metall							feuerverzinkt	

Metall

Großverzinkerei 6680 Neunkirchen/ Saar (GVN)

Dr. Reisacher 6719 Kirchheim/ Weinstr. (Festverbundtragrahmen drm)

Pflanzpfähle

⊘

	Pflanzpfähle			feuerverzinkt
		⌀ 0.62 ⌀ 0.62 ⌀ 0.62	120 130 140	
Mittelstickel für Drahtrahmen-unterstützung		5.03×3.5 Wandstärke 1.25 mm	200 220 230	10 10	sendzimirverzinkt (bandverz.)	auf Wunsch 20 Jahre
		5.0×3.5 Wandstärke 1.5 mm	220 230	10 10	Schwerpunkt-angeordnete Haken
Mittelstickel für Drahtrahmen-unterstützung		4.0×4.0 Wandstärke 0.75 mm	250 270 200 220	10 10 10	sendzimirverzinkt (bandverz.)	auf Wunsch 20 Jahre
		4.0×4.0 1.0 mm Wandstärke	230 220 230 250 270	10 10 10 10 10	Anbringung der vorgegebenen Haken mit Werkzeug, wo erforderl.
Endstickel		4.0×4.0 Wandstärke 1.25 mm	200 220 230 250 270	10 10 10 10 10	sendzimirverz. (bandverz.)	auf Wunsch 20 Jahre	Sonderausführung mit Propeller für senkrechten Stand (mit Verstrebung mögl.)

Material	Hersteller/ Vertrieb	Typ. Anwendung	Querschnitt	Länge cm	sonstige Abmessungen cm	Abstand Drahtstationen cm	Gew. kg	Fäulnis- bzw. Korrosionsschutz	Prüfung/ Normung	Jahre Garantie	besonderes Zubehör
Metall	Hoesch – Hohen-Limburg AG 4783 Anröchte Hoesch AG 6000 Frankfurt/M Gutleutstr. 365	Mittelstickel		200 220 250 250 230 270		10–14 13–16	2.95 3.25 3.40 3.70 4.15 4.50 4.85		„DLG anerkannt"		Reibschutz
		Endstickel		230 250 270		9–13	6.05 6.55 7.10				

Metall	Firma	Produkt	Maße	Länge	Materialstärke / Maß	Ausführung	Wert	Oberfläche	Zubehör
Metall	Dr. Reischer 6719 Kirchheim/ Weinstr. (Festverbundtragrahmen) (drm)	Pflanzpfähle (gedacht als tragende Elemente, auch noch stärkere Ausführungen erhältlich)		100 120 130 140 150 150 120		mit 1 Haken		sendzimirverz. (bandverz.)	
		Pflanzpfähle	Ø 0,5 (Kerbstab) Ø 0,6	120 150 100 120 150		mit 2 Haken in versch. Abständen		sendzimirverz. (bandverz.)	
Metall	Schmolz u. Bickenbach 4000 Düsseldorf (Linus)	Mittelstückel für Drahtrahmenunterstützung		200 230 250 270	Materialstärke 1,5 mm	10 schräge und gerade 10 10 10	2.5 3.0 3.8 4.1	sendzimirverz. (bandverz.)	Kunststoffschutzkappe Spannketten Schlagschutz Fangdrahtbolzen Schraube mit Sicherheitsmutter für Endpfahl
		Endstückel für Drahtrahmenunterstützung		220 250 280 300 250 250 280 300	Materialstärke 2,0 mm	Einhängeschlitze wahlweise 10 10 10 10 10	5.0 5.8 6.5 7.0	sendzimirverz. (bandverz.)	
Metall	Otto-Profile Kronprinzenstraße 11 5902 Neiphen	Mittelpfähle für Drahtrahmenunterstützung	58 x 33 mm	200 220 230 230 250	1,25 mm Stärke 1,25 mm Stärke 1,25 mm Stärke 1,50 mm Stärke 1,50 mm Stärke	10 cm Schrägschlitze für Biegdrähte, Geradschlitze für Heftdrähte auf Wunsch Schleuderhaken für Heftdrähte	2.32 2.55 2.67 3.22 3.50	sendzimirverzinkt (bandverzinkt)	
		Endpfähle für Drahtrahmenunterstützung	60 x 40 mm	250	2,50 mm Stärke	Drahthalter auf Wunsch	10.00	roh, Farbauflage, feuerverzinkt	
		Pflanzpfahl	1 cm Schlitzrohr	100 125 150	0,13 mm Stärke 0,13 mm Stärke 0,13 mm Stärke		0.210 0.285 0.342	sendzimirverzinkt (bandverzinkt)	

* Diese Angaben beziehen sich auf das Jahr 1981

Material	Hersteller/ Vertrieb	Typ. Anwendung	Querschnitt	Länge cm	sonstige Abmessungen cm	Abstand Draht-stationen cm	Gew. kg	Fäulnis- bzw. Korrosionsschutz	Prüfung/ Normung	Jahre Garantie	besonderes Zubehör
Metall	Gebhardt-Stahl 4760 Werl	Stickel für Draht-rahmen-unter-stützung						verzinkt	Verdrehungs-stabil, da ohne Ausstanzungen		stufenloses Hochschieben der Heft-drähte
Metall	Schmolz u. Bik-kenbach 4000 Düsseldorf (Linus)	Pflanzpfähle		100 120 140 160			0,25 0,30 0,35 0,40	sendzimrverz. (bandverz.)			
Metall	Bekaert 6380 Bad-Homburg	Pflanzpfähle gewellt		100 130 150	∅ 0,5			verzinkt	DIN 1548		
Metall				100 130 150	∅ 0,6		22,6 30,7 36,0 } 100 St.	verzinkt			
Metall	Thyssen Westf. Union 4700 Hamm 1	Pflanzpfähle gewellt		100 125 150	∅ 0,6		36,0	verzinkt	DIN 1548		
Metall	Trefil Arbed 5000 Köln 80	Pflanzpfähle gewellt		100 130 150	∅ 0,5		16,3	verzinkt	DIN 1548		Bindeklammer
				100 130 150	∅ 0,6		24,5 22,6				
Metall	Kunststoffzentrale 5000 Köln 40 (ES-LON)	Pflanzpfähle		120 120 150	∅ 0,9 ∅ 1,1		33,9	kunststoff-ummant.			
Metall	Thyssen Westf. Union 4700 Hamm 1	Pflanzpfähle gewellt		100 130 150 150	∅ 0,5 ∅ 0,6			verzinkt kunststoff-ummant.	DIN 3036/1		Farben: grün, grau, gelb, elfen-bein
Metall	Bekaert 6380 Bad Homburg	Pflanzpfähle gewellt		100 130 150	∅ 0,4 5/0,52 ∅ 0,4 5/0,52 ∅ 0,4 5/0,52		13,8 17,9 20,7 } 100 St.	verzinkt kunstst. gesintert	DIN 3036/2		

b) Drähte

Material	Hersteller/Vertrieb	Korrosionsschutz/Typ	Durchmesser Kern, Außen mm	Bruchlast kg	Bruchdehnung %	Gew. 1000 m ca. kg	Länge ca. für 100 kg m	Prüfung/Normung	Farbe	Zubehör
verzinkter Weinbergdraht	Bekaert 6380 Bad Homburg (Tutor)	dickverzinkt, glatt dickverzinkt, gewellt	2,5 2,8 3,0 3,0 3,1	200 250 290		38,0 48,0 55,0 58,0 65,0	2600 2100 1850 1700 1650 1550	DIN 1548		
verzinkter Weinbergdraht	Thyssen Westf. Union 4700 Hamm 1 (Univero)	dickverzinkt, glatt dickverzinkt, gewellt	2,2 2,5 2,8 3,0 3,1 3,4 3,1	200 250 290		30,0 38,0 48,0 55,0 58,0 65,0	3300 2600 2100 1850 1700 1550	DIN 1548		
verzinkter Weinbergdraht	Trefil Arbed 5000 Köln 80 (Crapo)	dickverzinkt, glatt dickverzinkt, gewellt	2,5 2,8 3,1 3,1	200 250		38,0 48,0 58,0 55,0	2600 2100 1700 1550	DIN 1548		
verzinkter Weinbergdraht	Vereinigte Drahtindustrie 4700 Hamm 1	dickverzinkt, glatt	2,5 2,8	200 250		38,0 48,0	2600 2100	DIN 1548		
Kunststoffmantelter Weinbergdraht	Thyssen Westf. Union 4700 Hamm 1 (Filoplast)	dünnverzinkt, glatt, kunststoffummantelt, gewellt	2,5 / 2,8 / 3,1 2,8	3,6		22,0 27,0 29,0 52,0	4550 3700 3450	DIN 3036/1	grün, gelb, elfenbein	
Kunststoffummantelter Weinbergdraht	Trefil Arbed 5000 Köln 80 (Arbedplast)	dünnverzinkt, kunststoffummantelt, glatt	1,8 / 2,5 2,0 / 2,8 2,2 / 3,1			22,0 27,0 29,0	4550 3700 3450	DIN 3036/1	tannengrün. RAL 6005	
Kunststoffumsinterter Weinbergdraht	Bekaert 6380 Bad Homburg (Tutor Sint)	dünnverzinkt, kunststoffumsintert, glatt, gewellt	2,0 / 2,5 2,5 / 2,8 2,8 / 3,1 2,8 / 3,4 2,5 / 3,1	141 171 221 277 221		27,0 32,7 41,7 52,2 43,0	3700 3060 2400 1920 2300	DIN 3036/2		
Kunststoffumsinterter Weinbergdraht	Verein. Drahtindustrie 4700 Hamm 1 (Sinterfil)	dünnverzinkt, kunststoffumsintert, glatt	1,8 / 2,2 2,0 / 2,5 2,2 / 2,7 3,0 / 3,5			21,6 26,5 31,7 40,8 58,0	4630 3774 3772 2451 1724	DIN 3036/2	tannengrün, zinkgrau	
Vollkunststoff-Draht	Bayer 5090 Leverkusen (Atlas Bayco)	Nylon	3,0 4,0	330 540	15—20	8,5 15,4	12000 7000		schwarz	Seilklemmen, Preßröhrchen, Drahtkauschen, (Drahtspanner nicht erforderlich)
Vollkunststoffdraht	Snia 5600 Wuppertal 1 (Sniafil)	Nylon	2,8 3,0	270—280 310—325	15—20	7,4 8,5	14500 12000		neutral	Preßröhrchen Nylonhaken (Drahtspanner nicht erforderlich)
Vollkunststoffdraht	Societa Italiana Applicatione Thermoplasti I-20020 Solaro (Milano/Slatline)	Nylon	3,0 4,0	340 520	15	8,5 15,4	12000 7000		3 mm: schwarz, gelb, grün neutral 4 mm: schwarz, neutral	(Drahtspanner nicht erforderlich)
Edelstahl-Draht Remanit	Thyssen Edelstahlwerk AG Postfach 730 4150 Krefeld 1	Edelstahl	1,2 1,4 1,6	135 185 240		8,9 13,0 15,9	11144 7692 6287	rostfrei		

Bei kunststoffummantelten, kunststoffumsinterten und Vollkunststoff-Drähten sind kunststoffumsinterte oder Vollkunststoff-Haken für die Anbringung zu benutzen.

Nach Untersuchungen des Max-Planck-Institutes beträgt die Belastung des Weinbergsdrahtes in Ertragsanlagen etwa 30 kg, selten über 50 kg. Zu dünne Drähte haben Schneidewirkung!

c) Verankerungen

Typ	Hersteller/Vertrieb	Abmessung mm	Korrosionsschutz	Zubehör
Erdanker „Fenox"	Walter Klein 6520 Worms 1		verzinkt	Einschlaggarnitur Verlängerungsstab
Verankerungsscheiben	Langer, Glienke 7178 Lauffen/ Neckar	∅ 100×2,5 ∅ 120×2,5 ∅ 150×2,5	verzinkt verzinkt verzinkt	entsprechende Steckschlüssel
Ösendraht für V-Scheibe 100 mm ∅ Ösendraht für V-Scheibe 100 mm ∅ Ösendraht für V-Scheibe 100 mm ∅ Ösendraht für V-Scheibe 120 mm ∅ 150 mm ∅		∅ 6×800 ∅ 6×930 ∅ 7×800	verzinkt verzinkt verzinkt verzinkt	
Ösendraht für V-Scheibe 100 mm ∅ 120 mm ∅, 150 mm ∅		∅ 7×930	verzinkt	
Verankerungsscheiben mit Schaft		800×120×8 1000×12×8	verzinkt verzinkt	entsprechender Steckschlüssel
Kurzanker mit Vierkantschaft Stabanker mit offener Öse		∅ 100×2,5 700/80/10 850/100/12 850/150/16	verzinkt verzinkt verzinkt verzinkt	entsprechender Steckschlüssel
Stabanker mit geschlossener Öse (Seilwindenanker)		1000/200/20	verzinkt	

Verankerungen können auch mit Steinen und Eisen vorgenommen werden.

d) Zubehör

Artikel	Hersteller/Vertrieb	Symbol	Korrosions-schutz	Teilung des Drahtes	Zubehör
Drahtspanner, herkömmlich	Verschied. Firmen		verzinkt	ja	entsprech. Schlüssel zum Spannen erforderlich
Drahtspanner „Fenox"	Walter Klein 6520 Worms 1		verzinkt	nein	entsprech. Stab u. Röhrchen zum Spannen erforderlich
Drahtspanner „Spannfix"	Langer, Glienke		verzinkt	nein	entsprech. Schlüssel zum Spannen erforderlich
Drahtspanner „Spannfein"	7178 Lauffen/Neckar		verzinkt	nein	
„Mk"-Drahtspanner Modell A	E. Stehlin 7800 Freiburg		verzinkt	nein	entsprech. Schlüssel zum Spannen erforderlich
„Mk"-Drahtspanner Modell B (für feines Spannen)			verzinkt	nein	

Artikel	Hersteller/Vertrieb	Korrosions-schutz	ca. St./kg	empf. Preis 1978 o. MwSt. Pf./St.
6gliedrige Weinbergkette	Bekaert 6380 Bad Homburg	dickverzinkt		
7gliedrige Weinbergkette	Thyssen, Westf. Union 4700 Hamm 1	dickverzinkt		
6gliedrige Weinbergkette	Trefil Arbed 5000 Köln 80	dickverzinkt		
Hefthaken, 34/55 mm Kettennägel, 44/55 mm Schlaufen, 31/31 mm	Bekaert 6380 Bad Homburg Thyssen, Westf. Union 4700 Hamm 1 Trefil Arbed 5000 Köln 80	verzinkt verzinkt verzinkt	150 120 260	2,3 2,9 1,0
Hefthaken, 34/55 mm	Bekaert 6380 Bad Homburg	kunststoff-gesintert	150	8,0
Schlaufen, 31/31 mm	Thyssen, Westf. Union 4700 Hamm 1	kunststoff-gesintert	300	5,0
Hefthaken, Nägel	Friedr. Trurmit Postfach 358 5990 Altena	Edelstahl	rostfrei	

Artikel, Anwendung	Hersteller/Vertrieb	Material	empf. Preis 1978 o. MwSt. Pf./St.
Drahthalter für 2,5- bis 2,8-mm-Draht (für Holzpfähle) Größe I	Erkert 7122 Besigheim	Kunststoff	5,5
Drahthalter für 2,9- bis 3,2-mm-Draht (für Holzpfähle) Größe II			5,5
Drahthalter einschl. Nagel für Drähte bis 4,0 mm (für Holzpfähle)	Walter Klein 6520 Worms 1	Kunststoff	6,0

Herausgeber: Kuratorium für Technik und Bauwesen in der Landwirtschaft (KTBL) e.V., 6100 Darmstadt-Kranichstein, Institutszentrum.

Lieferfirmen

Pfähle, Pflanzpfähle

Fichtenholz: Deutscher Holzschutzverband für großtechnische Imprägnierung, Moselufer 32, 56073 Koblenz, erteilt Auskunft über Lieferfirmen

Akazienholz: Willenshofer, Hammerbachgasse 4, A-8650 Kindberg

Tonkin: R. Schachtrupp, Brook 1, 20457 Hamburg

Radiata-Holz: Evans Bay Timber Co., Ltd., P.O. Box 14016, Kilbirnie Wellington 3, Neu-Seeland

Metall: Voest-Alpine Montan AG, Postfach, A-4010 Linz; Großverzinkerei, Postfach 1558, 66515 Neunkirchen/Saar; Dr. Reisacher GmbH, 67281 Kirchheim/Weinstr., Dick-Profile, Oberstr. 12, 56290 Dommershausen; Schmolz + Bickenbach, Hanauer Landstr. 505, 60386 Frankfurt/M.; Bekaert, Hindenburgring 18, 61348 Bad Homburg; Thyssen Draht AG, Wilhelmstr. 2, 59067 Hamm; Trefil Europe Sales GmbH, 51010 Köln; Otto-Profile GmbH, Kronprinzenstr. 11, 57250 Netphen; Hoesch AG, Geschäftsstelle Frankfurt, Gutleutstr. 365, 60327 Frankfurt/M.; Gebhardt-Stahl GmbH, Sierderstr. 15, 59457 Werl/Westfalen; Lankhorst, Rienck Bockemakade 8-11, NL 8600 AD Sneek/Holland

Beton: Betonwerk Feisst, Ichenheimer Str. 2, 77749 Hohberg; Kronimus & Sohn, Betonsteinwerke, 76473 Iffezheim

Kunststoff: Gebr. Averhage GmbH, Co, KG, Ameke 2, 48317 Drensteinfurt; Walter Klein, Postfach 576, 67551 Worms; Schuth GmbH, Postfach 3366, 74023 Heilbronn; Replast GmbH, Stiftweg 2, 37688 Beverungen-Haarbrück; Lindemann, 4730 Ahlen; Eugen Weis, Hartmannstr. 29, 67487 Maikammer; Stäbler GmbH, Fabrikstr. 11a, 73037 Göppingen; Weserkunststoffe Zurwehme GmbH, Kiesweg 5, 37688 Beverungen; jacoplast Horst Jakobs, Postfach 1128, 33818 Leopoldshöhe-Greste; Kunststofftechnik A. Dumm, 76669 Bad Schönborn

Drähte

Bekaert, Hindenburgring 18, 61348 Bad Homburg; Thyssen Drahtwerke AG, Postfach 786, 59067 Hamm; Trefil Europe Sales GmbH, 51010 Köln; Vereinigte Drahtindustrie GmbH, Postfach 764, 59067 Hamm; Bayer AG, Bayerwerke, Sparte Fasern, 51373 Leverkusen; Societa Italiana Applicatione Thermoplasti, I-20020 Solaro; Thyssen Edelstahlwerke AG, Postfach 730, 47807 Krefeld; Detlev Steinle, Römerstr. 27, 65375 Oestrich-Winkel; Schuth GmbH, Postfach 3366, 74023 Heilbronn; Snia-Vertriebs AG, 42103 Wuppertal-Elberfeld; Drahtwerke C.S. Schmidt AG, Postfach 1172, 56112 Lahnstein; Klöckner Draht GmbH, Postfach 764, 59067 Hamm

Verankerungen

Walter Klein, Postfach 576, 67551 Worms; Glienke & Co, GmbH, KG, Postfach 180, 74344 Lauffen/Neckar; E. Stehlin, Klosterhöfe 2, 79206 Breisach; W. Burkert, G. Hähndel, 74182 Obersulm; Karl Erkert, Seitenstr. 58, 74354 Besigheim; Bekaert, Hindenburgring 18, 61348 Bad Homburg; Thyssen Drahtwerke AG, 59067 Hamm; Trefil Europe Sales, 51010 Köln; Friedrich Trurnit GmbH & Co, KG, Postfach 3580, 58762 Altena; Drahtwerke Simon KG, Straubenmühle, 7081 Hüttingen; Heinz Müller, Rohrbergstr. 15, 65343 Eltville; Albert Eisele, Federnfabrik, Auberlenstr. 13, 70736 Fellbach.

Die Zusammenarbeit erhebt keinen Anspruch auf Vollständigkeit.

II. Kapitel
Arbeiten im Ertragsweinberg
1. Der Rebschnitt

Die eigentliche Rebkultur begann, als vor einigen hundert Jahren der Mensch lernte, die Reben zu schneiden. Die Kunst des Schnittes soll die Menschheit einem Esel verdanken. Die Legende berichtet, daß sich der Esel in einem futterarmen Winter in einem Weinberg, durch Abfressen der einjährigen Triebe bis auf kurze Stummel, sättigte. Auf den abgefressenen Stummeln wuchsen dann im nächsten Jahr Triebe mit den herrlichsten Trauben. Das Schneiden der Reben scheint in den Anfängen der Rebkultur nicht nur eine weinbautechnische Maßnahme, sondern auch eine kultische Handlung gewesen zu sein, denn Romulus verbot seinen Römern, den Göttern Wein von ungeschnittenen Reben zu opfern. Die Realistik der Römer kommt andererseits wieder zum Ausdruck, wenn man ihre Begründung des Rebschnittes liest. Dieser sollte - genau wie heute noch - dazu dienen, viele Trauben zu erzeugen, aber in einem so begrenzten Maße, daß der Schnitt im nächsten Jahr nicht gefährdet und die Rebe möglichst alt würde.

1.1 Allgemeines
Warum müssen wir die Reben schneiden?

Von Natur aus ist die Rebe ein Lianengewächs, das an Stämmen hochklettert und seine Triebe über den Baumkronen ausbreitet. Solch wild treibende Rebstöcke bringen nur geringe Erträge und kleine, saure Trauben. Zur Erzielung wirtschaftlich ausreichender Erträge von guter Qualität, muß man die Reben durch den Schnitt in eine Kulturform bringen, die auch arbeitstechnisch gute Möglichkeiten bietet. Der Schnitt bedeutet einen starken Eingriff in das Leben des Rebstockes. Er büßt an Lebenskraft und Lebensalter ein; er wird anfälliger gegen Frost und Krankheiten.

Was erreichen wir durch den Schnitt?

Es lassen sich viel Stöcke nebeneinander pflanzen, die eine begrenzte Anzahl qualitativ guter Trauben hervorbringen. Durch richtige Abstimmung zwischen Triebzahl, Blattfläche und Trauben wird die Qualität erhöht. Die Möglichkeit des Ordnens der Triebe in einem Drahtrahmen bringt der Rebe Licht und Luft und erleichtert die Schädlingsbekämpfung. Die notwendigen Pflegemaßnahmen lassen sich weitgehend schematisieren und mechanisieren. Schnitt und Erziehung gestattet die Durchführung einer arbeitstechnisch einfachen Rebkultur und damit einen wirtschaftlichen Weinbau. Durch den Schnitt wird eine frühe Fruchtbarkeit der Rebstöcke, regelmäßige Erträge und eine relativ lange Lebensdauer erreicht.

Wodurch wird die Schnittform bestimmt?

Die Schnittform wird durch die Erziehung bestimmt, die aus arbeitswirtschaftlichen und qualitativen Überlegungen gewählt wurde, unter Einbeziehung der Einflüsse von Sorte, Unterlage, Boden, Klima und Lage.

An die Stelle der früher sehr vielfältigen Schnittform der einzelnen Weinbaugebiete Deutschlands, die sich im Laufe der Jahrhunderte als Antwort auf die speziellen Gebietsverhältnisse gebildet haben sollen, ist heute in den Normalanlagen ein ziemlich einheitlicher Schnitt getreten. Im Schnitt der Weitraumanlagen gibt es noch größere Unterschiede. Die Grundsätze und die Grundformen des Rebschnittes sind aber überall gleich.

Was verlangt der Stock von uns?

Die Augenzahl, die wir anschneiden, muß so vielen Trieben die Entwicklung ermöglichen, daß ein harmonisches Verhältnis zwischen den Wurzeln und den oberirdischen Stockteilen entsteht. Die ausreichende Versorgung des ganzen Stockes mit mineralischen Stoffen, durch die Wurzeln einerseits und mit den gebildeten Assimilaten durch die Blätter andererseits, muß gewährleistet sein. Neben einem genügenden Knospenanschnitt muß der Stock auch so geschnitten werden, daß er ausreichend Licht, Luft und Sonne erhält. Besonders in den Weitraumanlagen entscheidet dies über den Erfolg der Erziehung.

Wann setzt die Rebe Frucht an?

Um Frucht anzusetzen, muß der Rebstock nicht nur ausreichend ernährt sein, sondern einen kleinen Überschuß an Assimilaten haben. Es kommt auf das richtige Blatt-Wurzel-Verhältnis an. Durch genügend altes Holz muß die Speicherung von Reservestoffen möglich sein, die im Frühjahr zur Blütendifferenzierung in den Knospen erforderlich sind. Zeitlich gesehen, wird die Knospe, aus der sich der nächstjährige Trieb mit den Trauben entwickelt, im Vorjahr gebildet und zwar in der zeitlichen Reihenfolge des Längenwachstums. Es herrscht die allgemeine Ansicht, daß die Fruchtbarkeit der Knospen durch das Wetter in der Zeit, in der sich die Knospe zu bilden beginnt, beeinflußt werden. Dieser zeitlich begrenzte Einfluß ist sehr gering, denn die innere Ausbildung der Knospe mit der Differenzierung der späteren Triebteile, zu der auch die Blüte gehört, erfolgt praktisch von dem ersten Bildungsansatz der Knospe bis zu ihrem Austrieb. Nach den Untersuchungen von ALLEWELDT ist es nicht so, daß eine Knospe, deren Bildung im Juli beginnt, Ende Juli oder Mitte August bereits innerlich voll entwickelt ist, also mit allen vorgebildeten Blütenanlagen. Die ausreichende Ausbildung der Blüten hängt außer von der Vorjahreswitterung, die selbstverständlich nicht ohne Einfluß ist, auch von der Menge der Reservestoffe ab, die zum Austrieb bis hin zur Entfaltung der Gescheine führen.

1.2 Der Aufbau des Rebstockes

1.2.1 Altes Holz

Alle oberirdischen Stockteile, die älter als zwei Jahre sind, bezeichnet man als *„altes Holz"*. Es bestimmt weitgehend die Form einer Erziehungsart. Vom alten Holz hängt die Ausdehnung des Stockes nach Höhe und Breite ab. Als Reservestoffspeicher kommt dem alten Holz eine besondere Bedeutung zu. Starktriebige Sorten benötigen besonders viel altes Holz als Puffer gegen das Durchrieseln der Blüte. Bei behinderter Assimilation während der Blütezeit, infolge schlechten Wetters, helfen die Reservestoffe den nötigen Nährstoffausgleich zu bringen. Dies bedingt einen besseren Blüteverlauf.

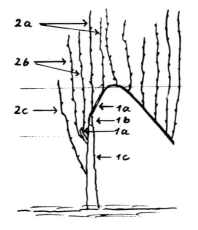

1 = altes Holz
a = zweijährig
b = dreijährig
c = mehrjährig
2 = einjährige Triebe
a = Fruchtholz
(einjährig auf zweijährig
auf dreijährig = doppelt
zahm)
b = Fruchtholz
(einjährig auf zweijährig
auf mehrjährig = einfach
zahm)
c = wilder Trieb
(einjährig auf mehrjährig)

Abb. 95:
Aufbau des
Rebstockes

Das alte Holz gliedert sich in *Stamm* und *Schenkel*. Seine Länge richtet sich nach der Wuchskraft der Rebe, als Produkt von Sorte, Unterlage und Boden. Es gibt Sorten, die nur bei Vorhandensein von genügend altem Holz ausreichend fruchtbar sind. Dazu gehören alle Sorten, die zum Verrieseln neigen. Schenkel sind Seitenarme des Stammes, die beim Kordonschnitt zu finden sind (Abb. 95).

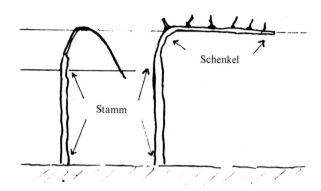

Abb. 96:
Aufbau des
Rebstockes

Schenkel

Stamm

1.2.2 Tragholz - Fruchtholz

Unter Trag- oder Fruchtholz werden *einjährige Triebe auf zweijährigem Holz* verstanden. Die alte Schnittregel lautet:

> *Fruchtbar sind einjährige Triebe auf zweijährigem Holz.*

Solches Fruchtholz wird auch *zahmes Holz* genannt. Hierbei wird noch zwischen doppelt und einfach zahmen Holz unterschieden. Ein einjähriger Trieb aus zweijährigem Holz, das seinerseits aus dem dreijährigen Holz kommt, wird als *doppelt zahm* bezeichnet. Ein einjähriger Trieb aus zweijährigem Holz, das seinerseits aus dem mehr als drei Jahre alten Holz kommt, bezeichnet man als *einfach zahm* (Abb. 96). Nach Ansicht der Winzer sind doppelt zahm stehende Fruchtruten fruchtbarer als einfach zahm stehende. Untersuchungen, ob diese Ansicht richtig ist, sind nicht bekannt.

1.2.3 Wildes Holz

Triebe, die sich unmittelbar aus dem alten Holz entwickeln, heißen im grünen Zustand *Wasserschosse*, im verholzten *wilde Triebe* (Abb. 96). Wasserschosse werden beim Ausbrechen entfernt, sofern sie beim Schnitt nicht als Ersatzholz oder zur Stockverjüngung benötigt werden.

Grundsätzlich werden beim Schnitt zahme Triebe angeschnitten. Damit ist aber nicht gesagt, daß wilde Triebe völlig unfruchtbar seien. Das geht schon daraus hervor, daß selbst Wasserschosse gelegentlich Gescheine tragen. Durch deutsche und französische Untersuchungen wurde festgestellt, daß die Wasserschos-

170

se zahlreicher Sorten, wenn sie als Fruchtholz angeschnitten wurden, ausreichende Fruchtbarkeit zeigten. Zur Erhaltung der Stockform kann man also unbedenklich auch wilde Triebe anschneiden.

1.3 Der Schnitt selbst

Der Schnitt besteht aus dem Wegschneiden der überflüssigen einjährigen Triebe, des zweijährigen Holzes, einer eventuellen Verjüngung durch Rückschnitt des alten Holzes und dem Anschnitt von Frucht- und Ersatzholz.

1.3.1 Der Schnitt des Fruchtholzes

Entsprechend der Länge des Fruchtholzes werden folgende Formen unterschieden (Abb. 27):

Zapfen	2 bis 4 Augen
Strecker	4 bis 8 Augen
Flachbogen (Drahtrebe)	8 bis 12 Augen
Halbbogen (Pendelbogen)	12 bis 20 Augen
Ganzbogen	15 bis 20 Augen

1.3.1.1 Wie soll das Fruchtholz beschaffen sein?:

● gut ausgereift,

● weder zu dick noch zu dünn,

● Durchmesser 7 bis 8, höchstens 10 mm (Bleistiftstärke),

● nicht weitknotig,

● möglichst frei von Geiztrieben,

● ohne Reibwunden,

● frei von Botrytis, Phomopsis oder anderen rindenbesiedelnden Pilzen.

Diese Forderungen gründen sich auf die Erfahrung, daß dicke Triebe häufig schlecht ausgereift sind und mangelhaft ausgebildete Augen besitzen. Grundsätzlich ist eine dünnere Rebe immer besser als eine dicke. Zu dünne Triebe sind auch schlecht, da sie in ihrem schmalen Holzkörper zu wenig Reservestoffe besitzen. Sehr weitknotige Triebe sind oft die Folge von mastigem Wachstum und daher mangelhaft ausgereift. Starke Geiztriebe beeinträchtigen die Ausbildung der Augen des Haupttriebes. Triebe mit Zonen, die auf Befall durch Phomopsis oder Botrytis hinweisen, haben an diesen Stellen vorwiegend tote Knospen, die im Frühjahr nicht austreiben. Gut ausgereiftes Holz, das sich zum Anschnitt eignet, soll einen Durchmesser von 7 bis 8 mm (Bleistiftstärke) haben und eine gleichmäßige gesunde, braune Farbe besitzen.

1.3.1.2 Wo soll das Fruchtholz stehen?

W i c h t i g! Durch den jährlichen Schnitt soll kein zu großer Zuwachs an altem Holz entstehen.

Der Stamm verlängert sich sonst zu schnell, wächst über die gewünschte Höhe hinaus, und muß zurückgeschnitten werden. Der Rückschnitt bedeutet immer einen tiefen Eingriff in das Leben des Rebstockes, denn es bleibt eine große Wunde zurück, die geschlossen werden muß. Viele Holzgewächse können eine solche Wunde durch Überwallung vollständig schließen, die Rebe kann das nicht. Von ihr werden lediglich die äußeren Zellen durch Einlagerung von Korkstoff abisoliert und damit das darunterliegende Gewebe geschützt. Häufiger Rückschnitt führt zu einem vorzeitigen Altern der Reben. Lediglich kleine Wunden, wie sie beim Wegschnitt des Edelreiszapfens bei der Pflanzrebe zurückbleiben, können nach und nach überwallt werden.

Die Säge ist daher ein notwendiges Übel und sollte nur gelegentlich gebraucht werden. Um wenig Zuwachs an altem Holz zu bekommen, ist der Anschnitt des Fruchtholzes aus dem ersten Trieb der alten Bogrebe bzw. Fruchtrute am besten (Abb. 97). Von alten Winzern wird gerne erst die zweite Rebe als Fruchtholz ausgewählt, weil sie fruchtbarer sein soll. Diese Meinung entbehrt jeder Grundlage. Wenn die erste Rute gut ausgebildet ist, ist sie die beste Rebe für den Schnitt. Weiterhin soll die Fruchtrute so angeschnitten werden, daß man sie beim Biegen über die Schnittstelle gerten kann (Abb. 98), weil sie im umgekehrten Fall an der Ansatzstelle leicht abreißt.

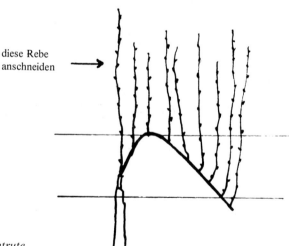

diese Rebe
anschneiden →

Abb. 97:
Auswahl der Fruchtrute

172

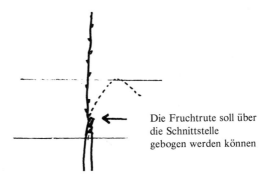

Die Fruchtrute soll über
die Schnittstelle
gebogen werden können

Abb. 98:
Auswahl der Fruchtrute

1.3.1.3 Wie lang soll das Fruchtholz sein?

Es ist die Frage zu beantworten, ob man eine lange oder zwei kürzere Fruchtruten anschneiden soll. In erster Linie hängt dies vom Stockabstand ab. Ist dieser größer als 1,20 m, sind zwei Fruchtruten günstiger. Auch bei Sorten, die zu mangelhafter Holzreife neigen, sind zwei Fruchtruten besser, weil die ausgereifte Holzlänge für eine Fruchtrute meistens nicht ausreicht. Im Durchschnitt sind die Triebe bis 1,50 m gut ausgereift. Auf 1 m Fruchtholzlänge befinden sich etwa 14 Augen. Siehe auch Kapitel Rebenerziehung „Das Fruchtholz".

Die Beantwortung der Frage hängt auch davon ab, ob die Knospen auf einer Fruchtrute alle gleichmäßig fruchtbar sind. Nach Untersuchungen war die Fruchtbarkeit der ersten drei Knospen geringer als die der folgenden, mit Ausnahme einiger Neuzüchtungen, deren Knospen eine völlig gleichmäßige Fruchtbarkeit zeigten. Danach müßte der Anschnitt einer langen Fruchtrute den besseren Ertrag bringen. Das muß nicht sein, denn es wurde festgestellt, daß bei einem Anschnitt von 16 Augen etwa 10 % der Knospen nicht austreiben, bei 44 Augen dagegen 22 %, also das Doppelte. Auf diese Weise wird der Ertrag von langen und kurzen Fruchthölzern ausgeglichen. In Schnittversuchen brachten im Durchschnitt zwei kurze Fruchtruten einen höheren Ertrag als eine lange oder der Kordonschnitt, ohne Abfall im Mostgewicht.

Für den praktischen Rebschnitt sind folgende Schlüsse zu ziehen:

1. Es soll möglichst der erste Trieb der alten Bogrebe als Fruchtholz angeschnitten werden, um den Zuwachs an altem Holz möglichst klein zu halten.

2. Die Verwendung eines Zapfentriebes als Fruchtrute erfolgt immer dann, wenn alle Triebe auf der alten Bogrebe ungeeignet sind.

3. Das Verjüngen des Stammes muß auf das äußerst notwendige Maß beschränkt bleiben, weil die zurückbleibenden großen Wunden dem Stock schaden.

4. Ob eine lange oder zwei kürzere Fruchtruten gewählt werden, hängt vom

Stockabstand und den arbeitswirtschaftlichen Erfordernissen ab. Für Sorten mit mangelhafter Holzreife sind zwei kürzere Fruchtruten in jedem Falle günstiger.

5. Beim Schnitt ist darauf zu achten, daß der Stamm nur wenig verlängert wird und nicht zu oft ein Rückschnitt erfolgen muß. Bei der Flachbogenerziehung soll er etwa 10 cm bis 20 cm unter dem Biegdraht enden, bei der Halbbogenerziehung 10-15 cm über dem untersten Biegdraht (Abb. 99).

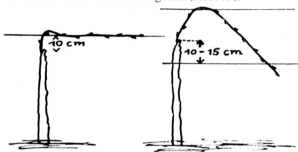

Abb. 99:
Höhe des Stammes

1.3.1.4 Wieviel Augen sollen angeschnitten werden?

Faustregel: 8 bis 12 Augen je qm Rebenstandraum.

Die Anzahl der anzuschneidenden Augen wird vom Wuchszustand der Rebe bestimmt. Hat der Stock daumendicke Triebe, wurde im Vorjahr zuwenig angeschnitten, hat der dünnes, kurzes Holz, wurde ihm zuviel zugemutet. Das Ziel des Schnittes ist ein ausgeglichenes Wachstum mit Triebstärken zwischen 6 und 10 mm. Je nach Gassenbreite und Stockabstand ist die Zahl der Augen, die pro Stock angeschnitten werden müssen, sehr verschieden.

Anzahl der anzuschneidenen Augen
je Stock bei unterschiedlichen Standweiten

Pflanzweite cm	Standraum qm/Stock	Anzahl der anzuschneidenen Augen je qm			
		6	8	10	12
140 x 120	1,68	10	13	17	20
140 x 130	1,82	11	14	18	21
140 x 140	1,92	12	15	19	23
150 x 120	1,80	11	14	18	21
150 x 130	1,95	12	15	19	23
150 x 140	2,10	13	16	21	25
150 x 150	2,25	14	18	23	27
160 x 120	1,92	12	15	19	23
160 x 130	2,08	12	16	20	24
160 x 140	2,24	13	17	22	26
160 x 150	2,56	15	19	26	28

Pflanzweite cm	Standraum qm/Stock	Anzahl der anzuschneidenen Augen je qm			
		6	8	10	12
170 x 110	1,87	11	14	19	22
170 x 120	2,04	12	16	20	24
170 x 130	2,21	13	17	22	26
170 x 140	2,38	14	19	24	28
170 x 150	2,55	15	20	25	30
180 x 110	1,98	12	15	19	23
180 x 120	2,16	13	17	22	25
180 x 130	2,34	14	18	23	28
180 x 140	2,52	15	20	25	30
180 x 150	2,70	16	21	27	32
190 x 110	2,09	13	16	21	25
190 x 120	2,28	14	18	23	27
190 x 130	2,47	15	19	24	29
190 x 140	2,66	16	21	27	32
190 x 150	2,85	17	23	29	34
200 x 100	2,00	12	16	20	24
200 x 110	2,20	13	17	22	26
200 x 120	2,40	14	19	24	29
200 x 130	2,60	16	20	26	31
210 x 100	2,10	13	17	21	25
210 x 110	2,31	14	18	23	28
210 x 120	2,52	15	20	25	30
210 x 130	2,73	16	21	27	32
220 x 100	2,20	13	18	22	26
220 x 110	2,42	15	19	24	29
220 x 120	2,64	16	21	26	31
220 x 130	2,86	17	22	29	34
230 x 100	2,30	14	18	23	28
230 x 110	2,53	15	20	25	30
230 x 120	2,76	17	22	28	33
230 x 130	2,99	18	23	30	35
240 x 100	2,40	14	19	24	29
240 x 110	2,64	16	21	26	32
240 x 120	2,88	17	23	29	35
240 x 130	3,12	19	25	31	37
250 x 100	2,50	15	20	25	30
250 x 110	2,75	17	22	28	33
250 x 120	3,00	18	24	30	36
250 x 130	3,25	20	26	33	39
260 x 100	2,26	14	18	23	27
260 x 110	2,86	17	22	29	34
260 x 120	3,12	19	24	31	37
260 x 130	3,38	20	27	34	40

Pflanzweite cm	Standraum qm/Stock	Anzahl der anzuschneidenen Augen je qm			
		6	8	10	12
270 x 100	2,70	16	22	27	33
270 x 110	2,97	18	23	29	35
270 x 120	3,24	19	25	32	38
270 x 130	3,51	21	28	35	42
280 x 100	2,80	17	22	28	34
280 x 110	3,08	18	24	31	36
280 x 120	3,36	20	26	34	40
280 x 130	3,64	22	29	36	43
290 x 100	2,90	17	23	29	35
290 x 110	3,19	19	26	32	38
290 x 120	3,48	21	28	35	42
290 x 130	3,77	23	30	38	45
300 x 100	3,00	18	24	30	36
300 x 110	3,30	20	26	33	39
300 x 120	3,60	22	28	36	43
300 x 130	3,90	23	31	39	46
310 x 100	3,10	19	25	31	37
310 x 110	3,41	20	27	34	41
310 x 120	3,72	22	30	37	45
310 x 130	4,03	24	32	40	48
320 x 100	3,20	19	26	32	38
320 x 110	3,52	21	28	35	42
320 x 120	3,84	23	30	38	46
320 x 130	4,16	25	33	42	49
330 x 100	3,30	20	26	33	40
330 x 110	3,63	22	29	36	44
330 x 120	3,96	24	32	40	48
330 x 130	4,29	26	34	43	53
340 x 100	3,40	20	27	34	41
340 x 110	3,74	22	30	37	45
340 x 120	4,08	25	33	41	49
340 x 130	4,42	27	35	44	53
350 x 100	3,50	21	28	35	42
350 x 110	3,85	23	30	39	46
350 x 120	4,20	25	33	42	50
350 x 130	4,55	27	36	46	54

Die Tabelle macht deutlich, daß bei zunehmender Gassenbreite und gleicher Augenzahl pro m^2 Rebenstandraum stärker angeschnitten werden muß. Da bei breiten Gassen die Stockabstände verringert werden (höchstens bis auf 1,00 m), damit der Rebenstandraum nicht zu groß wird, müssen pro laufenden Meter

Biegdraht immer mehr Augen untergebracht werden. Dies hat letztlich zum Übergang vom Flachbogen zum Halbbogen und anderen Schnittformen geführt.

Beispiel:

Sollen bei einer Gassenbreite von 1,80 m und einem Stockabstand von 1,20 m 10 Augen pro m² Rebenstandraum angeschnitten werden, so ergibt der Anschnitt pro Stock 22 Augen.

Bei einer Weitraumanlage mit 2,80 m Gassenbreite und 1,00 m Stockabsstand und ebenfalls 10 Augen pro m² Rebenstandraum beträgt der Anschnitt 28 Augen je Stock.

1.3.1.5 Etwas zur Schnittechnik

Die alte Fruchtrute soll nicht ganz dicht an der neuen Fruchtrute abgeschnitten werden. Es ist günstiger, einen kleinen Stumpf von 2 bis 3 mm zu belassen. Der Schnitt ist im rechten Winkel und nicht schräg nach unten zu führen, um die Wunde klein und das Leitbahnsystem zur Fruchtrute im ganzen Durchmesser funktionsfähig zu halten. Das gleiche gilt beim Rückschnitt, wenn der Stamm abgesägt wird. Es darf keine zu große Wunde zurückbleiben (Abb. 100).

Am Ende trennt man die Fruchtrute 1 cm über dem letzten Knoten vom oberen überflüssigen Teil (Abb. 101).

Das Entfernen von alten Ranken und Geizen (Auskreppeln) kann, um Zeit zu sparen, auf die Geize beschränkt werden.

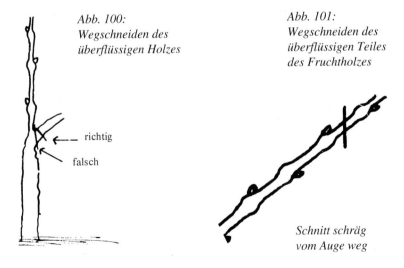

Abb. 100:
Wegschneiden des
überflüssigen Holzes

richtig

falsch

Abb. 101:
Wegschneiden des
überflüssigen Teiles
des Fruchtholzes

Schnitt schräg
vom Auge weg

177

1.3.1.6 Schnitt des Ersatzholzes

Das Ersatzholz besteht aus einem Zapfen von 1 bis 2 Augen. Es dient der Erhaltung der Schnittform, der Verjüngung und als Ersatz für abgerissene Fruchtruten.

Wie soll der Ersatzzapfen stehen?:

- nicht zu tief,
- nicht in die Rebgasse zeigend,
- in kleinem Winkel nach oben stehend,
- und auf der anderen Seite wie die Fruchtrute gebogen wird (Abb. 102).

Es soll nicht Zapfen auf Zapfen geschnitten werden, weil daraus beim Rückschnitt ein Stamm aus vielen Scheiben entsteht, dessen Leitbahnsystem unvollkommen ist. Solche Stämme vergreisen schnell. Beim Anschnitt des Ersatzholzes geht die Erhaltung der Form vor die des Ertrages.

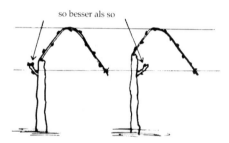

so besser als so

Abb. 102:
Stand des Zapfens

1.4 Der Kordonschnitt

Der Kordonschnitt ist ein Zapfenschnitt. Er eignet sich sehr gut für weite Stockabstände, ist aber schwieriger als der Schnitt von ein oder zwei Fruchtruten. Da stets nur Zapfen von 2 bis 3 Augen angeschnitten werden, ist die Frage der Holzreife nicht so wichtig. Die untersten 2 bis 3 Augen sind auch bei ungünstigen Verhältnissen fast immer gut ausgereift und zum Zapfenschnitt geeignet. Da Basalaugen in der Regel etwas weniger fruchtbar sind als weiter oben stehende, muß etwas mehr angeschnitten werden. In der Praxis verleitet der Zapfenschnitt dazu, zu stark anzuschneiden.

Durch die Mechanisierung des Rebschnittes, mit Hilfe automatischer Rebschneidemaschinen gewinnt der Kordonschnitt in Form eines Wechselkordons wieder an Bedeutung (Siehe Kapitel „Mechanisierung des Rebschnittes" Seite 187).

Weitere Einzelheiten sind dem Kapitel „Kordonerziehung" Seite 100 zu entnehmen.

178

1.5 Die Zeit des Rebschnittes

Die günstigste Zeit des Rebschnittes liegt nach den Winterfrösten. Bei einem früheren Schnitt lassen sich auftretende Winterfrostschäden nicht mehr ausgleichen. Große Betriebe müssen aber aus arbeitswirtschaftlichen Gründen mit dem Rebschnitt früher beginnen. Ein gewisses Risiko ist dann nicht auszuschließen.

Früher Teilschnitt: Das Risiko eines frühen Schnittes in frostgefährdeten Lagen läßt sich durch einen Teilschnitt reduzieren. Es werden zunächst etwa 3 Fruchtruten belassen und der Rest abgeschnitten. Nach dem Ende der Winterfrostgefahr werden dann die überzähligen Ruten entfernt und die gewünschte Anzahl Augen /qm Rebenstandraum angeschnitten. Sind Frostschäden eingetreten, wird bis zum Austrieb gewartet. Der Rebschnitt richtet sich dann nach der Zahl der noch austreibenden Augen. Siehe auch "Schnitt nach Winterfrost" Seite 186.

Der theoretisch frühestmögliche Termin für den Rebschnitt liegt im Herbst nach dem natürlichen Blattfall.

Die Frage, ob früh geschnittene Reben Unterschiede im Austrieb zeigen oder gar unterschiedliche Erträge bringen, ist untersucht worden. Nach den Ergebnissen kann jederzeit geschnitten werden, da sich auch bei sehr zeitigem Schnitt im Advent keine Nachteile zeigen, wenn man von den möglichen Winterfrostschäden absieht.

Früh geschnittene Reben bluten an den Schnittstellen weniger als spät geschnittene. Die Frage, ob starkes Bluten den Rebstock schwächt, kann nach den vorliegenden Untersuchungen verneint werden. Lediglich eine leichte Verzögerung des Austriebes wurde festgestellt. Die Stärke des Blutens ist nicht nur eine Frage des Schnittzeitpunktes, sondern hängt auch vom Wassergehalt des Stockes, der Rebsorte und der Temperatur ab. Daraus folgert, daß nach sehr feuchten Wintern und wenn die Reben im Vorjahr feucht gewachsen sind, im Frühjahr bei warmem Wetter das Bluten besonders stark sein kann. Nach Literaturberichten wurden im Extremfall bis zu 20 Liter Blutungssaft von einem Rebstock aufgefangen. Bogreben können am Ende so stark bluten, daß auf dem Boden ein regelrecht feuchter Fleck zu sehen ist. Auch die Zusammensetzung des Blutungssaftes wurde untersucht. Die Trockensubstanz wurde mit knapp 1 bis 3,5 % ermittelt. Im Saft sind Stickstoffverbindungen enthalten, deren Menge vom Beginn des Blutens an zunimmt. Außerdem wurden bei diesen Verbindungen Sortenunterschiede festgestellt. Die pH-Werte werden von 5 bis 7,5 angegeben. Auch eine ganze Reihe von Aminosäuren, wie Aspargin, Glutamin, Alanin, Cystein, Valin, Leucin usw. wurden gefunden. Von Zuckern fand man Glukose, Fruktose, Raffinose und Maltose. Insgesamt wurde nach den Untersuchungen die Ansicht vertreten, daß das Bluten den Rebstock nicht schädige. Man hat also bei der Auswahl des Rebschnittzeitpunktes freie Hand und muß lediglich die Möglichkeit von Winterfrostschädigungen einkalkulieren.

Der Rebschnitt sollte kurz vor dem Austrieb beendet sein, damit das Biegen noch vor dem Aufbrechen der Knospen möglich ist.

1.6 Einfluß des Anschnittes auf Menge und Güte des Ertrages

Menge und Güte des Ertrages unterliegen jährlichen Schwankungen durch

Jahreswitterung,
Rebsorte,
Standort (Bodenart, Hangneigung, Hangrichtung, Kleinklima),
Stärke des Anschnittes,
Rebenerziehung und
Rebenpflege (Bodenbearbeitung, Laubbehandlung, Düngung).

Einfluß auf die Menge:

Den stärksten Einfluß übt die Jahreswitterung aus, insbesondere während der Blüte. Es folgt die genetisch verankerte Fruchtbarkeit der jeweiligen Sorte und die Stärke des Anschnittes und der Standort. In weiträumigen, hohen Erziehungen ist der Ertrag in der Regel etwas niedriger als in sog. Normalerziehungen. Der Einfluß der Rebenpflege ist weniger stark ausgeprägt.

Einfluß auf die Güte:

Den stärksten Einfluß übt die Witterung aus, gefolgt von der Rebsorte, durch deren genetisch verankerter Qualitätsleistung, dem Standort und der Stärke des Anschnittes. Der Einfluß der Rebenerziehung ist weniger stark ausgeprägt. Hohe, weiträumige Erziehungsformen liefern in der Regel etwas weniger Güte. Bei der Rebenpflege ist der Einfluß der Laubbehandlung größer als der der Bodenbearbeitung und Düngung.

Für den Einfluß der Stärke des Anschnittes auf die Qualität lassen sich folgende Grundsätze aufstellen:

- Überwiegend gute Qualität wird bei einer Begrenzung des Ertrages auf 60 hl/ha erreicht. Sie liegt in den meisten Jahren im Bereich der Qualitätsweine mit Prädikat.
- Über 60 hl/ha bis etwa 120 hl/ha fällt in mittleren Jahren die Qualität leicht, in ungünstigen Jahren stärker ab. In guten Jahren tritt kein oder nur ein völlig unbedeutender Qualitätsabfall ein.
- Erträge über 120 hl/ha, in guten Jahren oft erst über 150 hl/ha, senken deutlich die Qualität.
- In klimatisch geringen Lagen ist der Abfall besonders ausgeprägt.

Nach Versuchen soll der optimale Anschnitt folgende Anzahl Augen je qm Rebenstandraum betragen:

Anschnittempfehlungen in Abhängigkeit vom Standort*

	Anschnitt/qm		
	Standorte mit hohem Ertragsniveau		Standorte mit niedrigem Ertragsniveau
Gruppe I:			
Riesling	9	bis	12
Gewürztraminer			
Burgunder-Sorten	9	bis	12
Gruppe II:			
Müller-Thurgau	6	bis	9
Kerner			
Gutedel	6	bis	9
Gruppe III:			
Silvaner			
Portugieser	6	bis	8
Trollinger			
Morio-Muskat	6	bis	8

Qualitätsstabile Sorten, auch bei stärkerem Anschnitt, sind Riesling, Ruländer, Gewürztraminer und Blauer Spätburgunder. Bei ihnen führt erst ein extrem starker Anschnitt zu Qualitätseinbußen.

Eine Mittelstellung nehmen Müller-Thurgau, Kerner, Gutedel und Schwarzriesling ein. In Jahren mit niedrigem Ertragsniveau wirkt sich die Stärke des Anschnittes nur wenig auf die Güte aus, in Jahren mit hohem Ertragsniveau dagegen stark.

Qualitätslabil sind Silvaner, Morio-Muskat, Trollinger und Portugieser, die selbst in Jahren mit niedrigem Ertrag bei starkem Anschnitt mit Mostgewichtsdepressionen reagieren.

* KIEFER, W., WEBER, M.: Auswirkungen von Hektar-Höchsterträgen auf die Anbautechnik. Der Deutsche Weinbau, 1985, 25-26.

1.6.1 Einfluß des Standortes auf Menge und Güte

Zwei Hauptfaktoren kennzeichnen den Standort, nämlich

- das Kleinklima als Produkt von Hangneigung, Hangrichtung. Windoffenheit, möglicher Beschattung (Horizont), Wärmerückstrahlung von Felspartien und steinigem Boden u.a.m. und
- die Bodenart mit ihrem Einfluß auf die Wuchskraft.

Dabei ist die Reaktionsempfindlichkeit der Rebe hinsichtlich Menge und Güte auf starkwüchsigen Standorten stärker als auf schwachwüchsigen. Dies wirkt sich so aus, daß bei einer Reduzierung des Anschnittes auf starkwüchsigen Standorten die Qualität in höherem Maße verbessert wird, die Menge dagegen in höherem Maße verringert wird, als auf schwachwüchsigen Standorten.

1.7 Rebschnitt und Hektarhöchsterträge

Zur Einhaltung der gesetzlich vorgeschriebenen Höchsterträge je Hektar in bereits stehenden Ertragsanlagen, gibt es mehrere Möglichkeiten:

- Die Verminderung des Anschnittes, oder
- das Ausdünnen von Trauben nach der Blüte.

Eine V e r m i n d e r u n g d e s A n s c h n i t t e s in stehenden Anlagen ist nicht von heute auf morgen möglich. *Die nötige Anzahl der anzuschneidenden Augen je Stock hat sich in jedem Fall auch nach der Wuchskraft der Rebe zu richten*, weil die Wuchskraft dann auf weniger Triebe als vorher verteilt wird. Dies führt zu einem stärkeren Wachstum des einzelnen Triebes. Das Verhältnis von generativen Wachstum, der Entwicklung der Blüte und der Traube, zum vegetativen Wachstum, nämlich der Triebentwicklung, wird zugunsten des vegetativen Wachstums verschoben. Die Folge sind:

- mastiges Holz, das
- erhöhter Frostempfindlichkeit unterliegt und
- verstärkte Neigung zu Verrieselungen der Blüte.

Siehe auch Seite 168 „Was verlangt der Stock von uns?"

In starkwüchsigen Anlagen, die keine oder nur eine geringe Reduzierung des Anschnittes von Augen je Stock zulassen, ist daher das A u s d ü n n e n einem kurzen Anschnitt vorzuziehen. Diese Maßnahme ist leider zeitaufwendig und auch wegen des Abschneides von Trauben unpopulär. Siehe auch „Ausdünnen" Seite 244.

B e a c h t e n ! Die Entscheidung wieviel Augen/m^2 Rebenstandraum angeschnitten werden sollen, ist daher nicht erst beim Rebschnitt zu treffen, sondern bereits in die Planung einer neuen Rebanlage einzubeziehen. Denn dann kann der auszuwählende Standraum je Stock der zu erwartenden Wuchskraft angepaßt werden. Siehe auch Kapitel "Rebenerziehung" Seite 85

Literatur:

ALLEWELDT, G.: Untersuchungen über die Gescheinszahl der Reben. Wein-Wissenschaft, 1959, 61-69.

BÄDER, G. und KIEFER, W.: Untersuchungsergebnisse über den Einfluß des Anschnittes auf Menge und

Güte des Ertrages aus 34 Versuchen bei der Rebsorte MüllerThurgau. Deutsches Weinbau-Jahrbuch, 1981, 87-101.

BÜHLER, G.: Der Rebschnitt bei Ertragsanlagen. Der Deutsche Weinbau, 963, 37-38

BABO und MACH: Handbuch des Weinbaues und der Kellerwirtschaft, erster Band, Weinbau, dritte Auflage, Verlag P. Parey, Berlin 1909, 749 ff.

CLINGELEFFER, P.R.: Traubenertrag und vegetatives Wachstum von Sultana-Reben bei minimalem Rebschnitt. Vitis 1984, 42-54.

CRUSIUS, P.: Einfluß von Anschnitt, Boden und Jahreswitterung auf Menge und Güte des Ertrages bei den wichtigsten deutschen Rebsorten. Dissertation aus dem Institut für Weinbau der Forschungsanstalt für Weinbau, Geisenheim, und dem Institut für Pflanzenanbau und Pflanzenzüchtung der Universität Gießen, 1982.

CRUSIUS, R., KIEFER, W.: Einfluß von Anschnitt, Boden und Jahreswitterung auf Menge und Güte des Ertrages bei den wichtigsten deutschen Rebsorten. Der Deutsche Weinbau, 1983, 638-653.

DECKER, K.: Die verschiedene Schnittweise der Rebstöcke. Der Deutsche Weinbau, 1961, 594.

DECKER, K.: Unterschiedliche Fruchtbarkeit der Augen am Trieb. Der Deutsche Weinbau, 1961, 934-937.

DETZEL, W.: Überlegungen zum Rebschnitt. Der Deutsche Weinbau, 1964. 42.

FADER, W.: Mengenertragsregulierung über den Rebschnitt. Deutsches Weinbau-Jahrbuch, 1976, 159-162.

FADER, W.: Ertragsbeschränkung gegen Leistungsfähigkeit der Rebe. Winzer-Kurier 1984, Nr. 3, 13-17.

FADER, W.: Produktionstechnische Maßnahmen zur Einhaltung möglicher Hektarhöchsterträge. Der Deutsche Weinbau, 1985, 635-641

HASSELBACH, R.: Betrachtungen zum Rebschnitt. Der Deutsche Weinbau, 1969, 170.

HÄUSER, K.: Leitsätze für den Rebschnitt in Ertragsweinbergen. Der Deutsche Weinbau, 1967, 1148-1149; 1968, 16.

HILLEBRAND, W., SCHALES, W.: Rebschnitt und Fruchtbarkeit der Rebe. Der Deutsche Weinbau, 1975, 86-89.

HILLEBRAND, W.: Ist ein kurzer Anschnitt das beste Mittel zur Begrenzung der Erntemenge. Deutsches Weinbau-Jahrbuch 1989, 47-54.

HILLEBRAND, W.: Hektarhöchsterträge und die Folgen. Deutsches Weinbau-Jahrbuch 1988, 7-13.

KIEFER, W., WEBER, M.: Auswirkungen von Hektarhöchsterträgen auf die Anbautechnik. Der Deutsche Weinbau, 1985, 1110-1116.

KIEFER, W., WEBER, M. und EISENBARTH, H.J.: Einfluß des Anschnittes auf Menge und Güte des Ertrages bei verschiedenen Rebsorten. Der Deutsche Weinbau, 1976, 578-584.

KIEFER, W., EISENBARTH, H.J., WEBER, M.: Zur Anbautechnik wichtiger Rebsorten. Deutsches Weinbau-Jahrbuch 1984, 89-100.

KIEFER, W., STEINBERG, B.: Anbautechnik nach Einführung der Ertragsbegrenzung. Der Deutsche Weinbau 1988, 1126-1134.

KOBLET, W., PERRET, P.: Die Bedeutung des alten Holzes für Ertrag und Qualität bei Reben. Die Wein-Wissenschaft 1985, 228-237.

KRONENBACH, A.: Der Rebschnitt beeinflußt Menge und Güte des Ertrages. Der Deutsche Weinbau, 1964, 123-124.

MAY, R.: Über die Fruchtbarkeit der einjährigen Triebe bei den Reben. Schweizerische Zeitschrift für Obst- und Weinbau, 1964, 286-288.

MEINKE, E.: Anschnitt und Ertrag. Deutsches Weinbau-Jahrbuch, 1968, 58-62.

MOSER, L.: Weinbau einmal anders. 4. Auflage, Oesterreicher Agrarverlag, Wien 966, 136ff.

MÜLLER, K.: Weinbau-Lexikon, Verlag P. Parey, Berlin 1930, 679.

PFAFF, F., Becker, E.: Der Qualitätsweinbau beginnt mit dem Rebschnitt. Der Deutsche Weinbau 1988, 1535-1538.

POHL, H.: Wundarme Aufzucht der Reben und richtiger Rebschnitt. Deutsches Weinbau-Jahrbuch, 1977, 43-50.

RITTER, F.: Strecker- und Kordonschnitt bei verschiedenen Standweiten. Weinberg und Keller, 1964, 535-546.

SCHEU, G.: Mein Winzerbuch. Verlag D. Meininger, Neustadt 1950, 57ff.

SCHÖFFLING, H.: Rebschnitt und Menge und Güte des Ertrages. Der Deutsche Weinbau, 1965, 346.

SCHÖFFLING, H.: Regulierung von Menge und Güte über den Anschnitt. Der Deutsche Weinbau, 1976, 60-72.

SCHULZE, G.: Der Rebschnitt aus arbeits- und betriebswirtschaftlicher Sicht gesehen. Der Deutsche Weinbau 1980, 141-142.

SCHUMANN, F.: Qualitätsweinbau im Zeichen der Mengenregulierung. Der Deutsche Weinbau 1988, 268-274.

TIVADER, B.: Weinbau ohne Rebschnitt. Der Deutsche Weinbau, 1981, 182-184.

WANNER, E.: Der richtige Zeitpunkt für den Rebschnitt. Der Weinbau 1947, 37-39

WANNER, E.: Adventschnitt und Winterfrost. Der Weinbau, 947, 289-290.

WEGER, N. und MOOG, H.: Untersuchungen über die Ertragsfähigkeit sogenannter Wasserschosse bei Reben. Wein-Wissenschaft, 1949, 65-70.

WEISS, E.: Qualität und Rebschnitt. Der Deutsche Weinbau, 1964, 5-6

REFERAT: Einfluß der Fruchtrutenlänge auf die Fruchtbarkeit. Weinberg und Keller, 1965, 81.

REFERAT: Knospenfruchtbarkeit. Weinberg und Keller, 1965, 82.

REFERAT: Fruchtbarkeit von Wasserschossen. Weinberg und Keller, 1965, 28.

REFERAT: Aufgabe der Ersatzzapfen und Geiztriebe. Weinberg und Keller, 1954, 447

REFERAT: Über die unterschiedliche Qualität der Rebknospen. Vitis 1963/64, 377.

REFERAT: Verteilung der Fruchtaugen am Rebholz. Vitis, 1963/64, 382.

REFERAT: Untersuchungen über die Veränderung der Knospenzahl pro Hektar bei gleichbleibender Erziehung und Anzahl der Knospen bei 5 Sorten von vitis vinifera. Vitis 1967, 222.

REFERAT: Einfluß der Schnittzeit auf die Traubenproduktion. Vitis, 1968, 161.

1.8 Besondere Schnittmaßnahmen

Verjüngung

Sie kann in älteren Anlagen gelegentlich nötig sein. Hierzu bleibt beim Ausbrechen ein wilder Trieb etwa 10 cm über dem Erdboden stehen. Entwickelt sich daraus ein bleistiftstarker Trieb, wird er im nächsten Jahr sofort angeschnitten und der alte Stamm zurückgenommen (Abb. 103). Ist der Trieb nicht lang genug und kräftig geworden, wird auf ihn ein einäugiger Zapfen geschnitten. Auf diesem entwickeln sich zwei Triebe, einer aus dem Auge und einer aus dem Achselauge. Im folgenden Jahr wird dann der Trieb aus dem Achselauge angeschnitten, weil er dicht am alten Holz steht.

Das alte Holz soll nicht zu dicht am angeschnittenen Trieb abgesägt werden. Man läßt vielmehr über dem Trieb noch einen Stummel von 5 mm altem Holz stehen, damit die Saftzufuhr in den neuen Stamm nicht behindert ist. Außerdem wird der Schnitt im rechten Winkel ausgeführt, damit die Wunde klein bleibt (Abb. 100). Die Wunde am alten Holz ist mit Wundbaumwachs zu behandeln.

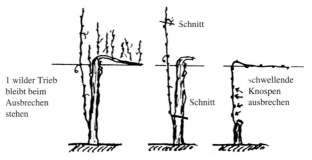

1 wilder Trieb
bleibt beim
Ausbrechen
stehen

Schnitt

Schnitt

schwellende
Knospen
ausbrechen

Abb. 103:
Verjüngung

Schnitt nach Hagel

Hierfür lassen sich keine genauen Regeln aufstellen. In erster Linie muß der Grad der Schädigung beobachtet werden. In alten Lehrbüchern ist zu lesen, daß man nach einem frühen Hagel vor der Blüte einen Grünschnitt durchführen soll, indem man die geschädigten Triebe auf etwa 10 cm zurückschneidet. Es wird damit die Hoffnung verbunden, daß sich wenigstens ein kräftiger Geiztrieb bildet, der, gut ausgereift, im nächsten Jahr angeschnitten werden kann. Versuche haben bewiesen, daß dieses Ziel nicht erreicht wird. Nach schwerem Hagel ist es am zweckmäßigsten, im nächsten Jahr auf Zapfen zu schneiden. Der Ertrag ist dann ausreichend und im folgenden Jahr kann wieder mühelos eine Fruchtrute angeschnitten werden.

185

Schnitt nach Winterfrost

Auch hierfür gibt es keine Regel. In jedem Falle muß vor dem Schnitt eine Untersuchung der Knospen vorgenommen werden, um einen Überblick über den Grad der Schädigung zu erhalten. Mit einem Veredlungsmesser oder einer Rasierklinge werden die Knospen der Länge nach durchgeschnitten. An der Verfärbung ist dann leicht zu erkennen, ob Haupt- und Nebenaugen erfroren sind. Geringe Schäden können durch verlängerten Schnitt oder eine zusätzliche Fruchtrute ausgeglichen werden. Bei sehr starken Schäden ist man zu einem Heckenschnitt gezwungen. In diesem Falle werden alle Triebe auf Strecker von 4 bis 5 Augen zurückgeschnitten.

Abb. 104:
Schädigung der Basalaugen durch Kaltluftsee in einer Geländemulde

Die Entscheidung, ob mehrere Bogreben, Strecker oder Zapfen anzuschneiden sind, hängt auch von der Art des Frostes ab. Bei manchen Frösten schädigen sogenannte Kaltluftseen in Senken, Mulden oder am auslaufenden Hang hauptsächlich die basalen Augen (Abb. 104). Ein Zapfenschnitt wäre dann falsch.

Treiben nach dem Schnitt mehr Augen aus als angenommen, ist ein Nachschnitt auszuführen, um die Stöcke nicht zu überlasten und die Menge-Güte-Relation zu gewährleisten.

Sind nur kleine Flächen stark geschädigt, kann man mit dem Schnitt bis zum Austrieb warten und sich danach richten, welche Augen noch austreiben. Ist auch das alte Holz erfroren, werden alle Stämme etwa 10 cm über dem Erdboden abgeschnitten. Sofern der Frost nicht bis in die Veredlungsstelle gedrungen ist, bilden sich wilde Triebe, aus denen der Stock wieder aufgebaut werden kann.

Augenuntersuchungen führen nur dann zu richtigen Ergebnissen, wenn sie nicht sofort nach Eintritt des Frostes durchgeführt werden. Erfrorene Knospen sehen zunächst noch grün aus und färben sich erst nach einigen Tagen schwarz. Werden Rebruten im Weinberg geschnitten, um die Augenuntersuchung im Betrieb vorzunehmen, dürfen sie nicht sofort in einem warmen Raum gebracht werden. Durch den großen Temperaturunterschied können auch noch gesunde Augen absterben. Die Triebe müssen, je nach Tiefe des Frostes,in einem Zeitraum von einer Woche an Temperaturen über dem Gefrierpunkt gewöhnt werden. Wird das nicht beachtet, kann bei den Augenschnitten ein hundertprozentiger Scha-

186

den festgestellt werden und im Frühjahr treiben trotzdem an den Rebstöcken alle Knospen aus. Aus diesem Grunde ist es am besten, wenn mit der Untersuchung das Ende der Frostperiode abgewartet wird.

Literatur:

FADER, W.: Rebschnitt und Behandlung frostgeschädigter Anlagen. Winzerkurier, 1986, Nr. 1, 13.

FOX, R.: Rebschnitt und Pflegearbeiten 1986 unter dem Eindruck der Frostschäden. Rebe und Wein 1986, 55-60

PFAFF, F.: Frostgeschädigte Weinberge- Wiederaufbau und Pflege. Der Deutsche Weinbau 1986, 152-156.

PFAFF, F., Becker, E.: Früher Rebschnitt - Erhöhtes Frostrisiko. Der Deutsche Weinbau 1987, 160-161.

Mechanisierung des Rebschnittes

Zur Mechanisierung des Rebschnittes stehen z.Z. drei Verfahren zur Verfügung, nämlich:

- pneumatisch betriebene Rebscheren
- Elektroschere mit Akkuantrieb
- automatische Rebschneidemaschine

Pneumatische Rebschneideanlagen: Die Scheren werden hierbei mit P r e ß - l u f t betrieben, deren Erzeugung in drei Formen möglich ist:

- Erzeugung der Preßluft in einem Kompressor, der vom Schlepper betrieben wird. Es können bis zu 15 Scheren angeschlossen werden. Das System ist daher besonders für Großbetriebe geeignet.

- Antrieb des Kompressors über einen eigenen Motor. Es können bis zu 6 Rebscheren angeschlossen werden. Das System eignet sich besonders für Familienbetriebe.

- Abnahme der Preßluft aus einer Preßluftflasche. Es können bis zu 2 Scheren angeschlossen werden.

Durch die pneumatische Rebschere wird das Handgelenk entlastet und damit eine höhere Arbeitsleistung von ca. 20 % erreicht. Der Praktiker hat sich rasch auf die Schnittführung mit der Schere eingestellt. Die scherenfreie Hand ist durch einen Kettenhandschuh zu schützen. Die Entlastung der Hand ist wichtiger als die Zeitersparnis.

Elektroschere mit Akkuantrieb: Sie eignet sich vornehmlich für kleine Betriebe, die mit einer Schereneinheit auskommen. Die Schere wird durch einen Akku angetrieben der am Gürtel oder auf dem Rücken mitgeführt wird. Der dazu erforderliche Elektromotor ist in die Schere eingebaut oder wird separat am Gürtel mitgetragen. Beim Kauf ist auf folgendes zu achten:

- Die Schere sollte nicht über 1000 Gramm schwer sein.
- Sie muß eine der Hand gut angepaßte Form besitzen.
- Die Schnittgeschwindigkeit muß regulierbar sein.
- Die Akkuleistung sollte für 1 Tag ausreichen.

Automatische Rebschneidemaschine: Durch mehrere senkrecht übereinander angeordnete horizontal arbeitende Schneidwerkzeuge wird ein Kordon-Zapfen-(Strecker) Schnitt durchgeführt. Es ist ein Nachschnitt von Hand erforderlich. Leistung: Vorschnitt durch die Maschine = 4 bis 5 h/ha, für den Nachschnitt 40 bis 50 Akh/ha. Reiner Handschnitt erfordert 90 bis 100 Akh/ha. Die Einsparung an Arbeitszeit beträgt ca. 50%. Auch das Biegen (Gerten) entfällt weitgehend und erfordert im Höchstfall 5 bis 7 AKh/ha.

Abb. 105:
pneumatische
Rebschere

Für den Nachschnitt von Hand ist folgendes zu beachten:

- Der Abstand der Zapfen sollte ca. 20 cm betragen.
- Nach unten wachsende Triebe sind zu entfernen.
- Bei Sorten mit guter Fruchtbarkeit der basalen Augen sind Zapfenlängen von 1 bis 2 Augen empfehlenswert (Riesling, Burgundersorten, Silvaner).
- Bei Sorten mit geringerer Fruchtbarkeit der basalen Augen sind Zapfenlängen von 2 bis 3 Augen zu empfehlen (Müller-Thurgau, Kerner, Scheurebe, Portugieser).

Die Schwierigkeiten, die beim Kordonschnitt auftreten (siehe Seite 178), verstärken sich beim Maschinenschnitt. Daher wird ein Wechselschnitt (Wechselkordon) empfohlen. Nach 2 bis 5jährigem Maschinenschnitt, wird ein Handschnitt durchgeführt. Der Kordon wird abgeschnitten und eine normale Fruchtrute angeschnitten, auf die dann im nächsten Jahr wieder nach maschinellem Vorschnitt Zapfen oder Strecker geschnitten werden.

188

Abb. 106 a: pneumatische Schneidanlage   Abb. 106 b: Kordonschneidemaschine

Literatur:

FISCHER, H.: Einsatz von Kordonschneidmaschinen - erste Erkenntnisse. Der Deutsche Weinbau. 1985, 1036-1039.

FOX, R., HAUSER, R.: Einsatz der Vorschneidemaschine in Württemberg. Rebe und Wein, 1991, 88-89.

MAUL, D.: Pneumatische Schneideanlagen für den Weinbau. KTBL-Arbeitsblatt Nr. 50, 1987, Fachverlag Dr. Fraund.

MAUL, D.: Rationalisierung und Mechanisierung des Rebschnittes im Weinbau. Der Deutsche Weinbau 1986, 73-78

MAUL, D.: Arbeits- und Kostensenkung durch Mechanisierung der Rebschneidetechnik. Weinwirtschaft (Anbau) 1990, Nr. 1, 26-27.

NORD, O.: Der Zeit- und Kraftaufwand beim Rebschnitt. Weinberg und Keller, 1973, 63-104.

PFAFF, F.: Kann die pneumatische Schere den Rebschnitt erleichtern - den Arbeitsaufwand und die Kosten? Deutsches Weinbau-Jahrbuch, 1978, 115-124.

PFAFF, F., HASSELBACH, F.: Pneumatische Rebschere im Test. Der Deutsche Weinbau, 1980, 31-34

PFAFF, F.: Der maschinelle Rebschnitt - Möglichkeiten und Grenzen. Der Deutsche Weinbau, 1991, 208-217.

UHL, W.: Erfahrungen mit der elektrischen Rebschere. Rebe und Wein, 1990, 56-58.

Entfernen des Rebholzes

Rebholzbeseitigung durch Verbrennen: Das aufwendigste Verfahren ist das Heraustragen von Hand und Verbrennen. Um die Arbeit zu erleichtern und zu beschleunigen, werden die Reben beim Schnitt von zwei Gassen in eine auf kleine Haufen gelegt. Im Hang kann die Arbeit durch Herausziehen mit einem Dreizahn zeitlich verringert werden. Noch schneller geht das Herausziehen in Direktzuglagen mit einer Anbauegge oder einem Rebenrechen am Schlepper. In Seilzuglagen läßt sich ein Sammelgerät am Seilzug einsetzen.

Das Verbrennen von Rebholz im Weinberg ist genehmigungspflichtig.

Ungefährer Arbeitsaufwand der Verfahren in Normalanlagen:

Heraustragen	30 bis 50 h/ha
Herausziehen mit Dreizahn	30 bis 40 h/ha
Herausziehen mit Seilwinde	15 bis 20 h/ha
Herausziehen mit Schlepper und Egge oder Rebrechen	10 bis 12 h/ha

Häufig wird das Rebholz beim Schnitt in einem fahrbaren Rebenverbrennungskarren verbrannt. Die Karren sind meistens im Eigenbau aus einem alten 800-1000-l-Öltank hergestellt. Das Verbrennen funktioniert gut. Im Verbrennungsbehälter wird ein Feuer entfacht und beim Schnitt die alte Bogrebe mit allen Trieben unzerteilt ins Feuer geworfen. An kalten Tagen macht die Wärme des Verbrennungskarrens die Arbeit angenehmer.

Rebholzbeseitigung durch Häckseln: Diese Art der Rebholzbeseitigung ist dem Verbrennen vorzuziehen, da das Rebholz größere Mengen Humus und Nährstoffe enthält. Der Wert des Humus des Holzes von 1 ha Rebfläche beträgt etwa 100 bis 150 DM. An Nährstoffen sind darin etwa 10 bis 15 kg N, 2 bis 3 kg P_2O_5, 10 bis 15 kg K_2O, 1 bis 2 kg MgO und 7 bis 10 kg CaO enthalten. In Hanglagen wird durch das sperrige Material außerdem die Erosionsgefahr gemindert.

Rebholzzerkleinerungsgeräte:

- *Spezialrebholzhäcksler* als Anbaugeräte für Direktzug oder als Seilzuggerät liefern die beste Zerkleinerungsarbeit.

- *Schlegel-* oder *Schlegelmessermulchgeräte* haben in steinigen Böden einen hohen Materialverschleiß. Die Arbeitsqualität hängt von der Schlegelform ab. Gute Arbeit liefern Messerschlegel, Hakenschlegel oder Kamm-Messer mit Gegenschneiden. Es ist gut, wenn nach dem Häckseln die erste Bodenbearbeitung mit einer Fräse erfolgt. Hierbei sei an die Problematik der Fräsbodenbearbeitung erinnert. (Siehe Kapitel Bodenpflege Seite 195).

- *Flach-, Kreisel-* oder *Sichelmulcher* liefern eine weniger gute Zerkleinerung als die vorgenannten Geräte, besonders wenn nicht zwei gegenläu-

190

fig rotierende Messer vorhanden sind. In dauerbegrünten Anlagen, oder wenn auch hier die nachfolgende Bodenbearbeitung mit der Fräse erfolgt, ist die Arbeitsqualität ausreichend gut.

● *Weinbergsfräsen* zur Rebholzzerkleinerung haben in steinigen Böden einen hohen Verschleiß. Sonst arbeiten sie bei trockenem Boden und trokkenem Rebholz gut.

Ungefährer Arbeitsaufwand der Verfahren in Normalanlagen:

Rebholzhäcksler	3	bis	4 h/ha
Fräsen	5	bis	7 h/ha
Schlegel- und Kreiselmulcher	2	bis	3 h/ha

Wird die Rebholzzerkleinerung mit einem Mulchgerät, einer Fräse oder Scheibenegge mit einem Mulchvorgang oder einer notwendigen Bodenbearbeitung kombiniert, entfällt die sonst für das Zerkleinern nötige Arbeitszeit.

Das Zerkleinern des Rebholzes und Belassen im Weinberg wird häufig aus hygienischen Gründen abgelehnt. Man befürchtet, daß der Befall durch Schwarzfleckenkrankheit und Botrytis begünstigt würde. Leider lassen sich durch das Verbrennen nur die Sporen auf dem Abfallholz vernichten. Auf den Rebstöcken und den nicht erfaßten, im Weinberg liegengebliebenen Holzresten sind noch so viele Sporen, daß Bekämpfungsmaßnahmen nicht überflüssig werden.

Andere befürchten, daß Hemmstoffe im Rebholz, die sich im Laufe der Jahre im Boden anreichern könnten, Wachstumsdepressionen auslösen würden. Hierzu muß man sagen, daß sich Ergebnisse von Topfversuchen nicht aufs Freiland übertragen lassen. Hemmstoffe des Rebholzes kommen im Freiland überhaupt nicht zur Wirkung, da sie von Bodenbakterien abgebaut werden. Deshalb sind eventuelle phytosanitäre Bedenken den Vorteilen der Rebholzzerkleinerung unterzuordnen.

Rebholz als Brennmaterial: Wo Rebholz nicht im Weinberg verbleiben soll, ist seine Verwertung als Heizmaterial zu prüfen.

Energiequelle	Heizwert KJ/kg
Kohle	33 950
Heizöl	42 900
Rebholz	15 300

Die Gegenüberstellung zeigt, daß Rebholz knapp die Hälfte des Heizwertes von Kohle und etwas mehr als ein Drittel des Heizwertes von Heizöl liefert. Folgende heizwertmäßige Faustregel kann aufgestellt werden:

2 kg Rebholz entsprechen 1 kg Kohle,
3 kg Rebholz entsprechen 1 l Heizöl.

Das Rebholz von 1 ha Fläche (inkl. des Rodeholzes bei einem 20jährigen Umtrieb) kann jährlich ca. 500 l Heizöl ersetzen.

Für die Lagerung von Rebholz wird folgender Raum benötigt:

lose Schüttung 2,5 cbm/dt Frischmaterial
Rebholzbündel 1,3 cbm/dt Frischmaterial

Die Wirtschaftlichkeit der Rebholzverwertung als Heizmaterial bedarf in jedem Einzelfall einer genauen Kalkulation.

Literatur:

ADAMS, K. und MAUL, D.: Arbeitsbedarf und Kosten zur Verwertung des Rebholzes nach dem Rebschnitt. Der Deutsche Weinbau, 1970, 32-40.

FISCHER, A.: Verwertung von Rebholz - konventionell oder alternativ? Der Deutsche Weinbau, 1982, 486-490.

FISCHER, A.: Alternative Verwertung von Rückständen aus dem Weinbau. Der Deutsche Weinbau, 1984, 225-260.

HÜBNER, R.: Rebholzraffen und Rebholzzerkleinerung. Rebe und Wein, 1962, 31-35.

KIEFER, W. und HOFFMANN, E.L.: Der Einfluß unterschiedlicher Rebholzmengen auf den Boden und die Rebe. Weinberg und Keller, 1974, 19-38.

MAUL, D.: Rebholzzerkleinerungsgeräte für den Weinbau, KTBL-Blatt Nr. 19, Oktober 1981.

MAUL, D.: Rebholzzerkleinerung. Winzer-Kurier, 1983/1/10.

PREUSCHEN, G.: Rebschnitt, Scheren und Rebholz. Deutsches Weinbau-Jahrbuch, 1972, 83-390.

SCHRADER, Th.: Ernterückstände und Bodenfruchtbarkeit. Weinberg und Keller, 1956, 313-318.

STUMM, G.: Maschinelle Rebholzzerkleinerung im Steilhang. Der Deutsche Weinbau, 1984, 201-203.

1.9 Das Biegen (Gerten)

Nach dem Schnitt wird das Fruchtholz im Drahtrahmen am sogenannten Biegdraht (Gertdraht) festgebunden. Damit wird folgendes Ziel erreicht:

1. Die grünen Triebe lassen sich gleichmäßig im Drahtrahmen verteilen, was die Stockpflege und Weinbergsarbeiten erleichtert.

2. Eine harmonische Saftverteilung auf dem Fruchtholz begünstigt die Fruchtbarkeit und ein gleichmäßiges Wachstum der grünen Triebe.

Die wesentlichsten Gesichtspunkte des Biegens sind in den Ausführungen über die Erziehungsarten besprochen worden.

Bei der *Flachbogenerziehung* wird die Fruchtrute kurz über dem Biegdraht gekrächt, um an dieser Stelle den nötigen Saftstau zur Förderung der Fruchtholzbildung für das nächste Jahr zu erzeugen. Die Rebe wird dann entweder mit zwei Bändern auf den Draht gebunden oder als Drahtrebe um den Draht geschlungen und nur am Ende befestigt (Abb. 29c).

Bei der *Halbbogen-* und *Pendelbogen-Erziehung* wird die Fruchtrute senkrecht nach oben geführt und über den Hilfsbiegdraht tief nach unten gebogen. Das Ende der Rebe muß tiefer stehen als die Ansatzstelle am Stamm (Abb. 30). Das Ende der Rebe wird mit einem Band befestigt.

Folgende Grundsätze sind zu beachten:

1. Die Fruchtrute wird möglichst über die Schnittstelle gebogen, weil sie in der umgekehrten Richtung gelegentlich abreißt.

2. In Hanglagen wird hangabwärts gebogen, weil dies die harmonische Saftverteilung fördert.

3. Wunden am Fruchtholz werden auf die Innenseite des Bogens gebracht, weil dann die Bruchgefahr wegen der geringeren Spannung kleiner ist.

Als *Bindematerial* (Gertmaterial) werden die verschiedensten Stoffe angeboten. Einige können mehrmals verwendet werden. Das Einsammeln erfordert jedoch zusätzliche Arbeit. Bewährt hat sich, bei Handarbeit, 12 cm lange Kordel mit Drahteinlage (Drahtkordel). Ein Bänderlösen, wie früher, erfolgt nicht, da der Draht bis zum nächsten Schnitt durchgerostet ist, oder beim Schnitt ohne zeitliche Mehrarbeit durchgeschnitten werden kann.

Zur Befestigung der Fruchtruten gibt es auch B i n d e g e r ä t e mit unterschiedlichen Bindematerialien (Abb. Seite 194).

Einige Bindematerialien eignen sich auch für das Anbinden der Stämme. Es sollte elastisch sein, damit es dem Dickenwachstum des Stammes nachgibt. Ist das nicht der Fall, muß die Bindung gelegentlich gelockert werden.

Literatur:

DETZEL, W. und MAUL, D.: Arbeitsbedarf und Kosten beim Biegen unter Verwendung verschiedener Bindematerialien. Der Deutsche Weinbau, 1968, 264-268. Fachverlag Dr. Fraund, 55120 Mainz.

MAUL, D.: Arbeitsbedarf und Kosten verschiedener Bindematerialien. Der Deutsche Weinbau, 1970, 184-188. Fachverlag Dr. Fraund, 55120 Mainz.

MAUL, D.: Bindematerial und Geräte zum Biegen und Gerten. KTBL-Arbeitsblatt Nr. 30, Febr, 1984, Fachverlag Dr. Fraund, 55120 Mainz.

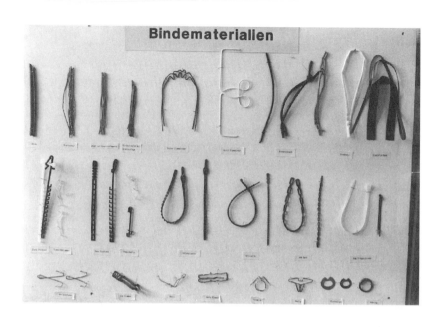

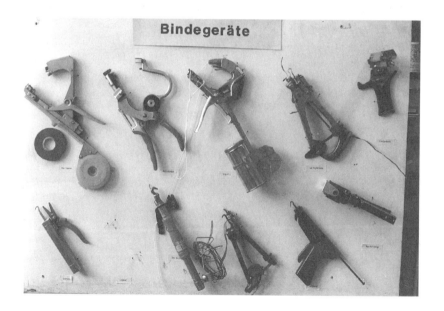

194

2. Bodenpflege

Der Boden ist ein empfindliches System von Bodensubstanz, Luft und Wasser, in dem unzählige Bodentiere und Mikroorganismen leben. Es ist das wichtigste Kapital des Winzers. Die Erhaltung und Förderung seiner Fruchtbarkeit und die Vermeidung von Umweltbelastungen dienen der Existenzsicherung der Betriebe. Bodenpflege gehört daher zu den wichtigsten Aufgaben des Betriebsleiters.

Das Ziel jeder Tätigkeit am Boden ist die E r h a l t u n g u n d M e h r u n g d e r B o d e n f r u c h t b a r k e i t, was eine Förderung des Bodenzustandes erfordert, der als B o d e n g a r e bezeichnet wird. Dieser Bodenzustand kann nur durch eine Reihe von Maßnahmen erreicht werden. Hierzu gehören neben der Bodenbearbeitung vor allen Dingen die Humusversorgung, die Mineraldüngung und andere Bodenverbesserungsmaßnahmen. Der Weinbergsboden unterliegt einer besonderes hohen Beanspruchung. Das wird deutlich, wenn die Besonderheiten herausgestellt werden, die im Weinbau herrschen:

- Der Weinbergsboden ist, falls er unbedeckt ist, ungeschützt den Witterungseinflüssen ausgesetzt. Die Bodengare wird leicht zerstört.

- In Hanglagen unterliegt der Boden einer ständigen Erosion und damit einem ständigen Feinerdeverlust.

- Bei den Pflegemaßnahmen wird der Boden durch Begehen und Befahren ständig verdichtet.

- Der Rebbau als Monokultur beansprucht den Boden einseitig.

- Da die Rebwurzeln sich bis in größere Tiefen ausbreiten, benötigen sie ein größeres gesundes Bodenvolumen.

Die Gefahr, daß die Bodenfruchtbarkeit ruiniert wird, ist im Weinbau besonders groß. Um den Boden gesund und fruchtbar zu erhalten, kann sich die Arbeit am Boden nicht in der Bodenlockerung und Unkrautbekämpfung erschöpfen, sondern muß zur *sinnvollen Bodenpflege* werden. Die Erkenntnis dieser Tatsache hat in den letzten Jahren dazu geführt, daß neue Wege der Bodenpflege beschritten wurden. Wo die Möglichkeit besteht, wird eine Bodenbegrünung in die Bodenpflege miteinbezogen oder versucht, durch Bodenbedeckung den Einfluß der garezerstörenden Witterungseinflüsse zu unterbinden und die Bodenerosion zu hemmen.

2.1 ALLGEMEINES ZUR BODENPFLEGE

Eine hohe Fruchtbarkeit des Bodens schlägt sich in der sogenannten B o d e n -
g a r e nieder.

Kennzeichen eines garen Bodens sind:

- hohe biologische Aktivität durch zahlreiche Bodenorganismen (Regenwürmer, Kolembolen, Springschwänze, Mikroorganismen, Bakterien, Pilze),

- hohe Gehalte an stabilen, durch Bodenmikroorganismen verkittete und verklebte sogenannte lebendverbaute Bodenkrümel,

- ausgeglichener Wasser-, Luft- und Nährstoffhaushalt.

Vermindert und gefährdet wird die Bodengare durch

- B o d e n v e r d i c h t u n g e n , die ausgelöst werden durch

  - ständiges Befahren und Betreten,

  - Befahren bei Nässe – im Frühjahr kann der Boden oberflächlich trocken erscheinen, aber darunter noch naß sein –,

  - Befahren immer in der gleichen Spur.

- B o d e n e r o s i o n in geneigten Lagen bei Starkregen.

- V e r a r m u n g   a n   H u m u s ,

  - da jede mechanische Bearbeitung dem Boden atmosphärischen Sauerstoff zuführt, der die Mineralisation der organischen Substanz anregt. Dies kann gleichzeitig zu verstärkter Stickstofffreisetzung- und auswaschung führen.

- F e h l e r   i n   d e r   B e a r b e i t u n g , z.B.

  - zu feinkrümelige Fräsarbeit, die die Bodenkrümel zerschlägt und eine verkrustete oder verschlämmte, die Bodenatmung hemmende Oberfläche zur Folge haben kann. Durch die Zerschlagung der Bodenkrümel gelangen Feinerdeteilchen durch Niederschläge in den Unterboden (*Mikroerosion*), was zusätzlich die Verdichtungsgefahr erhöht.

  - Bearbeitung bis immer in die gleiche Tiefe, was dort zu einer verdichteten Zone, der sogenannten *Pflugsohle*, führt. Mit flacher und tiefer Bearbeitung muß daher abgewechselt werden.

  - Zu häufiges Befahren und Bearbeiten zerstört die Bodengare. Daher sind Zusammenlegung von Arbeitsgängen und Minimalbodenbearbeitung angebracht.

  - Bei der Bodenverdichtung nehmen die für den Boden wichtigen G r o b p o r e n , auch Luftporen oder Dränporen genannt, ab. Der

196

wichtige G a s a u s t a u s c h, auch B o d e n a t m u n g genannt, wird vermindert. Auch oberflächliche Bodenverkrustung hindert diesen Gasaustausch. Wurzeln und Bodenorganismen scheiden bei ihrer Atmung CO_2 aus und nehmen O_2 auf. Durch den Temperaturwechsel zwischen Tag und Nacht wird bei Erwärmung CO_2-angereicherte Luft aus dem Boden getrieben und bei Abkühlung O_2-reiche Außenluft eingesogen. Bodenverdichtung hemmt die Bodenatmung, führt zu einer CO_2-Anreicherung der Bodenluft und zu O_2-Mangel. Die Reben reagieren darauf mit Chlorose. Die Wurzeln können nicht mehr so tief in den Boden eindringen, es werden weniger Wurzelspitzen gebildet.

- W i c h t i g !

B o d e n n i e b e i N ä s s e b e f a h r e n o d e r b e a r b e i t e n !

F r i s c h g e l o c k e r t e n B o d e n n i c h t b e f a h r e n , denn er ist sehr druckempfindlich. Wenn er sich gesetzt hat, nimmt diese Empfindlichkeit etwas ab.

T i e f e B o d e n l o c k e r u n g nicht zu häufig durchführen, da es sonst zum Humusabbau und zu unproduktiven Stickstoffverlusten kommt.

Die Bodenbearbeitung darf auf keinen Fall „Die Jagd nach dem letzten Unkraut" sein.

Die Erkenntnisse auf dem Gebiet der Bodenbegrünung, die Konstruktion neuer Maschinen (Spatenmaschinen, Mulchgeräte, Bodenfräsen und andere), und die Erfindung der Unkrautbekämpfungsmittel, haben eine neue Art der Bodenpflege eingeleitet. So wird heute unterschieden in

- mechanische Bodenpflege,
- biologische Bodenpflege und
- chemische Bodenpflege.

In der Praxis werden die drei Möglichkeiten miteinander kombiniert, wobei die chemische Bodenpflege auf das notwendige Mindestmaß zu beschränken ist, die biologische dagegen zu fördern ist.

Bei dem k o n t r o l l i e r t - u m w e l t s c h o n e n d e n W e i n b a u ist ein weitgehender Verzicht auf Herbizide vorgesehen.

In Rheinland-Pfalz besteht ein grundsätzliches Verbot, bis auf Steillagen, wo eine Behandlung im Unterstockbereich noch möglich ist.

In Baden-Württemberg ist die Herbizidanwendung in extremen Lagen oder Situationen an eine Genehmigung gebunden.

In den anderen Bundesländern sind für den kontrolliert-umweltschonenden Anbau z.Zt. (Juli 1991) noch keine Richtlinien erlassen.

Das O f f e n h a l t e n d e s B o d e n s durch mechanische Bodenpflege sollte, wo es möglich ist, durch Begrünung ersetzt werden. Ist keine *Langzeitbegrünung* möglich, ist wenigstens die *Kurzzeitbegrünung* einzusetzen. Ist auch letzteres nicht möglich, kann eine *Bodenbedeckung* mit organischem Material erfolgen.

2.2 Mechanische Bodenpflege

2.2.1 Winterbodenbearbeitung

Sinn der Winterbodenbearbeitung nach der Traubenlese:

- Der, insbesondere durch die Traubenlese, verdichtete Boden bedarf einer tiefen (10 bis 20 cm) Lockerung.
- Dies verbessert auch die Aufnahme der Winterfeuchtigkeit.
- Die im Boden schwer beweglichen Mineralstoffe gelangen in tiefere Schichten.
- Durch die Bearbeitung wird ein grobscholliger Boden erreicht, der unter der Einwirkung des Winterfrostes krümelig zerfällt, was als Frostgare bezeichnet wird, die leider wenig dauerhaft ist.

Früher wurde die Winterbodenbearbeitung mit einem E i n s c h a r p f l u g , oder einem ungeteilten D o p p e l s c h a r p f l u g durchgeführt. Hierbei wurde der Boden unter den Stöcken angehäufelt, *„Zupflügen"* genannt. In der Gassenmitte blieb eine Rinne zurück, weshalb das Verfahren auch die Bezeichnung *„Winterfurche"* trug. Diese Rinne bildet in Hanglagen eine die Erosion fördernde Wasserrinne, die bis zum Frühjahr nicht selten 10 und mehr Zentimeter Tiefe erreicht.

Bei Gassenbreiten von mehr als 1,50 m wird für den Winterbau ein Doppelscharpflug mit geteilten Scharen eingesetzt. Der nicht gewendete Mittelbalken wird mit einem zusätzlich angebrachten Risser gelockert. Das verhindert auch in Hanglagen die Bodenerosion durch das Regenwasser und eine Pflugsohlenbildung.

Als V o r t e i l der Winterfurche, des Zupflügens, ist die Bedeckung des unteren Stammteiles mit der Veredlungsstelle mit Boden zu sehen, was als F r o s t - s c h u t z Bedeutung hat, insbesondere in

- Junganlagen, in
- frostgefährdeten Lagen und bei
- frostempfindlichen Sorten.

Als N a c h t e i l e sind die geschilderte E r o s i o n in Hanglagen zu nennen und der h o h e A r b e i t s a u f w a n d der im Frühjahr durch das A b p f l ü g e n

198

und das Ausräumen der Erde unter den Stöcken (S t ö c k e p u t z e n) entsteht. Aus diesen Gründen werden zur Winterbodenbearbeitung andere Verfahren zur tiefen Bodenlockerung und Beseitigung von Bodenverdichtungen herangezogen.

G r u b b e r o d e r T i e f e n g r u b b e r sind zur normalen Winterbodenbearbeitung einsetzbar, wenn geringe Spur- und Sohlenverdichtungen vorliegen.

- Sie besitzen zwei bis drei Meißelschare die den Boden aufbrechen.
- Es entsteht eine schmale Lockerungsfurche mit geringer Lockerungsintensität.
- Es wird eine Arbeitstiefe von 25 bis maximal 40 cm erreicht.
- Ausgestreute Dünger werden nur unvollkommen eingearbeitet.

S p a t e n g e r ä t e werden bei stärkeren Verdichtungen im oberen Krumenbereich, insbesondere bei Fahrspurverdichtungen eingesetzt.

- Es gibt zwei unterschiedliche Typen und zwar mit
  - stechenden Werkzeugen und solche mit
  - rundlaufend mischenden Werkzeugen.
- Die Lockerungsintensität ist sehr gut.
- Es wird eine Arbeitstiefe von 25 bis 35 cm erreicht.
- Ausgestreute mineralische oder organische Dünger werden gut eingemischt.

Da keine schnelle Fahrweise möglich ist, ist auch die Flächenleistung niedrig. Ein jährlicher Einsatz ist nicht möglich, aber auch nicht erwünscht. Die Arbeitstiefe führt zu Verletzungen der Wurzeln. Bei gelegentlichem Einsatz wirkt sich das positiv aus, da sich an den Schnittstellen viele neue Wurzeln bilden. Empfohlen wird der Einsatz nur wenn er zur Beseitigung von Verdichtungen nötig ist, aber maximal alle 3 bis 4 Jahre.

2.2.2 Frühjahrsbodenbearbeitung

Die Frühjahrsbodenbearbeitung ist eine Ergänzung der Winterbodenbearbeitung. Sie kann sich aus drei Arbeitsgängen, dem Vorgrubbern dem Abpflügen und dem Stöckeputzen zusammensetzen.

Sie dient der

- Erhaltung der Winterbodenfeuchtigkeit durch
- Lockerung der Bodenoberfläche und evtl. auch als eine
- erste mechanische Unkrautbekämpfung.

Vorgrubbern: In Trockengebieten und in trockenen Lagen kann der Wind bei offenem Boden im März und April schon einen großen Teil der kostbaren Winterfeuchtigkeit zur Verdunstung bringen. Wird diese Verdunstung nicht rechtzeitig eingeschränkt, zeigen die Rebbestände in Trockenjahren bereits Ende Juli Blattvergilbungen. Sobald daher der Boden abgetrocknet ist, muß eine Bodenlockerung mit Rissern, „Vorgrubbern" genannt, erfolgen.

Wo im Herbst zugepflügt wurde, sollte man möglichst viel der angehäufelten Erde entfernen. Sie fällt dann in die gelockerte Erde der Gassenmitte und nicht auf eine verhärtete Oberfläche.

Abpflügen: Wo noch im Herbst zugepflügt wurde, wird der aufgeworfene Erdkamm, sobald sich auf ihm Unkrautwuchs zeigt, spätestens Ende Mai, abgepflügt. In Maifrostlagen darf zur Zeit der Maifrostgefahr der Boden nicht frisch bearbeitet sein, weil dies die Frostgefahr erhöht.

Stöckeputzen: Diese Arbeit schließt die Frühjahrsbodenbearbeitung ab. In Junglagen, die wegen der noch dünnen Stämme nicht mit einem Stockräumer bearbeitet werden können, wird nach dem Abpflügen zurückbleibende Resterdbalken mit einer Ziehhacke sofort ausgeräumt.

In älteren Anlagen mit kräftigen Stämmen wird ein Pflug mit Stockräumer eingesetzt, der Abpflügen und Stöckeputzen in einen Arbeitsgang vereint.

Da die Winterbodenbearbeitung fast nur noch als allgemeine Bodenlockerung und nur in Ausnahmefällen (siehe Seite 198) als sog. Zupflügen erfolgt, kann sich die Frühjahrsbodenbearbeitung auf eine flache Bodenlockerung mit Rissern beschränken.

Wichtig!

Bearbeitung nur bei t r o c k e n e m Boden durchführen. Arbeitstiefe etwa 10 cm. Bei ausreichender Bodenfeuchtigkeit ist die Bearbeitung nicht unbedingt nötig und kann unterbleiben.

200

2.2.3 Sommerbodenbearbeitung

Ziel der Sommerbodenbearbeitung ist

- die Unterbindung der Wasserverdunstung (der oberflächlich gelockerte Boden unterbricht die Bodenkapillare, Haarröhrchen, die durch ihre Saugkraft Wasser an die Oberfläche führen) und eine
- mechanische Unkrautbekämpfung.

Z e i t p u n k t und H ä u f i g k e i t richtet sich nach

— Witterung,

— Bodenzustand und

— Unkrautwuchs.

W i c h t i g!

Boden nur flach und nicht zu häufig bearbeiten. Tief und häufige Bearbeitung

- fördert den Wasserverlust, da immer wieder feuchter Boden an die Oberfläche gebracht wird; es
- beschleunigt den Humusabbau durch die ständige Durchlüftung,
- und setzt höhere Mengen Stickstoff frei (40 bis 240 kg N/Jahr - siehe auch Seite 300), der als Nitrat zum Teil ausgewaschen wird und dann das Grundwasser belastet.
- Das zu häufige Bearbeiten zerstört auch die Krümelstruktur. Man spricht dann von einem tot bearbeiteten Boden.

B e a c h t e n! Boden nicht bei Nässe bearbeiten und nicht vor anderen Bearbeitungsmaßnahmen, wie z.B. Pflanzenschutzarbeiten. Sommerbodenbearbeitung vier bis sechs Wochen vor der Traubenlese einstellen, insbesondere, wenn der Traubenvollernter eingesetzt wird.

B e a r b e i t u n g s g e r ä t e: Am besten sind der *Grubber* oder die *Scheibenegge* geeignet.

Eine *Weinbergsfräse* nur einsetzen

— bei starkem Unkrautbesatz,

— wenn Gipfellaub den Grubber verstopfen würde und

— zur Einarbeitung von Gründüngung.

V o r s i c h t! Fräsen die schnelldrehend gefahren werden, zerschlagen die Bodenkrümel. Es bleibt ein Boden mit Einzelkornstruktur zurück, der beim nächsten Regen verschlämmt. Daher grundsätzlich die

- Fräse mit niedriger Umdrehungszahl und recht
- hoher Geschwindigkeit des Schleppers fahren.

2.2.4 Tiefenbodenbearbeitung

Das häufige Befahren der Rebflächen mit schwerer gewordenen Schleppern und auch der Einsatz der schweren Traubenvollernter führen zu starken Bodenverdichtungen, die bis in größere Tiefe reichen. Besonders anfällig dafür sind bindige, weniger die steinhaltigen, kiesigen Böden. *Die Tiefenbodenbearbeitung, die über 30 cm Tiefe bis in 60 cm hinausgreift ist eine Sonderbodenbearbeitung.* Ihre Notwendigkeit ist durch eine *Profilgrabung* festzustellen.

B e a c h t e n !

- Grundsätzlich nur bei ausreichend abgetrocknetem Boden bearbeiten, weil nur so eine aufbrechende Lockerung der verdichteten Bodenteile erreichbar ist. Arbeiten in nassem Boden kann zu Hohlräumen und stärker verdichteten Zonen führen. Nach der Lockerung den Boden möglichst bis zum Frühjahr nicht befahren, um die frische Lockerung nicht wieder zu zerstören. Darum evtl. nötige Humusversorgung vor der Lockerung ausbringen und das Rebholzhäckseln im zeitigen Frühjahr bei gefrorenem Boden ausführen. Auch danach Boden möglichst nur bei gut trockenem Boden befahren.

- In Ertragsanlagen werden bei der Tiefenlockerung Wurzeln durchschnitten. Um diese Beschädigungen in Grenzen zu halten nur jede zweite Gasse lockern und die übrigen 2 Jahre später.

G e r ä t e : Neben den Tiefenbodenbearbeitungsgeräten für die Bodenlockerung auf nicht bestockten Flächen (siehe Seite 44) gibt es auch leichtere Geräte für den Einsatz in Ertragsanlagen.

H u b s c h w e n k l o c k e r e r : Sie werden nicht zur jährlichen Regelbearbeitung herangezogen, sondern nur bei starken Fahrspur- und Pflugsohlenverdichtungen, als Tiefenbodenbearbeitung.

Das Gerät besitzt meistens 2 zapfwellenangetriebene Schare, die im Boden vor- und zurückpendeln.

Die Lockerungsintensität ist befriedigend bis gut, wenn der Boden nicht zu feucht ist.

Das Eindringen der Schare in besonders stark verhärtetem Boden ist schwierig.

Die Arbeitstiefe beträgt 40 bis 50 cm.

Das gleichzeitige Einbringen von Mineraldünger ist schwierig.

W i p p s c h a r l o c k e r e r : Ihr Einsatz erfolgt ebenfalls nicht zur jährlichen Regelbearbeitung, sondern nur bei sehr starker allgemeiner Bodenverdichtung, die von der Fahrspur über die Pflugsohle bis in größere Tiefe reicht.

- Das Gerät besitzt meistens 2 zapfwellengetriebene Schare, die im Boden auf und ab wippen.
- Die Lockerungsintensität ist auch bei sehr starker Bodenverdichtung sehr gut. Voraussetzung ist, daß der Boden nicht zu feucht ist.
- Die Arbeitstiefe beträgt 45 bis 55 cm.
  Mit einer Zusatzeinrichtung lassen sich Mineraldünger bis in den Untergrund einbringen.

2.2.5 Bodenbearbeitungsgeräte

g e z o g e n e   G e r ä t e

Risser oder Grubber (Abb. 107)

Sie dienen vornehmlich der

- Bodenlockerung und
- Unkrautbekämpfung.

Abb. 107:
Risser oder Grubber

Ihre Konstruktion ist bei den einzelnen Herstellern unterschiedlich. Gleich ist bei allen ein Rahmen der für unterschiedliche Gassenbreiten in der Breite mechanisch oder hydraulich verstellbar ist. An ihn können verschiedene Arbeitsgeräte angebaut werden. Dies sind

- starre Zinken oder
- Federzinken (Bodenmischwirkung besser, Tiefenführung etwas ungleichmäßig).

Abb. 108:

	Spitz-schar	Grubberschar einf. dopp.		Doppel-herzsch.	Gänsefuß-schar	
	1 cm	6,5 cm		11 cm	14 cm	26 cm
Empfehlungswert ● Möglich ○						
Herausziehen von Wurzelunkräutern		●	●			
Abschneiden von Wurzelunkräutern		○	○	○	○	●
Bearbeitung von Häckselstroh			○	●		
Aufreißen von Pflug- und Eggensohlen		●	●	●			
Lockerung von hartem Boden		●				
Aufreißen und/oder Lüftung von Grünland	●					

Die Zinken sind mit *verschiedenen Scharformen* für *unterschiedliche Arbeitszwecke* (siehe Abb. 108) ausstattbar.

Weitere Zusatzgeräte sind

● Pflugschare zum Zu- und Abpflügen,

● Scheibenegge zur Stabilisierung im Seitenhang,

● Striegel zur Saatbettbearbeitung und

● Stockräumgeräte, zur Zwischenstockbearbeitung unter den Rebzeilen.

Scheibenegge (Abb. 109)

Sie wird vornehmlich gerne dort eingesetzt, wo ebene Weinberge schnell durchfahren werden können. Sie dient der

● Bodenlockerung,

● Unkrautbekämpfung und

● Rebholzzerkleinerung.

K o n s t r u k t i o n : Auf einer Welle, die in einen Rahmen eingehängt ist, sitzen schräg verstellbare Scheiben. Neben geschlossenen Scheiben gibt es gezackte, die eine bessere Arbeit liefern. In schweren Böden läßt sich die Eindringtiefe durch Zusatzgewichte verbessern. Damit der Schlepper durch die Schrägstellung der Scheiben nicht auf die

Abb. 109: Scheibenegge

Seite gezogen wird, werden zwei Wellen gegeneinander versetzt, sodaß ein Kräftegleichgewicht entsteht. Die zwei Wellen sind entweder V-förmig oder X-förmig angeordnet. (Abb. 109)

z a p f w e l l e n g e t r i e b e n e   G e r ä t e

Bei ihnen wird die Motorleistung des Schleppers mit hohem Wirkungsgrad und wenig Radschlupf auf den Boden übertragen. Fahrgeschwindigkeit und Eigengeschwindigkeit der Werkzeuge bestimmen den Zerkleinerungseffekt der Bodenlockerung. Ändert sich die Fahrgeschwindigkeit, so verändert sich auch die Bearbeitungsintensität. Damit läßt sich die Zerkleinerung bei der Bodenbearbeitung den jeweiligen Erfordernissen anpassen.

Fräse (Abb. 110)

Sie besitzt eine vielfältige Einsatzmöglichkeit wie

● Bodenlockerung,

● Unkrautbekämpfung,

● Einarbeiten von Dünger,

- Umbruch einer Begrünung,
- Saatbettvorbereitung und
- Rebholzzerkleinerung.

Abb. 110: Fräse

Bei Fräsen mit Wechselgetriebe kann die Umdrehungsgeschwindigkeit zwischen 130 und 280 Umdrehungen/min variiert werden.

W i c h t i g ! Fräse mit niedriger Umdrehungsgeschwindigkeit fahren, damit keine zu feine Bodenkrümelung eintritt. Diese hat folgende Nachteile:

- Der zu feinkrümelige Boden verschlämmt beim nächsten Regen.
- Der Humusabbau wird beschleunigt und mit ihm die Freisetzung mineralisierten Stickstoffs.

B e a c h t e n ! Nie feuchten Boden fräsen, weil sonst die Winkelmesser den Boden verschmieren, es entsteht eine Frässohle. Dadurch wird das Eindringen des Bodenwassers behindert, was zu stauender Nässe führen kann.

Kreiselegge (Abb. 111, 112)

Sie besitzt gegenüber der Fräse den Vorteil, daß nicht die Gefahr der Sohlenbildung im Boden besteht und ist vielfältig einsetzbar.

- Bodenlockerung,
- Unkrautbekämpfung,
- Einarbeiten von Dünger,
- Umbruch von Begrünung und
- Saatbettvorbereitung.

Abb. 111: Kreiselegge

Die Kreiselegge bearbeitet den Boden mittels horizontal rotierender Zinkenpaare (Kreisel), die über vertikal angeordnete Achsen angetrieben werden. Die Drehrichtung benachbarter Kreisel ist jeweils entgegengesetzt. Das ergibt einen sehr guten Bearbeitungseffekt und eine gute Selbstreinigung. Für unterschiedliche Einsatzbereiche gibt es verschiedene Zinkenformen. Stumpfe Zinken dienen mehr der Bearbeitung offenen Bodens, messerförmige dem Umbruch von Begrünung.

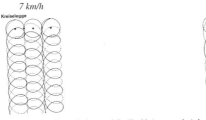

Abb. 112: Einfluß der Fahrgeschwindigkeit auf die Zerkleinerung bei der Kreiselegge

205

Literatur:

EICHHORN, H.: Landtechnik, Verlag Eugen Ulmer Stuttgart, 1985.

HAUSER, R.: Maschinen und Geräte für die Bodenbearbeitung und Grüneinsaat. Der Deutsche Weinbau, 1987, 623-628.

MAUL, D.: KTBL-Arbeitsblatt Nr. 21, Bodenbearbeitungsgeräte in Direktzuglagen für den Weinbau. Fachverlag Dr. Fraund, 1982.

2.3 Biologische Bodenpflege

Die neuzeitliche Bewirtschaftung der Weinberge mit Schleppern bringt eine starke Belastung des Bodens mit sich. Durch den Druck der Räder gibt es Bodenpressungen, die zu einer Bodenverdichtung bis in größeren Tiefen führen. Selbst wenn beachtet wird, daß der Boden grundsätzlich bei Nässe nicht befahren werden darf, führt das laufende Befahren mit der Zeit zu Bodenverdichtungen und damit, besonders in schluff- und tonreichen Böden, zu einer nachhaltigen Zerstörung der Bodenstruktur, die nur schwer zu beseitigen ist.

In schmalen Anlagen, die immer in der gleichen Spur befahren werden, sind die Bodenverdichtungen besonders stark. Nach Untersuchungen von Graf, Langenlois, verursacht ein Mann von 75 kg Gewicht und einer Auflagefläche von 400 qcm einen Bodendruck von 0,19 kg/cm, ein Schlepper von 1200 kg Eigengewicht und einer Auflagefläche von 1500 qcm dagegen 0,80 kg/qcm.

Da man aus arbeitswirtschaflichen Gründen auf den Schlepper oder die Raupe im Weinbau nicht verzichten kann, sind neue Formen der Bodenpflege entwickelt worden. Sie lassen sich in folgende Verfahren aufgliedern:

- Bodenabdeckung
- Bodenbegrünung

2.3.1 Bodenabdeckung:

Um den Boden zu schonen und andererseits den Arbeitsaufwand für die Bodenbearbeitung zu senken, besteht die Möglichkeit der Bodenabdeckung.

Materialien:

  Stroh,
  Grasmulch,
  Baumrinde (Rindenschrot).

2.3.1.1 Stroh

Als Bedeckungsmaterial wird Stroh in einer Menge von 80 bis 100 dt/ha ganzflächig im Weinberg ausgebreitet. Die günstigste Ausbringzeit ist der Herbst, nach einer tiefen Bodenbearbeitung.. Durch das Stroh wird der Unkrautwuchs weitgehend unterdrückt. Es zeigen sich höchstens einzelne Unkrauthorste, die chemisch beseitigt werden können. Die Dünger werden auf das Stroh gestreut; der Regen wäscht sie ein. Nach drei Jahren muß etwas Stroh nachgedeckt werden. Nach 8 bis 10 Jahren wird die ganze Strohmasse mit der Spatenmaschine eingepflügt und es wird neu abgedeckt.

Vorteile der Strohabdeckung:

— In Hanglagen keine Bodenerosion.

— Unkraut wird unterdrückt.

— Unter dem Stroh bleibt der Boden auch in trockenen Jahren feucht.

— Der Boden belebt sich wieder mit Regenwürmern.

— Die Reben zeigen freudiges Wachstum, sie altern nicht so schnell.

— Der Arbeitsaufwand für die mechanische Bodenbearbeitung entfällt.

Nachteile der Strohabdeckung:

— Beim frisch ausgebrachten Stroh besteht eine gewisse Brandgefahr. Stroh, das jedoch mehrere Monate im Weinberg liegt, brennt nicht leicht.

— Es treten verstärkt Mäuse, Erdraupen, Rombenspanner und in einigen Gebieten Dickmaulrüßler auf.

Weitere Angaben sind im Kapitel „Humusversorgung" ab Seite 248 nachzulesen.

2.3.1.2 Grasmulch

In begrünten Weinbergen hat sich die Bedeckung des Bodens unter den Stockreihen mit Grasmulch als vorteilhaft erwiesen. Es geschieht durch seitlich ablegende Kreiselmulchgeräte, welche das Mulchgut der begrünten Gasse unter den Stockreihen ablegen. Es sind die gleichen Vorteile wie bei der Abdeckung mit Stroh zu nennen.

2.3.1.3 Baumrinde (Rindenschrot)

Baumrinde hat sich als Bodenbedeckungsmaterial bewährt. Die auszubringende Aufwandmenge beträgt 3 bis 5 m³/a. Die Rinde entwickelt eine herbizide Wirkung und verrottet sehr langsam, ist also sehr dauerhaft. Weitere Angaben sind im Kapitel „Humusversorgung" ab Seite 248 nachzulesen.

Bodenbedeckungsversuche mit *Fasertorf* oder einer dicken Schicht von *gehäckseltem Rebholz* haben sich nicht bewährt. Sie bekommen keine Verbindung mit dem Boden und bilden nach oben eine Isolierschicht, unter der der Boden verhärtet.

Literatur:

FOX, R.: Abdeckmaterialien für den Steilhang. Der Deutsche Weinbau, 1981, 1075-1080

2.3.2 Bodenbegrünung

Vom Standpunkt der Bodengesundheit und der Bodenfruchtbarkeit ist die Bodenbegrünung die optimale Bodenpflege.

Im Weinbau alter Art, mit engen Rebgassen und niedrigen Stämmen, war jeder Grünbewuchs des Bodens automatisch U n k r a u t . Die Pflanzen wuchsen rasch in die Blätterzone der Reben. Die Durchlüftung des Bestandes wurde unterbunden. Die entstehende feuchte Zone begünstigte den Pilzbefall, insbesondere durch Peronopora. Unter solchen Verhältnissen war die Beseitigung des sogenannten Unkrautes eine Maßnahme der Erntesicherung. Heute, bei breiten Rebgassen und hohen Stämmen, bestehen diese Gefahren nicht mehr.

Eine *dauerhafte Beseitigung von Bodenverdichtungen* und die Gesundung des Bodens bis zum Zustand einer stabilen Bodengare ist nur mit Hilfe von Pflanzen, also Begrünung möglich. Die Pflanzen durchwuchern mit ihren Wurzeln den Boden, wobei Tiefwurzler eine regelrechte Tiefenlockerung bewirken. Sie lassen nach dem Absterben im Boden Humus zurück, der das Bodenleben aktiviert.

Zwei Formen der Begrünung werden unterschieden:

- Kurzzeitbegrünung
- Langzeitbegrünung

2.3.2.1 Kurzzeitbegrünung (Teilzeitbegrünung, Gründüngung)

Die Kurzzeitbegrünung besteht aus einem

- Wechsel zwischen mechanischer Bodenpflege und der Einsaat von Gründüngungspflanzen oder dem
- zeitweisen Belassen der natürlichen Begrünung.

E i n s a t z :

- Überall dort, wo eine Dauerbegrünung wegen der Wasserkonkurrenz zur Rebe nicht möglich ist, und
- zur Verbesserung der Bodenstruktur vor der Einsaat einer Langzeitbegrünung.

Vorteile:

- Minimierung der möglichen Bodenerosion bei Starkregen während der Bestandszeit,
- Verbesserung der Bodenstruktur, je nach Durchwurzelung des Bodens,
- Beitrag zur Humusversorgung nach Abmulchen und Umbruch, durch Verrotten der abgestorbenen Pflanzenteile und
- Förderung des Bodenlebens.
- Verminderung der Nitratauswaschung

Leistung:

Sproß und Wurzelteile können je ha jährlich *30 bis 40 dt/ha organische Trockenmasse*, nach GEIGER sogar 50 bis 100 dt, liefern.

Es wird überwiegend sogenannter N ä h r h u m u s gebildet.

Soll der Humusgehalt des Bodens erhöht werden, zum Beispiel als Grundlage für die Einführung einer Langzeitbegrünung, dann muß das auf andere Art erreicht werden. Nähere Angaben sind dem Kapitel „Humusversorgung" ab Seite 248 zu entnehmen.

H i n w e i s ! *Rechtzeitiges Mulchen der Teilzeitbegrünung beachten.*

Wichtige Termine:

- vor möglichen Spätfrösten, zur Verhinderung von Frostschäden;
- vor der Blüte, wegen der möglichen Wasserkonkurrenz;
- bevor die Pflanzen zu hoch werden, weil dies ein die Pilzkrankheiten der Rebe förderndes Bestandsklima erzeugt.

2.3.2.1.1 Pflanzen für Kurzzeitbegrünung im Weinbau*

Pflanzenart	empfohlene Saatzeit Monat	Saat- menge kg/ha Drill- saat	Saat- tiefe cm	Leistung organischer Trocken- masse dt/ha, ca.		
				ober- irdisch	Wurzel- masse	Summe
Gramineen/Gräser						
Wi-Roggen	8/9	120	2-3	30	10	40
Wi-Gerste	8/9	140	2-3	30	10	40
Welsches Weidelgras	7/8	40	2-3	20	15	35
Cruziferen/Kreuzblütler						
Wi-Raps	7/8	15	2-3	25	15	40
Winterrübsen (Buko)	3-8	15	2-3	25	15	40
Chinakohl x Winterrübsen						
Rübsen (Perko)	7/8	15	2-3	25	15	40
Sommerraps						
(Petranova u.a.)	7/8	15	2-3	25	15	40
Ölrettich	7/8/9	15	2-3	25	15	40
Senf (weißer,						
schwarzer u.a.)	8/9	15	2-3	25	10	35
Leguminosen/Hülsenfrüchte						
Blaue Bitterlupine	7/8	120	2-4	30	10	40
Erbse (Platterbse)	7/8	140	2-4	20	15	35
Wintererbse	8/9	150	2-4	30	15+	45
Winterwicke	8/9	120	2-4	25	15+	40
Bodenfrüchtiger Klee	3/4	25	2-3	30	15	45
Hydrophyllaceen/						
Wasserblattgewächse						
Phacelia	8/9	10	1-2	25	5	30

Hinweise: Frühere Aussaat bedeutet höhere Trockenmasse-Leistungen.
Zusätzliche Mineraldüngergaben bis 140 kg/ha Rein-Stickstoff fördern die Trockenmasselei-stungen. In sehr wuchskräftigen Weinbergen und bei Aussaat von Leguminosen kann die Stickstoffdüngung unterbleiben. Kostenmäßig ist die Aussaat von Leguminosen teurer als die anderer Pflanzen.

*Quelle: BREIL, K.: Kurzzeitbegrünung im Weinbau: auf die Wurzelleistung kommt es an,. Der Deutsche Weinbau, 1979, 900-907 ergänzt durch mündl. Mitteilungen 1991

Eigenschaften von Gründüngungspflanzen

Winterroggen: läuft sicher auf, gute Massebildung, intensives Wurzelwerk. Der hohe Wasserbedarf im Frühjahr kann bei trockenem Wetter zur Konkurrenz der Rebe werden. Dann ist sofort zu mulchen und einzuarbeiten. Gleiches gilt für *Wintergerste* und *Welsches Weidelgras*. Die Aussaat von Winterroggen und Winterweizen ist auch im Frühjahr möglich, bringt dann aber weniger organische Masse.

Winterraps: rasche hohe Massebildung, intensives Wurzelwerk, Tiefe 80 bis

120 cm, nach Mulchen nachwachsend, winterhart, schoßt erst nach Frosteinwirkung, verlangt feinkrümeliges, gut abgesetztes flaches Saatbett, liebt nährstoffreiche, tiefgründige, kalkhaltige, warme Böden, Wuchshöhe 40 cm. Im Frühjahr abmulchen und einarbeiten. Nur erucasäurefreie Sorten verwenden, um benachbarte Körnerrapsbestände durch Fremdbestäubung nicht zu verschlechtern.

Winterrübsen (Buko): hat ähnliche Eigenschaften wie Perko.

Perko: hohe Masseleistung, starke Pfahlwurzel, nach Mulchen sehr gut nachwachsend, Wuchshöhe bis 30 cm, überwinternd, blüht erst im Frühjahr, liebt mittlere bis bindige Böden.

Sommerraps: bei genügend Feuchtigkeit rasch hohe Massebildung, intensives Wurzelwerk, Bodenansprüche wie Winterraps, frostfest bis -7 Grad C, deshalb nicht überwinternd, empfindlich gegen Beschattung, Wurzeltiefe 80 bis 120 cm.

Ölrettich: raschwüchsig, hohe Massebildung, tiefgehende Pfahlwurzel, die wenig starke Verdichtung durchstößt, erschließt den Boden besonders gut, Wuchshöhe bis über 60 cm, nicht überwinternd, chlorosemindernd, Wurzeltiefe 80 bis 120 cm, liebt leichte bis mittlere Böden.

Senf: rasche, hohe, vorwiegend oberirdische Massebildung, Wuchshöhe bis 80 cm, frostempfindlich, geringes Regenerationsvermögen, bringt bei später Einsaat noch genügend Masse, verlangt feinkrümeliges, gut abgesetztes, trockenes Saatbett, liebt tiefgründige nährstoffreiche, kalkhaltige Böden, Wurzeltiefe 80 bis 120 cm.

Leguminosen: sie liefern neben der Pflanzenmasse den Reben zusätzlich 50 bis 100 kg Rein-Stickstoff je ha als langsam fließende N-Quelle.

L u p i n e n : sind Tiefwurzler (bis 200 cm), gut für leichte Böden, starke Pfahlwurzel, schließt den Boden gut auf.

E r b s e n sind ohne Stützfrucht niedrig wachsend und bezüglich der Wasserversorgung relativ anspruchsvoll; Wurzeltiefe 80 bis 150 cm. die P l a t t e r b s e ist frostempfindlich, daher nicht winterfest, aber sehr trockenresistent. Die W i n t e r e r b s e verträgt Frost bis zu -12 Grad C.

Das S a a t g u t der Leguminosen ist teuer. Die Kosten lassen sich verringern:

- ● Aussaatmenge der Erbsen auf 70 kg/ha reduzieren und
- ● 50 kg/ha Roggen als Stützfrucht beimischen.

W i n t e r w i c k e ist mit der Wintererbse vergleichbar.

B o d e n f r ü c h t i g e r K l e e ist bis zu zweijährig; an langlebigeren Sorten wird gearbeitet. Die Sorten *Clare, Mt. Barker* und *Nuba* sind geeignet. Hauptvorteile dieser Kleeart ist ihre Trockenheitsverträglichkeit, ihr gutes Stickstoffbindungsvermögen, ihre gute Minderung von Bodenerosion. Der Klee bohrt seine Früchte flach in den Boden, um nach Notzeiten, wie Trockenheit und Frost, wieder auszutreiben. Eine Aussaat im zeitigen Frühjahr verstärkt das Durchhaltevermögen.

Phacelia: schattenverträglich, üppige Anfangsentwicklung, nicht zu hoher Wuchs, auch gut für frisch rigolte Böden, Wurzeltiefe 80 bis 120 cm. Blüte wird von Bienen stark beflogen. Es sind dann nur bienenungefährliche Pflanzenschutzmittel einzusetzen.

Für n i c h t m u l c h f ä h i g e S t e i l l a g e n eignen sich nicht überwinternde Gründüngungspflanzen.

Gemengeaussaat

Außer der Verwendung von R e i n s a a t e n , besteht auch die Möglichkeit mehrartiges G e m e n g e zu säen.

V o r t e i l e :

● Intensivere Durchwurzelung des Bodens.

● Bei ungünstigen Bodenverhältnissen sind in der Regel einige Pflanzen dabei die noch gut wachsen, weil sie geringe Ansprüche stellen.

● Dadurch ist ein völliges Versagen der Begrünung ausgeschlossen.

N a c h t e i l e :

● Die Korngrößenunterschiede der verschiedenen Pflanzen kann zur Entmischung im Sägerät bei der Saat führen.

Gründüngungsgemenge für Spätsommeraussaat

Bezeichnung	Pflanzenart	%	Saat-stärke g/m2	Saatgut-bedarf kg/ha	Spätester Aussaat-termin
Wickroggen	Winterwicken	35	13,0	90	Mitte-Ende
	Winterroggen	65			August
Landsberger-Gemenge	Winterwicken	35	6,0	56	Mitte-Ende
	Inkarnat Klee	15			August
	Welsches Weidelgras	50			
Leguminosen-Gemenge	Sommerwicken	30	16,0	110	Mitte Juli
für bindigere Böden	Felderbsen	25			
	Bitterlupinen blau	45			
Kreuzblütler-Gemenge	Ölrettich	50	2,0	15	Ende August
	Winterraps	50			
	Ölrettich	35	4,0	28	Ende August
	Einj. Weidelgras	65			
Klee-Gras-Gemenge	Persischer Klee	35	4,0	28	Ende Juli
	Einj. Weidelgras	65			

212

Die Angabe des Saatgutbedarfs bezieht sich auf eine Streifeneinsaat in jeder Gasse (ca. 70% der Gesamtfläche).

Quelle: ZIEGLER, B.: Gründüngung für Jung- und Ertragsanlagen 1986, s. Lit.Verz.

Saatzeit

F r ü h j a h r - Mitte bis Ende April -

- Hauptschwierigkeit ist die Wasserkonkurrenz zur Rebe, da das Hauptwachstum mit dem höchsten Wasser- und Nährstoffbedarf der Rebe während der Blüte zusammenfällt.
- Mögliche Spätfrostschäden werden verstärkt.

Aussaat im Frühjahr ist daher nur in Gebieten mit hohen Niederschlägen und dort, wo Wasserüberschuß gemindert werden soll, anzuraten.

S p ä t s o m m e r bis H e r b s t - Ende Juli bis September -

Vorteile:

- Wasser- und Nährstoffkonkurrenz zur Rebe treten nicht auf.
- Die Begrünungspflanzen nehmen von der Rebe nicht verbrauchte Nährstoffe auf und verhindern deren Auswaschung durch das Winterwasser. Diese werden im Frühjahr, nach Einarbeitung der Begrünungspflanzen, durch Mineralisierung für die Rebe wieder verfügbar.

Nachteile:

- Bei Trockenheit ist das Auflaufen der Saat unsicherer als im Frühjahr.

Dieser Nachteil kann vermindert werden, wenn nach der Saat eine dünne Strohdecke (Strohschleier) ausgebracht wird.

Saatbettbereitung und *Aussaattechnik* sind im Kapitel 2.3.2.2 Langzeitbegrünung Seite 214 nachzulesen.

Düngung

Die Kurzzeitbegrünung nutzt die noch im Boden befindlichen Nährstoffe aus. In der Regel sind Phosphorsäure und Kali ausreichend vorhanden. Bei Aussaat im Spätsommer liegt meistens auch genügend pflanzenverfügbarer Stickstoff vor.

2.3.2.2 Langzeitbegrünung (Dauerbegrünung)

Die günstigste Form der biologischen Bodenpflege ist die Langzeitbegrünung, die in allen nicht zu trockenen Böden eingesetzt werden kann.

Wirkung auf den Boden:

- Die Bodenstruktur wird verbessert, z.B. durch Erhöhung und Erhaltung eines ausreichenden Boden-Porenvolumens.
- Der Humusabbau wird gebremst.
- Der Humusgehalt wird angehoben, da die Mulchmasse eine ständig fließende Humusquelle darstellt.
- Die Gefahr der Bodenverdichtung durch Maschinen wird herabgesetzt.
- In Hanglagen wird die Erosion unterbunden: es geht weniger Wasser durch Abfließen verloren.
- Die Bodenfruchtbarkeit wird gefördert.
- Das Bodenleben wird verbessert. Es entstehen z.B. ungestörte Lebensbedingungen für den Regenwurm und andere nützliche Bodenlebewesen. In der Landwirtschaft wird ein Regenwurmbesatz von 300 bis 400 Stück/m^2 als optimal angesehen.
- Den Schäden der Monokultur wird entgegengewirkt.
- Die Rebenmüdigkeit des Bodens wird gebremst.
- Stickstoffverluste durch Auswaschung werden verringert.

Wirkung auf die Rebe

V o r t e i l e :

- Die Verteilung der Wurzeln ist gleichmäßiger, was die Wasseraufnahme und Nährstofferfassung verbessert.
- Die Chlorose wird gemindert oder verschwindet ganz, sofern sie nicht auf Bodenverdichtung beruht. Diese kann durch Tiefenlockerung beseitigt werden.
- Verrieselungen der Blüte durch zu starken Rebenwuchs werden fast ganz ausgeschaltet.
- Die Holzreife wird gefördert.
- Die Stiellähme wird stark gemindert.
- Es gibt weniger Bodentrauben.

N a c h t e i l e :

- Die Begrünung kann mit der Rebe in Wasserkonkurrenz treten. 1 kg pflanzliche Trockenmasse verbraucht ca. 400 l Wasser. Dieser höhere

214

Wasserverbrauch läßt sich teilweise bis ganz durch weinbauliche Maßnahmen ausgleichen. Nähere Angaben siehe unten.

- Im Winter suchen Hasen und Kaninchen die Begrünung als Freßplatz auf und nagen dann auch an den Rebstämmen, besonders bei Leguminoseneinsaat.
- Im Frühjahr kann die Begrünung die Frostgefahr erhöhen. In frostgefährdeten Lagen ist daher vor den Eisheiligen zu mulchen.

Auswirkungen auf die Arbeitswirtschaft

- Die Befahrbarkeit der Rebgassen ist weniger witterungsabhängig.
- Der Arbeitsaufwand für das Mulchen ist nicht höher, sondern eher niedriger als der für die Bodenpflege bei offenen Boden.

Beurteilung:

Die Vorteile der Langzeitbegrünung überwiegen die Nachteile

Bei der Beurteilung der Wasserkonkurrenz zur Rebe ist zu berücksichtigen, daß begrünte Böden eine bessere Wasseraufnahmefähigkeit haben und in Hanglagen bei Starkregen fast keine Wasserverluste durch Abfließen entstehen. Auch die Wasserhaltefähigkeit ist auf begrünten Flächen besser. Langjährige Versuche haben gezeigt, daß zwar in Trockenjahren mit Ertragseinbußen zu rechnen ist, diese jedoch langfristig durch die Langzeitbegrünung, zu denen auch ein höheres Ertragsniveau in feuchten Jahren zählt, wieder ausgeglichen werden.

Eine eindeutige Aussage, auf welchen Standorten Langzeitbegrünung möglich ist, ohne daß Wasserkonkurrenz zur Rebe auftritt, ist nicht möglich.

Maßgebend für die *Eignung eines Standortes* sind:

- B o d e n a r t und B o d e n m ä c h t i g k e i t. So sind tiefgründige, feinerdereiche Böden wegen ihrer höheren wasserhaltenden Kraft besser geeignet als flachgründige, steinreiche Böden.
- H a n g n e i g u n g und H a n g r i c h t u n g (Exposition). So haben steile Südlagen wegen der stärkeren Sonneneinstrahlung eine höhere Wasserverdunstungsrate und damit einen höheren Wasserverbrauch als ebene Flächen oder Hänge mit anderer Hangrichtung.
- N i e d e r s c h l a g s m e n g e n und N i e d e r s c h l a g s v e r t e i l u n g während der Vegetationszeit. Die Angaben, ab welchen Niederschlagsmengen Langzeitbegrünung möglich ist, schwanken. Im allgemeinen wird bei Niederschlägen unter 530 mm von der Langzeitbegrünung abgeraten. Bei Niederschlägen ab 530 bis 580 mm/Jahr ist Langzeitbegrünung möglich, wenn nicht andere Faktoren auf die Wasserverhältnisse des Bodens ungünstig wirken.

● **H u m u s g e h a l t**, wegen seines Einflusses auf den Wasserhaushalt des Bodens.

Mit folgenden Maßnahmen kann der Wasserkonkurrenz zwischen Langzeitbegrünung und Rebe entgegen gewirkt werden:

● *Starthumusgabe:* Der Humusgehalt des Bodens sollte zu Beginn der Begrünung wenigstens 2% betragen, um die Wasserkonkurrenz zu verhindern. Sind die Gehalte geringer, müssen sie durch eine kräftige Humusversorgung mit Dauerhumus enthaltenden Humusdüngern angehoben werden. *Eine Erhöhung des Humusgehaltes um 1% erhöht die Wasserhaltefähigkeit des Bodens um ca. 10%.*

● *Auswahl geeigneter Pflanzenmischungen* mit geringem Wasserverbrauch, z.B. Gräser mit kleiner Blattoberfläche und damit geringerem Transpirationskoeffizient.

Teilweise Langzeitbegrünung

Bei der Umstellung von offener Bodenpflege auf Langzeitbegrünung ist es empfehlenswert *zunächst nur jede 2 Gasse zu begrünen.*

B e a c h t e n ! Für die Pflegearbeiten anfangs die offene Gasse mit dem Schlepper befahren. Hat sich die Begrünung entwickelt wird die begrünte Gasse zur Fahrgasse.

● Zur Verbesserung der Bodenpflege kann in den offengehaltenen Rebgassen Teilzeitbegrünung (Spätsommer-/Herbstaussaat) durchgeführt werden.

● Zeigt sich, daß die Langzeitbegrünung auf einem bestimmten Standort zu keiner Wasserkonkurrenz zur Rebe führt, können die offen gehaltenen Gassen ebenfalls begrünt werden.

Bodenbearbeitungstechnische Maßnahmen

Die Begrünung, insbesondere die Langzeitbegrünung, muß dem *jahreszeitlichen Wasserbedarf der Rebe* angepaßt werden. Beim Austrieb ist der Wasserbedarf relativ gering. Mit dem Längenwachstum der grünen Triebe nimmt er zu. Mitte bis Ende August erreicht der Wasserbedarf den Höhepunkt, um dann wieder abzusinken. Wassermangel von der Blüte bis zum Beerenansatz fördert das Verrieseln. Ab Schrotkorndicke bis Erbsendicke der Beeren mindert Wassermangel den Ertrag. In der Reifephase wirkt sich eine gewisse Wasserkonkurrenz zwischen Begrünung und Rebe kaum nachteilig aus.

M u l c h e n : Je nach Niederschlagsmenge und Entwicklung der Begrünung ist der Aufwuchs zu mulchen. Nähere Angaben sind dem Kapitel "Pflege der Langzeitbegrünung" Seite 222 zu entnehmen.

2.3.2.2.1 Pflanzen für die Langzeitbegrünung

An die Pflanzen für die Langzeitbegrünung werden folgende Ansprüche gestellt:

- Sie sollen möglichst schnell eine *geschlossene Pflanzendecke* bilden. Lückenhafte Bestände haben einen höheren Wasserverbrauch. Da die Lücken nicht gehackt werden, werden die das Wasser an die Bodenoberfläche saugenden Bodenkapillaren nicht zerstört.
- Sie sollen eine *langlebige Begrünungsdecke* garantieren.
- Sie sollen eine gute Tritt- und Fahrfestigkeit besitzen. Der Boden sollte möglichst ganz bedeckt sein, also mit einem *hohen Deckungsgrad.*
- Ihre *Wuchshöhe* hat sich bei der Pflanzenwahl nach den Standortverhältnissen zu richten. Je trockener der Standort, desto geringer soll der Massenwuchs sein, um die Wasserkonkurrenz zur Rebe zu verringern.
- Ihre *Wuchsschnelligkeit* sollte den Massenwuchs nicht zu sehr fördern, um die *Mulchbedürftigkeit* in Grenzen zu halten.

Jede Pflanzenart hat, im Blick auf die genannten Punkte, Vor- und Nachteile. Dies sei am Beispiel des *Deutschen Weidelgrases* erläutert.

V o r t e i l e :

- rasche Anfangsentwicklung,
- gute Belastbarkeit und damit Spurfestigkeit,
- eine höhere Mulchgutauflage wird recht gut vertragen,
- intensives Wurzelwerk,
- hohes Stickstoffaneignungsvermögen.

N a c h t e i l e :

- Der Deckungsgrad fällt nach ca. 4 bis 5 Jahren ab, nachdem andere Gräser zunächst verdrängt wurden. Es entstehen, je nach Sorte, Bestandslükken.
- Der starke Wuchs führt zu erhöhtem Wasserverbrauch oder erfordert häufiges Mulchen
- Das erhöht anfallende Mulchgut kann, bei mitausgesäten empfindlichen Gräsern, zu deren Ersticken führen.

An diesem Beispiel wird klar, daß es am besten ist, *Pflanzenmischungen* zu verwenden, zumal innerhalb einzelner Arten Vor- und Nachteile auch noch durch Sortenunterschiede variieren können. Vor- und Nachteile von Aussaaten gleichen sich besser aus, was Verzahnungseffekt genannt wird.

Langzeitbegrünungsmischungen

Ausgehend von der beschriebenen Grunderkenntnis haben sich Fachleute aus mehreren deutschen Weinbaugebieten auf die Empfehlung folgender standortspezifischer Langzeitbegrünungsmischungen geeinigt:

Mulchmischung 1   **Aussaatmenge**
mit Klee, für alle Standorte
 20% Dt. Weidelgras, Rasentyp
 20% Rotschwingel, ausläufertreibend
 20% Horstrotschwingel
 15% Wiesenrispe,Weidetyp
 15% Wiesenrispe, Rasentyp
 5% Flechtstraußgras
 5% Weißklee   40 kg/ha

Mulchmischung 2
ohne Klee, auf tiefgründigen Standorten
 20% Dt. Weidelgras, Rasentyp
 50% Wiesenrispe, Rasentyp
 30% Wiesenrispe, Weidetyp   40 kg/ha

Mulchmischung 3
ohne Klee, für weniger tiefgründige und austrocknungsgefährdete Standorte, ökologischer Streubreite
 10% Dt. Weidelgras, Rasentyp
 30% Rotschwingel, ausläufertreibend
 20% Horstrotschwingel
 20% Wiesenrispe, Rasentyp
 20% Wiesenrispe, Weidetyp   40 kg/ha

Mulchmischung 4
ohne Klee, für leichtere und mittlere Standorte in niederschlagsärmeren Gebieten (Magerrasen)
 20% Rotes Sraußgras
 30% Härtlicher Schwingel
 20% Rotschwingel mit Kurzausläufern
 10% Rotschwingel, ausläufertreibend
 10% Wiesenrispe, Rasentyp
 10% Wiesenrispe, Weidetyp   60 kg/ha

Mulchmischung 5   **Aussaatmenge**
ohne Klee, für Hanglagen
   50% Härtlicher Schwingel
   25% Rotschwingel mit Kurzausläufern
   15% Horstrotschwingel   80 kg/ha und mehr
   10% Feinschwingel   je nach Bodenverhältnissen

Mischungen für S t e i l l a g e n . Empfehlungen von Dr. B. Husse von der Landes-Lehr- und Versuchsanstalt für Weinbau in Trier.

Magerrasen für leichte Böden
   25% Schafschwingel MECKLENBURGER
   20% Horstrotschwingel MENUET/CENTER
   40% Wiesenrispe COMPACT
   15% Rotes Straußgras HIGHLAND BENT   50 kg/ha

Steinbodeneinsaat für skelettreiche Böden
   25% Schafschwingel MECKLENBURGER
   40% Wiesenrispe COMPACT
   15% Rotes Straußgras HIGHLAND BENT
   20% Härtl. Schwingel RIDU   100 kg/ha

Auch Firmen bieten über den Landhandel geeignete Saatgutmischungen an. z.B.

● *Feldsaaten Freudenberger*, Postfach 104, 4150 Krefeld 11;

● *Nungesser Saaten*, Postfach 11 10 65, 6100 Darmstadt und Höhenstr. 7a, 6732 Edenkoben.

W i c h t i g !

Ein ausreichend guter Deckungsgrad der ausgesäten Pflanzenmischung wird, nach BREIL, schneller erreicht, wenn dem Saatgut sogenannte A m m e n g r ä - s e r als Aufziehhilfe beigemischt werden. Empfohlen wird die *Weidelgrassorte Lirasand* (Lolium multiflorum). Damit das Weidelgras nicht zum Aussamen kommt und über Winter erfriert, ist eine Spätsommer- oder Herbstaussaat angebracht.

Saatgutmenge: die Beimengung soll 1,5 kg/ha nicht überschreiten, das entspricht ca. 75 Saatgutkörner je Quadratmeter.

Auch *Phacelia*, 1 kg/ha, kann als Ammenpflanze dienen. Für Steillagen empfiehlt Dr. B. Husse, Trier, Bodenfrüchtigen Klee.

Anlage der Langzeitbegrünung

Vorbereitung:

Vor der Saat sind durch B o d e n u n t e r s u c h u n g festzustellen:

● Nährstoffgehalt und

● Humusgehalt des Bodens.

Entsprechend dem Untersuchungsergebnis des Bodenlabors ist der Boden aufzudüngen und/oder mit Dauerhumus zu versorgen.

Saatbettbereitung:

G e r ä t e :   Fräse, Kreiselegge, Scheibenegge oder Grubber.

W i c h t i g !   Boden krümelig aber nicht zu tief lockern. Tiefe ca. 5 cm.

H i n w e i s !   Beim Einsatz eines Grubbers zum Einebnen der Bodenoberfläche eine nachlaufende Krümelwalze anhängen.

Aussaat:

● Es werden nur die Gassen besät, also ca. 75% der Fläche.

● Die S a a t b r e i t e soll links und rechts je 15 cm über die Schlepperspur reichen.

● S a a t t i e f e : 2 cm

● S a a t z e i t : Grundsätzlich ist eine Aussaat über das ganze Jahr möglich. Optimal ist die Aussaat im sehr zeitigen

     ● Frühjahr, März bis Anfang Mai oder

     ● nach der Traubenlese.

H i n w e i s : Eine leichte Strohdecke über die Saat fördert das Auflaufen.

E m p f e h l u n g : Im Herbst zunächst Grünroggen einsäen (120 kg/ha), diesen im April mulchen, danach grubben oder fräsen und danach die Langzeitbegrünung aussäen.

S a a t v e r f a h r e n :

● *Drillsaat* (reihenweise Saatgutablage). Saatbreite und -tiefe sind genau einstellbar, der Saatgutaufwand ist niedriger. In Hanglagen ist Rillenerosion möglich.

   G e r ä t : Drillmaschine

● *Breitsaat* (gleichmäßige Verteilung über die gesamte Bodenoberfläche). Das Saatgut muß eingearbeitet werden. Der Saatgutaufwand ist 10 bis 30 % höher als bei der Drillsaat, die Erosionsgefahr ist durch die bessere Saatgutverteilung geringer.

   G e r ä t : Kasten- oder Pendelstreuer.

Die meisten Sämaschinen eignen sich auch für Gerätekombinationen mit Kreiselegge oder Fräse, sodaß in einem Arbeitsgang das Saatbett bereitet und eingesät werden kann.

Sonstiges:

- Guter B o d e n s c h l u ß nach der Saat ist wichtig und wird durch Walzen (Cambridgewalze) erreicht.
- Die frische Saat grundsätzlich nicht befahren.
- In Junganlagen eine Langzeitbegrünung frühestens im 3 Standjahr ausbringen.

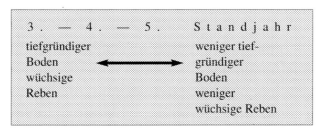

Stickstoffbedarf:

Zur Stickstoffversorgung sind in den ersten Jahren nach der Saat zusätzlich 40 bis 50 kg/ha Stickstoff zu düngen.

Wird ein N i t r a t s c h n e l l t e s t durchgeführt, so sind zusätzlich zu der, auf der Basis „Sollwert für Reben", als notwendig ermittelten Gabe.

- 20 bis 40 % mehr Stickstoff im 1. bis 3. Jahr nach der Saat und
- 10 bis 20 % mehr Stickstoff im 4. bis 6. Jahr nach der Saat

zu düngen.

Beispiel:

gemessener Wert	= 40 kg/ha
Sollwert für Reben	= 80 kg/ha
Bedarf für die Rebe	= 40 kg/ha
+ 20 % Mehrbedarf	= 8 kg/ha
insgesamt zu düngende Menge	= 48 kg/ha

Die verabfolgten Düngermengen werden später, durch Mineralisation beim Abbau der organischen Pflanzenmasse, für die Rebe wieder verfügbar.

Pflege der Langzeitbegrünung

- Zur E i n s c h r ä n k u n g des W a s s e r v e r b r a u c h s wird gemulcht.
- Über die H ä u f i g k e i t entscheidet das Auge des Praktikers und der jahreszeitliche Wasserbedarf der Rebe. In der Regel muß 4 bis 6 mal gemulcht werden. Es ist, nach Breil, empfehlenswert auch im Spätherbst nochmals zu mulchen. Folgende V o r t e i l e werden angegeben:
  - Der Wasserverbrauch durch die gemulchte Gründecke ist niedriger.
  - Im Frühjahr fallen geringere Mulchmassen an. Die niedrigere Mulchauflage verhindert das Aufkommen von Fehlstellen im Begrünungsbestand und erhält somit einen guten Deckungsgrad.
  - Die durch das Mulchen im Herbst aufliegende Mulchmasse verringert im Winter den unproduktiven Abfluß von Oberflächenwasser, besonders bei Starkregen in Steillagen.
- S c h n i t t g u t gleichmäßig verteilen. Zusammenballungen lassen die Pflanzen darunter absterben. Es entstehen Lücken.
- Das Mulchgut kann auch als Bodenbedeckung unter die Stöcke abgelegt werden, z.B. mit einem Kreiselmulchgerät.
- Wird bei g r o ß e r T r o c k e n h e i t eine Beeinträchtigung der Rebe befürchtet, kann die Begrünung mit einem Herbizid (Nachauflaufmittel ohne lange Wirkungsdauer) zur Bewuchsdämpfung behandelt werden.
- Die Begrünung in Trockenzeiten n i c h t u m b r e c h e n, da die Rebwurzeln unter der Begrünung näher an der Oberfläche wachsen als in einem offen gehaltenen Boden. Durch den Umbruch würden diese zerstört und die Rebe leidet dann noch mehr unter Wassermangel.
- Ältere Langzeitbegrünungsdecken sind mit einer gerade gestellten Scheibenegge durchzuschneiden. Dies fördert die Durchlüftung der Grasnarbe und übt auf das Wurzelwerk der Begrünung einen Wundreiz aus, der die Bildung neuer Faserwurzeln anregt.

Natürliche Begrünung

Statt der Auswahl einer bestimmten Begrünungsmischung ist es auch möglich, durch Heranwachsenlassen eines bodenständigen Pflanzenbestandes, die Fläche zu begrünen.

V o r t e i l e :

- Die natürliche Begrünung ist standortgemäß. Es setzen sich Pflanzen durch, die dem Klima, dem Boden und der Bodenpflege (Mulchen) entsprechen.
- Es fallen keine Saatgutkosten an.
- Natürliche Begrünungspflanzen sind S t a n d o r t a n z e i g e r .

Anzeige	Pflanzen
Bodenstruktur	
● Stauende Nässe	– Kriechender Hahnfuß
	– Ackerschachtelhalm („Zinnkraut")
	– Huflattich
	– Wasserknöterich („Landwasserknöterich")
	– Binsenarten
● feuchte Böden,	– Taubnessel
gut durchlüftet	– Ackervergißmeinnicht
	– Ehrenpreis
● schwere Böden	– Löwenzahn (perennierend)
	– (Ackerfuchsschwanz)
Bodengare	
● wenig Gare	– Ackerschachtelhalm („Zinnkraut")
	– Binsenarten
● mittlere Gare	– Gemeiner Erdrauch
	– Klettenlabkraut
	– Schwarzer Nachtschatten
	– Franzosenkraut (kleinblütiges)
	– Weißer Gänsefuß
	– Taubnessel
	– Vogelmiere
	– (Ehrenpreis)
	– (Ackersenf)
● **Hohe Gare**	– Wolfsmilch (kleine, breitblättrige, Garten-)
(humusreich, beson-	– Einj. Bingelkraut
ders in der Krume)	– Kleine Brennessel
Stickstoff	
● **Reichlicher N-Gehalt**	– Klettenlabkraut
(besonders i.d. Krume)	– Taubnessel
	– Weißer Gänsefuß
	– Hühnerhirse
	– Vogelmiere
	– Einj. Bingelkraut
	– Kreuzkraut
	– Ehrenpreis
	– (Ackerhellerkraut)

● **Sehr reicher N-Gehalt** (besonders i.d. Krume)	– Rauhhaariger Amaranth ("Fuchsschwanz") – Kleine Brennessel
Bodenreaktion	
● **mehr basisch** (pH-Wert über 7)	– Ackersenf
● **mehr sauer** (pH-Wert unter 7)	– Ackerspörgel – Kleiner Sauerampfer – Ackerhundskamille – (Ackerminze) – (Windhalm)
Ökologische Streubreite	– Stiefmütterchen – Ackergauchheil – Vogelknöterich – (Hirtentäschel) – (Windenknöterich) – (Flughafer) – (Quecke)

Beachte:

Unsere Böden sind durch den Menschen meist soweit verändert (Kalkung, Entwässerung, Versorgung mit Sticktoff, Garezustand...), daß der praktische Aussagewert von Zeigerpflanzen geringer geworden ist!

Nachteile:

● Ein zufriedenstellender Deckungsgrad durch die Pflanzen wird besonders nach Trockenjahren nur langsam erreicht. Der Bestand bleibt lange lückenhaft, weil bestimmte Pflanzen zurückgehen. Dazu gehört z.B. die Vogelmiere. Sie ist wegen ihres schwachen Wurzelwerkes von Mai bis September fast nicht anzutreffen, wohl aber in der vegetationslosen Zeit der Rebe.

● Je nach Standort setzen sich breitblättrige und tiefwurzelnde Pflanzen durch, die, je nach Deckungsgrad, eine höhere Wasserkonkurrenz zur Rebe sein können als angesäte Begrünungsmischungen.

● Einsatz bienengefährlicher Pflanzenschutzmittel ist problematisch, da ständig blühende Unkräuter vorhanden sind.

Langzeitbegrünung im Steilhang

Wegen der Erosionsminderung und der Verringerung der Nährstoffauswaschung wäre die Langzeitbegrünung in Steillagen die optimale Bodenpflege. Da

224

dort aber flachgründige und gesteinsreiche Böden vorherrschen, wird ein befriedigender Deckungsgrad nur schwer erreicht und führt unter Umständen zu einer schnellen Wasserstreßsituation für die Rebe. Auch die Mulchtechnik bereitet im Steilhang noch Probleme.

2.3.2.2.2 Mulchtechnik

Schlegelmulchgeräte: Es ist durch seinen Aufbau und seine Arbeitsweise auf eine M e h r z w e c k v e r w e n d u n g ausgerichtet, wie

- Mulchen,

- Zerkleinern von Rebholz und Gründüngung.

Für den Einsatz in der Langzeitbegrünung sind *Messerschlegel* zu verwenden. B e a c h t e n ! Stumpfe Schlegel (Universalschlegel, Breitschlegel) liefern eine schlechte Arbeitsqualität und schädigen die Bewuchsnarbe.

Kreiselmulchgeräte: Sie sind wegen ihrer s a u b e r e n S c h n i t t f ü h r u n g und ihrer h o h e n A r b e i t s g e s c h w i n d i g k e i t besonders für das Mulchen von Langzeitbegrünung geeignet. Beim R e b h ä c k s e l n ist die Arbeitsqualität schlechter. Auch die A b l a g e d e s M u l c h g u t e s ist nicht immer gleichmäßig. Beim Anfall von großen Mulchgutmengen ist das ungünstig.

Ein M u l c h g u t a u s w u r f, seitlich unter die Rebstöcke, kann als Bodendeckung den Unkrautwuchs hemmen (siehe Kapitel „Bodenbedeckung" Seite 206).

Für das normale Einkürzen von Begrünungen genügen einfache Messersätze (keine Zwillings- oder gegenläufige Messer).

Mulchgeräte für den Steilhang: Es werden angeboten: Ein Gerät

- als Zweimannverfahren,

- als Einmannverfahren und eine

- handgeführte Kleinraupe mit Schlegel- oder Kreiselmulcher.

Verfahrenstechnisch war bisher die Arbeit im Unterstockbereich nicht gelöst. Neuerdings gibt es zu den handgeführten Raupen einen Mulcharm, der auch im Unterstockbereich gute Arbeit liefert.

Literatur-Begrünung:

ALLEWELDT, G., WICK, U.: Der bodenfrüchtige Klee als Begrünungspflanze im Weinbau im Vergleich zu Weißklee. Die Wein-Wwissenschaft 1983, 260-268

BÖLL, K.P.: Versuche zur Gründüngung, Vitis, 1966, 465-481; 1967, 21-44, 151-176

BREIL, K.: Kurzzeitbegrünung im Weinbau. Der Deutsche Weinbau, 1979, 900-907

BREIL, K. und KLÖCKNER, W.: Dauerbegrünung im Weinbau - Welche Aussaatmischungen. Der Deutsche Weinbau, 1981, 434-436. Fachverlag Dr. Fraund, 55120 Mainz.

BREIL, K.: Dauerbegrünung im Weinberg. Der Deutsche Weinbau 1982, 540-541. Fachverlag Dr. Fraund, 55120 Mainz.

BREIL, K.: Dauerbegrünung: Zur Arten- und Sortenfrage bei Gräsern. Der Deutsche Weinbau, 1987, 629-631. Fachverlag Dr. Fraund, 55120 Mainz.

BREIL, K.: Steillagenbegrünung im Weinbau - Auswahlkriterien bei Pflanzen. Der Deutsche Weinbau, 1989, 282-283. Fachverlag Dr. Fraund, 55120 Mainz.

BREIL, K.: Dauerbegrünung im Weinbau - Erkenntnisse nach zwei Trockenjahren. Der Deutsche Weinbau, 1991, 470-471. Fachverlag Dr. Fraund, 55120 Mainz.

BREIL, K., KLÖCKER, W.: Dauerbegrünung im Weinbau - auch eine Frage von Arten, Sorten und Mischungen. Der Deutsche Weinbau, 1989, 222. Fachverlag Dr. Fraund, 55120 Mainz.

FOX, R.: Mischungen für die Einsaat von Dauerbegrünung im Weinbau. Rebe und Wein 1986, 149.

FOX, R.: Einiges zur Begrünung im Weinbau. Rebe und Wein 1982, 200-204.

FOX, R.: Teilzeitbegrünung im Weinbau. Der Deutsche Weinbau 1987, 930-932. Fachverlag Dr. Fraund, 55120 Mainz.

FRONER, W., UNZEITIG, H.: Der Nährstoffentzug durch Grasmulchdecken. Mitteilungen Rebe und Wein, Klosterneuburg 1971, 115-138.

GEIGER, K.: Begrünung im Weinbau. Rebe und Wein, 1983, 443-446. Fachverlag Dr. Fraund, 55120 Mainz.

HAUSER, R.: Maschinen und Geräte für die Bodenbearbeitung und Grüneinsaat. Der Deutsche Weinbau, 1987, 623-628. Fachverlag Dr. Fraund, 55120 Mainz.

HOFFMANN, M.: Abflammtechnik, KTLB-Schrift 243, 1985. Landwirtschafts-Verlag, 48165 Münster-Hiltrup.

HOMRIGHAUSEN, E., et al.: Begrünung im Weinbau, 1974, 227-230.

HOMRIGHAUSEN, E. und FLECK, P.: Die Dauerbegrünung - eine Maßnahme zur Erhaltung und Verbesserung der Leistungsfähigkeit des Rebenstandortes. Die Wein Wissenschaft, 1980, 242-258.

HOPPMANN, D., HÜSTER, H.: Weinbergsbegrünung unter Berücksichtigung des Wasserbedarfes. Der Deutsche Weinbau, 1989, 594-597. Fachverlag Dr. Fraund, 55120 Mainz.

HUSSE, B., STEINBERG, B.: Wurzel- und Sproßwachstum von Begrünungsflächen. Der Deutsche Weinbau, 1983, 1849-1854. Fachverlag Dr. Fraund, 55120 Mainz.

KADISCH, E.: Begrünungsergebnisse aus dem Jahre 1971. Der Deutsche Weinbau, 1972, 180-183. Fachverlag Dr. Fraund, 55120 Mainz.

KADISCH, E.: Dauerbegrünung als Bestandteil neuzeitlicher Bodenpflege im Weinbau. Deutsches Weinbau-Jahrbuch 1971, 56-69.

KOBLET, W. und PERRET, P.: Unkrautbekämpfung durch Einsaaten im Weinbau. Schweizerische landwirtschaftliche Forschung, 13, 1/2, 1974.

LOTT, H.: Begrünung als Humuslieferant für Junganlagen. Der Deutsche Weinbau, 1984, 401-404. Fachverlag Dr. Fraund, 55120 Mainz.

MÜLLER, K.: Erkenntnisse über die Wasserversorgung der Rebe. Der Deutsche Weinbau, 1980, 961-962. Fachverlag Dr. Fraund, 55120 Mainz.

MÜLLER, K.: Einfluß der Begrünung auf die Nährstoffgehalte des Bodens sowie die vegetative und generative Ertragsleistung der Rebe. Der Deutsche Weinbau, 1983, 1204-1207. Fachverlag Dr. Fraund, 55120 Mainz.

MÜLLER, K.: Einfluß der Begrünung auf den Wasserhaushalt und die Humusgehalte des Bodens. Der Deutsche Weinbau, 1983, 844-859. Fachverlag Dr. Fraund, 55120 Mainz.

MÜLLER, W., RÜHL, E., GEBBING, H.: Untersuchungen über die Wechselwirkung zwischen Rebe und Begrünungspflanzen. Die Wein Wissenschaft, 1984, 3-15.

MÜLLER, K.: Die Weinbergsbegrünung aus der Sicht der Rebenernährung. Rebe und Wein, 1987, 150-155, 183-191.

NORDMANN, O.: Erfahrungen mit der Vogelmiere. Der Deutsche Weinbau, 1952, 79. Fachverlag Dr. Fraund,

PERRET, P. und KOBLET, W.: Einfluß temporärer Begrünung auf die Leistungsmerkmale der Rebe. Die Wein Wissenschaft, 1974, 282-292.

PERRET, P., HAAB, M.: Die Begrünung als Methode zur zeitlichen Optimierung des Stickstoff-Angebotes. Der Deutsche Weinbau, 1989, 677-681.

PFAFF, F.: Technik neuzeitlicher Bodenpflege unter besonderer Berücksichtigung der Begrünung. Der Deutsche Weinbau 1984, 386-400.

RIEDER, W.: Begrünung aus betriebswirtschaftlicher Sicht. Der Deutsche Weinbau, 1988, 591-597

SALWEY, W.D.: Stickstoffdüngung der Rebe durch Winterwicken und Wintererbsen. Der Deutsche Weinbau, 1989, 384-385.

SCHALLER, K.: Gründüngung, Rebe und Wein, 1975, 368.

SCHWAPPACH, E.: Technik der Aussaat und mechanisches Mulchen durch Begrünung in Steillagen. Der Deutsche Weinbau, 1972, 178-180.

SCHRADER, Th. und STEINLEIN, B.: Neue Erfahrungen mit der Gründüngung im Weinbau. Weinberg und Keller, 1961, 137-151.

STEINBERG, B.: Dauerbegrünung im Trockenjahr 1971. Der Deutsche Weinbau, 1972, 174-177

STEINBERG, B., HUSSE, B.: Möglichkeiten der biologischen Bodenpflege im Weinbau. Der Deutsche Weinbau, 1982, 774-755.

UHL, W.: Geräte für die Saat und Pflege der Begrünung im Weinbau. Der Deutsche Weinbau, 1987, 613-622.

WAHL, K.: Internationaler Meinungsaustausch in Veitshöchheim. Der Deutsche Weinbau, 1978, 1463-1464

WEIS, E.: Erfahrungen mit Dauerbegrünung. Deutsches Weinbau-Jahrbuch, 1969, 65-74.

WEIS, E.: Über die Gründüngung im südbadischen Weinbau. Rebe und Wein, 1972.

-.-: Begrünung im Weinbau. Der Deutsche Weinbau, 1975, 227-234.

ZIEGLER, B.: Gründüngung für Jung- und Ertragsanlagen. Der Deutsche Weinbau, 1986, 1139-1141.

2.4 Chemische Bodenpflege

Die chemische Bodenpflege stellt eine Ergänzung zur mechanischen und biologischen Bodenpflege dar. Sie sollte aus Gründen des Umweltschutzes so wenig wie möglich zum Einsatz kommen (siehe auch unter „Hinweise zum kontrolliert umweltschonenden Weinbau" Seite 197, 356).

Sie läßt sich in zwei Einsatzarten aufgliedern, nämlich in

- Unterstockbehandlung und
- Ganzflächenbehandlung.

Unterstockbehandlung:

Überall, wo auf das Zupflügen verzichtet wird, läßt sich der Unkrautbewuchs unter den Stöcken durch Anwendung chemischer Mittel unterdrücken.

Ganzflächenbehandlung:

Da die Beseitigung jeglichen Grüns aus den Weinbergen ein bodenbiologischer Fehler ist, bleibt die unkrautvernichtende Ganzflächenbehandlung die Ausnahme. Sie wird höchstens auf Böden angewandt, die für eine Begrünung ungeeignet sind und dort, wo die mechanische Bodenbearbeitung technische Schwierigkeiten bereitet, wie z.b. in schwer zugänglichen Terrassenlagen.

M i t t e l : Es dürfen z u g e l a s s e n e P r ä p a r a t e zum Einsatz kommen. Ihre Zahl ändert sich z. Zt. laufend. Über die zugelassenen Mittel geben die Weinbauberatungsstellen Auskunft.

W e i t e r e E i n z e l h e i t e n der chemischen Unkrautbekämpfung sind der Literatur und dem Rebschutz-Taschenbuch zu entnehmen.

2.5. Thermische Unkrautbekämpfung (Abflammen)

Bei diesem Verfahren werden die Unkräuter durch Abflammen vernichtet.

V o r t e i l e :

- Das Verfahren bei Verwendung von Propangas als umweltfreundlich, weil keinerlei Belastung von Boden und Wasser erfolgt.

N a c h t e i l e :

- Die Wirkungsdauer ist gering. Es sind mehrere Einsätze im Jahr nötig.

Die Unkräuter werden mittels Flamme oberirdisch versengt. Der Wurzelbereich bleibt intakt. Die Pflanzen treiben nach kurzer Zeit wieder aus. Am wirkungsvollsten ist das Abflammen an jungen Unkräutern. In der Praxis hat sich das Verfahren bisher nicht eingeführt, weil es neben der kurzen Wirkungsdauer auch noch zu teuer ist. Das wird sich ändern, weil die Erfordernisse des Umweltschutzes immer dringender werden und neue Konstruktionen technische Verbesserungen bringen.

Von der Firma ERO ist ein neues Gerät in der Erprobung, mit einem speziell entwickelten Brenner, der eine nachhaltige, kostengünstige Unkrautabtötung erreichen soll.

Literatur-Bodenpflege:

ANDRES, O.: Humusversorgung und Bodenpflege auf neuen Wegen. "Das Wichtigste", Berichthefte der Kreuznacher Wintertagung, 1967, 9-12

ANDRES, O.: Gedanken zur Bodenpflege im Weinbau. Der Deutsche Weinbau, 1969, 1117.

BÖLL, K.P.: Tendenzen verschiedener Bodenpflegemaßnahmen aus mehrjährigen Versuchen. Deutsches Weinbau-Jahrbuch, 1976, 115-120.

BOURQUIN, H.D.: Die Bodenpflege im Seilzuggelände von Mosel, Saar, Ruwer. Deutsches Weinbau-Jahrbuch, 1976, 121-131

EISENBARTH, H.J.: Frühjahr- und Sommerbodenbearbeitung im Weinbau. Der Deutsche Weinbau, 1969, 101-102.

FADER, W.: Überlegungen zur Bodenpflege und mineralischen Düngung. Winzer-Kurier, 3/1980, 8-15.

FADER, W.: Einige Überlegungen zur Tiefenbearbeitung offengehaltener Weinbergsböden in Direktzuglagen. Der Deutsche Weinbau, 1982, 1429-1431.

FOX, R.: Bodenpflege in Direktzuglagen. Der Deutsche Weinbau, 1980, 796-802.

GRAF, F.: Pfluglose Bodenbearbeitung im Weinbau. Der Deutsche Weinbau, 1966, 1150-1154.

GEIGER, K.: Bodenpflege im Sinne der Bodenschutzkonzeption. Rebe und Wein, 1986,150-152

GEIGER, K.: Auswirkung der Bodenpflege auf den Nitrathaushalt des Bodens. Der Deutsche Weinbau, 1989, 666-670.

HASSELBACH, Fr.: Technische Untersuchungsergebnisse bei verschiedenen Bodenpflegeverfahren unter Berücksichtigung der Kosten. Allgemeine-Deutsche-Weinfachzeitung, 1972, 308-310.

HILLEBRAND, W.: Gedanken zur Frühjahrsbodenbearbeitung. Der Deutsche Weinbau, 1965. 220-222.

HILLEBRAND, W. und BOSSE, J.: Humusversorgung und Bodenpflege auf neuen Wegen. "Das Wichtigste", Berichthefte der Kreuznacher Wintertagung, 1967, 48-53

HOMRIGHAUSEN, E.: Die Ursache der Bodenverdichtung in Rebneuanlagen und Möglichkeiten ihrer Behebung. Die Wein Wissenschaft, 1966, 113-126.

HÜBNER, R.: Stockräumer für den Weinbau. Der Deutsche Weinbau, 1962, 176-179.

HÜBNER, R.: Stockräumer mit rotierenden Bodenbearbeitungsmaschinen. Der Deutsche Weinbau, 1962, Beilage Technik im Weinbau Nr. 6

KADISCH, E.: Neue Wege der Bodenbearbeitung und Bodenpflege im Weinbau. der Deutsche Weinbau, 1969, 637-678.

KADISCH, E.: Physikalische und biologische Bodenverbesserungsversuche. Deutsches Weinbau-Jahrbuch, 1974, 133-142.

KANNENBERG, J.: Biologisch-ökologische Aspekte der Bodenpflege im Weinbau. Rebe und Wein, 1981, 411-412.

KIEFER, W.: Erfahrungen mit dem Einsatz von Stockräumern. Der Deutsche Weinbau, 1968, 256-262.

LOTT, H., EMIG, K.H.: Minimalbodenbearbeitung und Bodenfruchtbarkeit. Der Deutsche Weinbau, 1980, 519-520

LOTT, H., PFAFF, F.: Bodenpflege vor Winter - heute wichtiger denn je. Der Deutsche Weinbau, 1983, 1733-1735. Fachverlag Dr. Fraund, 55120 Mainz.

MAUL, D.: Tiefenlockerung von Weinbergsböden. Deutsches Weinbau-Jahrbuch, 1979, 115-120.

MAUL, D.: Arbeitsaufwand und Kostenvergleich verschiedener Bodenpflegemaßnahmen. Der Deutsche Weinbau, 1978, 555-557. Fachverlag Dr. Fraund, 55120 Mainz.

MAUL, D.: Bodenbearbeitungsgeräte für Direktzulagen für den Weinbau. KTBL-Arbeitsblatt Nr. 21, 1985. Fachverlag Dr. Fraund, 55120 Mainz.

MAUL, D.: Tiefenbearbeitung und Tiefenlockerung der Weinbergsböden, KTBL-Arbeitsblatt Nr. 41, 1985. Fachverlag Dr. Fraund, 55120 Mainz.

MAUL, D.: Bodenschonende Fahr- und Arbeitsweisen. Weinwirtschaft (Anbau) Nr. 4-5, 25-26.

MAY, P.: Die Winterfurche im Weinbau. Der Deutsche Weinbau, 1962, 31-33. Fachverlag Dr. Fraund, 55120 Mainz.

MÜLLER, H.: Zur Frage der Bodenbearbeitung „unter Stock". Der Deutsche Weinbau, 1966, 1197-1200. Fachverlag Dr. Fraund, 55120 Mainz.

NORD, O.: Geräte und Verfahren zum Stöckeputzen. Der Deutsche Weinbau, Beilage Technik im Weinbau, 17-24.

PFAFF, F.: Mechanische und biologische Bodenpflege. Der Deutsche Weinbau, 1990, 506-510. Fachverlag Dr. Fraund, 55120 Mainz.

RÜHLING, W. und STEINBERG, R.: Rotierende Bodenbearbeitungsgeräte im Weinbau. Der Deutsche Weinbau, 1975, 534-541. Fachverlag Dr. Fraund, 55120 Mainz.

RÜHLING, W.: Anregungen und Entwicklungen für bodenschonende Mechanisierungsverfahren. Der Deutsche Weinbau, 1981, 1052-1056. Fachverlag Dr. Fraund, 55120 Mainz.

RUCKENBAUER, W.: Erhaltung der Bodengesundheit im Weinberg. Weinberg und Keller, 1965, 1259-1262.

SCHALLER, K.: Bodenschutzkonzeption der Bundesregierung - Aufgabe und Konsequenzen für den Weinbau. Der Deutsche Weinbau, 1986, 359-364. Fachverlag Dr. Fraund, 55120 Mainz.

SCHALLER, K., STEINBERG, G., RÜHLING, W.: Bodenschutz und Bodenpflege. Der Deutsche Weinbau, 1986, 638-650. Fachverlag Dr. Fraund, 55120 Mainz.

SCHULTE-KARRING, H.: Grundsätzliches über die Durchführung und Bedeutung der Untergrundlockerung im Weinbau. Der Deutsche Weinbau, 1965, 1259-1262. Fachverlag Dr. Fraund, 55120 Mainz.

SCHULTE-KARRING, H.: Neues über Technik und Einsatz der Tiefenlockerung im Weinbau. Deutsches Weinbau-Jahrbuch, 1974, 93-100.

SCHRUFT, G.: Auftreten und Bedeutung von Regenwürmern im Weinbau. Der Badische Winzer, 1981, 444-447.

SOMMER, C., BRAMM, A.: Die konservierende Bodenbearbeitung. Kali Briefe, 1981 (15[10]), 599-615.

STEINBERG, B.: Ergebnisse von Bodenbearbeitungsversuchen und Anregungen für eine zweckmäßige Bodenpflege. Der Deutsche Weinbau, 1970, 226-233. Fachverlag Dr. Fraund, 55120 Mainz.

STEINBERG, B.: Bodenpflege und Bodenqualität in trockenen und feuchten Jahren. Der Deutsche Weinbau 1977, 1090-1997. Fachverlag Dr. Fraund, 55120 Mainz.

STEINBERG, B.: Systeme der Bodenpflege. KTBL-Arbeitsblatt Nr. 11, 1980, Fachverlag Dr. Fraund, 55120 Mainz.

STEINBERG, B., HUSSE, B.: Möglichkeiten der biologischen Bodenpflege im Weinbau. Der Deutsche Weinbau, 1982, 774-775. Fachverlag Dr. Fraund, 55120 Mainz.

STEINBERG, B.: Auswirkungen der Bodenpflege in Abhängigkeit von der Jahreswitterung auf die Ertragsleistung der Rebe im Standort „Geisenheimer Mäuerchen". Die Wein Wissenschaft, 1988, 237-260.

WAHL, K.: Internationaler Meinungsaustausch in Veitshöchheim. Der Deutsche Weinbau, 1978, 1463-1464.

ZIEGLER, B., MAUL, D.: Technik der Dauerbegrünung. KTBL-Arbeitsblatt Nr. 44, 1986, Fachverlag Dr. Fraund, 55120 Mainz.

ZIEGLER, B.: Die Möglichkeiten der Unterzeilenbodenpflege im Weinbau. Der Deutsche Weinbau, 1987, 1369-1374.

ZIEGLER, B.: Spätjahr - Zeit für eine tiefere Bodenbearbeitung, Winzerkurier, 1986, Nr. 11, 12-14.

ZIEGLER, B.: Winterbodenbearbeitung - ein alter Zopf. Weinwirtschafts-Anbau, 1989, Nr. 7, 18-20

Literatur Technik der Bodenpflege - Nach Erscheinungsjahr geordnet

RÜHLING, W.: Schlepper für Weinbau-Steillagen. Der Deutsche Weinbau, 1980, 522-528.

MAUL, D.: Bodenbearbeitungsgeräte in Direktzuglagen für den Weinbau. KTBL-Arbeitsblatt Nr. 21, 1982.

BÄCKER, G.: Arbeitsgeräte für den Seilzug. KTBL-Arbeitsblatt Nr. 34, 1984.

BÄCKER, G.: Seilwinden, Bauarten und Typentabelle. KTBL-Arbeitsblatt Nr. 33, 1984.

STEINBERG, B.: Mechanische Bodenbearbeitung in Direktzuglagen im Weinbau. Der Deutsche Weinbau, 1984, 632-645.

MAUL, D.: Verfahren zur Unterstockpflege in Direktzuglagen für den Weinbau. Der Deutsche Weinbau, 1984, 648-650.

PFAFF, F.: Technik neuzeitlicher Bodenpflege unter besonderer Berücksichtigung der Begrünung. Der Deutsche Weinbau, 1984, 386-400.

BÄCKER, G.: Geräte zur Unterstockpflege. KTBL-Arbeitsblatt Nr. 39, 1985.

MAUL, D.: Tiefenbearbeitung u. Tiefenlockerung der Weinbergsböden. KTBL-Arbeitsblatt Nr. 41, 1985.

MAUL, D.: Arbeitsbedarf und Kostenvergleich verschiedener Bodenpflegesysteme in Direktzuglagen. Der Deutsche Weinbau, 1985, 646-650.

RÜHLING, W.: Bodenverdichtungen beim Einsatz von Erntemaschinen. Der Deutsche Weinbau, 1986, 1236-1242.

HOFFMANN, M.: Abflammtechnik. KTBL-Schrift 243, 1985, Landwirtschaftsverlag, 4400 Münster-Hiltrup.

PFAFF, F.: Umweltgerechte Bodenpflege im Weinbau. Der Deutsche Weinbau, 1991, 388-391.

UHL, W.: Begrünung in Seilzuglagen aus technischer Sicht. Der Deutsche Weinbau, 1991, 464-469.

2.6 Maßnahmen gegen Bodenerosion

In Hanglagen werden in jedem Jahr bei Starkregen große Massen wertvoller Feinerde abgeschwemmt. Untersuchungen ergaben bei Starkregen von 26 bis 40 mm innerhalb von 20 bis 30 min. Erdverluste zwischen 40 und 75 t/ha. Auf einer Fläche, die 10 Jahre untersucht wurde, betrug der jährliche Erdverlust 180 t/ha. Mit den Erdmassen gehen wertvolle Nährstoffe verloren.

Ursachen der Erosion

- Die Rebgassen verlaufen vorwiegend in der Fallinie.
- Arbeitserschwerende Mauern sind weitgehend beseitigt worden.
- Die Wasserführung ist auch nach der Flurbereinigung nicht immer ausreichend dimensioniert.
- Die mechanische Bodenbearbeitung hinterläßt Fahrspuren, die als Wasserrinnen wirken.
- Zunehmende Humusverarmung der Böden.

Stärke der Erosion

Sie ist von folgenden Faktoren abhängig:

- Regenmenge
- Regendichte (Zeit, in der die Niederschläge fallen)

} bestimmen die *Abflußwassermenge*

- Länge der Parzellen
- Hangneigung
- Bodenart
- Bodenbearbeitung
- Bodenbewuchs oder -bedeckung

} bestimmen die *Wasserschleppkraft*

Folgen der Erosion

- Hohe Verluste an wertvoller Feinerde.
- Verluste an wertvollen Nährstoffen.
- Die Wurzelstange ragt immer höher aus dem Boden.
- Die Reben verlieren ihren Halt im Boden.
- Die Hänge werden immer flachgründiger und können völlig verkarsten.

Abb 113:
Erosion

Maßnahmen gegen Erosion

Verminderung der Wasserabflußmenge:

- Begrenzung der Gassenlänge auf 40 bis 50 m.

- Verhinderung von Wassereinfluß aus höher gelegenen Parzellen. Am oberen Weinbergsende muß ein wasserabweisender Erdaufwurf aufgeworfen werden. Dies behindert jedoch die Ein- und Ausfahrt mit dem Schlepper. Die Wege müssen bergseitig Neigung haben und an der Bergseite eine befestigte Abflußrinne. Die Rinne muß für den Wasserabfluß saubergehalten werden.

- Die W a s s e r a u f n a h m e k r a f t des Bodens muß gefördert werden. Dies ist in erster Linie durch eine intensive Humusversorgung oder durch Begrünung möglich. Eine Gabe von 300 bis 400 m^3 Müllkompost je ha kann die Erosion fast völlig eindämmen. Der Kompost wird nach dem Einbringen leicht eingearbeitet. Ergänzungsgaben sind wegen der Schwermetallgehalte nicht möglich.

  R i c h t i g e B o d e n b e a r b e i t u n g ist wichtig. Bei ganz flacher Bodenbearbeitung kommt es schon bei mittelstarken Niederschlägen zur Erosion. Bei tiefer Bodenbearbeitung kann die Erde mehr Wasser aufnehmen. Erosion tritt erst bei sehr starken Regenfällen auf, ist dann jedoch größer.

Verminderung der Wasserschleppkraft:

- B o d e n b e d e c k u n g mit etwa 70-80 dt/ha S t r o h unterbindet jegliche Erosion. Alle 2 Jahre müssen 50-60 dt/ha Stroh nachgegeben

233

werden. Das Stroh wird nach der Weinlese ausgebracht. Bis zum Frühjahr ist die Wachsschicht auf dem Stroh abgebaut und die Rutschgefahr beim Begehen beseitigt. Durchwachsendes Unkraut verankert das Stroh im Boden und mindert die Brandgefahr. Unkraut wird mit einem Nachauflaufmittel ohne Dauerwirkung kleingehalten. Strohbedeckung benötigt eine zusätzliche Stickstoffgabe von 1 dt Kalkstickstoff je 20 dt Stroh (siehe auch Seite 256). Bei Strohbedeckung kann etwas verstärkt Erdraupenbefall auftreten (Bekämpfung siehe Rebschutz-Taschenbuch). Das anfallende Schnittholz kann zweimal durchschnitten in den Gassen liegenbleiben. Es verrottet gut.

● Bodenbewuchs durch Dauerbegrünung wirkt erosionsmindernd. Es muß jedoch die gesamte Bodenfläche bewachsen sein. Eine Einschränkung der Bodenbearbeitung und Aufkommenlassen eines leichten Unkrautbewuchses kann ebenfalls erosionsmindernd wirken. Die Bodenbearbeitung wird auf Winter- und Frühjahrsbodenbearbeitung beschränkt; anschließend läßt man das Unkraut wachsen. Wird es zu hoch, wird gemulcht, abgeflammt oder es werden Herbizide eingesetzt. Bodenbewuchs unterbindet die Erosion auch bei extremen Starkregen, ist aber in Trockengebieten nicht uneingeschränkt anwendbar. Nicht alles Wasser wird aufgenommen; ein Teil fließt ab. Bodenbedeckung unterbindet dagegen jede Erosion und nimmt das gesamte Niederschlagswasser auf, was in Trockengebieten von besonderer Bedeutung ist. (Siehe auch Bodenpflege Seite 206 ff.).

Literatur

BLÜM, G.: Eingeschränkte Bodenbearbeitung zur Erosionsminderung in Junganlagen. Der Deutsche Weinbau, 1973, 587-590.

BOSSE, J.: Ein Versuch zur Bekämpfung der Bodenerosion in Hanglagen des Weinbaues durch Müllkompost. Weinberg und Keller, 1968, 385-399.

FOX, R.: Abdeckungsmaterial für den Steilhang. Der Deutsche Weinbau, 1981, 1075-1080.

ISELIN, A.: Erosionsschutz und Bodenfruchtbarkeit durch sachgemäße Begrünung. Der Deutsche Weinbau, 1977, 241-242.

KIEFER, W.: et. al.: Möglichkeiten zur Verminderung der Erosion im Weinbau. Der Deutsche Weinbau, 1972, 148-155.

LUCKERT, A.: Die Bodenerosion im Weinbau. Rebe und Wein, 1973, 218-219.

PEYER, E.: Erhebungen über den Nährstoffen in der Schwemmerde im Rebbau. Schweizerische Zeitschrift für Obst und Weinbau, 1963, 233-236.

RÜHLING, W.: Rotierende Bodenbearbeitungsgeräte im Weinbau. Der Deutsche Weinbau, 1975, 534-541.

SCHUCH, M., JORDAN, F.: Ergebnisse 10jähriger Erosionsschutzversuche im Steillagenweinbau in Franken. Der Deutsche Weinbau, 1981, 1081-1082.

-.-: Verminderung von Erosionsschäden in Weinbau-Seilzuglagen. Merkblätter für den Weinbau. Herausgeber: Ministerium für Landwirtschaft, Weinbau u. Forsten Rheinland-Pfalz, Mainz 1979.

3. Laubarbeiten

In Verbindung mit der Erziehungsart der Reben und dem Schnitt sollen die Laubarbeiten die Fruchtbarkeit und Qualität steigern, die Lebensdauer der Rebe verlängern und die Mechanisierung der Pflegemaßnahmen erleichtern.

Das Laub ist die Zuckerfabrik der Rebe. In ihm spielt sich die K o h l e n s ä u - r e a s s i m i l a t i o n (Photosynthese) ab, ohne die auf dieser Erde kein Leben denkbar ist. Durch die Energie der Sonnenstrahlen bilden die Chlorophyll körner, als Reaktoren der Assimilation, aus Kohlendioxyd (CO_2) und Wasser (H_2O) den Traubenzucker (C_6, H_{12}, O_6). Lichtenergie wird in chemische Energie umgewandelt. Neben Zucker entstehen in den Blättern auch Säuren und andere organische Verbindungen.

Die Laubarbeiten haben den Zweck, eine möglichst hohe Assimilationsleistung zu gewährleisten.

Die Assimilation läuft – chemisch gesehen – nach folgender Formel ab:

$6\,CO_2$ (Kohlendioxyd)	$+\,6\,H_2O$ (Wasser)	$+$	$2824{,}2\,KJ^*$ (Sonnenl. und Wärme)
$\rightarrow$	$C_6H_{12}O_6$ (Traubenzucker)	$+$	$6\;O_2$ (Sauerstoff)

*früher 675 KCal.

Sauerstoffproduktion der Rebe

Der Sauerstoff gehört in unserer industrialisierten Welt zu den Mangelressourcen. Seine Ergänzung erfolgt ausschließlich durch die lebende Pflanze, die bei der Photosynthese Sauerstoff erzeugt und an die Luft abgibt. Das gestiegene Umweltbewußtsein hat dazu geführt, daß die Sauerstoffproduktion verschiedener Pflanzen bewertet wird. Dem Wald wurde bisher die höchste Leistung unterstellt, der Monokultur, und demnach auch dem Weinbau, eine geringere. Beran hat die Verhältnisse der Rebe eingehend dargestellt und untersucht.

In intakten Ökosystemen tritt eine zusätzliche Bildung von O_2 in der Regel nicht auf. Der bei der Photosynthese freigesetzte Sauerstoff wird für die gleichzeitig ablaufenden Zersetzungs- und Atmungsvorgänge wieder verbraucht. Durch die Steigerung der Verbrennungsvorgänge nimmt der Sauerstoffgehalt der Atmosphäre allmählich ab. Landpflanzen können kurzfristig als zusätzliche Sauerstofflieferanten auftreten, weil sie einen Teil ihrer Produktion als organische

Substanz in Wurzeln, Trieben und Blättern festlegen und so vorerst der Zersetzung und dem Kreislauf entziehen. Das gilt besonders für Pflanzen, bei denen Holzbildung auftritt.

Jedes Gramm bei der Photosynthese aufgenommenes CO_2 führt zur Abgabe von 0,73 Gramm Sauerstoff. Bei der Bildung von 1 Gramm Trockensubstanz werden 1,34 Gramm Sauerstoff freigesetzt.

Unter den Laubgehölzen hat die Rebe mit die höchste Sauerstoffproduktion. Sie wird hierin lediglich von der Pappel übertroffen. Die Koniferen sind noch leistungsschwächer. Die höchsten Sauerstofflieferanten sind die landwirtschaftlichen Nutzpflanzen mit dem Mais an der Spitze.

Literatur:

BERAN, N.: Die Sauerstoffproduktion der Rebe (Vitis vinifera L.) - ein Vergleich mit Forsthölzern und anderen landwirtschaftlichen Kulturpflanzen. Die Wein Wissenschaft 1985, 3-46.

Wanderung der Assimilate: Koblet hat durch eingehende Versuche die Wanderung der Assimilate ermittelt (Abb. 114). Danach wird die Abgabe aus den Blättern weitgehend von den Bildungsgeweben (Triebspitzen, Kambium, Blüten und Trauben) bestimmt. Vor der Befruchtung der Blüte hat die Triebspitze eine höhere Anziehungskraft auf die Assimilate als das Geschein. Bei ungünstigem Wetter, mit verminderter Assimilationsleistung, kann daher die Blüte durch eine Art Unterernährung verrieseln. Nach der Blüte werden mit fortschreitender Jahreszeit immer mehr Assimilate in die Traube geleitet. Ein Teil der Assimilate wird auch in die Wurzel transportiert und dient den dortigen Lebensvorgängen. Ein anderer Teil wird als sogenannte Reservestoffe gespeichert, die im nächsten Frühjahr der Rebe die Energie für den Austrieb liefern und solange die Lebensvorgänge speisen, bis die herangewachsene Blattmasse die Ernährung mit den

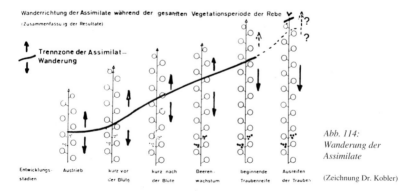

Abb. 114:
Wanderung der
Assimilate

(Zeichnung Dr. Kobler)

236

gebildeten Assimilaten allein bewältigt. Das ist etwa um die Zeit der Blüte der Fall. Die Holzreife ist um so besser, je mehr Reservestoffe abgelagert werden konnten.

Alle grünen Rebteile assimilieren. Hauptort der Assimilation ist jedoch das Blatt. Es gibt erst dann Assimilate ab, wenn es etwa 30 % seiner Endgröße erreicht hat. Junge Blätter sind assimiliationsaktiver als alte. Koblet hat in seinen Untersuchungen festgestellt, daß daher den Geiztrieben, weil sie während der Beerenreife die höchste Assimilationsaktivität besitzen, für die Trauben eine qualitätsfördernde Rolle zukommt.

Untersuchungen von Eichhorn haben aufgedeckt, daß zu Reifebeginn (Entwicklungsstadium 35) die Geiztriebblattfläche die der Hauptblätter übertreffen kann.

Blattfläche qm/ha. Standweite 2 m x 1,2 m

Sorte	Haupttriebe	Geiztriebe	Summe
Scheurebe	34 200	40 400	74 600
Kerner	37 200	51 500	88 700
Silvaner	38 000	41 400	79 400
Müller-Thurgau	40 800	31 000	71 800
Riesling	37 200	49 000	86 200

Literatur:

EICHHORN, K.W.: Entwicklung der Blattfläche der Rebe. Der Deutsche Weinbau, 1984, 1532-1537

KOBLET, W.: Wanderung der Assimilate innerhalb der Rebe. Die Wein Wissenschaft, 1977, 146-154.

Die grünen Triebe der Rebe (Lotten)

Es entstehen aus der Winterknospe und schlafenden Augen:

> Haupttriebe,
> Neben- oder Doppeltriebe,
> Geiztriebe und
> Wasserschosse.

H a u p t t r i e b e (Langtriebe) entwickeln sich aus der Winterknospe. Sie werden auch Lotten genannt, ihre Spitze Gipfel. An ihnen entwickeln sich 1 bis 3 Gescheine.

N e b e n - o d e r D o p p e l t r i e b e bilden sich aus den Neben- oder Beiaugen der Knospe. Sie sind weniger fruchtbar. Es gibt dabei erhebliche Sortenunterschiede. Bei Verlust des Haupttriebes, insbesondere wenn das Hauptauge durch Winterfrost ausfällt, die Nebenaugen aber noch triebfähig bleiben, übernimmt er dessen Funktion. Bei gesundem Haupttrieb bleiben sie in der Entwicklung zurück und werden Kümmertriebe. In diesem Fall treten sie in Nährstoffkonkurrenz zum Haupttrieb und beeinträchtigen Menge und Güte. Trauben an Nebentrieben hatten im Vergleich zu Trauben am Haupttrieb bis 15 Grad Oechsle weniger. Bei sehr wuchsstarken Reben können sich die Nebentriebe auch wie Haupttriebe entwickeln. Die Empfehlung, Nebentriebe beim Ausbrechen mit zu entfernen, wird in der Praxis kaum beachtet.

Geiztriebe (Kurztriebe, Axialtriebe, Irxentriebe) bilden sich in den Blattachsen. Ihr Wuchs wird durch Entfernen der Triebspitze gefördert. Die Neigung zur Geiztriebbildung ist bei den einzelnen Sorten sehr unterschiedlich ausgeprägt. Sie tragen zur Zuckerbildung bei, fördern also die Traubenreife. Diese Tatsache hat dazu geführt, auf das Entgeizen zu verzichten.

Wasserschosse bilden sich aus schlafenden Augen am alten Holz. Die Neigung, Wasserschosse zu bilden, ist bei den einzelnen Sorten sehr unterschiedlich ausgeprägt. An ehemaligen Schnittstellen am alten Holz können sich verstärkt schlafende Augen bilden, die Wasserschosse hervorbringen.

Wasserschosse werden durch Ausbrechen entfernt, weil sie unnötig Nährstoffe in einer Zeit verzehren, wenn diese für einen guten Blühverlauf benötigt werden. Sie begünstigen eine buschige Laubmasse und damit den Pilzbefall der Rebe.

Lediglich bei Stammschäden, wie Frost oder Mauke, werden die unterhalb der Schadstelle austreibenden Wasserschosse belassen und für einen neuen Stammaufbau verwendet.

Weitere Angaben sind im Taschenbuch der Rebsorten zu finden.

Die Laubarbeiten gliedern sich in

> Ausbrechen,
> Heften,
> Entgeizen,
> Vorentspitzen,
> Gipfeln und
> Entblättern.

3.1 Ausbrechen

Die Laubarbeiten beginnen mit dem Ausbrechen der überflüssigen, wilden Triebe (Wasserschosse), weil diese die Peronosporagefahr erhöhen, im Jugendstadium den Lotten auf der Fruchtrute Nährstoffe wegnehmen und, wenn sie verholzen, im nächsten Jahr den Rebschnitt erheblich erschweren und dabei am Stamm zu verstärkter Wundenbildung führen. Zur Regulierung des Rebschnittes läßt man gelegentlich einen wilden Trieb stehen, wenn zur Verjüngung des Stammes kein geeigneter Zapfen vorhanden ist.

Das Ausbrechen wird dann vorgenommen, wenn die Triebe sich noch leicht mit der Hand abstreifen lassen, ohne große Wunden zu hinterlassen. Wurde dieser Zeitpunkt versäumt, müssen die wilden Triebe mit der Schere entfernt werden. Je nach Entwicklung der Reben wird Mitte bis Ende Mai ausgebrochen. Durch Einsatz eines R e b s t a m m p u t z e r s als Schlepperanbaugerät, kann die Arbeit mechanisiert werden.

Abb. 115:
Stammputzer

(Aufnahme F. Pfaff)

3.2 Heften

Sobald die jungen Triebe beginnen sich abwärts zu neigen, müssen sie zwischen die Heftdrähte geklemmt werden. Wird dieser Zeitpunkt versäumt, kann es bei Sturm zu erheblichem Windbruch kommen. In der Regel sind *drei Arbeitsgänge* erforderlich. Der Arbeitsaufwand ist je nach Anzahl und Anordnung der Drähte sehr unterschiedlich. (s. Kapitel „Rebenerziehung" S. 96 ff). Auch diese Arbeit kann mit einem Laubhefter mechanisiert werden.

3.3 Entgeizen

Im modernen Weinbau ist das Entgeizen unbekannt und auch nicht erforderlich.

239

Nach den Untersuchungen von Schöffling und Koblet fördern die Geiztriebe die Traubenqualität. Wo sich unharmonisch viele und sehr lange Geiztriebe bilden, wurde der Stock beim Schnitt zuwenig belastet, oder er wurde falsch gebogen. Geize, die zu sehr in die Rebgasse hängen und die Arbeit behindern, werden beim Gipfeln mit entfernt.

3.4. Gipfeln

Die Laubarbeiten werden durch das Gipfeln abgeschlossen. Es wird damit das Ziel verfolgt, das weitere Längenwachstum der Triebe zu unterbinden, um die ganze Kraft der Assimilation der Ausbildung der Trauben zukommen zu lassen. In Drahtrahmen mit zu geringer Höhe hängt sich das Laub oft schon sehr früh in die Gassen, behindert die Pflegemaßnahmen (Bodenbearbeitung, Schädlingsbekämpfung) und erhöht die Peronosporagefahr. Man muß dann bereits Anfang bis Mitte Juli gipfeln. Kleine Laubwände mit einer zu geringen Laubmasse verhindern auch eine höchstmögliche Zuckerbildung. Nach dem Gipfeln muß noch eine für die Traubenreife optimale Blattanzahl vorhanden sein. Als Faustregel für das Gipfeln kann das Belassen von 13-16 Blättern je Trieb gelten.

In jungen, sehr wuchskräftigen Weinbergen werden oft einzelne Triebe frühzeitig sehr lang, hängen in die Gasse und behindern die Arbeiten. Sie müssen Anfang bis Mitte Juli durch Vorentspitzen eingekürzt werden. Man muß diese Maßnahme aber auf das notwendigste Maß beschränken.

Zeit des Gipfelns

Da Assimilationsuntersuchungen gezeigt haben, daß die Geiztriebe große Bedeutung für eine höchstmögliche Qualität besitzen, wird der Zeitpunkt des Gipfelns durch sie bestimmt. Früher bestand die Ansicht, Geiztriebe würden Menge und Güte negativ beeinflussen. Darum wurde sowohl entgeizt, um dies zu verhindern, als auch sehr spät, nicht vor Mitte August, gegipfelt, um die Geiztriebbildung nicht anzuregen.

Heute sind Geiztriebe erwünscht. Ihre Bildung soll durch nicht zu spätes Gipfeln gefördert werden. Der Gipfelzeitpunkt ist daher auf Mitte bis Ende Juli (Entwicklungsstadium 31, Beeren erbsendick), spätestens Anfang August vorverlegt worden.

Bei sehr frühem Gipfeln können die Geiztriebe so lang werden, daß Anfang September nachgegipfelt werden muß.

Zu frühes Gipfeln hat, wie Untersuchungen ergaben, den Nachteil, daß die Menge begünstigt, aber die Qualität verschlechtert wird.

In den Weitraumanlagen wird zum gleichen Zeitpunkt wie in den Normalanlagen gegipfelt. Die seitlich herabhängenden Triebe dürfen nicht zu kurz geschnitten werden. Es ist für die Zuckerbildung wichtig, daß sie nur etwa 30 cm über dem Boden abgeschlagen werden.

Maschinelle Arbeitserledigung der Laubarbeiten

Ausbrechen: Durch R e b s t a m m p u t z e r können im unteren Stammbereich wachsende Triebe abgebürstet werden. Im oberen Stammbereich bleibt das Ausbrechen noch Handarbeit. Durch die Kombination dieser Geräte mit Zwischenachsstockräumern kann der Arbeitsaufwand um ca. 30 bis 40 % gegenüber der reinen Handarbeit verringert werden.

Heften: Hierfür steht ein Laubhefter zur Verfügung. Er zieht die Sommertriebe mittels Förderschnecken nach oben. Gleichzeitig werden zwei von der Maschine mitgeführte Kunststoffschnüre gezogen. Ein Automat klammert die Schnüre. Der Drahtrahmen muß bei diesem maschinellen Heften, zur Stabilisierung der Laubwand, am oberen Stickel mindestens zwei Fangdrähte besitzen. Die Kunststoffschnüre müssen vor dem Rebschnitt herausgezogen werden. Ein neues Gerät der Firma Pellenc arbeitet schnurlos. Die Heftdrähte werden über Transportfingerscheiben auf die gewünschte Hefthöhe ausgehoben, gespannt und mit Kunststoffklammern befestigt.

Gipfeln: Diese Arbeit ist weitgehend voll mechanisiert.

G e r ä t e :
- ● Unzugängliche Terrassenlagen: Sichel, Heckenschere, tragbare mot. Heckenschere.
- ● Seilzuglagen: Mot. Anbaugerät an den Seilzug.
- ● Direktzuglagen: Laubschneideeinrichtungen als Anbaugerät
  - ● Messerbalkengerät,
  - ● Gerät mit rotierenden Messern,
  - ● kombinierte Geräte, längs mit Messerbalken und quer mit rotierenden Messern.
  - Diese Laubschneider (Abb. 116) gibt es als
  - ● Einzeilengerät,
  - ● Zweizeilengerät und
  - ● Überzeilengerät.

Gegenüber der früheren Handarbeit wird mit diesen Laubschneidern eine A r b e i t s e i n s p a r u n g b i s z u 7 0 % erreicht.

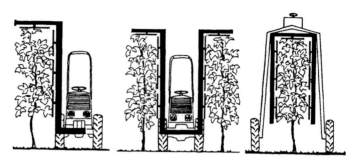

3.5 Entblättern:

Entfernen von Blättern in der Traubenzone führt zu besser b e l i c h t e t e n T r a u b e n und besser d u r c h l ü f t e t e n R e b s t ö c k e n . Dies hat folgende Vorteile:

- Stielerkrankungen der Trauben und Beerenfäule werden gemindert.
- Bei roten Sorten wird eine intensivere Farbstoffbildung bewirkt.
- Das Mostgewicht wird erhöht.

Z e i t p u n k t : Ab Erbsendicke (Rebstadium 31) der Beeren bis September; bei starkem Botrytisdruck auch schon etwas früher, nach Schrotkorndicke der Beeren (Rebstadium 30).

W i e v i e l B l ä t t e r : Pro Trieb werden zwei Blätter aus der Traubenzone ausgebrochen.

W i c h t i g ! Eine zu starke Entblätterung führt zu Mostgewichtsverlusten.

Trotz der Vorteile wird das Entblättern, wegen des *hohen Arbeitsaufwandes*, selten ausgeführt. Neuerdings kann auch diese Arbeit mit einem Laubsauger mechanisiert werden.

Entblättern zur Erleichterung der Traubenlese:

Z e i t p u n k t : 3 bis 4 Tage vor der Lese.

G e r ä t : Propangasbrenner.

A u s f ü h r u n g : Die Blätter werden in der Traubenzone abgesengt. Sie fallen nach spätestens drei Tagen ab. Die Trauben werden nicht beschädigt. W i c h t i g ist, daß alle anderen Blätter unbehandelt bleiben, um den natürlichen Blattfall mit dem Rücktransport der Nährstoffe in das alte Holz nicht zu stören.

242

4. Ertragsregulierung

Durch die *Hektarhöchstertragsregelung* ist es notwendig, auf ertragreichen Standorten, mit Erträgen, die weit über den erlaubten Mengen liegen, durch weinbauliche Maßnahmen die Erntemenge zu reduzieren.

Die Ertragsregulierung hat zwei Ziele:

    1. Reduzierung der Traubenmenge und

    2. Qualitätssteigerung

Um beide Ziele zu erreichen, stehen folgende Maßnahmen zur Verfügung:

4.1 *Reduzierung des Anschnittes*

von Augen je m² Rebenstandraum. Weitere Angaben hierzu sind im Kapitel „Rebschnitt" Seite 182 zu finden.

4.2 *Änderung des Standraumes* der Rebe:

Die Entwicklung der Rebenerziehung hat, als Folge der zunehmenden Mechanisierung, zu breiteren Rebgassen geführt. Um die Ertragshöhe zu behalten, war eine stärkere Belastung des Einzelstockes nötig. Es mußten je Rebstock mehr Augen m²/Standraum angeschnitten werden. Dies führte zu einer Änderung der Erziehung vom Flachbogen über den Halbbogen hin zum Pendelbogen, denn der Pendelbogen erlaubt pro lfdm. Biegedrahtlänge wesentlich mehr Augen anzuschneiden als z.B. der Flachbogen.

Eine nötige Ertragsreduzierung ist durch zwei Maßnahmen, entweder jede allein, oder gemeinsam, möglich, nämlich

● statt Pendelbogen Flachbogen anschneiden und

● weitere Stockabstände wählen.

V o r t e i l : Der Einzelstock wird weniger belastet, die Laubwand wird luftiger, was die Photosyntheseleistung erhöht, und die Ausbreitung der Pilzkrankheiten (Peronospora, Oidium, Botrytis) mindert. Siehe auch Kapitel „Rebenerziehung" Seite 85 ff.

4.3 *Verlängerung der Umtriebszeit:*

Die Hektarhöchstertragsregelung ist nicht flächenbezogen, sondern Betriebsbezogen. Da mit zunehmendem Alter auch der Ertrag der Rebstöcke abnimmt, reduziert sich der Ertrag automatisch, wenn die Reben länger stehen bleiben, die Umtriebszeit also verlängert wird, z.B. von 25 auf 30 Jahre oder noch mehr, wenn die Standorte besonders fruchtbar sind.

4.4 *Entfernung von Trauben an Schnabeltrieben:*

Diese Ertragsregulierung ist vornehmlich möglich bei Pendelbogen- oder Ganzbogenerziehung. Siehe auch Kapitel „Halbbogen- und Pendelbogenerziehung" Seite 99.

4.5 *Ausdünnen nach der Blüte:*

Das Ausdünnen kann angewandt werden, wenn in bestehenden Beständen keine anderen ertragsmindernde Maßnahmen möglich sind, oder, jahrgangsbedingt, ein zu hoher Ertrag erwartet wird.

Z e i t p u n k t : Wenn die Jungtrauben Schrotkorndicke erreicht haben (Rebstadium 29) und der zu erwartende Ertrag sich beurteilen läßt. Dieser Zeitpunkt fördert auch die Qualität.

S t ä r k e : Es werden bis auf die unterste Traube am Trieb alle anderen entfernt. Dies führt auch zu einer spürbaren Qualitätssteigerung. Werden zwei Trauben je Trieb belassen, tritt keine spürbare Anhebung der Qualität ein.

P r o b l e m ! Die Durchführung der Maßnahme widerspricht dem natürlichen Empfinden des Winzers und beansprucht viel Arbeitszeit. Das Ausdünnen ist daher in der Praxis wenig verbreitet.

Ausdünnung des Fruchtansatzes

Beispiel: Müller-Thurgau, 1984, reguliert auf 1 Traube/Trieb

	dt/ha	^{0}Oe
Trauben belassen ausgedünnt	219 114	53 62
nach Lott und Emig		

4.6 *Verschiebung der Lesetermins:*

Ein späterer Lesetermin kann die Menge reduzieren und die Qualität erhöhen. Der Gesundheitszustand der Trauben und die Witterung setzen dieser Möglichkeit jedoch Grenzen. Im langjährigen Mittel tritt ab 20. Oktober eine Wetterverschlechterung ein. Die abnehmende Tageslänge, verbunden mit einer

244

Abnahme der Sonnenscheindauer, bedingen ein schlechteres Abtrocknen der Trauben und eine Zunahme der Traubenfäulnis.

Mengenregulierung durch Lesetermin

Jahrgänge	Termin I	Termin II (I + Ø 14 Tage)
1966 bis 1977	107 kg/ar 87 °Oe	92 kg/ar 92 °Oe
nach W. Kiefer und M. Weber		

Ø Tägl. Mostgewichtzunahme bzw. Säureabnahme

1.-10. Oktober	+ 5° Oe	-	2,6 ‰
11.-20. Oktober	+ 3° Oe	-	1,7 ‰
21.-31. Oktober	+ 0,55° Oe	-	1,8 ‰
nach Hillebrand			

Literatur:

Allgemeines:

MEINKE, E.: Die Laubarbeiten unter der Lupe. Der Deutsche Weinbau, 1961, 401-402.

BÜHLER, G.: Laubarbeiten im neuzeitlichen Weinbau. Der Deutsche Weinbau, 1964, 331-332.

POHL, H.: Der Einfluß verschiedener Laubbehandlungen auf den Botrytisbefall. Der Deutsche Weinbau, 1968, 804-805.

KOBLET, W.: Einfluß der Blattfläche auf Ertrag und Qualität der Trauben. Schweizerische Zeitschrift für Obst- und Weinbau, 1971, 426-427; 624-627.

KOBLET, W.: Wanderung der Assimilate innerhalb der Rebe. Die Wein-Wissenschaft, 1972, 146-154.

SCHÖFFLING, H.: Qualitätssteigerung durch optimale Blattfläche. Der Deutsche Weinbau, 1978, 696-703.

KOBLET, W.: Laubarbeiten und Reifeverlauf der Sonnen- und Schattentrauben. Deutsches Weinbau-Jahrbuch, 1979, 99-103.

KOBLET, W.: Neuere Untersuchungen über die Assimilationsleistung bei Reben. Deutsches Weinbau-Jahrbuch, 1986, 51-56.

PFAFF, F., BECKER, E.: Gezielte Stock- und Laubpflege wichtig für die Leistung des Rebstockes. Der Deutsche Weinbau, 1985, 784-785.

WEISS, E.: Laubarbeiten im neuzeitlichen Weinberg. Deutsches Weinbau-Jahrbuch, 1986, 57-64.

Ausbrechen

KRONEBACH, A.: Ausbrechen. Der Deutsche Weinbau, 1966, 533. Fachverlag Dr. Fraund, 55120 Mainz.

PFAFF, F.: Arbeitsvereinfachung beim Ausbrechen. Der Deutsche Weinbau, 1983, 308-310. Fachverlag Dr. Fraund, 55120 Mainz.

Kappen

SCHÖFFLING, H., FAAS, K. H.: Die Wirkung unterschiedlich starken Einkürzens (Kappen) bei Mosel-Phalerziehung in Graach (Mosel). Weinberg und Keller, 1972, 543-558.

Heften

SCHMITZ, M.: Laubhefter ERO. Der Deutsche Weinbau 1982, 837. Fachverlag Dr. Fraund, 55120 Mainz.

SCHNECKENBURGER, F.: Maschinen- oder Handheften - ein betriebswirtschaftlicher Vergleich. Der Deutsche Weinbau, 1983, 686-. Fachverlag Dr. Fraund, 55120 Mainz.

Vorentspitzen

SCHEU, H.: Vorentspitzen. Der Deutsche Weinbau, 1951, 362. Fachverlag Dr. Fraund, 55120 Mainz.

Entgeizen

SCHÖFFLING, H.: Schaden oder nützen die Geiztriebe dem Rebstock? Rebe und Wein, 1967, 166-169.

SCHÖFFLING, H., FAAS, K. H.: Veränderungen der Ertragsleistung durch unterschiedliche Geiztriebbehandlung in Kasel (Ruwer). Weinberg und Keller, 1973, 119-136.

Gipfeln

SCHÖFFLING, H.: Die richtige Laubwandhöhe beim Rebengipfeln. Rebe und Wein, 1967, 226-230.

SCHÖFFLING, H.: Das Rebengipfeln. Der Deutsche Weinbau, 1968, 774-776. Fachverlag Dr. Fraund, 55120 Mainz.

SCHÖFFLING, H.: Qualitätssteigerung durch optimale Laubwandhöhe. Der Deutsche Weinbau, 1978, 697-703. Fachverlag Dr. Fraund, 55120 Mainz.

SCHÖFFLING, H., FAAS, K. H.: Mostgewicht, Gesamtsäure, Traubenertrag, Traubenfäule und Hektarerlös bei 1,00 m, 1,25 m, 1,50 m und 1,75 m hohen Laubwänden in Trier (Mosel). Weinberg und Keller, 1978, 444-465.

HOFFMANN, E.: Untersuchungen über den Einfluß der Laubwandhöhe auf Ertrag und Qualität bei verschiedenen Klonen der Sorte Blauer Spätburgunder. Die Wein Wissenschaft, 1983, 326-346.

BETTNER, W., MASATO, I.: Einfluß des Zeitpunktes des Gipfelns auf die vegetative und generative Leistung der Rebe. Deutsches Weinbau-Jahrbuch 1987, 87-100.

Technik der Laubwandarbeiten

BLÜM, G.: Versuche zur Arbeitseinsparung und Qualitätssteigerung bei Stock- und Laubarbeiten. Deutsches Weinbau-Jahrbuch, 1973, 64-71.

PFAFF, F., BECKER, E.: Mechanisierung der Laubarbeiten. Der Deutsche Weinbau, 1981, 633-637. Fachverlag Dr. Fraund, 55120 Mainz.

PFAFF, F., BECKER, E.: Mechanische Laubschneider ermöglichen termingerechten Schnitt. Der Deutsche Weinbau, 1982, 742-749. Fachverlag Dr. Fraund, 55120 Mainz.

MAUL, D.: Mechanisierung der Laubarbeiten. KTBL-Arbeitsblatt Nr. 32, 1984. Fachverlag Dr. Fraund, 55120 Mainz.

MAUL, D.: Möglichkeiten zur Arbeitserleichterung und Arbeitsersparnis bei den Laubarbeiten. Der Deutsche Weinbau, 1986, 515-525. Fachverlag Dr. Fraund, 55120 Mainz.

Entblättern

NOVAK, J.: Der Einfluß einer verringerten Blattfläche auf den Traubenertrag, sowie Zucker- und Säuregehalt des Weinmostes. Wein-Wissenschaft, 1959, 117-126.

BLÜM, G.: Entlaubungsversuche - Ihr Einfluß und Qualität.Vorträge der 22. Rheinhessischen Weinbauwoche, 1971, 85-94.

LOTT, H.: Entblätterung der Traubenzone-Ergebnisse aus dem Jahre 1973. Deutsches Weinbau-Jahrbuch, 1975, 123-130.

KOBLET, W.: Einfluß des Entlaubens auf die Knospenfruchtbarkeit. Schweizerische Zeitschrift für Obst- und Weinbau, 1987, 649-654.

KOBLET, W.: Entblätterung der Traubenzone und Leistung der Rebe. Deutsches Weinbau-Jahrbuch, 1989, 55-60.

Ertragsregulierung durch Ausdünnen

KISSINGER, H.G.: Ertragsregulierung bei Reben. Der Deutsche Weinbau, 1982, 1005.

WEISS, E.: Qualitätssteigerung durch Ertragsregulierung? Der Deutsche Weinbau, 1983, 1094-1096.

LOTT, H.:, EMIG, K.H.: Ertragsregulierung durch Ausdünnen von Trauben. Der Deutsche Weinbau, 1985, 786-788.

Ertragsregulierung durch anbautechnische Maßnahmen

FOX, R.: Auswirkungen der künftigen Ertragsregulierung. Der Deutsche Weinbau, 1989, 682-686.

KIEFER, W.: Anbautechnische Maßnahmen zur Beeinflussung der Mengenerträge und der Qualität. Der Deutsche Weinbau, 1990, 1046-1051.

KIEFER, W., STEINBERG, B.: Anbautechnik nach Einführung einer Ertragsbegrenzung. Der Deutsche Weinbau 1988, 1126-1134.

KIEFER, W., WEBER, M.: Auswirkungen von Hektar-Höchsterträgen auf die Anbautechnik. Der Deutsche Weinbau 1985, 1110-1116.

SCHULZE, G.: Ist der Rebschnitt als Instrument zur Mengenregulierung geeignet? Die Winzer-Zeitschrift, Jan. 1987, 22-24.

SCHULZE, G.: Anbautechniche Möglichkeiten zur Extensivierung im Weinbau. Die Winzer-Zeitschrift Okt. 1990, 22-24.

III. Kapitel Düngung der Rebe

Die Rebdüngung umfaßt

Humusversorgung,
Kalkhaushalt des Bodens und
Mineraldüngung.

1. Humusversorgung

Die Humusversorgung ist für eine nachhaltige Bodenfruchtbarkeit die Grundlage jeder Düngung

Wirkung des Humus:

- Bodenverbesserung (Luft-, Wärme- und Wasserhaushalt)
- Bakteriennahrung und Aktivierung des Bodenlebens
- Förderung von Krümelstruktur und Gare
- Verbesserung der Mineraldüngerwirkung u. Förderung der Nährstoffanlieferung zu den Wurzeln.
- Verminderung der Bodenerosion
- Abpufferung von bodenbelastenden Stoffen (Pflanzenschutzmittel, Schwermetalle)

1.1 Humusarten:

Nährhumus – leicht zersetzliche Bestandteile der dem Boden zugeführten organischen Masse.

Wirkung: b i o l o g i s c h

Er dient den Bodenlebewesen als Nahrungs- und Energiequelle. Bei dem Abbau durch die Bodenlebewesen werden Nährstoffe freigesetzt (Mineralisierung), die dann von den Wurzeln aufgenommen werden können. Bei der Umwandlung sollen auch Antibiotika frei werden, die, über die Wurzeln aufgenommen, die Widerstandskraft der Rebe gegen Krankheiten erhöhen sollen. Wichtige *Nährhumuslieferanten* sind Stallmist, Gründüngungsmasse, Reblaub, u.a.m.

Dauerhumus – von den Bodenlebewesen nur schwer zersetzbare organische Masse.

Wirkung: p h y s i k a l i s c h   u n d   c h e m i s c h

Die stabilen Dauerhumusteilchen bleiben dem Boden lange erhalten. Sie verbessern Wasser-, Luft und Wärmehaushalt des Bodens. Sie schützen ihn gegen stauende Nässe ebenso wie gegen rasche Austrocknung. Sie wirken dem durch das Befahren mit Schleppern verursachten Bodendruck entgegen. Die Dauerhumusteilchen verbinden sich mit den Tonteilchen zu den wichtigen T o n - H u m u s - K o m p l e x e n. Bei reichlicher Humusversorgung werden die Ton-Humus-Komplexe durch schleimige Ausscheidungen der Bodenlebewesen zu stabilen B o d e n k r ü m e l n verbunden (Lebendverbauung, Abb. 117). Es entsteht die gewünschte B o d e n g a r e. Ein lebend verbauter Boden ist chemisch gegen Überdüngung gut gepuffert. *Dauerhumuslieferanten* sind gehäckseltes Rebholz, Torfprodukte, Rindenkompost.

Andere Stoffe enthalten Nähr- und Dauerhumus, wie z.B. Müllkompost.

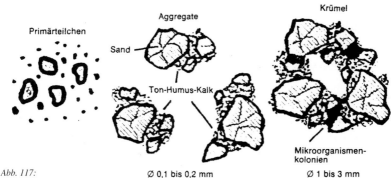

Abb. 117:
Krümelbildung durch Lebendverbauung

Folgen von Humusmangel:

● Boden verschlämmt nach Regen.

● Im Hang entsteht hohe Erosionsgefahr.

● Trockener Boden nimmt bei Regen Wasser schlecht auf.

● Stickstoff wird leicht ausgewaschen.

● In bindigen Böden entsteht Luftmangel.

● Boden wird sehr empfindlich gegen Befahren; er verdichtet stark.

● Nachlassen der biologischen Aktivität des Bodens.

● Humusarmer Boden bietet der Rebe keinen guten Lebensraum.

1.2 Humusbedarf

Der jährliche Humusbedarf ist abhängig vom Humusabbau. Der Umfang des Abbaues wird von der Bodenart und der Art der Bodenbearbeitung beeinflußt. In schweren Böden verläuft der Abbau langsamer, in feinerdearmen rascher.

Den stärksten Abbau haben die leicht erwärmbaren Gesteins- und Sandböden. Häufige Bodenbearbeitung, insbesondere wenn sie mit restloser Unkrautbeseitigung verbunden ist, kann den Humusabbau im Boden beschleunigen. Jede Bodenlockerung führt dem Boden Sauerstoff zu, der die Arbeit der humusabbauenden Bodenlebewesen anregt. Schrader gibt den jährlichen Abbau an organischer Substanz für sandige Lehm- und Lehmböden mit 35 bis 60 dt/ha an und für geneigte Lagen mit hohem Steinanteil (ca. 50-60%) mit 50 bis 70 dt/ha.

Humusabbau

Bodenart	dt/ha organische Substanz/Jahr
mittlere bis schwere leichte Gesteinsböden	30 bis 40 40 bis 60 60 bis 80

Durch *humusschonende Bodenpflege* kann der Humusabbau um etwa die Hälfte gesenkt werden. Der Humusabbau im Boden wird gebremst durch

● Zuführung der Ernterückstände der Rebe zum Boden.

● Verringerung der Anzahl der Bodenlockerungen und

● Einbeziehung der natürlichen Begrünung, der sog. Verunkrautung, in die Bodenpflege.

● Einführung einer Teilzeit- oder Langzeitbegrünung (siehe auch Seite 208-227).

Der Humusbedarf hängt auch von dem vorhandenen Humusgehalt des Bodens ab. Dieser kann durch eine Bodenuntersuchung festgestellt werden.

Humusgehalt	Wertstufe
unter 1% 1,0 bis 2% 2,0 bis 3% über 3%	humusarm schwach humos ausreichend humos stark humos

Der Humusgehalt der Weinbergsböden schwankt überwiegend zwischen 1,5 bis 3%. In Böden mit hohem Steingehalt liegt er nicht selten unter 1,5%. Nach jahrelanger Dauerbegrünung kann er auf über 3% steigen. Der anzustrebende Humusgehalt liegt bei 2 bis 2,5%

Die *Anhebung des Humusgehaltes* ist nur durch humusschonende Bodenpflege und verstärkte Humuszufuhr mit Handelshumusdüngern oder Gründüngung über einen längeren Zeitraum möglich. Schrader konnte durch zwölfjährige Humuszufuhr in Form von Stallmist, mit jährlich rund 50 dt/ha organische Trockenmasse, den Humusgehalt nur um 0,8% anheben. Die 50 dt bedeuten eine Zufuhr von 800 dt/ha Stallmist alle drei Jahre.

Der jährliche Humusbedarf beträgt, bei humusschonender Bodenbearbeitung und Belassung der Ernterückstände Rebholz und Laub im Weinberg, durchschnittlich rund

30 dt/ha organische Trockenmasse jährlich.

Liegt die organische Substanz im Humusdünger als leicht zersetzbarer Nährhumus vor, ist der angegebene jährliche Humusbedarf um ca. 10 dt/ha zu erhöhen; liegt sie als langsam zersetzlicher Dauerhumus vor, ist sie um ca. 10 dt/ha zu verringern. Bei einem Gemisch von Nähr- und Dauerhumus ist die angegebene Menge von 30 dt/ha anzuhalten.

Höhe der nötigen jährlichen Humuszufuhr:

Humusgehalt des Bodens	Zufuhr dt organische Substanz/ha		
	Bodenart		
	leicht	mittel	schwer
unter 1,5%	60	55	50
1,6 bis 2,0%	50	45	40
2,1 bis 2,5%	40	35	30
2,6 bis 3,0%	30	25	20
3,1 bis 3,5%	20	15	10
über 3,5%	-	-	-

Literatur:

ASMUS, F.:, GORLITZ, H. und KORIATH, H.: Ermittlung des Bedarfs der Böden an organischer Substanz. Kurz und Bündig, 1979, 102.

DIEZ. TH. und BACHTHALER, G.: Auswirkungen unterschiedlicher Fruchtfolgen, Düngung und Bodenbearbeitung auf den Humusgehalt der Böden. Kurz und Bündig, 1979, 103.

RUCKENBAUER, W. und TRAXLER, H.: Humusgehalt. Weinbau heute, Handbuch für Beratung, Schule und Praxis. Verlag L. Stocker, Graz-Stuttgart 1975, 283-284.

SCHRADER, Th.: Möglichkeiten der Humusversorgung der Weinberge. Rebe und Wein, 1968, 14-17, 48-51.

1.3 Beurteilung der Humusdünger

Die Humusdünger sind nach folgenden Kriterien zu beurteilen:

- wirksame organische Substanz
- Nährstoffgehalte und deren Ausnutzungsgrad
- Kontimination mit Schad- oder Geruchsstoffen
- Verrottungsgrad und Abbaubarkeit der org. Substanz
- Lagerfähigkeit und Ausbringtechnik
- Preis

Der Betriebsleiter muß daher folgende Begriffe kennen:

1. T r o c k e n s u b s t a n z. Der Dünger wird bei 105 Grad getrocknet, dadurch das Wasser ausgeschieden, sodaß die Trockenmasse zurückbleibt. Die Differenz zwischen Frischgewicht und Trockenmasse ist der *Wassergehalt* des Humusdüngers. Er kann bei Weißtorf bis zu 50 %,bei Schwarztorf bis zu 70 % und bei Müllkompost bis zu 50 % betragen.

2. O r g a n i s c h e S u b s t a n z. Sie wird auch als *Glühverlust* bezeichnet. Die Trockensubstanz wird geglüht, zurück bleiben die mineralischen Bestandteile als Asche. Die Gewichtsdifferenz zwischen Trockenmasse und Asche ergibt den Wert für die organische Substanz. In ihr sind noch einige nicht humusbildende Stoffe enthalten. Die Größenordnung ist in den einzelnen Humusdüngern unterschiedlich, insgesamt jedoch klein.

3. W i r k s a m e o r g a n i s c h e S u b s t a n z. Sie wird auf chemischem Wege aus der organischen Substanz errechnet.

Für die praktische Beurteilung der Humusdünger genügt die Kenntnis der organischen Substanz, da die Differenz zwischen ihr und der wirksamen organischen Masse gering ist. Weiterhin muß der Wassergehalt des Produktes bekannt sein, weil nur dann errechnet werden kann, wieviel organische Masse, bezogen auf das Frischgewicht, vorhanden ist.

Mit Ausnahme von Torf enthalten die meisten Humusdünger noch *düngewirksame mineralische Bestandteile* an N, P, Mg, Ca und Spurenelementen. Die nötigen Mineraldüngergaben können um diese Mengen verringert werden. Die düngewirksamen Mineralbestandteile stellen daher einen Wert dar, der sich in Geld berechnen läßt und die Handelshumusdünger entsprechend verbilligt. Nicht der Gesamtgehalt von mineralischen Bestandteilen ist von Interesse, sondern wieviel davon düngewirksam ist. Der Ausnutzungsgrad des Gesamtnährstoffgehaltes sollte beim Kauf erfragt werden.

4. K o h l e n s t o f f - S t i c k s t o f f (C / N) V e r h ä l t n i s.

- Optimal für die Ernährung der Bodenlebewesen sind Humuslieferanten mit einem Verhältnis von 30 bis 40:1.

252

- Beachten! Wenig verrottete Produkte mit engerem C:N-Verhältnis setzen bei ihrer Mineralisation größere Mengen Stickstoff frei.
- Ein engeres C:N-Verhältnis kann aber auch ein Zeichen für einen stärkeren Verrottungsgrad des Materiales sein.
- Bei weitem C:N-Verhältnis wird für die Verrottungsvorgänge dem Boden Stickstoff entzogen. Weitere Angaben sind bei Stroh Seite 256 zu finden.

5. Grenzwerte an Schwermetallen und anderen Begleitstoffen. Für Klärschlamm sind z.b. solche Werte in der *Klärschlammverordnung* festgelegt.

6. Grenzwerte für die maximal erlaubte auszubringende Menge. Für *Wasserschutzgebiete* sind z.B. Höchstmengen festgelegt.

Humusquellen

Ernterückstände	Wirtschaftsdünger	Sonstige (betriebsfremde Dünger)
Schnittholz Gipfellaub Tresterkompost Hefe	Stallmist Gülle Stroh Gründüngung	Torfprodukte Klärschlamm Müllkompost Papierrückstände (Fangstoffe) Tierische Abfälle Pflanzliche Abfälle Rindenprodukte

Humusversorgung aus Ernterückständen der Rebe

Früher wurden alle Ernterückstände der Rebe nicht mehr dem Boden zurückgegeben. Das Holz wurde verbrannt, die Gipfel verfüttert und die Trester weggekippt. Die Bedeutung der organischen Substanz für die Bodenfruchtbarkeit und die hohen Kosten jeder Versorgung mit Handelshumusdüngern sprechen für ein Belassen aller Ernterückstände im Weinberg.

Ernterückstände der Rebe:

	Trocken masse dt/ha	Nährstoffe in der Trockenmasse kg/ha		
		N	P_2O_5	K_2O
Rebholz	12 bis 16	8,5 bis 11,5	2,6 bis 3,4	7,7 bis 10,3
Trester	8 bis 10	18 bis 22	5 bis 7	26 bis 30
Blättergipfel	18 bis 28	20 bis 40	3 bis 8	10 bis 20
Summe	38 bis 54	48 bis 73	11 bis 19	44 bis 60
Als Vergleich Stallmist 100 dt/ha	17 bis 18	50	25	60

1.4 Beschreibung der Humusdünger

1.4.1 Stallmist

Rindermist gehört zu den besten Humusquellen. Durch das Verschwinden der weinbaulichen Gemischtbetriebe steht er in immer geringerem Umfange zur Verfügung.

Stallmist liefert:
- Nährstoffhumus (2/3)
- Dauerhumus (1/3)
- Nährstoffe

Stallmistwirkung:
- Bodenverbesserung
- Bakteriennahrung
- Bodengesundheit
- Nährstoffversorgung

Zusammensetzung:

100 dt enthalten ca. 18 dt organische Trockenmasse

40	bis	50 kg	N
15	bis	30 kg	P_2O_5
50	bis	65 kg	K_2O
35	bis	50 kg	CaO
10	bis	20 kg	MgO

Schüttgewicht: ca. 0,7 t/m³

254

Ausbringmengen:

W i c h t i g ! Früher wurden Mengen von 600 bis 800 dt/ha empfohlen. Aus Gründen des Umweltschutzes (Nitratauswaschung) ist dies nicht mehr angebracht.

Der begrenzende Faktor bei vielen organischen Düngemitteln ist der in ihnen enthaltene Stickstoff. Er soll bei der Ausbringung 150 kg/ha nicht überschreiten.

Dieser Grenzwert ist für Wasserschutzgebiete und für kontrolliert umweltschonend arbeitende Betriebe verbindlich vorgeschrieben, wobei die *Ausbringung von 150 kg N/ha nur alle drei Jahre erlaubt* ist. In den folgenden 2 Jahren darf keine zusätzliche N-Düngung erfolgen.

Die *Ausbringmenge von Stallmist* darf daher

300 bis 350 dt/ha alle drei Jahre.

nicht übersteigen

Darin sind enthalten:

	Zufuhr insgesamt bei 300 bis 350 dt/ha	davon Ausnutzung im 1. Jahr
Stickstoff (N)	ca. 150 kg	ca. 45-65 kg
Phosphat (P_2O_5)	ca. 70 kg	ca. 12-18 kg
Kali (K_2O)	ca. 180 kg	ca. 110-130 kg
Magnesium (MgO)	ca. 45 kg	ca. 30 kg
Calcium (CaO)	ca. 150 kg	ca. 75 kg
organische Substanz	ca. 60 dt	

Aufgrund der überwiegend guten Nährstoffversorgung der Weinbergsböden ist im 1. Jahr keine zusätzliche mineralische Düngung erforderlich.

Das *C:N-Verhältnis im Stallmist* liegt bei etwa 20:1, was zu einer schnellen Umsetzung der organischen Substanz im Boden führt.

Ausbringung: Herbst und Winter, flach einarbeiten.

B e a c h t e n ! Tiefes Einarbeiten fördert die Bildung von Chlorose, besonders auf chlorosegefährdeten schweren zur Verdichtung neigenden Böden. Das bei der Verrottung gebildete CO_2 kann hier nur schlecht entweichen.

Wichtig: Die flache Einarbeitung hat unmittelbar nach der Ausbringung zu erfolgen, da starke *Stickstoffverluste durch Ammoniak-Entbindung* bis zu 30% eintreten können. Wärme und Wind begünstigen die Verluste.

H i n w e i s ! Nach der Ausbringung von Stallmist nicht sofort kalken. Die alkalische Reaktion führt ebenfalls zur Ammoniak-Entbindung in die Luft.

1.4.2 Stroh

Zahlreiche Weinbaubetriebe besitzen noch Ackerflächen, auf denen Getreide angebaut wird. Das anfallende Stroh ist eine wertvolle Humusquelle.

Zusammensetzung:

100 dt enthalten ca. 85 dt organische Substanz,

ca. 40	bis	50 kg	N,
ca. 10	bis	20 kg	P_2O_5,
ca. 100	bis	150 kg	K_2O,
ca. 10	bis	20 kg	MgO,
ca. 20	bis	30 kg	CaO.

C:N Verhältnis weit, etwa 100 : 1.

Ausbringmenge:

Wegen des weiten C:N-Verhältnisses kann der Stickstoff bei der Düngerbemessung nicht berücksichtigt werden. Die übliche Ausbringmenge beträgt

- auf leichten Böden 60 bis 80 dt/ha = 420 bis 560 Ballen,
- auf mittelschweren bis schweren Böden 40 bis 60 dt/ha = 280 bis 420 Ballen.
- 1 Ballen = 0,14 dt.

Von den zugeführten Nährstoffen ist lediglich der Kaligehalt von Bedeutung und in der Nährstoffbilanz des Boden zu berücksichtigen. Durch das weite C:N-Verhältnis benötigen die strohabbauenden Bakterien für eine schnelle Verrottung zusätzlich Stickstoff. Auf wuchsschwachen Böden, sowie bei erstmaliger Anwendung, ist deshalb eine *Stickstoff-Ausgleichsdüngung* von 0,5 bis 1 kg N je dt Stroh vorzunehmen. Sie erfolgt im Frühjahr bei der Einarbeitung des Strohs. Auf sehr nährstoffreichen wüchsigen Böden ist keine Ausgleichsdüngung erforderlich. Hier kann eine vorübergehende Stickstofffestlegung durch das Stroh die Wuchskraft mastiger Anlagen mindern, was die Frostfestigkeit der Rebe verbessert, die Pilzgefährdung herabsetzt und die Neigung der Blüte zum Verrieseln mindert.

Ausbringung:

Nach der Getreideernte oder nach der Lese.

Das E i n a r b e i t e n geht am besten, wenn das Stroh über Winter als Mulch liegen bleibt und im Frühjahr 10 bis maximal 15 cm flach eingearbeitet wird. Zu tief eingearbeitetes Stroh verrottet schlecht. Auf chlorosegefährdeten Standorten Stroh nur in jede zweite Gasse ausbringen.

Nährstoffgehalte von Stroh*

| | Nährstoffgehalte in % zur Trockenmasse | | | | | | C:N |
	N	K	P	Mg	Ca	Na	Verhältnis
Wi-Weizen	0,40	1,00	0,08	0,08	0,20	0,02	100:1
So-Gerste	0,45	1,80	0,12	0,15	0,35	0,07	85:1
Hafer	0,45	2,50	0,17	0,15	0,35	0,18	90:1
Roggen	0,40	1,10	0,11	0,10	0,23	0,02	100:1
Raps	0,55	2,50	0,12	0,18	1,15	0,15	70:1

* nach Bogoslawski u. Debruk.

Stroh als Bodenbedeckung

Wirkung:

● Erosionsschutz

● Verdunstungsschutz

● Förderung der Bodenlebewesen, insbesondere der Regenwürmer

● Unterdrückung der Verunkrautung

Vorteil: Bodenbearbeitung kann unterbleiben

Nachteile:

● Die Bodenerwärmung wird beeinträchtigt.

● Die Spätfrostgefahr in Tallagen wird erhöht.

● Der Austrieb erfolgt 2 bis 3 Tage später.

● Die Vermehrungsmöglichkeit von Erdraupen, Rhombenspanner und Dickmaulrüßler wird gefördert.

● Brandgefahr

In stark erosionsgefährdeten Hanglagen überwiegen die Vorteile die Nachteile. Der mögliche erhöhte Schädlingsbefall kann etwas herabgesetzt werden, wenn der nötige Stickstoff als Kalkstickstoff auf das Stroh gestreut wird.

Gaben: 1 Ballen je Stickellänge = ca. 1000 Ballen = 150 dt/ha.

Ausbringung:

Nach der Getreideernte oder der Traubenlese.

B e a c h t e n ! Vorher Unkraut beseitigen, um ein schnelles Durchwachsen zu verhindern.

H i n w e i s ! Auf chlorosegefährdeten Standorten auf eine Strohbedeckung verzichten.

Brandgefahr:

Der Gefahr kann begegnet werden durch

● Sicherheitsabstände zu den Wegrändern,

● einer Abdeckung nur jeder zweiten Gasse und der

● Kombination mit einer Gründüngung.

S o n s t i g e s : Wachsen größere Unkrauthorste durch, so sind diese mechanisch oder mit einem Herbizid zu beseitigen.

1.4.3 Kombinierte Stroh-Gründüngung

Wirkung: In steinigen, humusarmen Weinbergsböden wird das Auflaufen der Begrünungspflanzen gefördert. Die Kombination ist ein ausgezeichneter Humuslieferant.

Leistung: Etwa bis 70 dt/ha organische Trockenmasse.

Kombinationen:

	Pflanzenart	Saatstärke kg/ha	Saattiefe cm	Saattermin
30 bis 40 dt/ha	Gelbsenf	15-20	1-2	August
Stroh +	Ölrettig	18-22	3-4	August
	Winterraps	10-20	1-2	Ende Aug.
	Ackerbohnen	180-220	6-8	Juli
	Bokharaklee	25-30	1-2	August
	Winterroggen	100-150	1-2	September
	Phacelia	12-16	1-2	August

Stroh sofort nach der Saat ausbreiten. Auf armem wuchsschwachen Böden eine Stickstoff-Ausgleichsdüngung von etwa 25 kg N/ha als Kalksalpeter vornehmen.

Literatur:

GEIGER, K., SCHOTTDORF, W.: Strohdüngung im Weinbau. Der Deutsche Weinbau, 1980. 687-690.

KICK, H.: Strohdüngung ohne Nachteile. Kurz und Bündig, 1974, 201-202.

MEINKE, E.: Stroh im Weinbau, Vitis 1978, 419.

RIEDER, W.: Arbeitsanspruch und Kosten der Strohdüngung. Rebe und Wein, 1984, 332-335.

SCHRADER, Th.: Strohdüngung im Weinbau. Der Deutsche Weinbau, 1965, 947-950

SCHRADER, Th.: Strohdüngung im Weinbau. Weinberg und Keller, 1970, 79-86.

UHL, W.: Strohdüngung in Seilzuglagen. KTBL-Blatt Nr. 31, 1984, Fachverlag Dr. Fraund, Mz.-Mombach

1.4.4 Müllkompost

Kompostarten

Kompost-Rohstoff: mechanisch aufbereiteter Müll, häufig gemischt mit Klärschlamm, vor der Rotte und vor der Entseuchung.

Frischkompost: Entseuchter, in Rotte befindlicher Kompost.

Fertigkompost: Entseuchter und in fortgeschrittener Rotte befindlicher Kompost.

Spezialkompost: Für Spezialzwecke weiterbehandelter Frisch- oder Fertigkompost.

Bewertung des Kompostes

Der Kompost soll

- r e i c h sein an wertbestimmenden Inhaltsstoffen, wie organische Substanz und Pflanzennährstoffe,
- a r m an nicht wertbestimmenden Stoffen, wie Glasscherben, Kunststoffen u.a.m.,
- u n b e d e n k l i c h sein im Gehalt an Schadstoffen, insbesondere an Schwermetallen, Krankheitserregern und organischen Schadstoffen (Dioxine, PCB u. a.)

Daraus ergeben sich folgende *Forderungen an den Kompost:*

Erfüllung der hygienischen Forderung: Sie ist nur nach ausreichender Rotte in Frisch-, Fertig- und Spezialkompost, nicht aber im Kompost-Rohstoff gegeben. Letzterer scheidet von der Anwendung aus.

Der *Gehalt an organischer Substanz* in der Trockenmasse soll mindestens 20% betragen.

Der *Wassergehalt* soll 50 % nicht übersteigen. Im allgemeinen liegt er zwischen 25 und 40 %.

Der *Salzgehalt* sollte 1 bis 2 % wasserlösliche Teile in der Trockensubstanz nicht übersteigen.

Mit *Ballaststoffen* (Glas, Kunststoffe, Metalle u.a.), insbesondere mit S c h w e r m e t a l l e n, sollte der Müllkompost nur wenig belastet sein.

B e a c h t e n ! **Nur Komposte aus getrennter Müllsammlung, sog. Bio Müllkompost, verwenden.**

259

Vergleich der Schwermetallgehalte in Müllkomposten mit und ohne Sortierung:

Element	unsortierter Hausmüllkompost mg/kg TS	sortierter Bio-Müllkompost mg/kg TS
Blei (Pb)	537	65
Cadmium (Cd)	4,3	0,9
Chrom (Cr)	106	20
Kupfer (Cu)	214	50
Nickel (Ni)	78	14
Quecksilber (Hg)	2,4	0,3
Zink (Zn)	930	220

Werte des Bio-Kompostwerkes in Bad Kreuznach in mg/kg Trockensubstanz (TS)

Zusammensetzung (Kreuznacher Bio-Müllkompost)

100 dt = rd 22 m³ enthalten ca.

30	bis	35	dt organische Substanz
50	bis	60	kg N
20	bis	30	kg P_2O_5
30	bis	35	kg K_2O
25	bis	30	kg MgO
120	bis	130	kg CaO
		pH-Wert um 7,5	

Anwendung

B e a c h t e n ! ● Die *Höhe der Ausbringmenge* wird durch die Analysenwerte, insbesondere den *Stickstoffgehalt*, begrenzt.

● Analyse vom Komposthersteller verlangen!

W i c h t i g ! Bei wiederholter Anwendung erfordert der Schwermetallgehalt eine *Überwachung der Behörde* durch eine Bodenuntersuchung (siehe Seite 263). Auflagen für Wasserschutzgebiete sind zu beachten.

M e n g e n :

B o d e n a r t	M e n g e n alle 3 Jahre
leichte	20 bis 25 t/ha = 45 bis 55 m³
mittelschwere bis schwere	25 bis 30 t/ha = 55 bis 65 m³

Die bisher empfohlenen Mengen von 80 bis 100 t = 180 bis 220 m³ je ha alle 3 Jahre waren aufgrund des Stickstoffgehaltes zu hoch.

Z u s t a n d des Kompostes: gut verrottet.

A u s b r i n g u n g während der *Vegetationsruhe*, damit die Trauben keinen Geruch annehmen. Kompost f l a c h e i n a r b e i t e n .

Was gelangt an Nährstoffen und organischer Substanz *in den Boden*:

	Zufuhr von 25 bis 30 dt/ha		davon Ausnutzung im 1. Jahr	
Stickstoff (N)	ca.	150 kg	ca.	30 kg
Phosphat (P_2O_5)	ca.	70 kg	ca.	35 kg
Kali (K_2O)	ca.	100 kg	ca.	65 kg
Magnesium (MgO)	ca.	70 kg	ca.	55 kg
Calcium (CaO)	ca.	385 kg	ca.	385 kg
organische Substanz ca.		10 t		

Literatur:

Anwendungsempfehlungen der Firma ALTVATER, Bahnstr. 22, 6701 Ellerstadt.

BANSE, H.J.: Die Bedeutung des Müllkompostes für den Weinbau. Der Deutsche Weinbau, 1963, 854-856

BOSSE, I.: Untersuchungen über die Wirkung von Müll-Klärschlammkompost in Weinbergsböden. Die Wein-Wissenschaft, 1967, 442-443

BUCHER, R.: Untersuchungsergebnisse von Klärschlamm und Müllschlammkomposten; ihre Beurteilung bezüglich des Einsatzes dieser Produkte im Weinbau. Weinberg und Keller, 1975, 101-114.

BUCHMANN, I.: Zur Frage von Benzpyren und Schwermetallen bei der Anwendung von Müllkompost. Der Deutsche Weinbau, 1974, 894-895.

BUCHMANN, I.: Qualitätskriterien für Müllkompost zum Einsatz im Weinbau. Der Deutsche Weinbau, 1978, 1391-1392

BUCHMANN, I.: Pflanzen- und umweltgerechte Anwendung von Müll-Klärschlammkompost und Klärschlamm. Das Wichtigste, Berichtshefte der Kreuznacher Wintertagung, 1983. 53-63.

KAMPE, W.: Zum Einsatz von Siedlungsabfallkompost im Weinbau. Kurz und bündig, Auslese landwirtschaftlicher Veröffentlichungen der BASF, Sonderausgabe Weinbau, 1978/79, 299.

Ministerium für Landwirtschaft, Weinbau und Forsten, Rheinland-Pfalz: Richtlinien für die Anwendung von Müllkompost. Die Richtlinien vom Oktober 1979 werden zur Zeit überarbeitet.

MOHR, H.D.: Einfluß der Müllkompostdüngung auf Weinbergsböden, Reben und Wein - Unter besonderer Berücksichtigung der Schwermetalle. Deutsches Weinbau-Jahrbuch 1985, 89-103.

MOHR, H.D.: Einfluß von Müll-Klärschlammkompost auf den Schwermetallgehalt von Weinbergsböden, Reborganen und Most. Weinberg und Keller, 1979, 333-334.

RASP, H.: Gefährden -Siedlungskomposte unsere Böden? Rheinische Bauernzeitung, 1983, 612.

VÖLKEL, R.: Versuche mit Müllkompost im Weinbau. Rebe und Wein, 1981, 362-364.

ZIEGLER, B.: Nicht alle sind einwandfrei! Organische Düngung im Weinbau. Der Deutsche Weinbau 1991, 460-463.

-.-: Anforderungen an die Herstellung von Müllkompost und Müll-Klärschlammkompost. Weinberg und Keller, 1979, 174-186.

1.4.5 Grünkompost

Zusammensetzung: Es handelt sich im wesentlichen um Busch- und Grünabfälle von Kommunen und Landschaftspflegeunternehmen. Deshalb liegt keine starke Kontamination mit Schwermetallen vor. Die Anwendung ist daher unproblematisch.

Mengen: *20 bis 50 t/ha* je nach Stickstoffgehalt. Die dem Boden zugeführte Stickstoffmenge sollte 150 kg/ha nicht übersteigen. Vom Hersteller daher eine Analyse verlangen.

1.4.6 Klärschlamm

H e r k u n f t : Rückstände aus der kommunalen Abwasserreinigung.

Die Anwendung ist nicht problemlos, da die im Schlamm enthaltenen schädlichen Schwermetalle je nach Gehalt Grenzen setzen.

V o r t e i l e

- Klärschlamm ist überwiegend billig oder kostenlos zu haben.
- Seine Anwendung ist ein Beitrag zum „Recycling".
- In ihm sind neben organischen Bestandteilen auch düngewirksame Mineralstoffe enthalten.

N a c h t e i l e

- Unbehandelte Klärschlämme enthalten Krankheitskeime, wie Salmonellen u.a. Diese pathogenen Keime müssen durch eine Behandlung, überwiegend Wärmebehandlung, abgetötet werden.
- die in vielen Schlämmen enthaltenen bodenbelastenden Bestandteile wie Schwermetalle oder organische Schadstoffe machen die Anwendung problematisch.
- Das Einbringen von Schlamm mit hohem Wassergehalt ist schwierig.
- Geruchsbelästigung ist möglich

Klärschlamm-Verordnung

Die Klärschlamm-Verordnung vom 25.6.1982, Bundesgesetzblatt I, Seite 743, ab 1.4.1983 in Kraft, regelt die Anwendung auf allen landwirtschaftlich genutzten Flächen, zu denen auch Rebflächen zählen. Eine Novelle ist für 1992 erlassen.

Wichtige Vorschriften:

- Die Anwendung von Klärschlamm ohne vorherige Untersuchung von Schlamm und Boden ist verboten.

- Bei landbaulicher Nutzung muß der Schlamm alle 6 Monate untersucht werden auf den Gehalt an

Schwermetallen	Blei, Cadmium, Chrom, Kupfer, Nickel, Quecksilber, Zink.
Pflanzennährstoffe	Stickstoff, Phosphat, Kalium, Kalzium, Magnesium.

- Die Böden, auf die Schlamm ausgebracht wird, müssen untersucht werden auf pH-Wert, Blei, Cadmium, Chrom, Kupfer, Nickel, Quecksilber, Zink.

- Die Kosten der Untersuchung von Schlamm und Boden hat der Kläranlagenbetreiber zu tragen.

- Die zuständige Überwachungsbehörde wird von den jeweiligen Regierungen der Bundesländer bestimmt.

- Schwermetall-Grenzwerte um eine zu starke Belastung der Böden auszuschließen.

Schwermetall	Gehalt im Klärschlamm mg/kg Schlamm-Trockenrückstand	Gehalt im Boden mg/kg lufttrockener Boden
Blei	1200 (900)*	100 (100)*
Cadmium	20 (10)	3 (1,5)
Chrom	1200 (900)	100 (100)
Kupfer	1200 (800)	100 (60)
Nickel	200 (200)	50 (50)
Quecksilber	25 (8)	2 (1)
Zink	3000 (2500)	300 (200)

* Werte nach der neuen Klärschlammverordnung

Sind die ermittelten Werte höher als aufgeführt, bedarf die Anwendung von Klärschlamm einer behördlichen Genehmigung.

● Ausbringungshöchstmenge

5 Tonnen Trockenmasse alle drei Jahre oder
10 Tonnen Trockenmasse alle sechs Jahre.

Bei einem Klärschlamm aus einer Anlage mit Siebbandpresse mit ca. 18 % Trockenmasse und mehr sind 5 Tonnen Trockenmasse in höchstens 28 Tonnen Frischmasse oder rd. 30 cbm enthalten. Dies ergibt eine Bodenauflage von etwa 3 mm. Das ist sehr schwierig gleichmäßig zu verteilen und ergibt eine unbedeutende Humuswirkung.

● N a c h w e i s p f l i c h t : Die Kläranlagenbetreiber müssen durch Lieferschein die Abgabe von Klärschlamm mit Mengenangabe, Trockensubstanzgehalt sowie Flurstücksnummer und Größe nachweisen.

● A u s b r i n g u n g s v e r b o t e u n d - b e s c h r ä n k u n g e n : Verboten ist:

- Aufbringung von Rohschlamm. Das ist ein unbehandelter Schlamm
- Aufbringung jeglicher Schlammart auf Gemüse- und Obstanbauflächen. Hierunter müßten auch Tafeltrauben fallen.
- Aufbringung seuchenhygienisch bedenklichen Schlammes auf Grünland und Feldfutteranbauflächen.
- Aufbringung von Schlamm auf forstwirtschaftlich genutzte Böden. Ausnahmen kann die Behörde zulassen.

Novelle zur Klärschlammverordnung

Der Entwurf der Novelle zur Klärschlammverordnung sieht folgende neue Regelungen und Ergänzungen vor:

● Änderung der höchstzulässigen Gehalte an Schwermetallen in Böden und Klärschlamm (siehe Seite 263).

● Auf Böden mit einem pH-Wert von 5 oder kleiner besteht ein Ausbringungsverbot.

● Alle Gemische mit Klärschlamm unterliegen der Klärschlammverordnung.

● Vorsorgewerte für organische Schadstoffe:

– Dioxine – Furame: 100 Nanogramm 2, 3. 7, 8 – TCDD-Toxizitätsäquivalente.

– Polychlorierte Biphenyle: jeweils 0,2 mg für die Komponentennummern 28, 52, 101, 138, 153, 180.

AOX: 500 mg

Z u s a m m e n s e t z u n g

Die Zusammensetzung von Klärschlamm ist je nach Herkunft sehr unterschiedlich und kann zusätzlich jahreszeitlichen Schwankungen unterliegen.

Mittlerer Nährstoffgehalt in 5 t Klärschlamm-Trockenmasse		
Nährstoff	kg Gesamtanteil ca.	davon Ausnutzung kg im 1. Jahr ca.
Stickstoff	75 bis 200	15 bis 40
Phosphat	100 bis 200	50 bis 100
Kali	5 bis 40	5 bis 30
Kalk	200 bis 1200	200 bis 1200
Magnesium	25 bis 50	20 bis 40
pH-Wert = 5,5 bis 12,5 organische Substanz ca. 20 bis 25 dt		

Schwermetallgehalte von Klärschlamm aus vorderpfälzischen Gemeinden mg/kg/TS		
Blei	80	bis	260
Cadmium	1,3	bis	4,9
Chrom	34	bis	795
Kupfer	170	bis	586
Nickel	16	bis	77
Quecksilber	0,7	bis	4,7
Zink	743	bis	2074

Dringend beachten!

● Jedes Klärwerk liefert einen anders zusammengesetzten Klärschlamm. Ein Analysenvergleich verschiedener Herkünfte ist ratsam.

FEIGE und GRUNEWALDT geben in folgender Tabelle eine Orientierungshilfe:

Element	Belastung des Klärschlammes in mg/kg TS				
	schwach	mäßig	stark	sehr stark	extrem stark
Blei (Pb)	< 100	100 - 400	400 - 800	800 - 1200	> 1200
Cadmium (Cd)	< 2,5	2,5 - 5,0	5 - 10	10 - 20	> 20
Chrom (Cr)	< 100	100 - 250	250 - 600	600 - 1200	> 1200
Kupfer (Cu)	< 100	100 - 250	250 - 500	500 - 1200	> 1200
Nickel (Ni)	< 25	25 - 50	50 - 100	100 - 200	> 200
Quecksilber (Hg)	< 1	1 - 5	5 - 10	10 - 25	> 25
Zink (Zn)	< 500	500 - 1000	1000 - 2000	2000 - 3000	> 3000

< = kleiner als; > = größer als

- Wegen des *hohen Stickstoffgehaltes* sollten in einer Gabe nur *5 Tonnen Klärschlammtrockenmasse je Hektar* ausgebracht werden. Bei Stickstoffgehalten unter 2% sind auch höhere Gaben möglich.

- Eine *Anwendung in Wasserschutzgebieten* ist nicht empfehlenswert und teilweise sogar untersagt.

- Die **Klärschlammverordnung** erlaubt einen **maximalen Schwermetalleintrag von 6 kg/ha Kupfer und 15 kg/ha Zink innerhalb von 3 Jahren.**

- Auf Flächen, wo durch verzinkte Pfähle oder durch Kupferbehandlung eine Grundbelastung besteht, wird fast jeder Klärschlammeinsatz zu einer Überschreitung dieser Grenzwerte führen.

- Vor der Anwendung von Klärschlamm empfiehlt sich der Abschluß eines Haftvertrages mit dem Klärwerksbetreiber. Vordrucke stellen die Geschäftsstellen der Bauernverbände zur Verfügung.

Ausbringung in der vegetationslosen Zeit vornehmen, um Geschmacksbeeinflussung der Trauben auszuschließen. Der Schlamm ist flach einzuarbeiten.

Literatur:

BECK, TH., SÜSS, A.: Der Einfluß von Klärschlamm auf die mikrobielle Tätigkeit im Boden. Weinberg und Keller, 1979, 315.

BUCHMANN, I.: Pflanzen- und umweltgerechte Anwendung von Müll-Klärschlammkompost und Klärschlamm. Das Wichtigste, Berichtshefte der Kreuznacher Wintertagung, 1983, 53-63.

GRASS, K.: Klärschlammverwertung im Ackerbau. Kurz und Bündig, 1974, 150.

KICK, H.: Anwendung des Abwasserklärschlammes in der Landwirtschaft. Kurz und Bündig, 1972, 225.

RASP, H.: Wenn der Stallmist fehlt - Abfallstoffe, organische Dünger für den Weinbau. Winzer-Kurier, 1979, Nr. 3.

WALTER, B.: Einfluß der Klärschlammdüngung auf Bodenfruchtbarkeit und Salzanreicherung von Schieferböden. Der Deutsche Weinbau, 1967, 227-228. Fachverlag Dr. Fraund, 55120 Mainz.

-.-: Gütesiegel für einwandfreien Klärschlamm. Weinberg und Keller, 1979, 314.

DLG, Merkblatt 209: Klärschlammanwendung in der Landwirtschaft - was ist zu beachten? Stand 1.4.1983, DLG, Zimmerweg 16, 60325 Frankfurt/M.

ZIEGLER, B.: Organische Düngung im Weinbau. Weinwirtschaft (Anbau). 1991, Nr. 1, 14-17.

1.4.7 Fangstoffe (Papierrückstände)

Herkunft: Entwässerte Schlämme der papierverarbeitenden Industrie

B e a c h t e n !

- Die Humus und Nährstoffgehalte sind interessant.

- Die Belastung mit Schwermetallen ist gering.

- Es können Verunreinigungen von z.B. organischen Halogenverbindungen (z.B. Dioxine) vorliegen, entsprechend den unterschiedlichen nicht einheitlichen Produktionsverfahren.

- Von den Lieferanten muß daher eine umfassende Analyse hinsichtlich Humusgehalt, Nährstoffgehalt, Schwermetallen und organischen Halogenverbindungen gefordert werden.

Durchschnittliche Zusammensetzung:

Inhalt	Handelsname		
	Agribest	Agrihum	
Trockensubstanz (% TS)	54,2	30,7	
Organische Substanz			—
in % in der TS	40,9	50,6	
C:N-Verhältnis	38:1	16:1	
Wertbestimmende Inhaltsstoffe in % in der TS			
Stickstoff (ges) (N)	0,6	2,2	
Phosphat (ges.) (P_2O_5)	0,2	1,2	
Kali (K_2O)	0,2	0,15	—
Magnesium (MgO)	0,7	0,45	
Kieselsäure (SiO_2)	25,0	6,0	
Sonstige Inhaltsstoffe in mg/kg in der TS			Grenzwerte der Klärschlammverordnung mg/kg TS
Blei (Pb)	79	27	900
Cadmium (Cd)	0,2	0,7	10
Chrom (Cr)	33	245	900
Kupfer (Cu)	260	43	800
Nickel (Ni)	10,2	7,2	200
Quecksilber (Hg)	0,015	0,04	8
Zink (Zn)	326	113	2500
Dioxine u. Furane ng[*]/kg	0,001	0,04	100[*]

[*] ng = Nanogramm = ein Milliardstel Gramm (0,000 000 001 g)

Ausbringmengen
H i n w e i s !

- Die sehr unterschiedliche Zusammensetzung läßt keine pauschale Düngerempfehlung zu.

- Fangstoffe mit weitem C:N-Verhältnis enthalten viel Dauerhumus, zersetzen sich langsam und setzen die in ihnen enthaltenen Nährelemente langsam frei.

- Fangstoffe mit engem C:N-Verhältnis enthalten viel sog. Nährhumus, zersetzen sich schnell und geben die in ihnen enthaltenen Nährelemente schneller frei.
- Die auszubringende Menge wird vom Stickstoffgehalt begrenzt. 150 kg/ha N sollen nicht überschritten werden.

Beispiel:

Ausbringmenge	AGRIBEST	AGRIHUM
Trockenmasse t/ha	25	7
Frischmasse t/ha	45	22
m^3	71	43
Darin sind an org. Substanz und Nährstoffen enthalten		
Nährstoffe	kg	kg
Stickstoff (N)	150	150
Phosphat (P_2O_5)	50	90
Kali (K_2O)	50	11
Magnesium (MgO)	170	33
Calcium (CaO)	2 800	1 150
Kieselsäure ($SiHO_2$)	6 100	430
organische Substanz	10 000	3 500

AGRIBEST deckt bei 71 m^3 Ausbringmenge den Humusbedarf in leichten Böden für etwa 3 Jahre, in schweren Böden für etwa 5 Jahre.

AGRIHUM deckt bei 43 m^3 Ausbringmenge den Humusbedarf für etwa 1 bis 2 Jahre. Das Material wird oft kostenfrei angeliefert.

Ausgleichsdüngungen können je nach Bodenuntersuchung nötig sein. Bei AGRIBEST mit Phosphat und Kali, bei AGRIHUM mitKali und Magnesium.

Beachten! Die Ausbringung von Papierschlämmen ist nur dann zu verantworten, wenn eine aktuelle Analyse auf organische Schadstoffe vorgelegt werden kann. Aufgrund der höheren Ausbringmenge muß der Gehalt an organischen Schadstoffen deutlich unter den Vorsorgewerten der Novelle zur Klärschlammverordnung liegen (siehe Seite 264, 267).

Da bei unsachgemäßer Ausbringung eine Umweltgefährdung nicht auszuschließen ist, wäre es dringend notwendig, auch für Papierschlämme eine entsprechende Verordnung, analog der Klärschlammverordnung, zu erlassen.

Literatur:

ZIEGLER, B.: Organische Düngung im Weinbau. Die Weinwirtschaft (Anbau),19 91, Nr. 1, 14-17

1.4.8 Torf

Die in der Bundesrepublik von der Torfindustrie abgebauten und aufbereiteten Hochmoortorfe, deren Entstehung vor etwa 10 000 Jahren begann, bestehen hauptsächlich aus dem Torfmoos Sphagnum. Hochmoore leben von den Niederschlägen und entwickeln sich unabhängig von Grundwasser. Aus diesem Grund sind die Torfe der Hochmoore arm an Asche (1 bis 6 %) und enthalten über 94 % organische Substanz in der Trockensubstanz. Der pH-Wert liegt zwischen 2,5 und 3,5.

Bei der Torfgewinnung werden sowohl schwach zersetzte Torfe (*Weißtorf*), mit gut erhaltener pflanzlicher Struktur, als auch stärker zersetzte Torfe (*Schwarztorf*), mit wenig erkennbaren Resten pflanzlicher Struktur, gewonnen.

Die organische Substanz des Torfes liegt durch ihre Entstehung bedingt in einer Form vor, die von den Mikroorganismen nur schwer abgebaut werden kann (Dauerhumus). Sie bleibt deshalb lange Zeit im Boden erhalten. Die notwendige Zufuhr an organischer Substanz im Weinbau ist daher mit ca. 20-25 dt/ha/Jahr ausreichend.

Torf ist im Vergleich zu anderen Humusdüngern sehr teuer und daher für die Anwendung nicht wirtschaftlich.

Die Ausführungen über die Höhe der Gaben zur Humusversorgung erfolgen nur der Vollständigkeit halber und bedeuten keine Empfehlung.

W e i ß t o r f (schwach zersetzter Hochmoortorf)

Eigenschaften:

- Pflanzenstruktur noch deutlicher erkennbar,
- hellbraune bis braune Farbe,
- hohes Wasserspeichervermögen,
- hohe Luftkapazität (bei Wassersättigung noch ausreichend Luft vorhanden),
- organische Substanz über 94 % in der Trockensubstanz,
- Wassergehalt bei Lieferung etwa 50 Gew.%,
- 1 cbm wiegt bei einem Wassergehalt von etwa 50 % 140 kg und enthält ca. 65 kg organische Substanz,
- je nach Wassergehalt und Gehalt an organischer Substanz ist das Gewicht unterschiedlich.

Handelsprodukte:
Düngetorfe wie z.B. Floratorf, Plantaflor.

269

Handelsformen für Weißtorf:

	Preßballen DIN 11 540			Torfsack DIN 11540
	17 S	12 S	8,5 S	160 T
Laderaumvolumen in m³	0,17	0,12	0,085	-
Entnahmemenge in l	300	210	160	160
org. Substanz je Packung in kg	15-25	10-17	8-14	8-14

Gaben:

Alle drei bis vier Jahre ca. 120 m³/ha, das entspricht ca. 400 Ballen mit einem Laderaumvolumen von 0,17 m³ bei einer Entnahmemenge von 300 Liter. Unterstellt man einen Gehalt von etwa 20 kg organischer Substanz je Ballen, so bringt man ca. 8 Tonnen organische Substanz je Hektar aus, was einer jährlichen Zufuhr von ca. 20 bis 27 dt entspricht.

S c h w a r z t o r f (stark zersetzter, durchfrorener Hochmoortorf)

Eigenschaften:

● Pflanzenstruktur nicht mehr erkennbar

● bräunlich-schwarze Farbe

● hohes Wasserhaltevermögen und reich an Huminsäuren sowie biologisch wirksamen Substanzen (Förderung der Wurzelentwicklung)

● Wassergehalt etwa 60-70 Gew.%

● organische Substanz über 94% in der Trockensubstanz

● 1 m³ durchfrorener Schwarztorf wiegt bei einem Wassergehalt von 65% etwa 400 kg und enthält ca. 140 kg organische Substanz.

Wird durchfrorener Schwarztorf mit höherem Wassergehalt angeliefert, so steigt zwar das Gewicht je m³, die Menge an organischer Substanz je Volumeneinheit bleibt jedoch gleich.

Handelsprodukte:
Humintorf, Vitihum

Handelsformen für Schwarztorf

Torfsack DIN 11 540	110 T	80 T
Entnahmemenge in l	110	80
org. Substanz je Sack in Kg	10-16	7-12

Gaben:

Ausbringung, unter Berücksichtigung der Wirkungsdauer, alle drei Jahre je Hektar ca. 60 m³, das sind 550 Säcke á 100 Liter. Diese Menge entspricht einer jährlichen Humusversorgung, ausgedrückt in organischer Substanz, von etwa 25 dt/ha.

Torfkultursubstrate für die Rebanzucht:

Zur Anzucht der Reben stehen Torfkultursubstrate mit wuchsfördernden Nährstoffen zur Verfügung. Es gibt dabei Produkte, die aus wenig zersetztem Hochmoortorf hergestellt werden und bei der Lieferung einen Wassergehalt von ca. 50 Gew.% haben. Vor der Verarbeitung ist das Substrat gründlich anzufeuchten und zwar soweit, daß bei leichtem Druck mit der Hand Wasser austritt. Hierzu gehören Produkte wie z.B. TKSI, Huminal-KS grün, Euflor-Substrat I.

Torf als Pflanzenerde, siehe Seite 70

Literatur:

FADER, W.: Torf und seine Herkunft. Der Deutsche Weinbau, 1974, 203-204.

GÜNTER, J.: Der Einsatz von Torf und Torfprodukten im Weinbau. Der Deutsche Weinbau, 1978, 1465-1466.

PLATZ, R.: Zur Rebendüngung 1978. Der Deutsche Weinbau, 1978, 250-254

SCHRADER, Th.: Wirkung des Torfs auf Boden und Rebe. Der Deutsche Weinbau, 1971, 295-296.

1.4.9 Getrockneter Hühnerdung

Die Zusammensetzung weicht je nach Herkunft voneinander ab. Angebote sind daher aufgrund einer amtlichen Analyse zu prüfen.

Zusammensetzung (Durchschnittswerte):

Mineralische Bestandteile (Asche) ca. 18% (14-22)

N	ca.	4 %	(3-5)
P_2O_5	ca.	5 %	(4-6)
K_2O	ca.	3 %	(2-4)
MgO	ca.	0,8-1%	
CaO	ca.	6 %	(5-7)

Organische Substanz ca. 67 % (65-70) = 67 kg in 100 kg Ware.

Wirkung: Leicht zersetzbarer Nährhumus mit rasch verfügbaren düngewirksamen Mineralbestandteilen.

Ausbringmengen:

Es werden G a b e n bis 25 dt/ha empfohlen. Diese enthalten ca.:

organische Substanz	17	dt
N	100	kg
P_2O_5	100	kg
K_2O	70	kg
MgO	20	kg
CaO	150	kg

Die Stickstoff- und Phosphatmenge kann den Bedarf der Rebe decken. Bei Kali und Magnesium ist dies nur aufgrund einer Bodenuntersuchung zu beurteilen.

Ausbringung: Hühnerkot läßt sich gut mit einem Kreisel- oder Pendeldüngerstreuer ausbringen. Beste Zeit ist das *Frühjahr* (April). Der Dünger ist sofort flach einzuarbeiten, um Stickstoffverluste zu vermeiden.

Handelsprodukte: Terragon u.a.m.

Literatur:

LOTT, H.: Getrockneter Hühnerkot - ein geeigneter Humusdünger für den Weinbau. Der Deutsche Weinbau, 1978, 470.

LOTT, H., EMIG, K.H.: Getrockneter Hühnerdung - bester Stallmistersatz. Der Deutsche Weinbau, 1984, 501-502.

1.4.10 Tierische Abfälle

Diese Dünger sind Produkte der Häute- und Knochenverwertung. Sie kommen z. B. als H o r n s p ä n e , H o r n m e h l , K n o c h e n m e h l , B l u t m e h l und ähnliches in den Handel, oft auch mit mineralischen Zusätzen.

Die organische Substanz ist schwer abbaubarer Dauerhumus. Die düngewirksamen Mineralbestandteile, insbesondere der Stickstoff, werden nur langsam frei und besitzen daher eine lange Wirkungsdauer von etwa 3 Jahren.

Zusammensetzung: Hornspäne ca. 85% organische Substanz und ca. 15 % Stickstoff

Hornmehl ca. 65% organische Substanz und ca. 12 % Stickstoff

Anwendung: In Weinbergen mit Wuchsdepressionen zeigen diese Dünger wegen ihrer langsam fließenden Stickstoffquelle eine wuchsfördernde Wirkung.

Gaben: ca. 10 dt/ha/Jahr = 8,5 dt organische Substanz.

Damit werden dem Boden ca. 150 kg Stickstoff zugeführt.

Zur physikalischen Verbesserung des Bodens sind diese Dünger nicht geeignet.

Ausbringung: Die schwere Zersetzbarkeit schreibt keine bestimmte Zeit vor. Hornspäne lassen sich mit dem Düngerstreuer verteilen.

1.4.11 Pflanzliche Abfälle

1.4.11.1 Rizinusschrot

Rizinusschrot wird aus den Rückständen bei der Ölpressung der Rizinusbohne gewonnen. Der hohe Gehalt an Stickstoff und organischer Substanz machen es zu einem wertvollen Dünger.

Zusammensetzung:

organische Substanz (2/3 Nährhumus, 1/3 Dauerhumus)	ca. 75 %
N	5,5 bis 6 %
P_2O_5	2,5 %
K_2O	1,5 %
MgO	0,3 %
CaO	0,5 %

Die Mineralstoffe wirken langanhaltend und sind im Jahr der Düngung nicht voll verfügbar.

Gaben: ca. 20 bis 25 dt/ha

Darin sind enthalten ca.:

organische Substanz	15	bis	18 dt
N	115	bis	145 kg
P_2O_5	50	bis	60 kg
K_2O	30	bis	35 kg
MgO	6	bis	7 kg

Die Stickstoffmenge kann den Bedarf der Rebe decken. Bei Phosphat, Kali und Magnesium muß dies durch eine Bodenuntersuchung ermittelt werden.

Ausbringung im Herbst und Winter.

Literatur:

BEYER, G.: Zwölf Jahre Düngungserfahrung mit Rizinusschrot. Der Deutsche Weinbau, 1975, 573-574.

SCHRADER, Th:: Ergebnisse eines Düngungsversuches mit Rizinusschrot. Der Weinbau, Wissenschaftliche Beihefte, 1952, 33.

1.4.11.2 Baumrinde

Herkunft: Abfälle der Holzproduktion. Sie werden in zwei Formen angeboten:

Frische Form als R i n d e n m u l c h aus Schälrinde.

R i n d e n k o m p o s t nach einer Mietenlagerung.

Wirkung:

- Baumrinde baut sich nur sehr, sehr langsam ab. Sie besteht aus Dauerhumus.
- Das C : N-Verhältnis ist verhältnismäßig weit.
- Durch den geringen Stickstoffgehalt ist keine Auswaschung zu befürchten.
- Durch den Inhalt von Phenolen, Tannin u.s.w. wird eine gewisse h e r - b i z i d e   W i r k u n g auf Samenunkräuter ausgeübt.
- Baumrinde m i n d e r t   C h l o r o s e und in Hanglagen die Erosion.

Gaben: Etwa 50 m³/ha decken den Humusbedarf auf l e i c h t e n   B ö d e n für drei Jahre, auf s c h w e r e n Böden für fünf Jahre.

Die 50 m³ enthalten ca.:

organischer Substanz	90	bis	100	dt
N	40	bis	60	kg
P_2O_5			20	kg
K_2O			40	kg
MgO	15	bis	20	kg

Aufgrund des weiten C:N-Verhältnisses kann der Stickstoffgehalt bei der Bemessung der Düngermenge n i c h t berücksichtigt werden. Ob für die anderen Nährstoffe eine Ausgleichsdüngung nötig ist, hängt von der durch eine Bodenuntersuchung zu bestimmenden Versorgungsstufe ab.

Ausbringung: Zu jeder Jahreszeit möglich, flach in den Boden einarbeiten.

Baumrinde zur Bodenabdeckung

Baumrinde eignet sich sehr gut zur *mehrjährigen Bodenabdeckung.* Soll dabei der Unkrautwuchs längere Zeit unterdrückt werden, ist eine Auflage von 8 bis 10 cm erforderlich. Zur *Unterzeilenabdeckung* ist sie vorzüglich geeignet. Die Ganzflächenabdeckung ist in der Regel zu teuer.

Literatur:

KEILEN, K.: Rinde, ein billiger und zugleich wertvoller Humusspender. Der Deutsche Weinbau, 1977, 1260-1261.

RASP, H.: Wenn Stallmist fehlt. Winzer-Kurier, 1979, Heft 3.

ZÖTTEL, H.W.: Die Wirkung von Rindenmulch im Weinbau. Der Deutsche Weinbau, 1980, 299-301.

FOX, R.: Abdeckmaterial für Steillagen. Der Deutsche Weinbau, 1981, 1075-1080.

FOX, R.: Versuche aus einem Abdeckversuch in Steillagen. Rebe und Wein, 1986, 357-360.

ZIEGLER, B.: Organische Düngung im Weinbau. Der Deutsche Weinbau, 1991, 14-17.

1.4.11.3 Trester

Anfall: E r n t e etwa 100 bis 200 hl/ha
Trester ca. 20 bis 40 dt/ha = ca. 4,5 bis 9 m^3
organische Substanz ca. 9 bis 18 dt/ha

K o m p o s t i e r u n g

1. *Flächenkompostierung:* Die Trester direkt im Weinberg gleichmäßig verteilt. Die Rotte ist noch nicht weit fortgeschritten. Es sind die leicht zersetzbaren Stoffe noch vorhanden. Der Kompost entwickelt im Weinberg eine hohe biologische Aktivität, was den Boden unmittelbar belebt. Dabei besteht ein hoher Sauerstoffbedarf. Darum sollen die Trester nur flach eingearbeitet werden.

W i c h t i g ! Große Mengen an die Reben gekippt erhitzen sich stark und schädigen die Rebstöcke.

2. *Mietenkompost:* Er ist zum Zeitpunkt der Anwendung schon weitgehend verrottet. Es wird in erster Linie die Bodenstruktur (Porenvolumen, Wasserhaltevermögen, Durchlüftung und Erwärmung) verbessert. Die Nährstoffe sind weitgehend aufgeschlossen; es sind stabile Humusverbindungen aufgebaut.

Kompostierungsregeln:

- Beim Aufbau der Miete darauf achten, daß genügend Sauerstoff und Feuchtigkeit vorhanden sind. Darum locker aufschichten und bei trockenem Material etwas anfeuchten.
- Miete nicht über 2 Meter Höhe aufschichten, da sonst durch Sackung Dichtlagerung erfolgt und Sauerstoffmangel eintritt.
- Ein Zusatz von Kalk fördert die Verrottung.
- Ein Abstreuen der Mietenoberfläche mit Branntkalk mindert die Belästigung durch Essigfliegen und Essigbakterien.
- Ein Umsetzen nach 8 bis 10 Wochen fördert eine gleichmäßige Verrottung.
- B e a c h t e n ! Bei Regen entstehende Sickerwässer dürfen nicht in die Kanalisation, in Oberflächengewässer oder ins Grundwasser gelangen. Entsprechende Vorkehrungen sind zu treffen.

Allerdings ist die Gefahr nicht besonders groß. Trester hat ein sehr hohes Wasserspeicherungsvermögen, sodaß Sickerwässer nur in geringem Umfange austreten. Außerdem ist eine Belastung des Grundwassers nicht zu erwarten, da die organischen Sickerwasserinhaltsstoffe im Boden mikrobiell gut abbaubar sind und eine Nitratbelastung nicht nachgewiesen werden konnte. Eine Überdachung der Mieten ist daher nicht nötig. Außerdem wird die Feuchtigkeit des Niederschlagwassers zur Verrottung des Kompostes benötigt.

● W i c h t i g ! Miete nicht immer an der gleichen Stelle anlegen, da lang-jährige Kompostierung dort zu einer starken Anreicherung von Kalium und Bor im Boden führt.

Literatur:

WALG, O.: Umweltbelastung durch Tresterkompostierung. Weinwirtschaft (Anbau), 1991, Nr. 7

Ablauf einer Kompostierung:

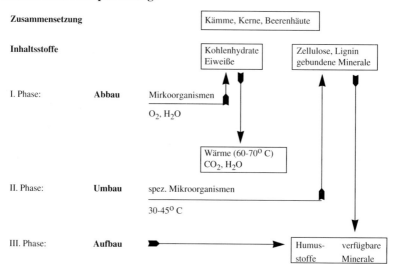

Zusammensetzung (bezogen auf die Trockensubstanz):

organische Substanz		ca.	40	bis	45 %
Stickstoff	N	ca.	2	bis	2,2 %
Phosphat	P_2O_5	ca.	0,7	bis	0,9 %
Kali	K_2O	ca.	2,5	bis	3,4 %
Magnesium	MgO	ca.	0,3	bis	0,4 %
Calcium	CaO	ca.	1,0	bis	1,2 %
Kupfer	Cu	ca.	32	bis	40 mg/kg
Mangan	Mn	ca.	70	bis	85 mg/kg
Eisen	Fe	ca.	2000	bis	2500 mg/kg
Zink	Zn	ca.	70	bis	80 mg/kg
Bor	B	ca.	30	bis	35 mg/kg

Schüttgewicht: ca. 0,45 bis 0,5 t/m³

276

Gaben: 30 bis 40 m³/ha = 15 bis 20 t.

Darin sind enthalten:

	Zufuhr insgesamt 30 bis 40 m3/ha			davon Ausnutzung im 1. Jahr		
Stickstoff (N)	120	bis	160 kg	35	bis	50 kg
Phosphat (P$_2$O$_5$)	50	bis	70 kg	15	bis	20 kg
Kali (K$_2$O)	180	bis	240 kg	110	bis	150 kg
Magnesium (MgO)	20	bis	30 kg	10	bis	15 kg
Calcium (CaO)	60	bis	80 kg	30	bis	40 kg
Bor (B)		200 g				
organische Substanz	50	bis	65 dt			

Von den zugeführten Nährstoffen sind Stickstoff, Kali und Bor ausreichend. Die Notwendigkeit einer Ausgleichsdüngung für die anderen Nährelemente ist vom Versorgungsgrad des Bodens abhängig und nur durch eine Bodenuntersuchung festzustellen.

Literatur:

SCHOLL, W.: Kompostierung von Traubentrester. Rebe und Wein, 1983, 435-438.

WALG, O.: Kompostierung von Traubentrester mit Kompostförderer. Weinwirtschaft (Anbau), 1990, 27-30

1.5 Kellerrückstände

Bei der Weinbereitung fallen *Vorklär-, Hefe- und Schönungstrub* an.

S t r e n g   b e a c h t e n ! Aufgrund des sehr hohen biochemischen Sauerstoffbedarfs (BSB$_5$*), bei der Entsorgung dieser Stoffe, besteht ein *absolutes Einleitungsverbot in die Kanalisation.* Die Kläranlagen würden umkippen, das Abwasser faulen. Daher,

Rückstände aufarbeiten

und zur Bodenverbesserung nutzen.

---

* BSB$_5$: Biochemischer Sauerstoffbedarf in 5 Tagen. Man versteht darunter die Menge an Sauerstoff, die von Mikroorganismen in 5 Tagen verbraucht wird, um im Wasser enthaltende organische Stoffe bei 20 °C oxidativ abzubauen.

Mengenanfall: Er ist abhängig von der Erntemenge und der Aufarbeitungstechnologie. In stichfester Form fallen von der Mostmenge etwa an:

2 % Vorklärtrub,

2 % Hefetrub und

1 % Schönungstrub.

Bei einer Erntemenge von **100 hl/ha** sind das etwa **5 dt/ha** stichfester aufgearbeiteter Trub. Wird mit Kieselgurfiltration gearbeitet, erhöhen sich die Mengen entsprechend des Kieselguranteils.

Kompostierung:

1. *Flächenkompostierung.* Die Rückstände werden unmittelbar in den Weinberg gebracht, gleichmäßig verteilt und leicht eingearbeitet.

2. *Mietenkompostierung* ist nur in Verbindung mit sperrigem Material (Trester, Stroh, Rindenmulch) möglich, da sonst durch Dichtlagerung Sauerstoffmangel entsteht, der die Rotte behindert.

Zusammensetzung:

Trubart		Hefetrub		Schönungstrub	
		Kammerfilter	Drehfilter	Bentonit Gelatine Kieselsol	Blauschönung Bentonit Gelatine
Trockensubstanz (%)	Ø	45	36	48	41
	min-max.	37-57	33-39	42-56	25-60
organ. Substanz (%TS)	Ø	82	74	30	48
	min-max	72-94	62-81	14-56	29-62
N (%TS)	Ø	4,2	4,0	1,8	2,9
	min-max	3-6	3-4	1-4	2-4
P_2O_5 (%TS)	Ø	1,4	1,5	0,4	0,6
	min-max	1-2	1-2	0,07 - 0,9	0,2 - 1,0
K_2O (%TS)	Ø	6,9	5,7	2,6	3,9
	min-max	3-11	4-7	0,4-5,3	3,1-5,0
CaO (%TS)	Ø	0,7	0,2	0,1	0,7
	min-max	0,1 - 4	0,2-0,3	0,1-0,2	0,2-1,7
MgO (%TS)	Ø	0,17	0,10	1,0	0,8
	min-max	0,05 - 0,5	0,07 - 0,14	0,4-1,3	0,3-1,3

Quelle:

ZIEGLER, B.: Untersuchung von Trubabfällen. Bericht an Ministerium für Landwirtschaft u. Forsten, Mainz, 1989

Ausbringmengen: Sie werden in erster Linie durch den Stickstoffgehalt bestimmt.

Hefe:

- Bezogen auf das Frischgewicht schwankt der Stickstoffgehalt zwischen 12 und 25 kg N/H.

- Aus Gründen des Wasserschutzes sollen je ha nicht mehr als 150 kg dieses schnell verfügbaren Stickstoffs ausgebracht werden.

- Anwendungsmenge je nach Hefezusammensetzung 6 bis 12 t/ha = ca. 9 bis 17 m^3 bei einem Schüttgewicht von 0,7 t/m^3. Die große Spanne ist Folge unterschiedlicher kellerwirtschaftlicher Maßnahmen.

  - Reine Hefeläger maximal 6 bis 8 t/ha = 9 bis 11 m^3.
  - Filterhefen mit Bentonit oder aus Drehfiltern 10 bis 12 t/ha = 14 bis 17 m^3.
  - Auf leichten, offen gehaltenen Böden Menge um 1/3 reduzieren.

- Die durchschnittliche Frischhefegabe von 9 t/ha d e c k t d e n P h o s - p h a t b e d a r f für 1 bis 2 Jahre.

- Die Hefe enthält Weinstein und damit größere Mengen K a l i , die den Bedarf von 3 bis 4 Jahren decken können (300 bis 400 kg K$_2$O/ha). In sehr kaliarmen Hefeproben wurden immer noch 67 bis 87 kg gefunden, was den Kalibedarf von 1 ha/Jahr knapp deckt.

- Durch Entsäuerung gelangt auch K a l k in den Hefetrub, bis 168 kg/ha. Ohne Entsäuerung sind 3 bis 15 kg/CaO/ha in der Hefe. Dies könnte den Traubenentzug decken, reicht aber nicht auf versauerungsgefährdeten Böden zur Erhaltung der Bodenreaktion. Die Erhaltungskalkung liegt hier bei 250-500 kg CaO/ha/Jahr (siehe auch Kalk Seite 296).

- Die M a g n e s i u m g e h a l t e der Hefe sind gering und daher zu vernachlässigen.

- Die H u m u s m e n g e von Hefegaben die von den 150 kg/N/ha begrenzt sind, reichen auf mittelschweren bis schweren Böden für 1 Jahr.

Schönungstrub:

- Seine Zusammensetzung schwankt entsprechend den kellerwirtschaftlichen Maßnahmen sehr. Allgemeine Aufwandmengen lassen sich nicht aufstellen.

- Ein hoher Gehalt an Bentonit, Kieselgur und Perliten kann zu einer starken Verdünnung der Nährstoffgehalte führen, sodaß die Aufwandmengen in großen Grenzen schwanken.

Durchschnittliche Humus- und Nährstofflieferung an den Boden bei einer auf 150 kg/N/ha begrenzten Menge nach ZIEGLER:

		Hefe	Schönungstrub	Ausnutzung im 1. Jahr
Ausbringmenge	Ø	9	27	–
	min-max	6-12	8-47	
N (kg/ha)		150	150	50%
P_2O_5 (kg/ha)	Ø	52	22	
	min-max	43-59	8-39	30 %
K_2O (kg/ha)	Ø	257	248	
	min-max	67-406	46-471	65 %
CaO (kg/ha)	Ø	22	18	
	min-max	3-168	6-32	50 %
MgO (kg/ha)	Ø	5	126	
	min-max	2-22	43-278	50 %
organische Substanz (kg/ha)	Ø	1958	1752	–
	min-max	1357-2577	1390-2474	

Blautrub:

Streng beachten: Blautrub enthält Cyanidverbindungen (Berliner Blau), die im Boden nicht mikrobiologisch abgebaut werden und der Verlagerung und Auswaschung unterliegen. Die landbauliche *Verwertung ist verboten.* Die *Entsorgung* muß *über eine Deponie* erfolgen.

Literatur:

WALG, O.: Rückstände aus der Weinbereitung, wertvolle Produktionsmittel. Der Deutsche Weinbau 1989, 11-12

WALG, O.: Untersuchungen zur landbaulichen Verwertung von Blautrub. Bericht an Ministerium für Landwirtschaft, Weinbau und Forsten in Mainz, 1990.

ZIEGLER, B.: Untersuchungen von Trubabfällen der Weinbereitung auf Nährstoff- und Schwermetallgehalte. Bericht an Ministerium für Landwirtschaft, Weinbau und Forsten in Mainz, 1989.

1.6 Sonstige Abfallstoffe

Die folgende Tabelle nach RASP gibt einen Überblick über Nährstoffgehalte weiterer Abfallprodukte, die als Dünge- oder Bodenverbesserungsmittel angeboten werden.

Hauptnährstoffe in organischen Abfallstoffen (%TS)

	C^* %	N %	P_2O_5 %	K_2O %	CaO %	MgO %
Knochenmehl	20-30	4-6	7-12	0,1-0,3	18-25	0,6
Hornabfälle	40-55	10-15	0,4-4	0,2-0,8	1,4-7,5	0,6-1,2
Blutmehl	50-60	10-15	0,2-2,5	0,4-1,7	1,4-3	0,2-0,5
Tierkörpermehl	30-40	8-12	2-5	0,3-0,5	4-10	0,2
Guano	-	6-7	4-6	2-3	18	3-4,5
Milchschlamm	-	10-12	4-7	1-3	15-20	0,4
Rizinusschrot	43-46	5,5	0,8	0,-1,6	0,5	0,3
Ölsaatenrückstände	55-60	1,4	0,28	1,15	0,48	0,38
Kakaoschalen	50-55	2,5	1,0	2,8	0,9	0,84
Holzhackhäcksel	35-50	0,1-0,4	0,1	0,3-0,5	0,5-1	0,1-0,15
Rindenmulch	35-50	0,2-0,6	0,1-0,2	0,3-0,5	0,9-1,25	0,1-0,15
Papierfangstoffe	10-15	0,2-1,5	0,2-0,6	0,02-0,1	0,5-1,5	0,1-0,4
Vinasse (der Zucker-rübenverarbeitung)	15-20	3,5-4	0,3-0,5	7,0-8,0	0,8-1,2	0,2-0,5
Pilzmycel	5-10	2-5	0,5-1,5	1-3	1,7-3	0,3-1

* C x 1,73 = organische Substanz

Die vorliegenden Analysewerte stellen nur Größenordnungen dar, in denen sich die Gehalte der einzelnen Stoffe bewegen, sie ersetzen nicht eine gezielte Einzelanalyse der jeweiligen Charge.

Literatur:

RASP, H.: Abfallstoffe in der Landwirtschaft als Düngemittel oder Bodenverbesserungsmittel. Der Pfälzer Bauer, 1991, Nr. 15, 26-29.

Eignung von Humuslieferanten für den Weinbau nach ZIEGLER

Beurteilung: ++ sehr gut geeignet, + gut geeignet, O geeignet, - weniger geeignet, - - ungeeignet

Material	Regelmäßige Humusversorgung in leichten Böden	Regelmäßige Humusversorgung in mitelschw.-schweren Böden	Anwendung in Wasserschutz-gebieten	Vorratsdüngung vor dem Rigolen	Abbau der Chlorosegefahr	Abbau der Erosionsgefahr	Unmittelbare Vorbereitung für Dauer-begrünung	Verbesserung von Wasser- und und Nährstoffsorption
Trester	+	++	0	-	0	+	+	+
Hefe, Schönungstrub (50 % Wasser)	0	+	-	- -	-	-	0	- -
Stroh	++	++	++	- -	-	++	0	0
Stallmist	+	++	0	0	-	+	0	+
Baumrinde	++	++	++	nur kompostiert	++	++	0 nur kompostiert	+
Klärschlamm	0 max. 5 5 t/ha alle 3 Jahre	0	- -	- -	-	-	-	-
Müllkompost	+	+	-	0 ausreich. verrottet	+	+	+	+
Getrockneter Hühnerdung	0 Preis!	0 Preis!	0	-	-	-	+	- zu geringe Humusmenge
Rizinusschrot	0 Preis!	0 Preis!	0	-	-	-	+	- zu geringe Humusmenge

1.7 Hinweise zur Anwendung von organischen Düngern

1. Die ausgebrachten Mengen sind so zu bemessen, daß die damit erfolgte Zufuhr von Stickstoff 150 kg/ha/Jahr nicht überschreitet.

2. Unmittelbar vor oder nach der Ausbringung darf der Boden nicht gekalkt werden, weil Stickstoffverluste durch Ammoniakfreisetzung möglich sind.

3. Wenig verrottete organische Substanz nicht tief einarbeiten, sondern flach, um eine Vertorfung auszuschalten.

4. Nach der Humusausbringung und Einarbeitung keine übermäßige Bodenlockerung folgen lassen. Zu häufige Lockerung führt zu schnellerem Humusabbau und Freisetzung von Stickstoff.

5. Auf gleichmäßige Verteilung achten, um örtliche Überdüngung zu vermeiden.

6. Eine Ausgleichsdüngung mit Mineraldüngern nur auf der Basis einer Bodenuntersuchung vornehmen. Dabei sind die Nährstoffe der organischen Dünger unter Berücksichtigung ihres Ausnutzungsgrades einzubeziehen.

1.8 Kosten der Humusdünger

Wie kostengünstig ein Humusdünger ist, kann aus dem Preis je dt oder je cbm nur durch eine Rechnung ermittelt werden, wenn festgestellt wird, wieviel 1 kg organische Substanz kostet. Hierzu müssen folgende Inhaltswerte des Humusdüngers bekannt sein:

1. Organische Substanz in kg je 100 kg Ware bzw. in cbm. Angaben wie kg in der Trockensubstanz ohne Angabe des Wassergehaltes reichen nicht aus.

2. Düngerwirksame Mineralbestandteile in kg je 100 kg Ware bzw. je cbm. Angaben der Mineralbestandteile ohne Angaben, wieviel Prozent davon düngewirksam sind, reichen nicht aus.

Rechengang

Zur Berechnung des Wertes der düngewirksamen Mineralbestandteile sind die Düngerkosten heranzuziehen. Der Einfachheit halber nur die Werte der Hauptnährstoffe.

Beispiel:

Dünger	Nährstoffe	Nährstoffgehalt %	Preis DM/kg Nährstoff
Kalkammonsalpeter	N	27,5	1.90
Superphosphat	P_2O_5	18	2.87
Korn-Kali	$K_2O + MgO$	40 + 6	0,90
Kieserit	MgO	27	1,27
Branntkalk	CaO	80	0,21

Müllkompost

Gaben: 25 t (55 m³) alle 3 bis 5 Jahre.

Kosten: ca. 12 DM/t

Nährstoffe	kg in 25 T	davon wirksam im 1.Jahr ca. kg.	Preis 1 kg Dünger DM	Wert der Mineralstoffe in DM
N	150	30	1,90	57,00
P_2O_5	70	35	2,87	100,45
K_2O	100	65	0,90	58,50
MgO	70	55	1,27	69,85
CaO	385	385	0,21	80,85

Summe 366,65

Kosten des Müllkompostes   DM 300,00
Wert der Mineralstoffe   DM 366,65

Der Wert der Mineralstoffe liegt in diesem Beispiel DM 66,00 über dem Kompostpreis.

Der Wert der Mineralstoffe in einem Humusdünger wird natürlich nur dort finanziell wirksam, wo der Nährstoffbedarf des Bodens eine entsprechende Mineraldüngung erfordert hätte.

Im Beispiel Müllkompost, wäre unter dieser Voraussetzung die verabfolgte organische Substanz kostenlos.

Nicht berücksichtigt sind die Kosten für das Einbringen des Humusdüngers in den Weinberg. Diese Kosten sind je nach Dünger und Geländebeschaffenheit sehr unterschiedlich.

Die folgende Tabelle stellt den Dünge- und Humuswert der wichtigsten organischen Dünger gegenüber, wobei der Ausnutzungsgrad nicht berücksichtigt wird.

Dünger	N DM/t	P_2O_5 DM/t	K_2O DM/t	MgO DM/t	CaO DM/t	Org.Sub- stanz DM/t	Gesamt- wert DM/t
Stallmist	8,55	6,31	4,95	2,54	0,42	14,00	36,77
Stroh	minimal	minimal	10,80	minimal	minimal	58,80	69,60
Rindenkompost	6,27	3,16	1,98	1,90	minimal	35,00	48,31
Trester	13,50	8,60	10,00	1,90	0,84	14,00	48,84
Müllkompost	10,64	8,00	3,06	3,55	2,70	27,00	54,95

Literatur:

HILLEBRAND, W.: Kosten des Müllkompostes im Vergleich zu anderen Humusdüngern. Deutsches Weinbau-Jahrbuch, 1977, 99-103.

MOHR, H.D.: Einfluß der Müllkompostdüngung auf Weinbergsböden. Reben und Wein - Unter besonderer Berücksichtigung der Schwermetalle. Deutsches Weinbau-Jahrbuch 1985, 89-103.

STUMM, G.: Kostenvergleich verschiedener Humusdüngemittel. Der Deutsche Weinbau, 1980, 820-821.

Weitere Literatur zur Humusdüngung:

EISENBARTH, H.J.: Die Ausbringung organischer Düngemittel durch Großgeräte. Der Deutsche Weinbau, 1973, 58-61.

FADER, W.: Überlegungen zur Rebendüngung mit organisch-mineralischen Düngemitteln. Der Deutsche Weinbau, 1971, 174-178.

HASSELBACH, F.: Humusversorgung im Weinbau sichern. Der Deutsche Weinbau, 1976. 239-242.

KADISCH, E.: Welches organische Düngemittel soll eingesetzt werden? Der Der Deutsche Weinbau, 1968, 236-237.

SCHRADER, Th.: Organische Düngung, Weinberg und Keller, 1954, 41-49

2. Synthetische Bodenverbesserer

Es handelt sich um flockige Kunststoffe, die eine physikalische Verbesserung des Bodens bewirken und damit zur Bodenlockerung beitragen, den Luft- und Wasserhaushalt verbessern, die Nährstoffverfügbarkeit positiv beeinflussen und günstige Wirkungen auf das Wurzelwachstum ausüben.

2.1 Agrosil LR

Streubarer Bodenhilfsstoff auf der Basis Silikatkolloid.
Für leichte und schwere Böden.
Anwendung in Neu- und Ertragsanlagen.
Verbessert Wurzelwachstum, Wasserhaushalt und Nährstoffverfügbarkeit.

A u f w a n d m e n g e : 10-15 kg/Ar

2.2 Hygromull

Flockenförmiger Bodenhilfsstoff auf Basis HF-Kondensatschaum
Lange Lebensdauer.
Für leichte bis mittelschwere Böden.
Anwendung in Neuanlagen (z.B. Reihenbehandlung) und Ertragsanlagen.
Verbessert Bodenstruktur, Luftaustausch und Pflanzenverfügbarkeit des Bodenwassers.

A u f w a n d m e n g e : 5-10 Säcke/Ar

2.3 Hygropor 73

Flockenförmiger Bodenhilfsstoff auf Basis HF-Kondensatschaum im Gemisch mit Polystrolschaum-Flocken; 7 Teile Hygromull + 3 Teile Styromull. Lange Lebensdauer

Für mittlere bis schwere Böden

Verbessert Bodenstruktur, Luftaustausch und Pflanzenverfügbarkeit des Bodenwassers.

A u f w a n d m e n g e : 10-15 Säcke/Ar

E i n a r b e i t u n g : Es sind die Hinweise der Herstellers zu beachten.
B e z u g s q u e l l e : COMPO GmbH, 4400 Münster, und Landhandel.

3. Mineraldünger

Der natürliche Gehalt des Bodens an Nährelementen reicht nicht aus, um den Bedarf leistungsstarker Reben zu decken. Auch mit einer intensiven Humusversorgung kann dies nicht erreicht werden. Eine zusätzliche Versorgung der Reben mit Mineraldünger ist daher unerläßlich.

Die Höhe der Mineraldüngergaben und ihre Streuzeit haben so zu erfolgen, daß Belastungen des Grundwassers vermieden werden.

Der Gesetzgeber hat die *Vorschriften zur Anwendung von DÜNGEMITTELN* erstmals im *Gesetz zur Förderung der bäuerlichen Landwirtschaft* vom 12. Juli 1989 (BGBL. I, S.1435) angesprochen.

Nach § 11 (Änderung des Düngemittelgesetzes) dürfen

Düngemittel nur nach guter fachlicher Praxis

angewandt werden. In einer weiterführenden Rechtsverordnung soll dieser Begriff präzisiert werden und dazu dienen, daß ein Interessenausgleich zwischen Landwirtschaft und Umwelt möglich wird.

Literatur:

Düngung und Bodenbewirtschaftung im Weinbau, AID, 1228/1990

3.1 Düngebedarf

Der Düngebedarf der Rebe ergibt sich aus

● Nährstoffentzug durch die Rebe.

● Nährstoffverlusten durch Auswaschung und mögliche Festlegung im Boden.

Der Nährstoffentzug wird als Düngebedarf unterstellt.

3.1.1 Nährstoffentzug

Über den Nährstoffentzug gibt es zahlreiche Untersuchungen. die ältesten stammen von WAGNER aus dem Jahre 1907. Für einen Ertrag von 271 dt Trauben, 29 dt Laub und 32 dt Holz je ha wurde ein Entzug von 120,3 kg Stickstoff (N), 40 , 3 kg Phosphat (P_2O_5) und 142,4 kg Kalium (K_2O) errechnet. Wird die sehr hohe Traubenernte halbiert, eine Menge, die heute im Durchschnitt geerntet wird, und dementsprechend die Entzugszahlen, dann bleiben Werte zurück, die den neueren Untersuchungen nahe kommen.

Insgesamt sind die Werte der heutigen neueren Untersuchungen zwar recht unterschiedlich, aber wesentlich niedriger als früher.

SCHALLER hat bei seinen Untersuchungen folgende Werte angegeben:

Nährstoffentzug von Reben bei 100 hl Ertrag (kg Reinnährstoff/ha)[*]			
	Gesamtentzug (Laub+Holz+Trauben)	Holz + Trauben	Trauben
Stickstoff (N)	50-70	30-40	25-30
Phosphor (P_2O_5)	11-23	10-15	10-13
Kali (K_2O)	50-90	45-60	45-55
Magnesium (MgO)	14-20	7-8	4
Calcium (CaO)	50-70	20-25	7
		Holz wird ausgehoben und verbrannt	Holz verbleibt im Weinberg
			übliche Bewirtschaftung

[*] SCHALLER, K.: Bodenschutz und Bodenpflege aus der Sicht der Rebenernährung und Düngung. Der Deutsche Weinbau 1986, 638 - 648.

W i c h t i g !

Die von den Wissenschaftlern erarbeiteten Entzugswerte dienen nur als Grundlage für die Düngung. Sie sind aus folgenden Gründen den Verhältnissen im Weinberg anzupassen:

Die Erträge sind, entsprechend der Jahreswitterung, Rebsorte und Standortverhältnisse unterschiedlich hoch.

Die Nährstoffe aus den übrigen im Weinberg verbleibenden Pflanzenteilen stehen nicht wieder restlos zur Verfügung, weil Blätter verweht werden und aus dem Schnittholz durch Mineralisation frei werdende Nährstoffe im Winter zum Teil ausgewaschen werden.

Die Höhe der Erhaltungsdüngung nach Entzugszahlen ist daher durch eine Bodenuntersuchung zu kontrollieren, die alle 3 bis 4 Jahre vorzunehmen ist.

Sind die Nährstoffgehalte angestiegen, die Erhaltungsdüngung entsprechend prozentual reduzieren.

Sind die Nährstoffgehalte gesunken, die Erhaltungsdüngung entsprechend prozentual erhöhen.

M e r k e ! Der Zeitaufwand für das Ziehen der Bodenproben und die Kosten der Bodenuntersuchung machen sich immer bezahlt.

Außer den genannten Hauptnährstoffen benötigt die Rebe wie jede andere Pflanze noch Kohlenstoff (C), Sauerstoff (O) und Wasserstoff (H). Der Kohlenstoff, Hauptteil der organischen Substanz, wird mit den Spaltöffnungen der grünen Teile, vorwiegend den Blättern, als Kohlendioxid der Luft entnommen. Sauerstoff für die Atmung wird ebenfalls aus der Luft auf dem gleichen Wege und von allen übrigen Pflanzenteilen aufgenommen. Weiterhin wird Sauerstoff zusammen mit Wasserstoff dem Wasser entnommen. Die Aufnahme erfolgt über die Wurzel, in geringem Umfang auch über das Blatt.

Literatur:

BUCHER, R.: Die Höhe des Nährstoffentzugs an Makro- und Mikronährstoffen durch die Rebe, ermittelt an einem 9jährigen Feldversuch. Vergleich der Entzugswerte mit Ergebnissen anderer Versuchsansteller. Weinberg und Keller, 1975, 201-220.

MÜLLER, K., PETERNEL, M.: Der Nährstoffzug der Rebe bei unterschiedlichem Nährstoffangebot, unter Berücksichtigung der Ertrags- und Qualitätsleistung. Der Deutsche Weinbau, 1983, 667-679.

PLATZ, R.: Qualitätsweinbau - Broschüre Kali und Salz AG, Kassel 1980, 114.

SCHALLER, K.: Düngung im Weinbau unter dem Gesichtspunkt möglicher Umweltbelastung und optimaler Ernährung der Reben. Der Deutsche Weinbau, 1982, 1110-1122.

SCHALLER, K.: Bodenschutzkonzeption der Bundesregierung - Aufgaben und Konsequenzen für den Deutschen Weinbau. Der Deutsche Weinbau, 1986, 359-364.

SCHALLER, K. UND STEINBERG, B.: Die mineralische Düngung im Weinbau. Der Deutsche Weinbau, 1978, 1076-1091.

WANNER, E.: Bodenpflege und Düngung im Weinbau. Broschüre - Grundlagen und Fortschritte im Garten- und Weinbau. Verlag E. Ulmer, Stuttgart 1936, Seite 26.

WILHELM, A.F.: Die Düngung im Weinbau - Broschüre der Ruhr-Stickstoff AG, Bochum, Seite 10.

LAD: Die Düngung im Weinbau 1981. Der Deutsche Weinbau, 1981, 345.

3.1.2 Ausnutzungsgrad der Nährstoffe

Die Berücksichtigung des früher angegebenen Ausnutzungsgrades der Nährstoffe ist nach neueren Untersuchungen überflüssig. Nach RASP und BUCHMANN stehen der Rebe mittelfristig die gedüngten Nährstoffe vollständig zur Verfügung.

3.1.3 Nährstoffverluste

Nährstoffverluste (Auswaschverluste) werden in erster Linie durch das Sickerwasser der Regenfälle verursacht. Sie sind je nach Bodenart und Nährstoff sehr verschieden. Sie nehmen mit steigendem Nährstoffvorrat im Boden zu.

Boden

Sehr bindige Böden	–	geringe Verluste
bindige Böden	–	mittlere Verluste
durchlässige Böden	–	mittlere bis hohe Verluste

toniger Boden
lehmiger Boden
toniger Lehm   zunehmende Verluste
Lehm   durch
sandiger Lehm   Sickerwasser
lehmiger Sand
Sand-, Kies-, Gesteinsboden

Einwaschverluste sind vor allem bei Stickstoff, Kalk und Magnesium möglich. Bei Kali können nur in sehr leichten skelettreichen Böden Einwaschungen auftreten. Phosphat ist in mineralischer Form auf allen Böden so gut wie unbeweglich, das gleiche gilt auch für Kali auf Lehm- und Tonböden.

E i n s c h r ä n k u n g von Sickerverlusten sind möglich durch

● intensive Humusversorgung, die die Sorbtionskraft des Bodens erhöht,

● schonende Bodenbearbeitung und Einbeziehung der natürlichen Begrünung in die Bodenpflege,

● Langzeitbegrünung,

● genaue Düngung aufgrund von Bodenuntersuchungen und

● geteilten Gaben der im Boden leicht beweglichen Nährstoffe, insbesondere des Stickstoffs.

Literatur:

PFAFF, C.: Nährstoffauswaschung aus dem Boden bei Anbau von Reben. Weinberg und Keller, 1960, 225-229.

WALTER, B.: Mineraldüngung der Reben an Mosel, Saar und Ruwer. Der Deutsche Weinbau, 1970, 222-225.

3.1.4 Bodenuntersuchung

G r u n d l a g e einer ordnungsgemäßen Düngung ist die Bodenuntersuchung.

Wie oft?

Jedes 3., spätestens 7. Jahr.

Probeentnahme

Die Aussagekraft der Bodenuntersuchung hängt von der Genauigkeit der Probeentnahme ab.

Die Rebe ist ein Tiefwurzler. Bei Pfropfreben befindet sich die Hauptwurzelmasse ab 25 cm Tiefe.

Die Probe muß getrennt nach Obergrund (Krume) = 0 bis 30 cm und Untergrund = 30 bis 60 cm Tiefe entnommen werden.

Je ha sind 3 bis 4 Proben, bei stark wechselndem Boden auch mehr zu entnehmen. Eine Probe sollte sich aus ca. 15 Einstichen zusammensetzen.

Die Erde aus den Proben einer Fläche wird gut gemischt und 0,5 kg in einen Plastikbeutel gefüllt. Dabei werden immer Obergrund und Untergrund getrennt gehalten.

Wechselnde Bodenarten einer Fläche werden getrennt gehalten.

Die Probebeutel sind genau zu beschriften. Zum Beispiel Weingut Müller, 6541 Weindorf, Rebenstraße 1. Ertragsweinberg, 10 Jahre, Riesling, Bodenart: sandiger Lehm, Obergrund.

Die Probe wird zu einem Bodenuntersuchungsinstitut geschickt.

Auf was wird untersucht?

Kalkgehalt

Phosphorsäure

Kali

auf Wunsch auch

Magnesium

Bor

Humusgehalt

Auswertung der Probe

Das Untersuchungsinstitut übergibt die Analyse mit einem genauen Düngungsvorschlag.Die Weinbauberatung ist gerne bereit, mit dem Betriebsleiter die Analyse zu besprechen und weitere Erläuterungen zu geben.

Bei starkem Nährstoffmangel muß auch die Humusversorgung verbessert werden.

Beurteilung der Nährstoffgehalte im Boden

Der gemessene Nährstoffgehalt aus der Bodenuntersuchung gibt Auskunft über die Versorgung des Bodens. Dabei werden unterschiedliche *Versorgungsstufen* angegeben.

Versorgungsstufe	Nährstoffgehalt	
A	sehr niedrig	= starker Mangel
B	niedrig	= schwacher Mangel
C	ausreichend	= optimale Versorgung
D	sehr hoch	= Überversorgung
E	extrem hoch	= starke Überversorgung mit negativen Auswirkungen

Erläuterungen zu den Versorgungsstufen:

Versorgungsstufe A:
Sehr schlechte Nährstoffversorgung wegen mangelnder Vorräte oder starker Bindung in nicht pflanzenverfügbarer Form. Ertrags- und Qualitätsverluste sind wahrscheinlich. Langfristig können Schäden an den Reben durch Mangelsymptome eintreten.

Versorgungsstufe B:
Die Nährstoffversorgung ist noch nicht ausreichend hoch. Langfristig sind keine optimalen Ertragswerte und Qualitäten zu erreichen.

Versorgungsstufe C:
Diese Stufe ist als optimal anzusehen und daher anzustreben.

Versorgungsstufe D:
Die Nährstoffgehalte liegen über dem Optimum. Eine positive Wirkung auf Menge und Güte ist gegenüber der Stufe C nicht zu erzielen.

Versorgungsstufe E:
Die Nährstoffversorgung ist unnötig hoch. Es können Schäden durch Überdüngung eintreten. Sind nur einzelne Nährstoffe extrem hoch, können sie die Aufnahme anderer Nährstoffe erschweren oder sogar blockieren. Dies zeigt sich häufig in den typischen Mangelsymptomen für den blockierten Nährstoff.

W i c h t i g e r   H i n w e i s !

Die Rebe lebt vom Bodenvorrat der Nährstoffe und weniger von der jährlichen Zufuhr.

Die optimale Versorgung der Stufe C muß daher erreicht bzw. erhalten werden.

292

Düngung

Versorgungsstufe	Düngung
A B	} Aufdüngung nach den Empfehlungen des Bodenlabors
C	Erhaltungsdüngung in Höhe des Entzugs.
D	Eine Erhaltungsdüngung mit der halben Menge durchführen oder die Düngung zeitweise aussetzen.
E	Düngung nicht nötig und daher aussetzen, bis die Werte der Stufe C wieder erreicht sind.

3.1.5 Nährstoff und Düngemittelbedarf

Eine Unterversorgung ist nur durch die Bodenuntersuchung festzustellen. Mit dem Untersuchungsergebnis wird vom Bodenlabor gleichzeitig ein Düngungsvorschlag über die Art des Nährstoffs und die notwendige Menge mitgeteilt.

Berechnung der Düngermengen

Beispiel:

Entzug = 50 kg K_2O/ha = Erhaltungsdüngung

gedüngt werden soll *Kornkali mit MgO*, Nährstoffgehalt 40% K_2O u. 6,5% MgO

Rechengang:

$$\frac{100 \text{ kg (1 dt) Kornkali}}{x} \begin{array}{l} = 40 \text{ kg } K_2O \\ = 50 \text{ kg } K_2O, \quad \text{gewünschte Zufuhr} \end{array}$$

$$\frac{100 \quad x \quad 50}{40} = 125$$

Zu düngen sind also 125 kg Kornkali/ha

Da Kornkali 5% MgO enthält werden gleichzeitig 7,5 kg/ha MgO zugeführt.

Rechengang:

100 kg Kornkali = 6 kg MgO

$$125 \text{ kg Kornkali} = \frac{100 \times 6}{100} = 7,5 \text{ kg}$$

Einzelwerte der pflanzenverfügbaren Nährstoffe

Gehalt P_2O_5 mg in 100 g Boden (CAL-Methode)

Nährstoffgehalt	alle Böden
sehr niedrig	unter 7
niedrig	7-14
ausreichend	15-25
sehr hoch	über 25

Gehalt an K_2O mg in 100 g Boden (CAL-Methode)

Nährstoffgehalt	leichte Böden < 10% Ton	mittlere Böden 10-25 % Ton	schwere Böden 26-35 % Ton
sehr niedrig	unter 6	unter 8	unter 10
niedrig	7-14	9-15	10-25
ausreichend	15-20	16-25	26-39
sehr hoch	über 20	über 25	über 39

Gehalt an MgO mg in 100 g Boden (nach Schachtschabel)

Nährstoffgehalt	leichte Böden 10% Ton	mittlere Böden 10-25% Ton	schwere Böden 26-35 % Ton
sehr niedrig	unter 6	unter 8	unter 10
niedrig	7-10	9-12	10-14
ausreichend	11-15	13-20	15-20
sehr hoch	über 15	über 20	über 20

Gehalt an Bor mg in 1 kg Boden (ppm) (Heißwasser-Methode)

Nährstoffgehalt	Boden	
	pH unter 7,0	pH über 7,0
sehr niedrig	unter 0,4	unter 0,5
niedrig	0,5-0,7	0,6-0,9
ausreichend	0,8-1,2	1,0-1,4
sehr hoch	über 1,2	über 1,4

Literatur (Bodenuntersuchung)

GÄRTEL, W.: Der Boden und seine Untersuchung.Der Deutsche Weinbaukalender 1955, 64-68.

RASP, H.: Grenzwerte für die Nährstoffversorgung im Weinbau an Hand der Bodenuntersuchung. Landw. Forschung, 23/I Sonderheft 1975.

SCHALLER, K. und Steinberg, B.: Die mineralische Düngung im Weinbau. Der Deutsche Weinbau, 1978, 1076-1091.

Literatur (allgemein)

* BEETZ, K.J.: Düngung und Pflanzenschutz im Weinbau. Broschüre der BASF, 5. Auflage 1978.

BUCHER, A.: Grundsätzliches zur Düngung der Weinberge. Weinberg und Keller, 1956, 453-462.

* FINCK, A.: Pflanzenernährung in Stichworten. Verlag Ferdinand Hirt, Kiel 1969.

GÄRTEL, W.: Über Rebenernährung und Rebendüngung. Der Deutsche Weinbau, 1962, 156-160, 197-200, 232-238.

GÄRTEL, W.: Über die Düngung der Reben in intensiv bewirtschafteten Weinbaugebieten. Weinberg und Keller, 1966, 295-326.

GÄRTEL, W.: Die Mikronährstoffe - ihre Bedeutung für die Rebenernährung unter besonderer Berücksichtigung der Mangel- und Überschußerscheinungen. Weinberg und Keller, 1974, 435-508.

LÖHNERTZ, O.: Nährstoffbedarf und Düngungszeitpunkt. Weinwirtschaft-Anbau, 1990, Nr. 2, 22.

PFAFF, C.: Nährstoffauswaschung aus dem Boden bei Anbau von Reben. Weinberg und Keller, 1960, 225-229

* PLATZ, R.: Qualitätsweinbau - Broschüre über Bodenpflege, Rebenernährung und Düngung. 3.Auflage, Herausgeber: Landwirtschaftliche Abteilung der KALI und SALZ AG, Kassel 1980.

SCHALLER, K.: Die Dynamik verschiedener Pflanzennährstoffe im Boden und die daraus entstehenden Konsequenzen für die praktische Düngung. Rebe und Wein, 1975. 98-105.

SCHALLER, K. und STEINBERG, B.: Die mineralische Düngung im Weinbau. Der Deutsche Weinbau, 1978, 1076-1091.

LAD: Die Düngung im Weinbau 1981. Der Deutsche Weinbau, 1981, 345-346.

SCHRADER, Th.: Ergebnisse eines langjährigen Düngungsversuches. Weinberg und Keller, 1955, 1-14, 79-97

WALTER, B.: Mineraldüngung der Reben an Mosel, Saar und Ruwer. Der Deutsche Weinbau, 1970, 222-224.

WALTER, B. und Resch, H.N.: Düngung und Bodenbewirtschaftung im Weinbau. AID-Heft 1228/1990

* WANNER, E.: Bodenpflege und Düngung im Weinbau, Teil II. Düngung. Grundlagen und Fortschritte im Garten und Weinbau. Verlag Eugen Ulmer,Stuttgart 1937.

ZIEGLER, B.:Die Frühjahrsdüngung im Weinbau. Winzer-Kurier 1986/3/18-24

-.-; Sachgerechte Düngung in Rheinland-Pfalz, -Leitfaden für die Praxis, Ministerium für Landw., Weinbau und Forsten, Mainz 1989.

* Bücher mit einer Gesamtübersicht über die Düngung der Rebe.

3.2 Kalk-Calcium (Ca)

Bedeutung für die Pflanze

- Bestandteil jeder Zelle.
- Regulierung des Stoffwechsels, der Eiweißbildung, des Nährstoff- und Wasserhaushaltes.
- Abpufferung der Säuren.
- Fördernder Einfluß auf Wurzelwachstum
- Mangel führt zu Änderungen der Zellstruktur und zu Zelldeformationen.

Wirkung im Boden

chemisch: Neutralisation der Säuren. Verhinderung der Festlegung von Nährstoffen.

physikalisch: Förderung der Krümelstruktur.

biologisch: Förderung des Bodenlebens.

Aufnahme: Ca^{++}Ion.

Kalkmangel

- Blattspreiten gelblich, sterben vom Rande her ab. Zuerst wenige Punktnekrosen, die vom Rande her zu braunen Flächen abgestorbenen Gewebes zusammenwachsen.
- Schwacher Wuchs.
- Bei starkem Mangel gehen die Rebstöcke ein.
- Die gesamte Nährstoffaufnahme ist blockiert.
- Das Erscheinungsbild ist von Phosphatmangel kaum zu unterscheiden, da bei Ca-Mangel kaum Phosphat aufgenommen wird.
- Die Aufnahme von Schwermetallen erhöht sich.

Die B e s e i t i g u n g von K a l k m a n g e l ist für die Nährstoffverfügbarkeit und Rebengesundheit von großer Bedeutung. Dies ist leicht durch Meliorations- bzw. Erhaltungskalkung zu erreichen. Diese Maßnahme kann durch Einsatz kalkhaltiger Düngemittel unterstützt werden.

Anzeigerpflanzen für Kalkmangel sind
Spörgel, kleiner Ampfer, Hederich.

Einfluß des sauren Regens

Der Kalkhaushalt des Bodens wird durch den sauren Regen stark angegriffen. Nach Angaben verschiedener LUFA`s sind die Verluste mit jährlich ca. 80 bis

90 kg/ha CaO zu veranschlagen. Dieses zusätzliche Defizit muß durch Kalkdüngung ausgeglichen werden. Diese Kalkung ist ein Beitrag zum Umweltschutz, der finanziell von den Betrieben für die Allgemeinheit getragen wird.

Kalküberschuß

Er kann auf zur Verdichtung neigenden Böden die gefürchtete Chlorose auslösen. Siehe auch Fachbuch „Rebschutz im Weinbau" im gleichen Verlag.

Böden mit Kalküberschuß müssen mit physiologisch sauer wirkenden Mineraldüngern gedüngt werden (schwefelsaures Ammoniak, Ammonsulfatsalpeter, Superphosphat usw.).

Anzeigerpflanzen für Kalküberschuß sind
Ackersenf, Erdrauch, Flughafer.

Kalkbedarf

Rückschlüsse auf den Kalkgehalt des Bodens werden aus dem pH-Wert (Bodenreaktion) gezogen. *Der* für die Rebe *günstigste Bereich* liegt
zwischen pH 5,8 bis 7,5.
Je leichter der Boden ist, um so mehr liegt das pH-Optimum in Richtung des sauren Bereiches dieser Spanne.
Über den Kalkbedarf gibt der pH-Wert k e i n e Auskunft. Dieser ist nur durch eine Bodenuntersuchung im Labor zu ermitteln.

Entzug durch die Rebe

Der *Kalkentzug* aus dem Boden durch die Rebe ist gering und beträgt,wenn Laub und Holz im Weinberg verbleiben, *bei einem Ertrag von 100 hl/ha Most etwa 6,3 kg/ha*. Größer und bedeutungsvoller sind die E i n w a s c h v e r l u s t e , die besonders in leichten humusarmen Böden bis zu 500 kg/ha CaO betragen können und die Beanspruchung des Bodenkalkes durch den s a u r e n   R e g e n .

Düngergaben

pH		
bis 4,5	stark sauer }	Gesundkalkung nötig
4,5 bis 5,5	sauer	Gesundkalkung nötig
5,5 bis 6,5	schwach sauer	Erhaltungskalkung
6,5 bis 7,2	neutral	kalkhaltige Mineraldünger
über 7,2	kalkhaltig	saure Mineraldünger

Erhaltungskalkung: Gaben von 10 bis 20 dt/ha können alle 2 bis 3 Jahre nötig sein.

Zur Verbesserung der Bodenstruktur ist auch ein bestimmter Gehalt an Aktivkalk erwünscht. Folgende Anhaltspunkte sind zu beachten:

- In leichten Böden ist kein Aktivkalk nötig.
- In mittelschweren Böden sollten wenigstens 0,1 % und in schweren 1,0 % vorhanden sein.
- Ab 15 % Aktivkalk ist die Rebe auf solchen Böden chlorosegefährdet.

Düngemittel

Kalkdünger sind Dünger zur Verbesserung der Bodenreaktion. Die Zufuhr von Calcium als Nährstoff spielt nur eine untergeordnete Rolle.

Kalkart	Gehalt	Eigenschaften
Kohlensaurer Kalk	75-95 % $CaCO_3$ (=42 bis 53 % CaO)	Gemahlener Kalkstein, der im Boden erst in Calziumoxid (CaO) umgewandelt werden muß.
Kohlensaurer Kalk mit 2,4-7 % MgO	desgl.	
Branntkalk	65 bis 95 % CaO	Er ist thermisch aufgeschlossen und enthält den Kalk bereits als CaO
Branntkalk, körnig	65 bis 95 % CaO	
Löschkalk	80 bis 92 % Ca (OH)$_2$ = 60-70% CaO	Branntkalk + H_2O hat Eigenschaften wie Branntkalk
Magnesium Branntkalk mit 15 bis 40 % MgO	65 bis 95 % CaO	Thermisch aufgeschlossener Kalk ist besonders gut für die Rebendüngung geeignet, wenn mit der Kalkung gleichzeitig Magnesiumzufuhr not wendig ist.
Magnesium Branntkalk körnig mit 15 bis 40 % MgO	90 % CaO	
Hüttenkalk mit 5-10% MgO Spurenelemente	47 bis 50 % CaO	Diese Kalke fallen bei der Eisen- u. Stahlerzeugung an. Der Kalk ist thermisch aufgeschlossen. Die in ihnen enthaltene Kieselsäure kann von der Pflanze aufgenommen werden und fördert ihre Widerstandsfähigkeit gegen Pilzkrankheiten. Sie kann im Boden festgelegtes Phosphat mobilisieren. Der Magnesiumgehalt deckt einen Teil des Magnesiumbedarfs der Rebe.
Kieselsäure		
Konvertkalk mit ca. 2 % MgO Spurenelemente	45 bis 50 % CaO	
Kieselsäure (ca. 12%)		
Thomaskalk 4	45 % CaO 4% P_2O_5	
Thomaskalk 6	45 % CaO 6% P_2O_5	
Thomaskalk 8	50 % CaO 8 % P_2O_5	
alle 3 Sorten mit ca. 3 % MgO, Spurenelementen u. ca. 12% Kieselsäure	(P_2O_5=zitronensäurelöslich)	

Wirkung sonstiger Kalke:

● *Konverterkalk* kann als Gemisch aus Branntkalk und Hüttenkalk angesehen werden.

● *Thomaskalk* ist Konverterkalk mit höherem Phosphatgehalt

● *Scheideschlamm* besteht aus getrocknetem Karbonat (CaO_3) und ist somit mit kohlensaurem Kalk vergleichbar.

Schnellwirkende Kalke sind:

● Branntkalk und

● Löschkalk

Sie eignen sich besonders zur Gesundkalkung in mittelschweren bis schweren Böden.

Langsam wirkende Kalke sind:

● kohlensaurer Kalk und

● Hüttenkalk

Sie eignen sich besonders für die Erhaltungskalkung in leichten Böden.

Bei genauer Dosierung und ordnungsgemäßer Einarbeitung, lassen sich alle Kalkdünger auf allen Böden verwenden.

Durchführung der Kalkdüngung

● Die Dünger außerhalb der Vegetationsperiode der Rebe streuen, da alle, mit Ausnahme vom kohlensaurem Kalk ($CaCO_3$), ätzend sind.

● Kalk nicht auf Stallmist oder andere ammoniumhaltige Dünger streuen, da es sonst durch Freisetzung von Ammoniak zu Stickstoffverlusten kommt. Daher den Kalk am besten 3 Monate vor einer organischen Düngung streuen.

● Wichtig sind die gleichmäßige Verteilung der Kalke und eine gute Einmischung in die Oberkrume des Bodens, um Verkrustungen auf der Bodenoberfläche zu vermeiden.

Literatur:

-.-: Düngekalk-Leitfaden, 3.Auflage 1951, Land- und forstw. Abt. der Düngekalkgemeinschaft

ENGELS, A.: Die Wirkung des Kalkes auf Weinbergsböden. Das Weinblatt, 1952, 176, 197.

WALTER, B.: Kalkdüngung. Der Deutsche Weinbau, 1970, 224.

3.3 Stickstoff (N)

Stickstoff ist Hauptbestandteil der Luft (78,2 %) neben Sauerstoff (20,8 %), Kohlendioxid (0,03 %) und Edelgasen (0,97 %). Der Luftstickstoff tritt fast ausschließlich als molekulares N_2 auf.

Herkunft des Stickstoffes als Pflanzennährstoff

Es können fünf Herkünfte angeführt werden:

- *Atmosphärische elektrische Entladung* (Gewitter) bindet Luftstickstoff, der mit den Niederschlägen in den Erdboden gelangt und pflanzenverfügbar ist. Es werden Nitrit (NO_2-) und Nitrat (NO_3-) gebildet.

- *Biologische Aufbauprozesse* durch Umwandlung von Luftstickstoff in Eiweißstickstoff. Die Bindung erfolgt durch freilebende Bakterien. Es werden nur wenige kg/ha produziert.

- *Symbiotisch mit Schmetterlingsblütlern lebende Knöllchenbakterien*, die Luftstickstoff binden. Ein guter Luzernebestand kann bis zu 300 kg/ha Stickstoff im Jahr binden.

- *Biologische Abbauprozesse* - Mineralisierung - beim Verrotten aus organischer Substanz, des Humus. Bei einem Humusgehalt des Bodens von 2 % können pro Jahr 40 bis 240 kg/ha Stickstoff pflanzenverfügbar werden.

- *Industrielle Produktion von Stickstoff-Handelsdünger* – (Ammoniak, Salpeter, Harnstoff), Stoffe, die auch als natürliche Stickstofformen in der Natur vorkommen.

Stickstoff im Boden

Stickstoff wird im Boden in vielfältigen Stufen umgesetzt.

Proteine im Boden aus Pflanzen und Tieren sowie der Humus unterliegen durch biologische Vorgänge einem Abbau, M i n e r a l i s a t i o n genannt.

Der Bodenstickstoff ist zu 99 % an den Humus gebunden. Der Gesamtgehalt beträgt je nach Humusgehalt 2000 bis 10000 kg/ha.

A m m o n i u m wird durch nitrifizierende Bakterien über Nitrit zu Nitrat (Salpeterstickstoff) oxidiert. Eine Rückbildung von Nitrit zu Ammonium ist möglich, aber sehr gering. Ammonium selbst wird nicht ausgewaschen. Da es aber sehr leicht in Nitrit umgewandelt wird, tritt die Auswaschung lediglich etwas verzögert ein. Hierbei ist es egal, ob der Stickstoff aus Mineraldünger oder dem Humus stammt.

N i t r a t ist im Boden *leicht beweglich*. Dies führt zur Nitratverlagerung und zwar zur

- *Einwaschung*, was eine Verlagerung von Stickstoffverbindungen aus der Krume in den noch von der Pflanze erreichbaren Unterboden bedeutet, und zur

- *Auswaschung*, was ein Abtransport von Nitrat mit dem Sickerwasser aus der von den Wurzeln nutzbaren Bodenschicht ins Grundwasser, und damit auch gegebenenfalls ins Trinkwasser, darstellt.

Nitrat selbst ist ungiftig, kann aber zu Nitrit umgewandelt werden und zwar

in der Mundhöhle des Menschen, oder

bei Transport, Lagerung und Zubereitung pflanzlicher Nahrungsmittel.

Hohe Nitritkonzentrationen beschleunigen die Bildung krebserregender Nitrosamine.

Der zulässige Grenzwert für Nitrit im Trinkwasser beträgt 50 mg/l, gemäß Anlage 2 (zu § 2 Abs. 1, § 12) Trinkwasserverordnung v. 22.5.1986-Bundesgesetzblatt 1986 Teil I.

Die Höhe der Einwaschung nimmt mit steigenden Niederschlägen zu.

Mögliche Verluste durch Einwaschung:

Tonboden ca,. 30 kg/ha
Lehmboden ca, 40 kg/ha
Sandboden ca. 60 kg/ha
Steinboden ca. 80 kg/ha

Unkontrollierte Einwaschverluste treten vorwiegend durch sehr intensive Humusdüngung auf. Die Freisetzung von Stickstoff durch Mineralisierung kann über die Zeit der Stickstoffaufnahme durch die Pflanze hinausgehen und sich auch in milden Wintern fortsetzen.

Die *Nitratauswaschung* kann durch Bodenbegrünung (Kurzzeit- oder Langzeitbegrünung) reduziert werden.

Die Kurzzeitbegrünung über Winter mit Nichtleguminosen reduziert die Nitratwerte im Spätherbst und Winter.

Die Nitratwerte steigen nach dem Umbruch der Pflanzen wieder an.

Wird der Umbruch nach dem Austrieb der Reben ausgeführt, kann ihr wieder gezielt Stickstoff zugeführt werden.

Die Nitratdynamik ist bei der Langzeitbegrünung nicht ganz so ideal.

Der Nitrataustrag unter langzeitbegrüntem Boden ist jedoch niedriger als bei offenem Boden.

Besonders auf Standorten in denen eine flächendeckende Langzeitbegrünung problematisch ist, ist eine Kombination von Langzeitbegrünung in jeder zweiten Gasse und Kurzzeitbegrünung über Winter in den offenen Gassen aus der Sicht der Nitratdynamik empfehlenswert.

Stickstoffverluste im Boden erfolgen nicht nur durch Nitratauswaschung, sondern auch durch Verdunstung von Ammoniak. Die Mengen sind jedoch sehr gering.

Hohe Stickstoffverluste können bei Sauerstoffmangel im Boden durch D e n i - t r i f i k a t i o n entstehen. Bakterien überführen Nitrat in Stickoxide, die gasförmig entweichen. In Tonböden können dies bis zu 30 % des gedüngten Stickstoffes sein.

Literatur:

SCHALLER, K.: Nitrataustrag aus Böden in Abhängigkeit von organischer Düngung und Art der Bodenpflege. Der Deutsche Weinbau, 1988, 444-447.

RUPP, D.: Rigolen von Rebböden und die Nitratauswaschung. Der Deutsche Weinbau, 1988, 135-1137.

Formen

NO_3^- *Nitrat*: Anion der Salpetersäure (HNO_3). Nitrat hat den Hauptanteil an der N-Ernährung der Pflanze. Leicht beweglich und daher auswaschungsgefährdet.

NH_4^+ *Ammonium*: Kation aus der Reaktion von Ammoniak mit Wasser. Es entsteht beim Humusabbau. In Böden mit aufgeweiteten Tonmineralen kann NH_4, ähnlich wie Kalium, in den Zwischenschichten teilweise vorübergehend festgelegt werden (NH_4^-Fixierung)

NH_3 *Ammoniak*: Es entsteht beim Humusabbau und ist in hoher Konzentration toxisch.

NH_2 *Amino-Stickstoff*: Er entsteht beim Humusabbau und wird im Boden rasch durch Nitrifikation in NO_3-N abgebaut. In der Pflanze wird er aus NO_3 gebildet und in Aminosäuren, aus denen Eiweiß aufgebaut wird, eingebaut.

NO_2^- *Nitrit*: Anion der salpetrigen Säure. Es entsteht in Böden als Zwischenprodukt bei der Nitrifizierung.

N_2O *Stickoxide*: Sie entstehen in schlecht durchlüfteten Böden durch bakte-
NO rielle Umwandlung (Denitrifikation) aus Nitrat. Sie können gasförmig
NO_2 entweichen.

Quelle: Sachgerechte Stickstoffdüngung, schätzen, kalkulieren, messen.AID-Heft 17/1983

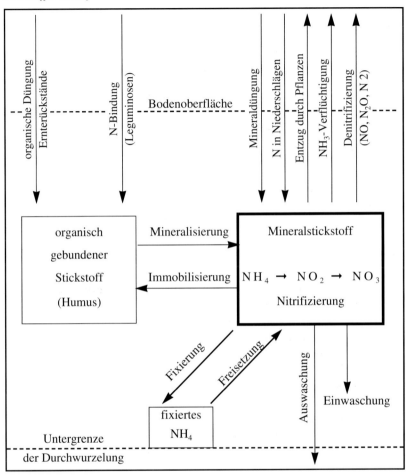

Nitratgehalte im Boden

Der winterliche Nitrataustrag durch das Sickerwasser führt im Boden zu ziemlich niedrigen Nitratgehalten im Frühjahr (März), unabhängig von der Höhe der Düngung im Vorjahr.

Der Gehalt steigt bis zum Sommer (Juli) an. Daran sind sowohl der durch Mineralisation freigesetzte Stickstoff als auch der mineralisch verabreichte beteiligt.

Bis Anfang Herbst (September) bewegt sich der Gehalt auf ziemlich gleicher Höhe.

Im Winter ist eine stetige Abnahme festzustellen. Sie erreicht im Frühjahr ihren Tiefstpunkt.

Der Nitratgehalt im Boden hängt ab vom

– Humusgehalt des Bodens,

– der Höhe der Humus- und Mineraldüngung,

– den Bodenpflegemaßnahmen und

– besonders der Jahreswitterung.

Häufige Bodenbearbeitung fördert die Mineralisation und damit die Freisetzung von Stickstoff aus der Humusmasse des Bodens (siehe Seite 196, 201).

Die Bodenerwärmung bei warmem Wetter begünstigt ebenfalls die Mineralisation. Dieser Einfluß auf den Nitratgehalt des Bodens ist größer als derjenige der Mineraldüngung. Der Nitratgehalt unterliegt daher großen jahrgangsbedingten Schwankungen.

Wie stark sich eine im Frühjahr verabreichte Stickstoffdüngung auf den Nitratgehalt des Bodens auswirkt, ist daher nicht vorauszusagen.

Literatur:

GEIGER, K.: Die Bedeutung der mineralischen Stickstoffdüngung und Herbstbegrünung. Rebe und Wein, 1985, 256-262.

Bedeutung des Stickstoffes für die Pflanze

● Motor des Pflanzenwachstums

● Wichtiger Baustein des pflanzlichen Eiweißes.

● Am Aufbau des Chlorophylls, des Plasmas, der Nucleinsäure (Zellkern), von Enzymen, Wuchsstoffen, Vitaminen usw. beteiligt.

● Wichtig für die ganze Pflanze.

● Fördert Holzwachstum

● Führt zu regelmäßigen und hohen Erträgen.

● Fördert Bildung von Reservestoffen.

● Durch Dürre, Krankheit oder Frost geschädigte Rebanlagen können durch verstärkte Stickstoffdüngung schnell gekräftigt werden.

Aufnahme

Wurzel: Organisch gebundener Stickstoff kann nicht aufgenommen werden. Er muß durch Mikroorganismen des Bodens in die anorganischen Formen Ammonium und Nitrat mineralisiert werden. Beide Formen werden von der Pflanze aufgenommen. Auf alkalischen Böden wird mehr NH_4, auf sauren mehr NO_3 aufgenommen. Ammonium wird als Kation von den negativ geladenen Kolloiden des Bodens absorbiert und damit in seiner Beweglichkeit gemindert. Eine bessere Beweglichkeit wird durch Umwandlung in Nitrat (Nitrifikation) erreicht. Aus diesem Grunde nimmt die Pflanze den Stickstoff überwiegend in Nitratform auf.

Zeitlicher Verlauf der Stickstoffaufnahme

1. In der Phase nach dem Austrieb, bis zur Entfaltung von 5 bis 6 Blättern (Entwicklungsstadium 2 bis 11) ist der Stickstoffbedarf gering und wird zum überwiegenden Teil durch Mobilisierung von Reserven im Holzkörper gedeckt.

2. Die erste nennenswerte Aufnahme über die Wurzel aus dem Bodenvorrat erfolgt nach der Entfaltung von 5-6 Blätter (Entwicklungsstadium 12-17).

3. Das Aufnahmemaxima liegt nach der Blüte zwischen Fruchtansatz und Erbsendicke der Beeren (Entwicklungsstadium 27-31).

4. Bis zum Reifebeginn besteht eine Phase sehr geringer Stickstoffaufnahme.

5. Mit Reifebeginn (Entwicklungsstadium 35) wird nochmals etwas mehr Stickstoff aufgenommen.

Blatt: Lösliche Stickstoffmengen werden aufgenommen und Harnstoff.

Literatur:

LÖHNHERTZ, O., SCHALLER, K., MENGEL, K.: Nährstoffdynamik in Reben – Stickstoffkonzentration und Verlauf der Aufnahme in der Vegetation. Die Wein-Wissenschaft, 1989, 192-203.

Stickstoffmangel

- Hellgrüne bis zitronengelbe Blätter.
- Rotverfärbung der Blattstiele und der nicht verholzten Sprosse.
- Schwacher Wuchs, kleine Blätter, kleine Trauben, dünne Triebe.
- Schwache Assimilationsleistung, geringe Mostqualität, dünne Weine.
- Verstärktes Auftreten von Spinnmilben möglich.
- Kali soll nicht voll zur Wirkung kommen.

Stickstoffüberschuß

- Verweichlichung der Pflanze.
- Empfindlich gegen Pilzkrankheiten, Trockenheit, Frost.

- Schlechte Holzreife.

- Rieselschäden, Trauben- und Stielfäule

- Verstärktes Auftreten von Stiellähme

Einfluß auf den Wein

Bei bedarfsgerechter Stickstoffversorgung: höhere Saftausbeute, mehr Extrakt, vollere Weine.

Düngebedarf

Der Düngebedarf der Rebe an Stickstoff ist von vielen Faktoren abhängig und kann nur begrenzt an den Entzugswerten ausgerichtet werden. (Entzugswerte siehe Seite 287) Der Winzer kann vor allen Dingen aus der Wuchsstärke der Reben Rückschlüsse ziehen, ob die bisherige Stickstoffdüngung zu niedrig, zu hoch oder ausreichend war. Schaller und Steinberg geben für die Stickstoffdüngung folgende Anhaltspunkte:

Die Stickstoffdüngung muß sich an der oberen Grenze der Richtwerte bewegen wenn

- das Ertragspotential der Rebsorte hoch ist,
- der Humusgehalt des Bodens gering ist (1 bis 2%)
- keine stickstoffreichen Pflanzenreste in den Boden gelangen (Gründüngung, Unkraut)
- der Winter naß und mild verlaufen ist,
- die Stickstoffmineralisierung im Boden wegen eines naßkalten Frühjahrs gering ist und
- die Wasserversorgung während der Vegetation, z.B. durch Bewässerung, günstig gestaltet werden kann.

Die Stickstoffdüngung kann niedrig gewählt werden wenn

- der Humusgehalt des Boden hoch ist (2 % und mehr),
- das Frühjahr warm ist, weil dann die Mineralisierung von Stickstoff im Boden rasch in Gang kommt,
- wenn Leguminosen (Stickstoffsammler) als Gründüngung vorhanden sind,
- viel organischer Dünger eingesetzt wird.
- der Winter früh eingesetzt hat, trocken und kalt war, sodaß wenig löslicher Stickstoff in tiefere Bodenschichten eingewaschen werden konnte und
- die Vegetationszeit des Vorjahres trocken war und noch Stickstoffmengen aus der damaligen Düngung zur Verfügung stehen.

Kann auf eine Düngung mit Stickstoff verzichtet werden?

Ein Verzicht auf die Stickstoffdüngung muß nicht sofort zu negativen Reaktionen bei der Rebe führen. Es gilt ein gewisses Ernährungspotential sicherzustellen. So wirken insbesondere langsam fließende Stickstoffquellen in Form von organischer Masse ausgleichend.

Die Stickstoffdüngung wurde in den letzten Jahren von einst 200 bis 400 kg/ha auf etwa 30 bis 50 kg/ha reduziert, ohne daß dabei Ertrags- oder Qualitätseinbußen zu verzeichnen waren. Es gibt heute eine große Anzahl von Betrieben, die seit Jahren keine Stickstoffdüngung mehr durchführen und in zahlreichen wissenschaftlichen Versuchen wurde belegt, daß auch ohne Stickstoff das Ertrags- und Qualitätsniveau zu halten ist.

Dies scheint zunächst in sich widersprüchlich zu sein, da jedem Praktiker die Notwendigkeit einer guten Stickstoffversorgung für das Wachstum der Rebe bekannt ist. Die Erklärung liefert die Aufstellung einer S t i c k s t o f f b i l a n z , in der folgende Punkte berücksichtigt werden müssen:

- Stickstoffentzug der Rebe,
- Stickstoffvorrat und Stickstofffreisetzung im Boden,
- Stickstoffzufuhr aus der Atmosphäre und
- Stickstoffverluste durch Auswaschung.

Stickstoffentzug:

Der Entzug wird vom Traubenertrag beeinflußt und bewegt sich zwischen 50 und 70 kg/ha. Da jedoch das Schnittholz, das Gipfellaub und die Blätter im Weinberg verbleiben, ist in der Bilanz nur der Entzug durch die Trauben als Verlust für den Boden zu rechnen. Dieser Entzug liegt bei nur rund 25 bis 30 kg/ha.

Stickstoffvorrat des Bodens und Stickstofffreisetzung:

Dem geringen Entzug durch die Traube steht ein großer Vorrat im Boden gegenüber, der größtenteils im Humus organisch gebunden ist (N_{org}). Je nach Humusgehalt, C/N-Verhältnis und Bodenmächtigkeit, schwankt dieser Vorrat in den Weinbergsböden zwischen 2 000 und 10 000 kg N_{org}/ha.
Die folgende Tabelle gibt einen Überblick über den Gesamtstickstoffgehalt und die Stickstofffreisetzung in Abhängigkeit vom Humusgehalt des Oberbodens.

% Humus 0-30 cm	Gesamt-Stickstoff Oberboden kg/ha	Stickstoffreisetzung aus Humus kg/ha/Jahr N 1-2 % Mineralisationsrate
1,0	2 175	22-44
1,6	3 480	35-70
2,0	4 350	44-88
2,6	5 655	47-114
3,0	6 525	66-132
4,0	8 700	88-176

Da auch der Unterboden noch Humus enthält, meist in geringen Mengen, aus dem Stickstoff freigesetzt wird, muß auch dieser Anteil in der Bilanz berücksichtigt werden.

Bei einem Humusgehalt des Bodens von 2%, beträgt die Stickstoffnachlieferung aus der Mineralisation während der Vegetation ca. 60 bis 120 kg/ha Stickstoff.

Wichtig! Allein diese Menge ist ausreichend um den Entzug an Stickstoff durch die Trauben zu decken.

Hohe Mineralisationsraten und damit hohe Stickstoffreisetzungen vollziehen sich bei intensiver biologischer Aktivität des Bodenlebens. Diese Aktivität wird vor allem durch intensive Bodenbearbeitung und hohe pH-Werte gefördert.

Eine intensiv lockernde Bodenbearbeitung kann 30 bis 40 kg/ha Stickstoff frei setzen.

Stickstoffzufuhr aus der Atmosphäre:

Durch elektrische Entladung, sowie industrielle und landwirtschaftliche Emissionen, gelangen jährlich 30 bis 40 kg/ha Stickstoff in den Boden. In Güllegebieten, mit sehr starker NH_3-Emission, wurden sogar Einträge bis 180 kg/ha gemessen.

Stickstoffverluste durch Auswaschung:

Die Verluste durch Auswaschung werden in erster Linie durch folgende Faktoren begünstigt:

- offene Bodenhaltung,
- intensive Bodenlockerung,
- hohe Stickstoffdüngung und
- frühzeitige Stickstoffdüngung vor dem Austrieb.

Höhe der Verluste: Untersuchungen ergaben Mengen in einer Spanne von

10 bis 700 kg/ha.

Die großen Schwankungen sind Folge unterschiedlicher Dünge- und Bodenpflegepraxis.

W i c h t i g ! Die Nitratauswaschung kann durch folgende Maßnahmen verringert werden:

> Teilzeit- oder Langzeitbegrünung,
>
> Anpassung der Düngermenge an den Ertrag,
>
> Wahl des richtigen Streuzeitpunktes

Damit läßt sich die Auswaschung in der Regel unter 50 kg/ha senken.

Stickstoff-Bilanz

Werden die Maßnahmen zur Einschränkung von Stickstoffverlusten in der Praxis beachtet, ergibt sich folgende Bilanz:

N-Nachlieferung kg/ha		N-Verluste kg/ha	
N-Mineralisation: ca.	60 - 120	N-Entzug: ca.	25 - 30
N-Zufuhr Atmosphäre: ca.	30 - 45	N-Auswaschung: ca.	10 - 50
Summe	+ 90 - 165	Summe	− 35 - 85

E r g e b n i s : Auch ohne Stickstoffdüngung in mineralischer oder organischer Form besteht ein *Überschuß von 55 bis 80 kg/ha.*

Dies erklärt die Tatsache, daß auf vielen Standorten, zumindest dort wo der Humusgehalt über 2% liegt, einige Jahre auf die Stickstoffdüngung verzichtet werden kann.

In Rheinland-Pfalz rechnet man derzeit (1991) auf den landwirtschaftlich genutzten Flächen mit einem N-Überschuß von 80 bis 90 kg/ha.

M e r k e !   *Grundlage für die Düngebemessung ist der pflanzenverfügbare Bodenvorrat an Nitratstickstoff.*

Nitratbestimmung

1. N_{min}-Untersuchung: Hierbei wird, nach einer Methode von Prof. Wehrmann, der im Boden vorhandene mineralisierte pflanzenverfügbare Nitratstickstoff erfaßt. Die Differenz zum Gesamtstickstoff ergibt die nötige Höhe der Stickstoffgabe.
Die Untersuchung soll erst kurz vor der Ausbringzeit des Stickstoffdüngers erfolgen.

Ausbringzeitpunkt

- nach dem Austrieb (Rebenstadium 09 = 2. bis 3. Blatt entfaltet),
- unmittelbar nach der Blüte (Rebenstadium 27 = Putzen der Beeren)

W i c h t i g ! Die Teilung der Stickstoffdüngung ist nötig zur

- Verringerung der Nitratauswaschung und
- Anpassung an die Aufnahmerate der Rebe (siehe Seite 305)

2. *Nitratschnelltest*: Während die exakte Werte liefernde N_{min}-Untersuchung in einem Bodenlabor erfolgen muß, kann den Nitratschnelltest der Betriebsleiter selbst durchführen

Zeitpunkt: Jeweils unmittelbar vor der Stickstoffdüngung

U n t e r s u c h u n g am besten sofort im Weinberg durchführen oder Bodenprobe in der Kühltasche transportieren und am selben Tage noch untersuchen.

Bei Laboruntersuchungen sind Termine und Anlieferungsbedingungen abzusprechen.

Notwendige Ausrüstung für die Durchführung

Zur Bodenprobeentnahme

1. Bohrstock, mindestens 60 cm Nutlänge, oder Spaten
2. Schonhammer
3. Zwei Eimer oder Plastikschüsseln

Zur Nitratbestimmung

1. Brief- oder Diätwaage (Wägebereich 250 bis 500 g, Ablesbarkeit ± 1 bis 2 g)
2. Zwei Haushaltsmixbecher oder gut schließende Gläser (Volumen ca. 250 ml, Ø 5 bis 8 cm, Höhe 8 bis 10 cm)
3. Meßbecher (100 bis 200 ml)
4. Uhr oder Küchenwecker (zwei Minuten einstellbar)
5. Destilliertes Wasser (je Probe = 100 ml)
6. Mittel- bis weitporige Rundfilter, Ø 15 cm
   (Preis: 8,- bis 10,.- DM/100 Stück)
7. Nitrat-Test-Meßstäbchen Merckoquant Art. N 10020
   Preis: 15,- bis 20,- DM/50 Stück
   Achtung! Auf Haltbarkeitsdatum achten, trocken und kühl lagern
8. Alaun (Kalium-Aluminium-Sulfat zur Verbesserung der Filtration bei bindigen Böden
   Anwendung: Zusatz von 5 g Alaun auf 1 Liter destilliertes Wasser
   (Gehört nicht zur Regelausrüstung - ist jedoch bei häufigerem Einsatz empfehlenswert)

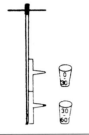

Entnahme von Bodenproben

Bei möglichst abgetrocknetem Boden ist eine repräsentative Bodenprobe durch 20 bis 40 Einschläge je Hektar zu nehmen. Die Entnahme sollte bei mindestens 60 cm Tiefe erfolgen. Es empfiehlt sich eine Trennung in Oberboden (0 bis 30 cm) und Unterboden (30 bis 60 cm).

Abwiegen von 100 g Boden

Nach intensiver Mischung der Bodenproben werden von jeder Probe 100 g Boden abgewogen. Die Einwaage sollte möglichst direkt in den Mixbecher erfolgen.

Zugabe von 100 ml destilliertem Wasser

Der Bodenprobe ist die gleiche Wassermenge zuzusetzen. Handelt es sich um mittelschwere bis schwere Böden, empfiehlt sich die Verwendung einer Alaunlösung (5g Alaun/l H_2O oder 8 g KCl/l H_2O).

Schütteln

Das Boden-Wasser-Gemisch ist zu schütteln bis eine klumpenfreie Bodensuspension hergestellt ist.

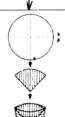

Filtration

Zur Filtration wird ein Rundfilterblatt trichterförmig gefaltet und in die Bodensuspension gesteckt, sodaß sich das Lösungswasser von unten durch den Filter drückt. Achtung: Das Filtrat muß völlig klar sein.

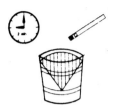

Teststäbchen eintauchen

Nitrat-Teststäbchen der Packung entnehmen. Dose sofort verschließen. Testzone etwa eine Sekunde in das Filtrat eintauchen - das Indikationspapier muß völlig benetzt sein. Zwei Minuten warten (Uhr einstellen).

Farbvergleich und Ablesen des NO_3-N-Gehaltes

Das untere Indikationspapier auf dem Teststreifen ist mit der Farbskala zu vergleichen. Wurde die Bodenprobe aus einer 30 cm Bodenschicht entnommen, dann entsprechen die auf der Packung aufgedruckten mg NO_3/l (ppm) dem Reinstickstoffgehalt in kg N/ha.

Um im Rahmen des Schnelltestes zuverlässige Meßergebnisse zu erhalten, muß auch der Bodenwassergehalt berücksichtigt werden. Da mit zunehmendem Wasseranteil die wäßrige Phase größer wird, ergeben sich in der Praxis etwas niedrigere Meßergebnisse.

Für eine grobe Orientierung genügt es, den auf der Skala abgelesenen Nitratwert mit dem Faktor

> 1,1 für trockene Böden,
>
> 1,3 für normal feuchte Böden und
>
> 1,5 für nasse Böden

zu multiplizieren.

Mit den Teststäbchen wird ein bestimmter Wert in kg/ha NO_3 ermittelt.

Unter Vermeidung eines längeren Rechenvorganges kann dieser Wert entsprechend dem folgenden Beispiel dem Wert für kg N/ha gleichgesetzt werden.

312

Beispiel:

Ermittelter Wert

im Oberboden (0 bis 30 cm)	=	20 kg N/ha
im Unterboden (30 bis 60 cm)	=	10 kg N/ha
Summe		30 kg N/ha

Die Summe wird multipliziert mit dem Faktor für Bodenfeuchte.
Im Beispiel sei feuchter Boden unterstellt, der den Faktor 1,3 hat.

30 x 1,3 = 40 kg/ha pflanzenverfügbarer Stickstoff.

S o l l w e r t für die Rebe an pflanzenverfügbarem Stickstoff

nach dem Austrieb	50 kg/ha [*]
nach der Blüte	80 kg/ha

Düngung nach dem Austrieb

notwendig für die Rebe	50 kg/ha
im Boden verfügbar	40 kg/ha
noch zu düngen	10 kg/ha

Diese geringe Menge erfordert in der Praxis k e i n e Düngung.

Düngung nach der Blüte

notwendig für die Rebe	80 kg/ha
im Boden verfügbar	40 kg/ha
noch zu düngen	40 kg/ha

Das ist die Höhe der Nachblütendüngung.

---

[*] In der Literatur werden zum Teil auch Mengen bis 70 kg/ha angegeben.

Literatur:

FINKENAUER, K.: Wie funktioniert der Nitratschnelltest? Das Wichtigste, Berichtshefte der Kreuznacher Wintertagung 1986, 27.

MÜLLER, K., BUCHER, R.: Möglichkeiten des Einsatzes der N min-Methode. Die Wein-Wissenschaft, 1981, 331-354.

MÜLLER, K.: Überlegungen zur Stickstoffdüngung im Weinbau. Rebe und Wein, 1983, 102-105.

WALTER, B., RESCH, H.N.: Schnelltest zur Bestimmung von Nitrat in Boden und Pflanze. Die Winzer-Zeitschrift Nr. 4, 1988, 24.

ZIEGLER, B.: Stickstoffdüngung im Frühjahr, Winzer-Kurier, 1985/3/19-26.

Düngemittel

Nitratdünger (Salpeterdünger, NO_3)

- Wirkung rasch.
- Nitrate werden im Boden kaum gebunden und unterliegen leicht der Einwaschung in tiefere Schichten.
- Sie können von der Pflanze unmittelbar aufgenommen werden.
- Der Einsatz erfolgt dort, wo Stickstoff schnell zur Verfügung stehen soll, z.b. Nachblütendüngung.
- Sie kommen auch bei Trockenheit noch gut zur Wirkung.
- Borüberdüngungen können durch sie abgeschwächt werden.

Handelsform

Kalksalpeter [5 $Ca(NO_3)_2$ + NH_4NO_3]

82% Calciumnitrat Ca $(NO_3)_2$

5% Ammoniumnitrat (NH_4NO_3)

Nährstoffgehalt 16% N

- Wirkt im Boden physiologisch alkalisch.
- Einsatz vorwiegend als Nachblütendünger. In schweren Böden eine, in leichten zwei Gaben streuen.

Chilesalpeter (Natronsalpeter, 97% $NaNO_3$)

Nährstoffgehalt 16 % N

- Naturprodukt,
- schnell löslich,
- geeignet als Nachblütendünger,
- Einsatz wie Kalksalpeter.

Ammoniumdünger (NH_{4+})

- Wirkung etwa 10 bis 20 Tage langsamer als Salpeterdünger.
- Bei nicht eingearbeitetem Dünger entsteht auf verdichteten Böden bei Niederschlägen gasförmiges Ammoniak, das in die Luft entweicht. Dies führt zu Stickstoffverlusten.
- Die Dünger können von der Pflanze unmittelbar aufgenommen werden, sind aber wegen ihrer mangelnden Mobilität der NH_4-Ionen oft erst nach der Nitrifikation pflanzenverfügbar (siehe Seite 305).

Handelsform

Ammonsulfat (Schwefelsaures Ammoniak) $(NH_4) SO_4$

Nährstoffgehalt 21 % N

- Wirkt im Boden physiologisch stark sauer.
- Einsatz in kalkhaltigen Böden

Ammon-Nitratdünger $(NH_4 + NO_3)$

- Die Dünger sind mit ihrem Nitratanteil schnellwirkend und mit ihrem Ammoniakanteil langsamer wirkend.
- Sie können unmittelbar von der Pflanze aufgenommen werden.

Handelsform

Kalkammonsalpeter $(NH_4 NO_3 + CaCO_3)$

Nährstoffgehalt 27% N (1/2 NH_4, 1/2 NO_3)
                   11% CaO,
                   4% MgO

- Wirkt im Boden physiologisch sehr schwach sauer, also fast neutral
- Einsatz zur Austriebs- oder Nachblütendüngung.

Ammonsulfatsalpeter $[NH_4 NO_3 (NH_4)_2 SO_4]$

Nährstoffgehalt 26 % N

- Wirkt im Boden physiologisch sauer.
- Einsatz wie Kalkammonsalpeter.

Stickstoffmagnesia

Nährstoffgehalt 22 % N (2/3 NH_4, 1/3 NO_3) + 7 % MgO

- Einsatz auf magnesiumbedürftigen Böden.

Amiddünger

- Wirkung langsam
- Der Stickstoff kann von der Pflanze nicht unmittelbar aufgenommen werden. Es ist eine mikrobielle Umwandlung in NH_4 und NO_3 nötig.

Handelsformen

Kalkstickstoff (60% $CaCN_2$ + 20 % CaO)

Nährstoffgehalt

- gemahlen 20,5 % N, 60 % CaO
- PERLKA 19,8 % N, davon 2 % als Nitrat, 55 % CaO.

Bei der U m w a n d l u n g d e s S t i c k s t o f f s entsteht vorübergehend Cyanamid, das eine herbizide Wirkung besitzt.

Der Dünger wirkt im Boden physiologisch alkalisch.

E i n s a t z vornehmlich auf sauren und neutralen Böden. Das Ausstreuen soll im zeitigen Frühjahr erfolgen, da zur Umsetzung Feuchtigkeit und Wärme erforderlich. Frühere Streutermine können zu Stickstoffverlusten durch Einwaschung in tiefere Bodenschichten führen.

Zwischen Streutermin und Schwellen der Rebknospen müssen 6 Wochen liegen. Späteres Streuen kann zu schweren Verätzungen beim Austrieb und Verlust der Gescheine führen.

Den Dünger nicht an die Stämme streuen. Schwere Verätzungen der Rinde sind die Folge. Die Rebstämme können absterben. Daher den Dünger gleichmäßig in der Rebgasse verteilen.

Eine gleichmäßige Verteilung führt zu einer guten Unkrautunterdrückung, die bis in die Blütezeit reicht. Der Einsatz anderer Herbizide kann daher hinausgeschoben werden.

Harnstoff (Carbamid) CO $(NH_2)_2$

Nährstoffgehalt 46 % N

- Die Umwandlung des Stickstoffs in die für die Pflanze aufnehmbare Form ist in ihrer Zeitdauer witterungsabhängig. Im günstigsten Falle, bei feuchter Witterung, vergleichbar mit Ammoniumdünger.

- Auf sorbtionsschwachen Böden sind -Auswaschverluste möglich.

- Der Dünger wirkt physiologisch sauer.

- E i n s a t z im Weinbau vornehmlich als *Blattdünger*, weil er vom Blatt ohne Umwandlung aufgenommen werden kann.

- Überkonzentrationen bei der Blattdüngung können zu Verätzungen an den grünen Rebteilen führen (Biuretschäden). Siehe auch Kapitel „Blattdüngung" Seite 345

- Als *Bodendünger* ist die Ausbringung technisch problematisch, da der hohe Stickstoffgehalt bei der im Weinbau üblichen Düngergabe zu kleine Streumengen ergibt.

- Den Dünger auf alle Fälle einarbeiten, da sonst bei der Umwandlung zu hohe Stickstoffverluste eintreten.

316

Stickstoffdünger mit Zusatz von Dicyandiamid

● Wirkung langsam

Dicyandiamid hemmt die Umwandlung von Ammonium zu Nitratstickstoff in den ersten 4 bis 6 Wochen nach der Anwendung. Die Länge der Hemmzeit ist abhängig von der Bodentemperatur. Je höher diese ist, um so schneller läßt die hemmende Wirkung nach. Danach erfolgt eine kontinuierliche Freisetzung. Dicyandiamid zerfällt letztlich zu Kohlendioxid, Ammoniak und Wasser und wirkt somit selbst als Stickstoffdünger.

Handelsformen

Alzon 25, Basammon stabil

Nährstoffgehalt   25 % N
                          18,2 % als Ammonium
                          4,8 % als Nitrat
                          2,0 % als Dicyandiamid
                          16,0 % Schwefel

Nachteile langsam wirkender Stickstoffdünger

● Die Düngermenge kann nicht nach dem aktuellen Nährstoffbedarf berechnet werden.

● Die künftige Vegetationsentwicklung ist z.b. bei der Düngung vor dem Austrieb nicht bekannt,ebensowenig eventuelle Spätfrostschäden.

● Eine Bemessung der zu düngenden Menge nach dem Nitratgehalt im Boden ist nicht möglich. Die Nitratgehalte zum Zeitpunkt der Düngung sind anders als zum Zeitpunkt der Freisetzung aus den Düngern.

● Die zu düngende Menge kann also nur nach Faustzahlen erfolgen.

Mehrnährstoffdünger mit Stickstoff siehe Seite 340.

Wirkung der Düngemittel

In der Ertragswirkung gleich.

Unterschiedlich in der Wirkungsgeschwindigkeit und den Nebenwirkungen.

schnell: Salpeter (Nitrat-)dünger. Harnstoff über das Blatt, schnellste Wirkung.

mäßig schnell: Ammoniumdünger, da erst nach Nitrifikation frei beweglich.

langsam: Kalkstickstoff, Harnstoff über den Boden und N-Dünger mit Dicyandiamid.

Streuzeit

Die Versorgung der Rebe mit mineralischem leicht löslichem Dünger hat unter Berücksichtigung der zeitlichen Stickstoffaufnahme der Rebe zu erfolgen.

Da eine nennenswerte N-Aufnahme erst mit dem Entwicklungsstadium 12 bis 17 beginnt und das Maximum der Aufnahme erst nach der Blüte einsetzt, ist eine Vorblütendüngung nur bei festgestellten niedrigen Nmin-Werten erforderlich.

B e a c h t e n ! Den Stickstoff in offenen Böden leicht einarbeiten, denn

- durch die Bodenfeuchtigkeit entsteht eine schnellere Verfügbarkeit und
- die Zerstörung der Grobporen bei der Einarbeitung verhindert ein zu schnelles Einwaschen des Stickstoffs, nach Untersuchungen von PERRET und SCHWARZ.

Literatur:

AMANN, F.: Stickstoffdüngung der Rebe während der Vegetationsruhe. Rebe und Wein, 1, 1968, 22-23.

BEETZ, K.J. und JÜRGENS, G.: Langsam wirkende Stickstoff-Formen im Weinbau. Der Deutsche Weinbau, 1979, 1042-1044.

BUCHER, R.: Ergebnisse eines neunjährigen Rebendüngungsversuches über die Wirkung steigender Stickstoff- und Spurenelementgaben auf die Menge und Güte. Weinberg und Keller, 1969, 227-252.

BUCHER, R.: Stickstoffbevorratung und Stickstoffbemessung im Weinbau. Der Deutsche Weinbau, 1977, 1312-1314.

FADER, W.: Frühjahrsdüngung und Bodenbearbeitung. Der Deutsche Weinbau, 1980, 297-298.

FELBER, W.: Stickstoffdüngung - Der Einfluß der zeitlichen Anwendung auf Traubenertrag, Mostqualität und Holzreife.Weinberg und Keller, 1954, 212-217.

HASSELBACH, R.: Stickstoffsteigerungsversuch in Verbindung mit zeitlich verschiedenen Düngergaben innerhalb der Vegetationszeit.Die Wein.-Wissenschaft, 1965, 245-248.

HUPPERT, V.: Entwicklung der Erträge bei intensiver Düngung. Feld und Wald, 4/1978, 27-28.

KANNENBERG, J.: Auswirkungen der Stickstoffdüngung im Ökosystem Weinberg. Rebe und Wein, 1981, 134-138

LÖHNHERTZ, O., Schaller, K., Mengel, K.: Nährstoffdynamik in Reben. Die Wein-Wissenschaft, 1989, 20-27, 77-85, 192-203.

MÜLLER, K.: Der pflanzenverfügbare Stickstoff in Weinbergsböden und die jährliche N-Düngung. Der Deutsche Weinbau, 1982, 330-334.

MÜLLER, K.: Überlegungen zur Stickstoffdüngung im Weinbau. Rebe und Wein, 1983, 102-105.

SCHALLER, K.: Düngungen im Weinbau unter dem Gesichtspunkt möglicher Umweltbelastung und optimaler Ernährung der Reben. Der Deutsche Weinbau, 1982, 1110-1122.

SCHALLER, K. und STEINBERG, B.: Die mineralische Düngung im Weinberg. Der Deutsche Weinbau, 1978, 1076-1091.

SCHALLER, K., LÖHNERTZ, O.: Die Praxis der Stickstoffdüngung im Weinbau. Der Deutsche Weinbau, 1988, 678-686

TEPE, W.: Der Stickstoff und die Rebe. Der Deutsche Weinbau, 1979, 276-278.

ULRICH, B.: Beitrag zur Frage der Stickstoffdüngebedürftigkeit: Stickstoffzufuhr aus der Luft und Stickstoffumsatz im Boden. Kurz und Bündig, 1978, 245.

ZIEGLER, B.: Die Stickstoffdüngung im Frühjahr. Winzerkurier, 1985, Nr. 3, 19-26.

3.4 Phosphor (P)

Phosphor ist überall auf der Erde vertreten, sowohl im toten Gestein als auch in allen Lebewesen. Dabei ist Phosphor meistens an Sauerstoff und Calzium gebunden. Im allgemeinen ist die Phosphorkonzentration sehr gering. Eine Ausnahme bilden die P h o s p h a t l a g e r s t ä t t e n , von denen die heute bekannten überwiegend sekundäre Ablagerungen aus Knochensedimenten fossiler Lebewesen darstellen. Hauptvorkommen solcher Lagerstätten finden sich in Nordafrika in Marokko, Algerien u. Tunesien, den USA (Florida, Carolina) und kleinere Vorkommen in Südamerika, Asien und dem übrigen Afrika. Die bekannten Vorräte sollen noch wenigstens 500 Jahre reichen.

Bedeutung für die Pflanze

- Als wesentlicher Bestandteil des Zellkerns hat Phosphor große Bedeutung für den Chemismus der Erbanlagen.

- Phosphorverbindungen dienen als Puffer zur Aufrechterhaltung der H-Ionenkonzentration in der Zelle.

- Phosphorhaltige Enzyme sind beim Stärkeaufbau und -abbau beteiligt.

- Phosphorverbindungen sind an der Assimilation beteiligt und am Transport der Assimilate.

- Eine wesentliche Aufgabe kommt der Phosphorsäure bei der Bildung von Vitaminen zu (Vitamin-B-Komplex).

- Phosphat ist wichtig für Blütenbildung, Fruchtansatz, Eiweißbildung, Holzreife und Frostfestigkeit.

- Phosphor erhöht die Resistenz der Pflanzen gegen Krankheiten.

- Das Wurzelwachstum und damit die Wasser- und Nährstoffversorgung der Pflanze werden gefördert.

Bezugsbasis

Die Bezugsbasis ist für den P-Gehalt im Boden und in den Düngemitteln P_2O_5 (Phosphorpentoxid), obwohl dieses weder im Boden noch in der Pflanze vorkommt.

W i c h t i g !

Phosphat ist in allen Bodenarten schwer beweglich und unterliegt praktisch keiner Auswaschung.

Die Phosphatbelastungen der Gewässer stammen nur zum geringen Teil (9 %) aus der Landwirtschaft und diese hauptsächlich durch Erosion.

Mobile Phosphatformen können durch Festlegung und Alterung immobilisiert werden und sind dann für die Pflanze nicht mehr verfügbar.

Formen, Aufnahme und Beweglichkeit

Nährionen HPO_4^{2-}, $H_2PO_4^-$ PO_4^{3-}, die sofort in den Stoffwechsel aufgenommen werden.

Eine ungestörte Aufnahme erfolgt fast nur zwischen pH 5,8 bis 7,2. Unter pH 5,8 und über pH 7,5 kann Phosphat im Boden in stabile Formen überführt werden, die nicht pflanzenaufnehmbar sind.

Phosphatmangel

geringer Mangel:

● dunkelgrüne Blätter, da gebildete Stärke aus dem Blatt nicht abgeleitet wird,

starker Mangel:

● Verlängerung des Wachstums,

● schlechte Holzreife,

● zarte kleine Blätter,

● schwaches Wurzelwerk,

● gehemmte Zellteilung und Eiweißbildung,

● weniger Blütenbildung, kleinere Blüten,

● gebildete Früchte werden früh abgestoßen.

Blätter zeigen vom Rande her punktartige Verbräunungen von abgestorbenem Gewebe. Mangel tritt vorwiegend in Böden außerhalb des für die Rebe optimalen pH-Bereiches auf, überwiegend im sauren Bereich.

Starker Phosphatmangel tritt heute im Weinbau seltener auf, da auf phosphatarmen Böden symbiotische VA-Mykorrhiza-Pilze an den Rebwurzeln die Phosphatversorgung übernehmen.

Phosphatüberschuß

● Früher Vegetationsabschluß,

● Kümmerwuchs, Kleinblättrigkeit,

● abfallender Ertrag bis zur Ertragslosigkeit,

● Verstärkung der Chlorose in Kalkböden,

● Zinkmangel,

● Kupfer- und Manganaufnahme wird behindert.

Die Bodenuntersuchung hat in den letzten Jahren Böden mit extrem hohen P_2O_5-Werten festgestellt.

Einfluß auf den Wein

Phosphat fördert die Bildung der Inhalts- und Bukettstoffe, die dem Wein seinen typischen Ausdruck verleihen.

Wirkung auf den Boden

- Förderung der Krümelbildung und deren Beständigkeit und damit
- Lockerung des Bodengefüges und
- Verbesserung der Luft- und Wasserverhältnisse.

Weitere bodenverbessernde Nebeneffekte ergeben sich weniger durch das Phosphat selbst, als durch die Nebenbestandteile der Dünger (siehe Seite 322).

Phosphat und andere Nährstoffe

- Stark überhöhte Phosphatgehalte des Bodens verursachen Zinkmangel.
- Gute Phosphatversorgung fördert die Stickstoffaufnahme der Pflanzen.

Düngebedarf

Einteilung von P_2O_5 Gehalten im Boden nach Versorgungsstufen und Entzugszahlen siehe Seite 287-294.

Bei starkem Mangel sind neben der notwendigen Aufdüngung auch bodenverbessernde Maßnahmen zu ergreifen, um Phosphat besser pflanzenverfügbar zu machen. Solche Maßnahmen sind

- Verbesserung des Humusgehaltes und
- Einstellen des Bodens auf den optimalen pH-Bereich,
  - in sauren Böden durch Aufkalkung,
  - in alkalischen Böden durch Verwendung physiologisch sauer wirkender Mineraldünger.

Mangel in tieferen Bodenschichten ist durch tiefes Einarbeiten zu mindern.

Wichtig!

- Boden vor der Neuanlage auf den Phosphatgehalt untersuchen lassen. Eventuell nötige Versorgung durch Vorratsdüngung vornehmen.
- Im Ertragsweinberg die Phosphatgehalte durch regelmäßige Bodenuntersuchung überprüfen.

Phosphatdünger

Formen

Wichtig ist die Pflanzenverfügbarkeit. Der Bewertungsmaßstab dafür ist die Löslichkeit der P-Dünger. Es werde unterschieden:

- Wasserlösliche, chemisch aufgeschlossene P-Formen wie z.B. Super-phosphat.
- Leicht mobilisierbare P-Formen wie
  chemisch aufgeschlossene zitronensäure- oder citratlösliche Formen wie
  - z.b. Thomasphosphat
  - Rohphosphate mit hohem leicht mobilisierbarem Anteil wie z.b. Hy-perphosphat.
- Rohphosphate mit einem geringen leicht mobilisierbaren Anteil spielen im Weinbau keine Rolle, da eine Wirkung nur auf extrem sauren Böden gegeben ist.

Wasserlöslich bedeutet sofort wirkend. Im Boden erfolgt aber eine Umwand-lung in bodeneigene Phosphate. Damit ist eine Immobilisierung möglich. Die Pflanzenverfügbarkeit bleibt jedoch weitgehend erhalten.

Zitronensäurelöslich bedeutet langsam wirkend. Das Phosphat muß erst in eine wasserlösliche Form umgewandelt werden. Die weitere Umwandlung erfolgt wie bei wasserlöslichem Phosphat.

Ameisensäurelöslich bedeutet langsam wirkend. Der Vorgang verläuft wie bei der Zitronensäurelöslichkeit. Die Mobilisierungsgeschwindigkeit ist vom pH-Wert abhängig. Je saurer der Boden, desto schneller erfolgt die Umwandlung.

H i n w e i s

Die Art der Phosphat-Dünger spielt im Weinbau, insbesondere bei gut versorg-ten Böden, also bei der normalen Erhaltungsdüngung, eine untergeordnete Rol-le. Ist bei einer Unterversorgung eine Aufdüngung erforderlich, so sind die Em-pfehlungen des Bodenlabors zu beachten.

D ü n g e m i t t e l

Superphosphat

>*Nährstoffgehalt* 16 bis 18 % P_2O_5

Triple-Superphosphat

>*Nährstoffgehalt* 45 % P_2O_5
>Bei beiden ist der P-Anteil mindestens zu 33 % wasserlöslich. 50 % $CaSO_4$ (Gips), der nicht basisch wirksam ist, daher sauer wirkend.

>E i n s a t z vor allem auf alkalischen, phosphatarmen Böden.

Thomasphosphat

>*Nährstoffgehalt* 13 bis 15 % P_2O_5 jedoch mindestens 10 %, 100 % zitro-nensäurelöslich, alkalisch wirkend. 45 % basisch wirksames CaO, 1 bis 3 % MgO, 2 bis 4 % Mn und andere Spurenelemente.
>*Einsatz* vor allem auf sauren Böden, die nicht phosphatarm sind.

Novaphos (teilaufgeschlossenes Rohphosphat)

Nährstoffgehalt 22 bis 23 % P_2O_5, 40 % wasserlöslich, 30 % zitronensäurelöslich, alkalisch wirkend.

35 % $CaSO_4$ (Gips), der nicht basisch wirksam ist, 0,8 % MgO, 21 % SO_3 und Spurenelemente, 3 % SiO_2.

E i n s a t z vor allem auf Böden, die nicht phosphatarm und nicht zu humusarm sind.

Hyperphosphat

Nährstoffgehalt: feine Form 32 % P_2O_5, gekörnte Form 27 % P_2O_5
70 % ameisensäurelöslich, alkalisch wirkend.
45 % CaO, davon 33 % basisch wirksam, 1 % MgO und Spurenelemente.

E i n s a t z vor allem auf biologisch aktiven, humusreichen Böden.

Streuzeit

Der Transport des auf den Boden gestreuten Phosphates in den Hauptwurzelbereich der Rebe (25 bis 50 cm Tiefe) dauert Jahre.

Für die Streuzeit ist zu merken:

● Phosphatdünger können, entsprechend den arbeitswirtschaflichen Erfordernissen zu jeder Jahreszeit gestreut werden.

● Die nötigen Düngergaben können auch in einem zweijährigen Turnus zusammengefaßt werden.

● Wegen des äußerst langsamen Transportes in die Tiefe ist eine Vorratsdüngung bei Neuanlagen unbedingt erforderlich, wenn die Bodenuntersuchung Mangel anzeigt.

● Die Dünger in den Boden einarbeiten, auch um Abwaschverluste durch Erosion zu vermeiden.

Literatur:

BUCHER, R.: Phosphatdüngung im Ertragsweinbau und Phosphatvorratsdüngung bei Rebenneupflanzungen. Der Deutsche Weinbau, 1978, 1388-1390.

GÄRTEL, W.: Phosphatüberdüngung - Ursache von Zinkmangel bei Reben. Der Deutsche Weinbau, 1968, 916-918.

KADISCH, E.: Die Phosphorsäure als ertragssteigender Faktor im Weinbau. Der Deutsche Weinbau, 1964, 810.

KADISCH, E.: Gedanken zur Phosphorsäuredüngung im Weinbau. Der Deutsche Weinbau, 1960, 895.

3.5 Kalium (K)

Die etwa 16 km mächtige Erdrinde enthält ca. 3 % Kalium, das damit zu den 10 häufigsten Elementen gehört. Kalium ist nicht gleichmäßig in der Erdrinde verteilt, sondern größtenteils im Kristallgitter der Feldspate und Glimmer gebunden.

Kalilager sind vor etwa 200 000 000 Jahren als Ablagerungen in großen Binnenmeeren im Wechsel mit Steinsalz entstanden. In Deutschland gibt es Kalibergwerke in der Norddeutschen Tiefebene um Hannover, im nördlichen Harzvorland, bei Hersfeld und Fulda in Oberhessen und am Oberrhein.

Kaliumsalz ist wasserlöslich. Es würde ähnlich leicht wie Stickstoff ausgewaschen, wenn es nicht im Boden an Tonminerale gebunden wäre, die schichtartig aufgebaut sind. Kalium ist sowohl an der Oberfläche der Tonminerale gebunden (sorbiert) als auch zwischen den Schichten eingelagert (fixiert) und wird von dort in die Bodenlösung abgegeben. Dieses hat das Bestreben, sich aus dem aus der Düngung gegebenen Kalium wieder zu sättigen. Demnach nimmt die Auswaschungsgefahr von Kalium im Boden vom Sandboden über den Lehmboden zum Tonboden hin ab. In letzterem besteht praktisch keine Gefahr der Auswaschung. Auch die organische Substanz des Bodens ist an der K-Bindung beteiligt und vermindert die Auswaschung durch Sickerwasser.

Bedeutung für die Pflanze

- Dünger für Gesundheit und Qualität.
- Kein Pflanzenbaustein, wird nicht direkt in die organische Substanz eingebaut.
- Steuert Lebensvorgänge der Pflanze.
- Weder Zucker, noch das Umwandlungsprodukt Stärke oder Eiweiß können ohne es gebildet werden.
- Kali hat einen günstigen Einfluß auf
  Blüten- und Fruchtbildung,
  Wurzelbildung,
  Holzreife,
  Frostfestigkeit,
  Zuckerbildung und damit auf Qualität und Dürreresistenz.
- Hilft Wasser sparen.
- Macht Pflanzen widerstandsfähig gegen Krankheiten, z.B. Oidium und tierische Schädlinge, z.B. Spinnmilben.
- Aktiviert Enzyme (Fermente).

Aufnahme K^+- Ion

Kalimangel

- *Junge Blätter* zeigen braunen, nach oben gewölbten Rand.
- *Alte Blätter* erhalten violette bis schwarzbraune Blattspreite.
- Holzreife schlecht,
- Frosthärte gering,
- Wasserverschwendung,
- krankheitsanfälliger,
- Blütenbildung mangelhaft,
- Wurzelwerk schwach.

Kaliüberschuß

Starker Überschuß im Boden kann Magnesiummangel auslösen, wenn der Mg-Gehalt des Bodens kleiner als ca. 10 mg in 100 g Boden ist. Das optimale Verhältnis von $K_2O:MgO$ im Boden liegt bei 2 bis 3:1.

Kali im Boden

Im Boden ist Kali vorwiegend an Tonminerale gebunden, aus denen es in die Bodenlösung zur Pflanzenaufnahme abgegeben wird.

An Kali verarmte Tonminerale sättigen sich aus der Kalidüngung. Man spricht von Kaliumfixierung. Trockenheit verstärkt die Fixierung.

Erst nach der Sättigung, zu der oft hohe Düngermengen nötig sind, kann wieder Kali für die Pflanze abgegeben werden.

Höhere Auswaschverluste sind auf leichten Böden zu erwarten. Kalium ist im Boden leichter beweglich als Phosphat.

Einfluß auf den Wein

Gute Kaliversorgung ergibt reifer schmeckende Weine, da eine hohe Säure weniger spitz schmeckt (Pufferung).

Kali und andere Nährstoffe

Stickstoff:

> Er wird nur bei einem ausreichend verfügbaren Kaligehalt des Bodens voll ausgenutzt. Bei Kalimangel kommt er nicht voll zur Wirkung.

Phosphorsäure:

> Sie wird durch Kali wenig beeinflußt.

Magnesium:

> Überhöhte Kalimengen im Boden können bei gleichzeitig niedrigem Magnesiumgehalt die Aufnahme hemmen.

Calcium:

Bei Kalimangel kann etwas mehr Calcium aufgenommen werden. Calcium kann aber die Funktion des Kaliums nicht übernehmen.

Bodenuntersuchung (siehe Seite 291)

Sind die Kaliwerte bei der Bodenuntersuchung nicht extrem niedrig, so läßt sich daraus der Kalibedarf berechnen, da fixiertes Kali nicht mitgemessen wird. Eine Messung ist aber möglich. Sie ist notwendig, wenn sehr niedrige Werte festgestellt werden, weil man dann wissen muß wieviel Kali noch zusätzlich zur Absättigung des Fixierungsvermögens gedüngt werden muß.

Düngebedarf

Die Einteilung von K_2O-Gehalten im Boden nach Versorgungsstufen und die Entzugszahlen siehe Seite 287-294.

Kalidünger

Formen

In den Düngemitteln ist das Kalium entweder an Chlorid (Cl^-) oder an Sulfat (SO_4^{--}) gebunden. Im Weinbau werden sulfathaltige Formen bevorzugt, da sie die Weinqualität fördern sollen.

Die Rebe gehört im Prinzip zu den chlorempfindlichen Pflanzen. Das ist besonders dort zu beachten, wo Stallmist verabreicht wird, der 0,05 bis 0,07% Chlorid enthält. In geringen Mengen kann jedoch das Chlorid auf die Rebe auch positiv wirken. Nach Angaben von EDELBAUER reagiert die Rebe auf ein ausgeglichenes Verhältnis von Chlorid zu Sulfat positiv. Er schlägt daher bei der Kalidüngung ein Angebot von $^3/_4$ Sulfatform und $^1/_3$ Chloridform vor.

Untersuchungen haben ergeben, daß mit zunehmender Cl-Konzentration sich die Trockensubstanzproduktion und das Längenwachstum der Triebe verringert. In wenig kalkhaltigen Böden kann im Frühjahr gestreutes Kaliumchlorid die Rebenentwicklung stören. Formen, in denen das Kali ganz oder teilweise an Sulfat gebunden ist, sind für diese Zeit vorzuziehen. In kalkhaltigen Böden wirkt Chlor nicht störend, da es sich schnell zu Calciumchlorid verbindet, das leicht ausgewaschen wird. Auch bei der Herbstdüngung mit Kaliumchlorit ist das Cl wegen seiner leichten Beweglichkeit bis zum Frühjahr ausgewaschen.

Düngemittel

Bezugsbasis für den Nährstoffgehalt ist K_2O (Kaliumoxid).

Korn-Kali mit MgO

Nährstoffgehalt   40% K_2O als Kaliumchlorid
6 % MgO als Magnesiumsulfat
16 bis 18 % NaCl (Steinsalz)
E i n s a t z als Vorratsdünger und zur Herbstdüngung in Ertragsweinbergen

Kaliumsulfat „grau,,

Nährstoffgehalt   50 % K_2O als Kaliumsulfat
18 % Schwefel
E i n s a t z zur Frühjahrsdüngung auf leichten Böden und als Vorratsdünger, wenn im Boden ausreichend Magnesium vorhanden ist.

60er Kali „grau"

Nährstoffgehalt   60 % K_2O als Kaliumchlorid
1 bis 2 % NaCl (Steinsalz)
E i n s a t z als Vorratsdünger und zur Herbstdüngung in Ertragsweinbergen.

Kalimagnesia-grob (Patentkali)

Nährstoffgehalt   30 % K_2O als Kaliumsulfat
10% MgO als Magnesiumsulfat
20% Schwefel
E i n s a t z zur Vorratsdüngung und in Ertragsweinbergen. Da neben der Kaliversorgung der Rebe fast immer auch eine Magnesiumdüngung erforderlich ist, stellt diese Form den wichtigsten Kalidünger für den Weinbau dar.

Zu Müllkompost und Klärschlamm, die viel Chlor enthalten, nur Kaliumsulfat bzw. Kalimagnesia - grob düngen.

Streuzeit

Bindige Böden:

Zusammen mit Phosphat im Herbst und Winter, da praktisch nur in sehr durchlässigen Böden eine Einwaschung möglich.

Leichte Böden:

Frühjahr.

Bei der Herbstdüngung kann auch chloridisch gebundenes Kali gestreut werden, da bei ausreichenden Winterniederschlägen Chlor bis zum Frühjahr ausgewaschen wird.

Literatur:

BEETZ. K.J.: Sieben Jahre Düngungsversuch zur Frage Chlorid oder Sulfat. Der Deutsche Weinbau, 1974, 20-21.

CHEVALIER, M.: Die wichtigsten Gesichtspunkte der Ernährung der Pflanze mit Kalium. Kali-Briefe, 1971, Fachgebiet 16, Folge 53.

EDELBAUER, A.: Können chlorhaltige Dünger im Weinbau verwendet werden? Kurz und Bündig, 1978, 307.

GÄRTEL, W.: Beobachtungen über den Einfluß der Kaliumnährung auf das Auftreten von Oidium bei Amerikanerreben. Weinberg und Keller, 1959, 81-89.

HUSCHKA, H.: Die Kaliumfixierung in Lößböden, als Ursache des Kalimangels an Reben. Der Deutsche Weinbau, 1964, 580-581.

KADISCH, E.: Ergebnisse eines zehnjährigen Kalidüngungsversuches. Die Wein-Wissenschaft, 1965, 206-211.

MAY, P. und BECKER, E.: Probleme der Kaliversorgung der Rebe auf Lößböden. Der Deutsche Weinbau, 1968, 911-914.

MÜNZ, Th.: Kalium als Regulator des sauren Geschmacksbildes des Weines. Der Deutsche Weinbau, 1964, 674-675.

NIEDERBUDDE, E.A.: Kaliumfixierung in Weinbergsböden und ihre Bedeutung für die Ernährung der Rebe. Weinberg und Keller, 1965, 377-392.

PLATZ, R.: Die Kalidüngung der Reben in Abhängigkeit von der Kali-Verfügbarkeit im Boden. Der Deutsche Weinbau, 1975, 941-948.

RASP, H. und SCHÄFER, P.: Die Auswertung eines Versuches mit unterschiedlichen Chlorid- und sulfathaltigen Kalidüngern zu Reben. Weinberg und Keller, 1977, 497-540.

RUCKENBAUER, W.: Kali-Düngung und -Frosthärte im Weinbau. Kali-Briefe. 1972, Fachgebiet 10, Folge.

TROGUS, H. und POHL, H.: Die Beeinflussung des Kaligehaltes in Most und Wein durch Kalidüngung. Traubenreife, Traubenverarbeitungstechnik und Weinausbau. Die Wein Wissenschaft,1978, 289-298.

WILHELM, A.F.: Kälteresistenz der Rebe in Abhängigkeit von der Kaliversorgung. Die Wein-Wissenschaft, 1964, 505-517.

3.6 Magnesium (Mg)

Bedeutung für die Pflanze

● Wichtiger Baustein von Chlorophyll, Phytin, Pektin.

● Aktivierung von Enzymen.

● An der Aufnahme und Verwertung des Phosphates beteiligt.

● Entquellung des Plasmas.

● Mangel begünstigt die Stiellähme.

● Steigerung der Widerstandskraft gegen Krankheiten.

Aufnahme

Mg^{++} - Ion

K^+ - Ion = 1wertig, beweglicher, wird schneller aufgenommen.

Mg^{++} - Ion = 2wertig, etwas weniger beweglich, wird langsamer aufgenommen.

Mangel

- Die Neigung der Blüte zum Verrieseln wird erhöht.
- Der Ertrag sinkt.
- Die Frostanfälligkeit wird erhöht.
- Das Mostgewicht wird gedrückt.
- Die Anfälligkeit gegen Pilzerkrankungen wird erhöht
- Die Anfälligkeit der Tauben gegen Stiellähme nimmt stark zu.
- Der Mangel tritt häufig in jungen Weinbergen auf, deren Wurzelwerk sich noch im Aufbau befindet. Ist im Boden ausreichend Magnesium vorhanden, nehmen die Mangelerscheinungen ab 4. bis 5. Standjahr ab.
- Die Rebsorten haben einen unterschiedlich hohen Magnesiumbedarf. So zeigen die Sorten Gutedel und Müller-Thurgau Mangel stärker als Riesling und Silvaner. Auch Reben auf der früher öfters verwendeten Unterlage 44-53 (Riparia x Cordifolia x Rupestris) zeigen in den ersten Standjahren mehr oder weniger starke Mangelsymptome an den Blättern.

Zwei Erscheinungsbilder:

1. Während der ersten Vegetationshälfte Nekrosen auf der Blattspreite, die ringförmig vom Blattrand abgesetzt sind.

2. Während der zweiten Vegetationshälfte vorwiegend interkostale Verfärbung der Blätter, bei Weißweinsorten gelblich, bei Rotweinsorten rötlich.

Die Mangelsymptome beginnen zuerst an den unteren Blättern.

Starker Mangel kann kurzfristig nur durch eine Blattdüngung mit M a g n e - s i u m - B l a t t d ü n g e r ($MgSO_4$ x 7 H_2O) - vorübergehend behoben werden. Nachhaltige Beseitigung erfordert eine intensive Bodendüngung. Hierzu eignet sich in erster Linie Kieserit mit 27 % MgO.

Überschuß

- Magnesiumüberschuß kommt selten vor, es sei denn, das bodenbildende Gestein verfügt über einen hohen natürlichen Gehalt.

Wirkung im Boden

- Aufnahme in neutralen Böden am leichtesten, in sauren Böden erschwert, denn es wird dort leicht ausgewaschen. Auf diesen Böden tritt häufig Mangel auf.

Wirkung auf andere Nährstoffe

- Überhöhte Gaben induzieren Kalimangel.
- Kalkzehrende Dünger erschweren die Aufnahme.
- Ammoniumstickstoff verstärkt den Mangel,
- Salpeter und Kalk fördert die Aufnahme.

Einfluß auf den Wein

Die Bildung der Bukettstoffe und der Sortentyp werden gefördert.

Düngebedarf

Der Entzug ist gering.

Die Einteilung von MgO - Gehalten im Boden nach Versorgungsstufen und die Entzugszahlen siehe Seite 287-294.

Bei der Bemessung der Düngermenge sind zusätzlich die möglichen Auswaschungsverluste zu berücksichtigen. Diese Verluste sind

- in ihrer Höhe in der Regel unbekannt,
- unterliegen starken regionalen Schwankungen
- und werden durch einen zu hohen Vorrat im Boden noch erhöht.
- Die Rebe wird durch einen hohen Vorrat nicht besser ernährt.

Unter Berücksichtigung dieser Tatsache empfiehlt der Verband der Landwirtschaftlichen Untersuchungs- und Forschungsanstalten (VDLUFA) für die

Magnesiumerhaltungsdüngung 9 bis 15 kg/ha MgO

W i c h t i g ist die regelmäßige Kontrolle der MgO-Werte im Boden durch eine Bodenuntersuchung (siehe Seite 291, 325)

Düngemittel

Bezugsbasis für den Nährstoffgehalt ist MgO (Magnesiumoxid)

E i n z e l d ü n g e r

Kieserit „grau"

Nähstoffgehalt: 26 % MgO als Magnesiumsulfat

Kieserit „fein"

Nährstoffgehalt: 27 % MgO als Magnesiumsulfat

E i n s a t z beider Formen überall dort, wo starker Mg-Mangel vorhanden ist. Gute Depotdünger, insbesondere auf kalkhaltigen Böden. Eventuell in Verbindung mit Kalimagnesia-grob oder Korn-Kali mit MgO düngen.

M e h r n ä h r s t o f f d ü n g e r

Magnesiumbranntkalk, körnig (siehe auch Seite 298)

Nährstoffgehalt: 90 % CaO + 15 bis 40 % MgO.

E i n s a t z in sauren Böden, wo ein Kalkmangel fast immer auch einen hohen Magnesiummangel bedeutet. Die nötigen Mengen sind nur durch eine Bodenuntersuchung zu bestimmen.

Kalimagnesia-grob (siehe auch Seite 327)

Nährstoffgehalt: 10 % MgO als Magnesiumsulfat
                    30 % K_2O als Kaliumsulfat
                    20 % Schwefel

E i n s a t z zur Frühjahrsdüngung. Bei starken Mangel eventuell zusätzlich Kieserit düngen.

Sonstige Dünger mit Magnesium

MgO ist als N e b e n b e s t a n d t e i l auch in anderen Düngern enthalten. Siehe

- Stickstoff-Düngemittel Seite 315
- Phosphat-Düngemittel Seite 322
- Kali-Düngemittel Seite 327
- Mehrnährstoffdünger Seite 341

Magnesium-Blattdünger siehe Seite 347-349

Streuzeit

In der Regel werden Kalium und Magnesium gemeinsam ausgebracht. Bei Magnesiummangel ist eine Ausbringung im Herbst sinnvoll, damit das Winterwasser den Nährstoff in die Wurzelzone fördert.

Literatur:

BUCHER, R.: Die Magnesiumbevorratung von Weinbergsböden: ihre Bedeutung für den Qualitätsweinbau und ihre Abhängigkeit von der Bodenbildung. Weinberg und Keller, 1978, 179-203.

BUCHER, R.: Ergebnisse eines 6jährigen Düngungsversuches mit steigenden Stickstoff- und Magnesiumgaben zu magnesiummangelkranken Reben. Weinberg und Keller, 1978, 278-296.

GÄRTEL, W.: Die Verteilung von Magnesium und Kalium in Reben unter normalen Ernährungsbedingungen und bei Kalimangel. Weinberg und Keller, 1960, 481-489.

GÄRTEL, W.: Über die Düngung der Reben in intensiv bewirtschafteten Gebieten.Weinberg und Keller, 1966, 295-326.

JACOB, A.: Magnesia, der fünfte Hauptnährstoff. F. Enke-Verlag, Stuttgart 1955.

PLATZ, R.: Zur Magnesiumfrage im rentablen Qualitätsweinbau. Rebe und Wein, 1969, 14-15

PLATZ, R.: 1970 - ein Jahr des Magnesiummangels im Weinbau. Der Deutsche Weinbau, 1063-1065.

PLATZ, R.: Qualitätsweinbau, Kali und Salz AG, Kassel 1980, 78-85.

SCHALLER, K.: Magnesiumfrage im Weinbau. Der Deutsche Weinbau, 1975, 235-237.

-.-: Gesteigerte Krankheitsresistenz durch Magnesiumdünger. Weinberg und Keller, 1979, 186.

3.7 Bor (B)

Bedeutung für die Pflanze

● Sehr wichtig für die Befruchtung und damit für die Blütefestigkeit.

● Baustein wichtiger Verbindungen.

● Der Kohlehydratstoffwechsel wird begünstigt.

● Aktivator und Inaktivator von Wuchsstoffen und damit wichtig für die Gewebedifferenzierung, die Zellteilung in den Wachstumszonen und die Feinstruktur der Zellwände.

Aufnahme

$H_2BO_3^-$, HBO_3^-

Bormangel

● Wuchshemmung.

● Schädigung des Gewebes, besonders der Vegetationspunkte (Trieb- und Wurzelspitze), die absterben können. Es entsteht ein buschiger Wuchs.

● In den Blattadern, Blattstielen, Ranken und Internodien zeigen sich dunkle Schatten als Folge von Gefäßblockierungen.

● An den Internodien gibt es Risse in der Epidermis.

● Die Blattspreite zeigt interkostale Gelbverfärbungen (bei roten Sorten rötliche).

● Es entstehen Blattdeformationen, Blattzerreißungen und Absterben vom Blattrand her.

● Starke Verrieselungen der Blüte können bis zur totalen Unfruchtbarkeit führen.

Borüberschuß

● Schon eine geringe Überdosis erzeugt Schäden.

● Es entstehen Wuchsdepressionen.

● An den Blättern kommt es zu starken Verkräuselungen und Zerreißungen.

● Der Blüteverlauf ist gestört. Es kommt zu Verrieselungen, die mehrere Jahre nacheinander auftreten können.

Mangel- und Überschußerscheinungen werden in der Praxis oft verwechselt.

Bor im Boden

● Die leichte Wasserlöslichkeit führt zur Einwaschung in tiefere Boden-schichten, besonders in sauren und humusarmen Böden. Die möglichen Mengen sind mit ca. 150 bis 250 g/ha festgestellt.

● Mit steigendem pH-Wert erfolgt Festlegung.

● Trockenheit fördert den Mangel.

Bor und andere Nährstoffe

● Hohe Stickstoffgaben fördern die Festlegung.

● Kalk legt Bor fest.

Entzug gering, etwa 80 bis 200 g/ha Jahr

Düngebedarf

Die Einteilung von Borgehalten im Boden nach Versorgungsstufen siehe Seite 294.

● Eine Bordüngung ist in der Regel nicht nötig.

● Nur wenn die Bodenuntersuchungswerte eine Unterversorgung anzeigen ist eine Aufdüngung entweder mit borhaltigen Düngern oder mit Borax nach der Empfehlung des Bodenlabors durchzuführen.

● Um bei Borax das Ausbringen mit der Hand zu ermöglichen, ist dies mit Sand oder Kieserit zu mischen. Am einfachsten ist die Ausbringung mit einem Sägerät für die Gründüngung. Gleichmäßige Ausbringung ist sehr wichtig, da örtliche Überkonzentrationen zu Schäden an den Reben führen.

● *Bormangel* kann auch durch borhaltige Blattdünger behoben werden. Siehe Seite 347-349.

Auch mit Trester, die reich an Bor sind, kann der Borbedarf gedeckt werden. Das Einbringen großer Mengen, mehrere Jahre hintereinander, kann allerdings zu Borüberschuß führen.

Düngemittel

Borhaltige Mineraldünger:

Borax (Natriumtetraborat - $Na_2B_4O_7$ x 10 H_2O) 10 % B
Bor-Superphosphat 5 % Borax, 17 % P_2O_5
Bor-Ammonsulfatsalpeter, 26 % N, 0,2 % B
Bor-Mehrnährstoffdünger 2 % Borax, 13 % N, 13 % P_2O_5, 21 % K_2O

Borhaltige Blattdünger:

Siehe Seite 347-349

Borhaltig organische Dünger:

Trester
Müllkompost

Literatur:

BUCHER, R.: Der Bormangel. Rebe und Wein, 1962, 8-14.

GÄRTEL, W.: Starker Bormangel an Mosel und Nahe. Der Deutsche Weinbau, 1954, 595-598.

GÄRTEL, W.: Untersuchungen über Borschäden an Reben.Weinberg und Keller, 1954, 329-335.

GÄRTEL, W.: Untersuchungen über den Borhaushalt und die Bordüngung von Weinbergsböden. Weinberg und Keller, 1955, 257-263.

GÄRTEL, W.: Schäden an Reben durch Überdüngung mit Borax. Der Deutsche Weinbau, 1955, 557-559.

GÄRTEL, W.: Untersuchungen über die Bedeutung des Bors für die Rebe unter besonderer Berücksichtigung der Befruchtung. Weinberg und Keller, 1956, 132-139, 185-192, 233-241.

GÄRTEL, W.: Die Mikronährstoffe - Ihre Bedeutung für die Rebenernährung unter besonderer Berücksichtigung der Mangel- und Überschußerscheinungen. Weinberg und Keller, 1977, 435-508.

WILHELM, A. F.: Bormangel - Ursache schwerer Krankheitserscheinungen an Reben. Der Weinbau, 1950, 320-321.

3.8 Mangan (Mn)

Bedeutung für die Pflanze

- Aktivierung von Enzymen.

- Synthese von Vitamin C.

- Beteiligt an der Kohlehydrat-, Zucker-, Eiweiß- und Chlorophyllbildung.

Aufnahme: Mn^{2+}

Mangel

- Junge Blätter zeigen helle Farbe.

- Vergilbung der Interkostalfelder.

- Nur das Gewebe entlang der Blattnerven 1. und 2. Ordnung bleibt grün.

- Qualitätsbeeinträchtigung, bei starkem Mangel gehemmter Wuchs, Ertragsbeeinträchtigung bis zur Ertragslosigkeit.
- Verminderte Kälteresistenz
- Auftreten vorwiegend in weinbaulich genutzten Sandböden.
- Mangel kann latent vorhanden sein.

Mangan im Boden

Die Böden enthalten 0,002 bis 0,5 % Mangan. Verwitterungsböden aus Basalt sind Mn-reich, solche aus Sandstein oder Granit Mn-arm. Für den Versorgungsgrad sind jedoch weniger die Menge, als vielmehr die Mobilitätsverhältnisse im Boden von Bedeutung.

- Die Verfügbarkeit von Mangan nimmt mit zunehmendem pH-Wert ab. Eine erhöhte Gefahr des Mangels besteht, was selten vorkommt, in überkalkten leichten Böden, insbesondere während Trockenperioden.
- Auswaschung, außer in sehr sauren Böden, gering. Festgestellte Mengen ca. 150-300 g/ha.
- Festlegung ist nach starker Bodendurchlüftung in humosen, kalkreichen Böden möglich.

Mangan und andere Nährstoffe

- Mangel kann mit Kalkchlorose gemeinsam auftreten.
- Mangelsymptome mit Magnesiummangel verwechselbar. Mg-Mangel zeigt sich in einer intensiveren und großflächigeren Gelbverfärbung der Interkostalfelder.
- Mn-Aufnahme durch Stickstoff wenig beeinflußt.

Düngebedarf

- Boden meistens ausreichend versorgt.
- Mn gelangt als Nebenprodukt von Düngern, z.B. Thomasmehl, meistens ausreichend in den Boden.
- Die anzustrebenden Mn-Gehalte im Boden steigen mit dem pH-Wert.
- E n t z u g durch die Rebe etwa 80 bis 160 g/ha/Jahr.
- Düngebedarf nur durch Bodenuntersuchung und Blattanalyse zu bestimmen.

Düngemittel

- Manganhaltige Mineral- und Blattdünger (siehe Seite 347-349)

Literatur:
GÄRTEL, W.: Die Mikronährstoffe - ihre Bedeutung für die Rebenernährung unter besonderer Berücksichtigung der Mangel- und Überschußerscheinungen. Weinberg und Keller, 1974, 435-508.
VETTER, GRUMMER, BRONSCH: Magnesium, Mangan und Kupfer für Boden, Pflanze und Tier. AJD-Schrift Nr. 333.

3.9 Zink (Zn)

Bedeutung für die Pflanze

- Einfluß auf den Enzym- und Stickstoffstoffwechsel.
- Förderung der Wuchsstoffbildung
- Über die Enzyme an der Chlorophyllbildung beteiligt.
- Fehlendes Zn hemmt die RNS-(Ribonukleinsäure) Synthese.

Aufnahme: Zn^{2+}

Mangel

- Blätter kleiner, Rand stark gezahnt, besonders ausgeprägt an den Geiztriebblättern.
- Interkostalfelder zeigen mosaikartige Gelbverfärbungen, wobei die Adern grün bleiben.
- Stielbucht weit offen.
- Blattspreite gerafft, asymmetrisch, metallisch glänzend, spröde Beschaffenheit, rissig.
- Trauben locker, kleinbeerig.
- Triebe dünn, bei starkem Mangel Kümmerwuchs.
- Starke Zunahme der Stiellähme.
- Hoher Ertragsausfall.

Zink im Boden

- Mangel tritt überwiegend durch Überdüngung mit Phosphat auf oder auf Sandböden.
- Die Verfügbarkeit von Zn nimmt mit zunehmendem pH-Wert ab. An der Chlorose ist daher Zn-Mangel beteiligt.
- In sehr kalkhaltigen Böden ist Zn-Mangel nur langsam und schwer zu beseitigen.

Zink und andere Nährstoffe

- Phosphatüberschuß löst Zinkmangel aus.
- P_2O_5-Werte von über 100 mg in 100 g Boden sind kritisch.
- Zn-Mangel kann mit Kalkchlorose gemeinsam auftreten und wird dann leicht übersehen.

Düngebedarf

- Boden meistens ausreichend versorgt.

- Entzug durch die Rebe, bei Ernten zwischen 100 bis 200 dt/ha Trauben einschließlich Laub und Holz, etwa 95 bis 207 g/ha/Jahr.
- Nötige Düngermenge nur durch Bodenuntersuchung und Blattanalyse zu bestimmen.
- Zink kann der Rebe über den Boden oder das Blatt zugeführt werden.

Düngemittel

Zinkhaltige Blattdünger (siehe Seite 347-349)

Literatur:

GÄRTEL, W.: Zinkmangel bei Reben.Weinberg u. Keller, 1960, 302-311.

GÄRTEL, W.: Störungen des Beerenwachstums durch mangelhafte Zinkversorgung der Rebe. Weinberg und Keller, 1971, 163-172.

GÄRTEL, W.: Die Mikronährstoffe - ihre Bedeutung für die Rebenernährung unter besonderer Berücksichtigung der Mangel- und Überschußerscheinungen. Weinberg und Keller, 1974, 435-508.

3.10 Eisen (Fe)

Eisen ist im Boden in ausreichender Menge vorhanden. In tonreichen, verdichteten Böden kann es, besonders wenn diese kalkhaltig sind, zu Eisenmangelerscheinungen kommen, die sich als *Chlorose* bemerkbar machen. In Blättern von chloroseerkrankten Reben ist genügend Eisen vorhanden, das aber anscheinend von der Pflanze nicht verwertet werden kann, da es in einer blockierten Form vorliegt. Phosphatüberschuß soll für diese Blockierung verantwortlich sein. In schweren kalkhaltigen Böden darf es daher nicht zu einem Überangebot an Phosphat kommen. Düngermaßnahmen zur Minderung oder Beseitigung der Chlorose können durch Zufuhr von für die Rebe verwertbarem Eisen in sogenannter Chelatform als Boden- oder Blattdüngung erfolgen (siehe auch Blatt- oder Lanzendüngung Seite 347-349 und Broschüre „Rebschutz im Weinbau" Chlorose).

Nachhaltiger Erfolg ist nur dann gesichert, wenn es gelingt, gleichzeitig die Bodenverdichtung zu beseitigen, damit die Durchlüftung der Böden verbessert wird.

Die Durchlüftung des Bodens kann durch Zufuhr von Dauerhumus, Begrünung aller Art und einer sorgfältigen Bodenpflege - die Bodendruck bei Nässe sowie Fräsen vermeidet - verbessert werden.

Literatur:

LOTT, H.: Chlorose-Rheinhessens Rebkrankheit Nr. 1. Vorträge der 30. Rhh. Weinbauwoche Oppenheim, LLVA, 1979.

MENGEL, K., SCHERER, H.W. und MASISSIOVAS, N.: Die Chlorose aus der Sicht der Bodenchemie und Rebenernährung. Mitteilungen Klosterneuburg, 1979, 151-156.

PERRET, R. und KOBLET, W.: Untersuchungen über den Zusammenhang zwischen Sauerstoff-Kohlendioxyd- und Aethylengehalt der Bodenluft und dem Auftreten der Rebenchlorose. Die Wein-Wissenschaft, 1979, 151-170.

SCHOLL, W.: Über die Chlorose der Weinrebe: Erfahrungen und neuere Erkenntnisse. Weinberg und Keller, 1979, 289-306.

3.11 Kupfer (Cu)

In den Reborganen der Rebe findet sich Kupfer etwa in der gleichen Menge wie Bor. Durch die jahrzehntelange Verwendung von Kupfer zur Peronosporabekämpfung steht der Rebe aus dem Boden fast immer genügend Kupfer zur Verfügung. Lediglich in Böden, die für den Rebbau neu hinzugenommen wurden, könnte – nach Bucher – einmal Mangel auftreten. Zeigt dann die Bodenuntersuchung Werte kleiner als 4 mg Cu in 1 kg Boden an, kann eine einmalige Gabe von ca. 25 bis 30 kg Kupfersulfat je ha den Mangel beseitigen.

Ein Spezialbodendünger steht in Excello (Metalldünger-Jost), 2,65 % Cu, zur Verfügung. Blattspritzungen sind mit Folicin-Cu (14 % Cu) möglich.

3.12 Schwefel (S)

Schwefel ist ein unentbehrliches Element für die Pflanzenernährung. Er zählt, von seiner Bedeutung her, zu den Hauptnährstoffen. Schwefel ist in der Pflanze in allen Eiweißkörpern vorhanden. Im Weinbau steht der Rebe aus den schwefelhaltigen Düngern und der Schwefelverwendung bei der Oidiumbekämpfung dieser Nährstoff in ausreichender Menge zur Verfügung. Aus der Luft gelangt mit den Niederschlägen ebenfalls Schwefel in den Boden. Dieser Schwefel stammt aus Industrieabgasen und Ölheizungen.

3.13 Molybdän (Mo)

Dieses, zu den Spurenelementen zählende Element, wird von der Rebe nur in sehr geringen Mengen benötigt. Es gelangt in der Regel durch Dünger mit Spurenelementen, durch Müllkompost und Klärschlamm in ausreichender Menge in den Boden. Mangelerscheinungen sind im heimischen Weinbau bisher nicht beobachtet worden.

3.14 Chlor (Cl)

Chlor kann ebenfalls in der Rebe nachgewiesen werden. Es nimmt eine Sonderstellung bei der Pflanzenernährung ein. In „Spuren" ist es für die Pflanzen lebensnotwendig. Bei einigen Pflanzen sind höhere Chlormengen nützlich. Zu hohe Chlormengen im Boden wirken auf die Rebe negativ. Bei der Auswahl der Düngemittel werden daher chloridfreie Formen bevorzugt. Lediglich dort wo eine Herbstdüngung möglich, spielt dies keine Rolle, weil das leicht bewegliche Cl bis zu Beginn der Vegetation durch die Niederschläge in tiefere Bodenschichten eingewaschen ist.

Literatur (Spurenelemente):

BUCHER, R.: Neue Erkenntnisse in der Rebendüngung unter Berücksichtigung der Spurenelemente. Der Deutsche Weinbau, 1976, 934-940.

EDELBAUER, A.: Können chloridhaltige Dünger im Weinbau verwendet werden? Kurz und Bündig, 1978, 307.

GÄRTEL, W.: Die Mikronährstoffe - ihre Bedeutung für die Rebenernährung unter besonderer Berücksichtigung der Mangel- und Überschußerscheinungen. Weinberg und Keller, 1974, 435-508.

3.15 Mehrnährstoffdünger

Neben Ein-Nährstoffdüngern werden auch Mehr-Nährstoffdünger angeboten.

V o r t e i l e :

- Alle zu düngenden Nährstoffe können in einem Arbeitsgang ausgebracht werden.
- Sie können einen mehrjährigen Düngungsplan vereinfachen.

N a c h t e i l e

- Eine Düngung, entsprechend den Ergebnissen der Bodenuntersuchung, mit einer genauen Anpassung an die notwendige Nährstoffversorgung, ist nicht möglich.

Um diesen Nachteil auszugleichen werden heute Mehrnährstoffdünger in verschiedenen Nährstoffverhältnissen angeboten, die eine ungefähre Anpassung an die notwendige Nährstoffversorgung erlauben.

Ungleichheiten, die durch ihre mehrjährige Verwendung hintereinander entstehen, lassen sich durch Zwischeneinsatz von Einzelnährstoffdünger ausgleichen.

Düngerformen

Die folgende Liste umfaßt das Angebot Stand September 1991.

Zusätzliche Angaben sind auch bei der Beschreibung der Einzelnährstoffe unter „Düngemittel" zu finden.Die Aufzählung erhebt keinen Anspruch auf Vollständigkeit.

N + K - Dünger

Nährstoffgehalt %			Sonstiges
N	K_2O	MgO	
12	18	6	Nitrophoska plus

Firma: BASF/COMPO

N + P -Dünger

Nährstoffgehalt %		Sonstiges
N	P_2O_5	
20	20	} Nitrophos
26	14	

Firma: BASF/COMPO

N + Mg - Dünger

Nährstoffgehalt %		Sonstiges
N	MgO	
22	7	Nitromag

Firma: BASF/COMPO

P + K - Dünger

Nährstoffgehalt %		Sonstiges
P_2O_5	K_2O	
12	24	
15	20	
16	16	
18	10	
20	30	
25	25	
14	24	
15	30	} Palatia
16	20	Dünger

Firma: Amfert Handelsgesellschaft

Nährstoffgehalt %			Sonstiges
P₂O₅	K₂O	CaO*	
16	26	19	⎫
20	20	23	⎬ Hyperphos-
23	12	27	⎭ Kali
* basisch wirksamer Kalk			

Firma: Deutsche Hyperphos und Hyperphos-Kali

P + K -Dünger mit Mg

Nährstoffgehalt %			Sonstiges
P₂O₅	K₂O	MgO	
9	23	6	
10	25	4	
12	19	4	
14	14	4	
15	15	4	Palatia-Dünger

Firma: Amfert Handelsgesellschaft

Nährstoffgehalt %				Sonstiges
P₂O₅	K₂O	MgO	CaO*	Hyperphos-Kali
14	18	5	16	mit Magnesia
* basisch wirksamer Kalk				

Firma: Deutsche Hyperphos und Hyperphos-Kali

Nährstoffgehalt %				Sonstiges
P₂O₅ 1)	K₂O	MgO	CaO 2)	
7	21	3	22	⎫
8	15	6	26	⎪
10	15	3	33	⎬ Thomaskali
10	20	3	24	⎪ 6% Kieselsäure und
11	11	4	36	⎪ Spurenelemente
12	18	3	24	⎭
1) Phosphat zitronensäurelöslich 2) basisch wirksamer Kalk				

Firma: Thomasdünger GmbH

P + Mg - Dünger

Nährstoffgehalt %			Sonstiges
P_2O_5	Mg	CaO*	
21	7	25	Hyperhpos-Magnesia

* basisch wirksamer Kalk

Firma: Deutsche Hyperphos und Hyperphos-Kali

N P K - Dünger (z.T. mit Mg)

Nährstoffgehalt %				Sonstiges
N	P_2O5	K_2O	MgO	
12	6	18	3	(mit Dicyandiamid) Nitrophoska stabil
12	8	17	2	(mit Dicyandiamid) Nitrophoska stabil
12	12	17	2	Nitrophoska spezial
13	9	16	4	Nitrophoska-Magnesium
15	5	20	2	Nitrophoska perfekt
6	12	18	-	
10	15	20	-	
13	13	21	-	
14	10	20	-	Nitrophoska
15	15	15	-	
20	10	10	-	
21	8	11	-	
24	8	8	-	

Firma: BASF/COMPO

Nährstoffgehalt %		
N	P_2O_5	K_2O
14	14	21
16	16	16

Firma: Norsk Hydro-Agrar

Anbieter von Einzel und/oder Mehrnährstoffdünger

Amfert-Dünger Handelsgesellschaft mbH
BASF/COMPO Limburgerhof/Münster (Westfalen)
Deutsche Hyperphosphat Gesellschaft mbH und Hyperphos-Kali GmbH, Budenheim b. Mainz
Kali und Salz AG, Kassel
Kali-Chemie AG, Hannover
SKW-Trostberg Aktiengesellschaft, Trostberg
Norsk Hydro-Agrar GmbH, Bochum
Superphos Deutschland GmbH, Hannover
Thomasdünger GmbH, Düsseldorf

Die Aufzählung erhebt keinen Anspruch auf Vollständigkeit

Die Dünger sind über den Landhandel erhältlich.

3.16 Umrechnungsfaktoren*

für die einzelnen Nährstoffe in den verschiedenen Düngerformen

gegeben	gesucht	Faktor	gegeben	gesucht	Faktor
NH_3	N	0,82	MgO	Mg	0,6032
$(NH_4)_2SO_4$	N	0,212	Mg	MgO	1,658
NH_4NO_3	N	0,35	$MgCO_3$	MgO	0,4780
$CaCN_2$	N	0,35	$MgSO_4$	MgO	0,3349
N	NH_3	1,216	$MgSO_4 H_2O$	MgO	0,2916
N	$(NH_4)_2SO_4$	4,716	Mg	$MgCO_3$	3,467
N	NH_4NO_3	2,.857	MgO	$MgCO_3$	2,091
N	$CaCN_2$	2,859	Mg	$MgSO_4$	4,949
N	NO_3	4,427	MgO	$MgSO_4$	2,986
NO_3	N	0,226	$MgSO_4 H2O$	$MgSO_4$	0,8699
			Mg	$MgSO_4 H_2O$	5,6898
			MgO	$MgSO_4 H_2O$	3,432
P_2O_5	P	0,4364	Na_2O	Na	0,7419
P	P_2O_5	2,2914	NaCl	Na	0,3934
$Ca_3(PO_4)_2$	P_2O_5	0,458	Na	Na_2O	1,35
P_2O_5	$Ca_3(PO_4)_2$	2,182	NaCl	Na_2O	0,530
			Na	NaCl	2,549
			Na_2O	NacL	1,884
K_2O	K	0,8302	CaO	Ca	0,7147
KCl	K	0,5244	$CaCO_3$	Ca	0,4004
K_2SO_4	K	0,4487	Ca	CaO	1,399
K	K_2O	1,205	$CaCl_2$	CaO	0,4836
KCl	K_2O	0,6317	$CaCO_3$	CaO	0,5603
K_2SO_4	K_2O	0,5405	$CaSO_4$	CaO	0,4119
K	KCl	1,907	CaO	$CaCl_2$	1,979
K_2O	KCl	1,583	Ca	$CaCl_2$	2,5
K	K_2SO_4	2,228	CaO	$CaCO_3$	1,78
K_2O	K_2SO_4	1,850	CaO	$CaSO_4$	2,428

Beispiel: Wieviel K_2SO_4 ist in 50 kg Kalimagnesia grob (30% K_2O, 10% MgO) enthalten?
Rechengang: 50 kg x 30 % = 50 x 30/100 = 15 kg K_2O („gegeben"); „gesucht" wird K_2SO_4, Faktor ist also 1,85. 15 kg x 1,85 = 27,72 kg K_2SO_4.
Umrechnung von Reinnährstoff auf Bezugsbasis:
Entzug z.B. 50 kg Reinkali
50 x 1,205 = 60,25 kg K_2O

*Entnommen: Kali-Kalender 1980.-

Mischungstafel für Mineraldünger

☐ bedingt mischbar ■ nicht mischbar ☒ mischbar

	Kalksalpeter	Ammonsulfatsalpeter, Stickstoffkali	Kalkammonsalpeter	NP-Dünger	Schwefels. Ammoniak	Kalkstickstoff	Superphosphat, Novaphos Phosphatkali	Thomasphosphat, Thomaskali	Kalimagnesia, Kalisulfat	40er, 50er und 60erKali	Hyperphos, Hyperphos-Kali
	1	2	3	4	5	6	7	8	9	10	11
1	☐	☒	☒	☒	☒	☒	■	☒	☒	☒	☒
2	☒	☐	☐	☐	☐	■	☐	■	☐	☒	☒
3	☒	☐	☐	☐	☐	■	☒	■	☒	☒	☐
4	☒	☐	☐	☐	☐	■	☐	■	☐	☐	☐
5	☒	☐	☐	☐	☐	■	☐	■	☐	☐	☐
6	☒	■	■	■	■	☐	■	☐	☐	☒	☐
7	■	☐	☒	☐	☐	■	☐	■	☐	☐	☐
8	☒	■	■	■	■	☐	■	☐	☐	☐	☐
9	☒	☒	☒	☐	☐	☐	☐	☐	☐	☐	☐
10	☒	☒	☒	☐	☐	☒	☐	☐	☐	☐	☐
11	☒	☒	☐	☐	☐	☐	☐	☐	☐	☐	☐

1 Kalksalpeter
2 Ammonsulfatsalpeter, Stickstoffkali
3 Kalkammonsalpeter
4 NP-Dünger
5 Schwefels. Ammoniak
6 Kalkstickstoff
7 Superphosphat, Novaphos Phosphatkali
8 Thomasphosphat, Thomaskali
9 Kalimagnesia, Kalisulfat
10 40er, 50er und 60erKali
11 Hyperphos, Hyperphos-Kali

4 Blattdüngung

Anwendung

Gut zur sofortigen Behebung eines allgemeinen oder speziellen Nährstoffmangels.

Während lang anhaltender Trockenperioden kann die Ernährung der Rebe unterstützt werden,.Voraussetzung ist eine genügende Nachttaubildung, damit die Aufnahmefähigkeit der Blätter verbessert wird.

B e a c h t e : Die Wirkung der Blattdüngung darf nicht überschätzt werden, da nur recht geringe Mengen an Nährstoffen über das Blatt verabreicht werden können.

Bei ausreichender Nährstoffversorgung des Bodens und normalen Wachstumsbedingungen ist die Wirkung wenig ausgeprägt.

Aufnahme der Nährstoffe

Die Aufnahme der Blattdünger erfolgt über die grünen Rebteile, in erster Linie das Blatt. Dabei dringen die Nährstoffe nicht durch die Spaltöffnungen, sondern über die Kutikula und Epidermis in das Innere ein. Für ein gutes Eindringen ist der Zustand der auf Kutin mit eingelagerten Wachsplättchen bestehenden Kutikula maßgebend. Bei Trockenheit oder Temperaturen unter 15 °C und über 25 °C schrumpft die Kutikula. Die Wachsplättchen werden dicht aneinander gelagert und erschweren die Aufnahme der Nährstoffe. Bei hoher Luftfeuchtigkeit und Nachttaubildung quillt die Kutikula und wird durchlässig. Außerdem werden die Nährstoffe bei Dunkelheit besser aufgenommen. Jüngere Blätter nehmen Düngerlösungen schneller auf als alte.

Geschwindigkeit der Aufnahme einzelner Nährstoffe

Nährstoff	50 %ige Aufnahme in folgender Zeit		
Stickstoff	1	bis	6 Stunden
Phosphat	2,5	bis	6 Tage
Kali	1	bis	4 Tage
Magnesium	20%	in	1 Stunde
Eisen	8%	in	24 Stunden
Mangan	1	bis	2 Tage
Zink		1	Tag

Angaben Jürgens, G. und Ramstetter, H.

Durchführung

- Ein einmaliges Ausbringen von Blattdünger zeigt in der Regel keine Wirkung.
- Es sind mehrere Blattspritzungen nötig.
- Für die Ausbringung bedecktes Wetter, hohe Luftfeuchtigkeit oder die Abendstunden mit der folgenden Nachttaubildung ausnutzen.
- Während der Blüte keine Blattdünger ausbringen, da Verrieselungsschäden möglich sind.
- Blattdünger werden in der Regel mit den Pflanzenschutzmitteln ausgebracht, obwohl die Ausbringungszeitpunkte beider nicht immer ideal miteinander vereinbar sind.
- Das gemeinsame Ausbringen ist ein arbeitswirtschaftlicher Kompromiß.

- **Mischbarkeit:** Die Anwendungshinweise der Hersteller sind genau zu beachten. Im Zweifelsfalle ist ein Mischversuch mit einer kleinen Menge durchzuführen, um festzustellen ob die Brühe ausflockt.
- In den Blattdüngern liegen, wenn erforderlich, die Nährstoffe in chelatisierter Form vor. Dies bedeutet, daß sie in eine organische Komplexverbindung eingebunden sind, die besser pflanzenaufnehmbar ist.

Welche Düngermengen gelangen auf das Blatt?

R e c h e n g a n g :

1)

Düngermenge pro Applikation in Liter o. kg/ha*	**X**	$\dfrac{\text{Nährstoffgehalt (\%)}}{100}$	**=**	kg Reinnährstoff pro ha u. Applikation

* evtl. aus der Konzentration berechnen z.B. 0,5% = 500 g/100 l bei 1 000 l Brühaufwand/ha, das entspricht 5 kg/ha. Bei mehreren Spritzungen ist der durchschnittliche Brühaufwand zu berechnen.

2)

kg Reinnährstoff pro ha und Applikation	**X**	Anzahl der Spritzungen	**=**	kg Reinnährstoff pro ha und Vegetationsperiode

B e i s p i e l :

Harnstoff mit 46% Stickstoff

0,5 %ig gespritzt

$$\frac{5 \text{ kg ha} \times 46 \% \text{ N}}{100} = 2,3 \text{ kg N pro ha und Applikation}$$

346

Das Rechenergebnis ist ein Maximalwert, da nie die gesamte ausgebrachte Brühmenge auch die Zielfläche erreicht oder dort verbleibt (Abdrift, Abtropfverluste u.a.). Je nach Vegetationsstand der Reben und Applikationsverfahren sind die Verluste höher oder niedriger.

Blattdünger

Handelsname Hersteller/ Vertrieb	Düngemittelbeschr. und Einsatzempfehlung laut Produktinformation des Herstellers	Anteil der hauptsächl. vorhandenen Nährstöffe	Aufwandmenge und sonstige Anwendungshinweise
Mehrstoffdünger (Hauptnährstoffe)			
Basfoliar 12 + 4 + 6 BASF/COMPO	Flüssiger Blattvolldünger (NPK-Düngerlösung) mit Spurennährstoffen sowie Magnesium	12% N 4 % P O 6 % K O	Maximal 12 l/ha Spritzen: max. 0,8 % Im Sprühverfahren nicht höher als 1,6 %
Plantaaktiv „NK" Fa. Günther, Cornufera GmbH, Erlangen	wasserlösl. Pflanzennährsalz mit Spurennährstoffen	20 % N 16 % K O 2 % MgO u. Spurennährstoffe	3 – 4 Spritzungen 0,2 – 0,3 % bei ger. Wasseraufwand max. 0,5 %
Plantaaktiv „25K" Fa. Günther, Cornufera GmbH, Erlangen	wasserlösl. Pflanzennährsalz mit Spurennährstoffen	15 % N 5 % P O 25 % K O 2 % MgO u. Spurennährstoffe	3 – 4 Spritzungen 0,2 – 0.3 % bei ger. Wasseraufwand max. 0,5 %
Wuxal 12-4-6 normal Aglukon/ Schering AG	NPK-Düngerlösung mit Spurennährstoffen	12 % N 4 % P O 6 % K O	5 l/ha nach Blattaustrieb bei jeder Spritzung
Wuxal Suspension Typ 1 Aglukon/ Schering AG	NK-Dünger Suspension mit Mg	20 % N 15 % K O 4 % MgO und Spurennährstoffe	5 l/ha von Beginn der Peronosporaspritzung regelmäßig zusetzen Bei geringer Wasserkonzentration bis 150 l/ha max. 3 – 4 l/ha
Wuxal Suspension Typ 3 Aglukon/ Schering AG	NK-Dünger Suspension mit Mg und Spurennährstoffen und hohem Fe-Gehalt zur Blattvolldüngung mit gleichzeitiger vorbeugender Bek. von Chlorose	10 % N 20 % K O 2 % MgO als Spurennährstoffe, hauptsächl. Fe	5 l/ha regelmäßige Anwendung vor und nach der Blüte, dabei Konzentration von 0,2 – 0,3 % nicht überschreiten
Stickstoffdünger			
Basfoliar 36 Extra BASF/COMPO	Hochkonzentrierter flüssiger Stickstoffblattdünger (Ammonnitrat-Harnstoff-Lösung) mit Spurennährstoffen sowie Magnesium	27 % N 3 % MgO	Maximal 4,5 l/ha Spritzen: max. 0,3 % Im Sprühverfahren nicht höher als 0,6 %
Basfoliar 34 BASF/COMPO	Flüssiger Stickstoffblattdünger (Ammonnitrat-Harnstoff Lösung) mit Magnesium und Spurennährstoffen	27 % N	Maximal 4,5 l/ha Spritzen: max. 0,3 % Im Sprühverfahren nicht höher als 0,6 %
Harnstoff	N-Dünger	46 % N	0,3 % im Spritzverfahren, im Sprühverfahren nicht mehr als 0,6 %
Wuxal Suspension Typ 2 Aglukon/ Schering AG	Kalksalpeter-Harnstoff Suspension mit Spurennähstoffen zur Sicherung der Calciumversorgung der Pflanze	10 % N	5 l/ha regelmäßig nach der Blüte als Grundlage der Stiellähmebekämpfung

Magnesiumdünger

Bittersalz Kali und Salz AG	Magnesiumsulfat Zur Bekämpfung von Mg-Mangel und/oder zur Stiellähmebekämpfung	16 % MgO 13 % S	5 – 6 kg/100 l Wasser Zur Stiellähmebek. 3 Anwendungen (ES* 32, 35 und 1 Woche später) Zur Bek. von Mg-Mangel 4 Anwendungen, zusätzlich 1 Anwendung im ES 27– 29	
Falnet Firma Spieß	Konzentrierter Magne- siumdünger zur Vermin- derung der Stiellähme	92 % MgO	7,5 kg/ha Im Sprühverfahren höchstens doppelt konzentrieren 1. Behandlung bei ES 32 bei lockerbeerigen Trauben ES 34 2. Behandlung bei ES 35	Nicht mit Mikal MZ mischbar
Fetrilon-Combi BASF/COMPO	Konzentrierter wasser- lösl. Spurennährstoff- Mischdünger mit Magne- sium, zur vorbeugenden u. heilenden Behandlg. von Spurennährstoff- mangel sowie Vermin- derung der Stiellähme	9 % MgO 4 % Mn 4 % Fe u. a. Spuren- nährstoffe	gegen Stiellähme: maximal 2 kg/ha max. Anwendungskonzentration: 0,2 % Behandlungstermine: 2 – 3 Behandlungen ab ES 32 bzw. zum ES 35 im Abstand von 14 Tagen. Bei Spurennährstoffmangel: vorbeugend:: maximal 2 kg/ha max. Anwendungskonzentration: Spritzen 0,1 % Sprühen 0,2 % Behandlungstermine: vor und/oder nach der Blüte je 1 – 2 Spritzungen. Kombination mit Pflanzenschutzmaßnahmen möglich. heilend: maximal 2 kg/ha max. Anwendungskonzentration: Spritzen 0,5 % Sprühen 1,0 % Behandlungstermine: unmittelbar nach Sichtbarwerden erster Man- gelsymptome, Mehrfach-Spritzungen bis zum Wiederergrünen in Abständen von 10 – 14 Tagen. Besondere Hinweise: Bei empfindlichen Sorten wie Silvaner, Morio-Muskat, Trollinger … nur halbe Aufwandsmengen bzw. halbe Konzentrationen. Nicht mit Pflanzenschutzmittel kombinieren	
multimicro- Magnesium Fa. Hoechst AG	hochkonzentrierter Mg—haltiger Blattdünger (Mg-hydroxid) mit Spu- rennährstoffen zur Stiellähmebekämpfung	30 % MgO	10 l je ha Wasseraufwandmenge 1000 l Im Sprühverfahren Wasserauf - wandmenge max. um die Hälfte verring. Anwendung ES 31/32 und ES 35	nicht mit Mikal MZ mischbar
Folicin-combi fl. Metalldünger Firma Jost, Iserlohn	hochprozentige Spuren- nährstoffmischung	5,2 % Mn 0,65 %Cu 0,65 %Zn 0,02 %Mo	2 – 3malige Anwendung mit 2 – 3 l/ha in 1500 l Wasser	
Folicin-Mix Metalldünger Jost GmbH, Iserlohn	Spurennährstoffmisch- dünger mit hohem Mg-Gehalt kann auch zur Stiel- lähmebek. eingesetzt werden.	11 % MgO Spurennähr- stoffe	0,15 % – 0,2 % (3 – 4 kg/ha) konzentrationen bei geringer Wasseraufwandmenge nicht erhöhen	Nicht mehr kurz vor der Ernte anwenden
Librel Mix Stähler Agrar- Chemie	Mischdünger mit Spurennähr- stoffen zur Vorbeugung von Spurenelementmangel	Spurennähr- stoffe	2 – 3malige Anwendung mit jeweils 1,0 – 1,5 kg/ha	
multimicro fluid Fa. Hoechst AG	Spurennährstoff-Misch- dünger-Lösung	Spurennähr- stoffe	0,1 – 0,2 % im Abstand von 10 – 14 Tagen Im Sprühverfahren Konzentration maximal verdoppeln	
Siapton Fa. Christoffel, Trier	wasserlösliche organ. Pflanzennahrung aus tierischen Eiweißen. Anwendung bei allge- meiner Streßsituation und Stiellähme und zur besseren Ausnutzung von Nährstoffen	55 % Amino- säuren ent- sprechend 9 % org. ge- bundener N	Ertragslage: 1. u. 2. Anwendung mit Peronos- poravorblütenspritzungen 3. Anwendung mit 1. Nachblüte- spritzung je 3 l/ha oder 0,3 % in Ertragsanlage Im Sprühverfahren kann die Konzentration entsprechend der reduzierten Wasseraufwandmenge erhöht werden. Junganlagen: 0,3%ig in Verbindung mit PS-Maßnahmen.	Nicht mit mineral.- öl- und kupferhalti- gen PS-Mitteln mischen

Eisendünger

Ferroaktiv 6 u. Ferroaktiv 9 Fa. Günter Cornufera GmbH Erlangen	Eisenspurennährstoff- dünger zur Verhütung und Bekämpfung von Eisenmangelerscheinungen	6 % Fe 9 % Fe	0,1 % Spritzen nicht Sprühen nicht höher konzentriert anwenden	

ES = Entwicklungsstadium der Rebe nach EICHHORN und LORENZ

348

Ferrogan 330 Fe Ciba-Geigy	Spriztpulver gegen Einsenmangelchlorose	10 %	Fe	2 Vorblütenanwendungen ab ES 12 im Abstand von 8 – 10 Tagen bis ES 17 1 Nachblüteanwendung 2,5 kg/ha, Ausnahme Silvaner, Morio-Muskat, Gutedel, Portugieser, Dornfelder u. Faber Vorblütebeh. nur mit 1,25 kg/ha	

Fetrilon 13 %
BASF/COMPO
	Hochkonzentrierter,
	wasserlöslicher Eisen-
	dünger zum Vorbeugen und
	Beheben von Eisenmangel
		13 %	Fe	vorbeugend: maximal 2 kg/ha
				max. Anwendungskonzentration: Spritzen 0,1 %
				  Sprühen 0,2 %
				Behandlungstermine: vor und/oder nach der Blüte
				mehrfache Spritzungen
				heilend: maximal 2 kg/ha
				max. Anwendungskonzentration: Spritzen 0,5 %
				  Sprühen 1,0 %
				Behandlungstermine: unmittelbar nach Sichtbarwerden erster
				Mangelsymptome mehrfache Spritzungen bis zum Wiederergrünen
				in Abständen von 10 – 14 Tagen.
				Besondere Hinweise:
				Bei empfindlichen Sorten wie Silvaner, Morio-Muskat, Trollinger
				… nur halbe Aufwandsmengen bzw. halbe Konzentrationen.
				Nicht mit Pflanzenschutzmittel kombinieren	

Folicin_DP Dow-Elanco, Metalldünger Jost GmbH Iserlohn	Eisendünger zur Behe- bung und Verhütung der Eisenmangelchlorose	6 %	Fe	4 kg/ha bzw. 4 l/ha, nicht höher als 1 % konzentrieren. Bei empfindlichen Sorten (Silva- ner, Müller-Thurgau, Burgunder, Gutedel und Portugieser) 2 kg/ha. Anwendung 1 – 2 mal vor der Blüte und einmal nach der Blüte.	Nicht mit systemi- schen und kupferhal- tigen Fungiziden mischen
Librel Eisen Stähler Agro chemie	Eisendünger zur Behebung akuten und zur Vorbeugung latenten Eisenmangels	13 %	Fe	vorbeugend: 0,05 – 1,0 % 2. Beh. vor und 2 – 4 Beh. nach der Blüte bei akutem Mangel: 0,1 – 0,5 % ab Symptombeginn bei empf. Sorten max. 1 kg/ha in mind. 400 l/ha	nicht mit Kupfer- präparaten und an- deren metallischen Blattdünger mischen
Rexene Fe Firma Spieß	Eisendüngerlösung gegen Eisenmangel- chlorose	3 %	Fe	1,5 % im Spritzverfahren. Im Sprühverfahren nicht mehr als 3 % Anwendung ab ES 12 mit weiteren Behandl. im Abstand von 8 – 10 Tagen bis ES 17, wenn erforderlich auch weitere Behandl. nach der Blüte	nicht mit kupferha- tigen Präparaten mischen
Wuxal Typ Eisen plus Aglukon/ Schering AG	Blattdüngersuspension zur Bekämpfung der Eisenmangelchlorose	5 % 5 %	Fe N	1. Behandlung beim ersten Auf- treten der Chlorose 2. Behandlung 10 Tage später 3. Behandlung weitere 10 – 14 Tage später mit jeweils 2 l/ha	Nicht mischbar mit Dicarbocimiden (Roni- lan, Rovral, Sumis- clex) und Cu-haltigen Präparaten

Bordünger

Folicin Bor fl. Metalldünger Firma Jost Iserlohn	Zur vorbeugenden Be- handlung und zur schnel- len Behebung von sicht- baren Bormangel über das Blatt	10 %	Bor	erste Anwendung im 3-Blattstadium zweite Anwendung vor der Blüte jeweils 2 – 3 l/ha in mindestens 1200 l Wasser	
Librel Bor Stähler Agro- chemie	Bordüngerlösung zur Behebung akuten und zur Vorbeugung latenten Bormangels	10 %	B	vorbeugend: 1 – 2 l/ha bei akutem Mangel 2 – 3 l/ha 1. Beh. im 3-Blattstadium 2. Behandlung vor der Blüte	

Solubor
BASF/COMPO
	Hochkonzentrierter
	wasserlöslicher Bordün-
	ger zum Vorbeugen
	und Beheben von Bor-
	mangel
		20,8 %	B	2 – 3 Anwendungen im Jahr
				a) im 3-Blattstadium 1 – 2 kg/ha
				b) vor der Blüte in mind.
				   1200 l
				   Wasser
				c) Nachblütebehandlung 2 – 3 kg/ha
				Spritzkonzentration von 0,3 % nicht überschreiten.
				Insgesamt nicht mehr als 6 kg/ha und Jahr
					Bezüglich der Misch-
					barkeit mit PS-Mit-
					teln ist die Firma
					zu befragen

Mangandünger

Folicin Mn fl. Metalldünger Firma Jost, Iserlohn	zur schnellen u. nach- haltigen Behebung von Manganmangel über das Blatt	8 %	Mn	mehmalige Anwendung wird em- pfohlen mit je 1 – 1,5 l/ha in mindestens 1000 l/ha Konzentration nicht über 0,2 %	

349

Librel Mangan Stähler Agro-chemie	Mangandünger gegen Manganmangel	13 % Mn	1 – 2 kg in mind. 1000 l Wasser Bei Fruchtansatz (ES 27) Behandl. evtl. nach 10 – 14 Tagen wiederholen	
Mantrilon fl. BASF/COMPO	Flüssiger Mangan-Blatt-Dünger zum Vorbeugen und Beheben von Manganmangel	6 % Mn	0,1 bis 0,2 % max. 2 l/ha	Bei verminderter Wasseraufwandmenge nicht höher konzentrieren. Nicht mit anderen Blattdüngern mischen. Mischungen mit mehr als 2 PS-Motteln werden nicht empfohlen.

Zinkdünger

Folicin-Zn Metalldünger Jost GmbH, Iserlohn	Zinkdünger	15 % Zn	0,1 – max 0,2 %	Anwendung möglichst vor der Blüte, nicht mehr kurz vor der Ernte anwenden.
Librel Zink Stähler Agro-chemie	Zinkdünger zur Behebung akuten und zur Vorbeugung latenten Zinkmangels	14 % Zn	2 – 3 Behandlungen ab ES 27 mit je 0,25 kg/ha	

Lanzendüngung

Anwendung

Rasche Behebung von starkem Nährstoffmangel im Wurzelbereich, weil die Beseitigung über eine Bodendüngung zu lange dauert.

Notwendiges Gerät

Spritzfaß, Spritzpumpe Schlauch, Düngerlanze oder Pflanzlanze (Hydropflanzgerät).

Durchführung

Je Rebstock 4 Einstiche mit der Düngerlanze im Abstand von 25 bis 30 cm vom Stamm, 40 cm tief. Bei weiten Gassen auch noch Einstiche in die Gassenmitte. In trockenem Boden verteilt sich die Flüssigkeit besser als in nassem Boden.

Literatur:
GÄRTEL, W.: Die Lanzendüngung im Weinbau. Der Deutsche Weinbau, 1961, 61 – 62.
WILHELM, A.: Zur Blatt- und Lanzendüngung im Weinbau. Der Deutsche Weinbau, 1961, 734 – 735.

Fe-Spezialdünger zum Lanzen, Gießen und/oder Streuen
Zur besseren Pflanzenverfügbarkeit sind Eisendünger chelatisiert

Handelsname Hersteller/ Vertrieb	Düngemittelbeschr. und Einsatzempfehlung laut Produktinformation des Herstellers	Nährstoff-gehalt % Fe	Aufwandmenge und sonstige Anwendungshinweise
Basafer BASF/COMPO	wurzelwirksamer Eisen-dünger zur sicheren Behebung von Eisenchlorose auf kalkreichen Standorten	6	Neuanpflanzung bis Ertragsbeginn 3 – 7,5 g/Pflanze Im Vollertrag 10 – 20 g/Pflanze Einzelstockbehandlung, z. B. mit Düngerlanze 0,4%ige Lösung: 1 l pro Einstich; 4 Einstiche pro Stock; entspricht ca 16 g Basafer pro Stock. Nach Streuanwendung einarbeiten!

350

Bolikel Hoechst	wasserlöslicher Mikro-granulat zur besseren Eisenversorgung (auch auf kalkhaltigen Böden)	6	vorbeugend: Zum Austrieb der Rebe 10 – 15 g/Rebstock je nach zu erwartender Chlorosestärke heilend: 20 g/Rebstock Am besten in wässriger Lösung (Wasseraufwandmenge 1 l/Rebstock). Streuverfahren ist möglich, wird aber nicht empfohlen.
Ferroaktiv 6 Fa. Günter Cornufera GmbH	Eisenspurennährstoff-dünger, wirksam bis pH 7	6 9	Streuverfahren 5 g/Stock vorbeugend im Spätherbst Lanzendüngung 10 g/Stock für leichte Böden 10 – 20 g für schwere Böden Ferroaktiv 9 nicht mit Cu-haltigen PSM mischen
Folicin DP, Metalldünger Jost Iserlohn	s. Tabelle Blattdünger	6	vorbeugend: 10 – 25 g/Stock lanzen
Librel Eisen Spezial Stähler Agrochemie	Eisendünger Zur Behebung von akutem und zur Vorbeugung gegen latenten Eisenmangel über den Boden (auch auf kalk-phosphor- und humusreichen Standorten).	7	Im Gießverfahren 10 – 20 g/Stock in 1 l Wasser
Rexene 654 Fe-K Granulat Firma Spieß	wasserlösl. Granulat zur Verhütung und Bekämpfung der Eisenmangelchlorose	6,5	12 g/Stock (in 1 l Wasser) Vorbeugend möglichst vor dem Austrieb oder im Herbst vor der Winterbodenbearbeitung. Zu diesem Zeitpunkt bei entsprechender Bodenfeuchtigkeit auch Streuen möglich. Zur Behebung von akutem Mangelsymptom lanzen oder gießen.
Sequestren 138 Fe Granulat Ciba Geigy	wasserdispergierbares Granulat zur Behebung und Ver-hütung der Eisenmangel-chlorose	6	vorbeugende Beh. bei Austrieb oder im Herbst vor der Winter-bodenbearbeitung, ansonsten bei Sichtbarwerden der ersten Vergilbungen. Bei vorbeugender Beh. trockene Ausbringung möglich ansonsten wird feuchte Ausbringung empfohlen. Menge: 10 – 20 g/Stock, bei feuchter Ausbringung 1 l Wasser.

Beachten!

Die Tabelle entspricht dem Stand von August 1991 und erhebt keinen Anspruch auf Vollständigkeit.

Die *Anwendungshinweise* entstammen den Produktinformationen der Firmen, oder mündlichen Mitteilungen von Firmenmitarbeitern.

Da auf diesem Gebiet immer wieder Änderungen eintreten, sind *grundsätzlich die Anwendungshinweise auf den Packungen zu beachten.*

Literatur:

BECKER, Th.: Die Wirtschaftlichkeit der Blattdüngung. Der Deutsche Weinbau, 1979, 1040-1041.

BEETZ, K.J.: Erfahrungen mit der Blattdüngung im Weinbau. Die Wein-Wissenschaft, 1965, 79-88.

DIETER, A.: Überlegungen zur Blattdüngung im Weinbau. Rebe und Wein, 1981, 364-366.

EMIG, K.: Blattdünger - Einsatzmöglichkeiten und Grenzen für die Praxis. Der Deutsche Weinbau, 1984, 651-652.

FADER, W.: Blattdüngung im Weinbau. Der Deutsche Weinbau, 1983, 768-722.

GÄRTEL, W.: Über die Blattdüngung. Deutscher Weinbau-Kalender, 1963, 97-101

GEERD, J.: Blattdüngung in Kombination mit Pflanzenschutzmitteln. Der Deutsche Weinbau, 1980. 717-718

HOECHST AG: Ertragssicherung durch Blattvolldüngung. Der Deutsche Weinbau, 1977, 406.

JÜRGENS, G., RAMSTETTER, H.: Nährstoffaufnahme über das Blatt. Der Deutsche Weinbau, 1980, 715-716

KAMPS, H., SCHALLER, K., KIEFER, W.: Zur Problematik der Blattdüngung im Weinbau. Die Wein-Wissenschaft, 1981, 245-256.

RAPS, H.: Die Blattdüngung zu Reben. Der Deutsche Weinbau, 1978, 558-559.

RAPS, H.: Blattdüngung für 1979. Der Deutsche Weinbau, 1979, 1037-1039.

SCHALLER, K.: Einfluß von Blattdüngungsmaßnahmen auf Menge und Güte bei Most und Wein. Der Deutsche Weinbau, 1983, 1352-1355.

SCHRADER, Th.: Blattdüngung in neue Form. Der Deutsche Weinbau, 1977, 357.

SCHRADER, Th.: Erfahrungen mit Siapton 1977. Der Deutsche Weinbau, 1978, 468-469.

UHL, H.: Die Blattdüngung unserer Kulturpflanzen unter besonderer Berücksichtigung von Spezial-Volldüngern. Rebe und Wein, 1964, 97-98.

WAITZ, Dr.: Suspensionsdünger - eine neue Blattdüngergeneration. Der Deutsche Weinbau, 1977, 509.

WALTER, B., HILLEBRAND, W., FINKENAUER, K., MATHES, H. und BRÜCKNER, H.: Harnstoffspritzungen. Der Deutsche Weinbau, 1975, 238-240.

Ref.: Blattvolldüngung wirkungslos. Obstbau-Weinbau, Mitteilungen des Südtiroler Beratungsringes, 1989, 189-190. (Die Angaben beziehen sich auf Versuche im Obstbau)

5. Düngungsplan

Die beste und auf die Dauer billigste *Düngung ist die nach Maß*, aufgrund der Bodenuntersuchung. Diese sollte alle 4 Jahre durchgeführt werden. Die Düngung erfolgt in einem mehrjährigen Turnus.

Beispiel:

1. Jahr Einzeldünger entsprechend der Bodenuntersuchung.
Kali und Phosphat, evtl. als Schaukeldüngung für 2 Jahre.

2. Jahr Humusversorgung für 3 Jahre

3. Jahr Mehrnährstoffdünger

4. Jahr Einzeldünger (wie 1. Jahr) nach Bodenuntersuchung

5. Jahr Humusversorgung (wie 2. Jahr)

6. Jahr Mehrnährstoffdünger (wie 3. Jahr)

7. Jahr Erneute Bodenuntersuchung.

Bei den Düngergaben sind die Erntemengen und die Wuchsstärke der Reben zu berücksichtigen.

Die Düngergaben werden in einer *Düngerkartei* (s. Seite 354) festgehalten. Jeder Weinberg erhält eine Karteikarte. Auf ihr werden alle Daten des Weinbergs (Sorte, Pflanzjahr, Flurnummer, Parzellennummer, Größe, Bodenart usw.), die jährliche Erntemenge, die Bodenuntersuchung, die jährlichen Düngergaben vermerkt.

Die Gesamtrebfläche eines Betriebes kann auch in drei Blöcke eingeteilt werden. Block I wird gedüngt wie im Beispiel für das erste Jahr angegeben, Block II wie im Beispiel für das zweite Jahr usw. Auf diese Weise werden jährlich ein Drittel der Fläche einer Bodenuntersuchung unterzogen und mit Einzeldünger versorgt, ein Drittel der Fläche erhält Humus und ein Drittel Mehrnährstoffdünger oder zu welcher Düngerform sich der Betriebsführer entscheidet.

Düngerkartei

W. Lage: Flur: Parzelle: Größe: Boden:

Rebsorte: Unterlage: Pflanzjahr: Abstand:

Jahr	Bodenuntersuchung							Ernte			Ernte		
	Humus %	Aktivkalk %	pH	mg in 100 g Boden			ppm*	Jahr	hl	hl/ha	Jahr	hl	hl/ha
				P_2O_5	K_2O	MgO	Bor						

* ppm = mg in 1.000 g Boden

354

Düngergaben kg/a

Jahr	Kalk	N	P_2O_5	K_2O	MgO	Humus

IV. Kapitel Weinbau und Umweltschutz

1 Bewirtschaftungsformen

Es ist heute als eine dringende Notwendigkeit allgemein anerkannt, daß die Umwelt in allen Lebensbereichen so wenig wie möglich belastet wird. Das betrifft auch den Weinbau. Leitlinie ist daher,

die Eingriffe des Winzers in das Ökosystem Weinbau zu reduzieren.

Wie dieses Ziel zu erreichen ist, wird in unterschiedlichen Bewirtschaftungsformen verfolgt. Und zwar als sogenannter

- konventioneller Weinbau
- integrierter Weinbau und
- ökologischer Weinbau.

1.1 Konventioneller Weinbau

Es handelt sich um die althergebrachte Wirtschaftsweise, die nach den neuesten wissenschaftlichen Erkenntnissen *reformiert* ist.

- Schonende *Bodenbearbeitung* als B o d e n p f l e g e . Die Beseitigung jeglichen Grüns ist nicht mehr das Ziel. Begrünung wird überall dort übernommen, wo keine Wasserkonkurrenz zur Rebe zu befürchten ist.

- *Pflanzenschutz* wird, entsprechend den Vorschriften des Pflanzenschutzgesetzes als i n t e g r i e r t e r P f l a n z e n s c h u t z durchgeführt. Auch hier bestimmen die Schadschwellen die Anzahl der Applikationen. Der Einsatz chemischer Pflanzenschutzmittel wird als notwendig angesehen. Im integrierten Pflanzenschutz kann von diesen, bei uns streng geprüften Mitteln, kaum eine Belastung der Umwelt ausgehen.

- In der *Düngung* werden M i n e r a l d ü n g e r nicht abgelehnt. Ihre Verwendung nach Entzugszahlen und zeitgerecht, nach dem Aufnahmebedürfnis der Reben, hat die auszustreuenden Mengen so reduziert, daß eine Umweltbelastung kaum eintreten kann.

- Die *Pflanzenrückstände* (Schnittholz, Laub, Trester) verbleiben im Weinberg, bzw. werden ihm wieder zugeführt.

1.2. Integrierter oder kontrollierter Weinbau

Der Unterschied zum konventionellen Weinbau besteht darin, daß der Betriebsleiter seine *Bewirtschaftung*, die sich von der oben geschilderten wenig unterscheidet, nach Richtlinien einer K o n t r o l l e unterwirft.

356

1.3 Ökologischer Weinbau

Ziel sogenannter ökologischer Bewirtschaftung ist ein Weinbau möglichst ohne chemischen Pflanzenschutz, chemische Unkrautbekämpfung und Mineraldünger, weil diese drei Komponenten angeblich das Gleichgewicht der Natur stören. Als Folge dieser Gleichgewichtsstörung werden eine Gefährdung der Bodenfruchtbarkeit, krankheitsanfällige Reben und belastete Nahrungsmittel (Wein) angenommen. Folgende Begründung liegt der Wirtschaftsweise zugrunde:

● Die natürliche Welt spiegelt ein System höherer Ordnung wieder.

● Diese Ordnung besteht aus einer großen Zahl kleiner Ordnungssysteme, auch Ökosysteme genannt, die den unterschiedlichen Pflanzenregionen der Erde entsprechen.

● Innerhalb dieser Ordnung ist der Biotop die kleinste Einheit.

● Jedes der Ökosysteme besitzt im unversehrten Zustand eine große pflanzliche und tierische Artenvielfalt, durch die und in der alle Wachstumsprobleme gelöst und geregelt werden.

Das Bewirtschaftungssystem "Weinberg" muß, so weit dies geht, dem natürlichen Ökosystem angeglichen werden. Die Betonung liegt auf "Angleichen", da auch im ökologischen Weinbau leistungsfähig produziert werden muß.

Auch im sogenannten ökologischen Weinbau sind Eingriffe des Menschen in das Ökosystem nötig. z.B.

● Rebschnitt,

● Bodenpflege,

● Laubarbeiten und

● Pflanzenschutz.

Es geht nicht um die unrealistische und auch utopische Forderung „zurück zur Natur" wo das Prinzip „Fressen und gefressen werden" herrscht, sondern darum, die Eingriffe des Menschen in das Ökosystem zu minimieren. Der Winzer soll sich als lenkendes Element seines Ökosystems verstehen.

Die Anbauleitlinien des Bundesverbandes Ökologischer Weinbau sind nach diesen Gesichtspunkten festgelegt.

ANBAULEITLINIEN

1. Erhaltung und Steigerung der Bodenfruchtbarkeit, Begrünung:

Wichtigster Pfeiler dieser Forderung ist die Begrünung. Sie ist Lebensraum für eine vielfältige Flora und Fauna und dient über das Blühenlassen der Ansiedlung von Nützlingen. Durch geeignete Einsaaten werden die Böden aufgeschlossen und in einen stabilen Zustand versetzt. Monokulturen sind durch artenreiche Gemische, bevorzugt durch standorttypische Weinbergspflanzen zu ersetzen. Brachliegende Flächen müssen begrünt sein.

2. Pflanzenernährung:

Auch hier spielt die Begrünung eine wichtige Rolle. Sie sorgt für die „Düngung" des Bodens mit org. Substanz (Energiezufuhr) und durch Leguminosenanbau zur Stickstoffversorgung. Die Anreicherung des Oberbodens mit org. Substanz und Nährstoffen kann durch die Zufuhr org. Dünger erfolgen. Es wird ein möglichst geschlossener Betriebskreislauf angestrebt, d.h. Wiederverwendung aller org. Stoffe, die im Anbau und der Verarbeitung anfallen. Diese Stoffe werden entweder in Mieten kompostiert oder über eine Flächenkompostierung dem Boden zugeführt. Die Verwendung schadstoffarmer Grünmüllkomposte (Verwertung biogener Abfallstoffe) wird begrüßt.

Die Verwendung von P- und K-Ergänzungsdüngern ist anzeigenpflichtig und kann nur unter Vorlage einer Bodenanalyse und nach Rücksprache mit dem Berater erfolgen.

3. Bodenbearbeitung:

Die Bodenbearbeitung ist bodenschonend vorzunehmen. Zugeführte org. Masse ist flach einzuarbeiten oder als Mulchdecke zu belassen. Lockerung zur Beseitigung von Verdichtungen soll ohne ein Wenden des Bodens erfolgen. Auch bei der Vorbereitung der Neuanlage soll darauf geachtet werden, daß der Boden nicht gewendet wird. Die Pflege des Unterstockbereiches ist mechanisch oder thermisch möglich.

4. Pflanzgut:

Da der Zukauf von Jungreben aus ökologischer Erzeugung derzeit nicht möglich ist, kann auf Ware aus konventioneller Aufzucht zurückgegriffen werden. Pflanzgut aus eigener Erzeugung unterliegt ab dem Zeitpunkt der Veredelung den Richtlinien.

358

5. Pflanzenschutz und Pflanzenpflege:

Die ökologische Pflanzenpflege beginnt mit den pflanzenbaulichen Maßnahmen, die die Widerstandskraft der Rebe stärken und den Infektionsdruck senken. Hierzu zählen die Bodenpflege und Pflanzenernährung, sowie alle Kulturmaßnahmen wie Rebenerziehung, Stockaufbau, Anschnitt, Laubarbeiten, Zeilenbreite und Unterstockpflege.

Zur Steigerung der Selbstregulation im Ökosystem Weinberg und zur Erhöhung der pflanzeneigenen Widerstandskraft gegen mögliche Schädigungen (Pilze, Bakterien, Insekten und andere Tiere) können Hemmstoffe, Stärkungs- und Pflegemittel, sowie zugelassene Pflanzenschutzmittel eingesetzt werden.

Auch bei überbetrieblichen Pflanzenschutzmaßnahmen aus der Luft (Hubschrauber) unterliegt der gesamte Betrieb den Anbau-Richtlinien.

Die versuchsmäßige Anpflanzung pilzresistenter Rebsorten wird begrüßt.

6. Landschaftspflege:

Um die Monokultur „Weinberg" zu mildern,wird neben der vielartigen Begrünung der Erhalt von Hecken, Rainen und Hohlwegen angestrebt. Eine Randbepflanzung der Rebanlage mit Büschen und Bäumen dient neben der Verbesserung des Landschaftsbildes auch dem Ziel der Förderung von Nützlingen und der Selbstregulation im Ökosystem. Der ökologische Weinbau ist Bestandteil eines funktionierenden Ökosystems und verwendet kein Unterstützungsmaterial aus Regenwaldhölzern (z.B. Bankgirai).

Weitere Hinweise sind den Richtlinien des

„Bundesverband Ökologischer Weinbau"
Geschäftsstelle OTTERSHEIM/Pfalz, Obergasse 3.

zu entnehmen. Die Richtlinien dienen den Angehörigen des Verbandes als Grundlage für die Bewirtschaftung.

H i n w e i s : Alle Bewirtschaftungssysteme werden durch den allgemeinen Schadstoffeintrag aus der Luft und mit dem Regen gleichermaßen belastet. Unterlassener Pflanzenschutz oder unzureichender, kann zur Belastung der Nahrungsmittel mit den sehr gefährlichen Mykotoxinen der Schadpilze führen.

Literatur:

DANNER, R.: Vergleichende Untersuchungen zum konventionellen, organisch-biologischen und biologisch-dynamischen Weinbau. Mitteilungen Klosterneuburg 1986, 96-100.

BOURQUIN, H.D., MADER, H.: Bodenpflegemaßnahmen im Integrierten Weinbau am Steilhang. Der Deutsche Weinbau, 1991, 884-890.

FADER, W.: Bodenpflege im Weinbau konventionell oder biologisch. Der Deutsche Weinbau, 1980, 804-806.

FADER, W.: Ziele und Grenzen des ökologischen Weinbaus. Der Deutsche Weinbau, 1981, 1057-1060.

FADER, W.: Ökologischer Weinbau. Der Deutsche Weinbau, 1985, 18-23

HOFFMANN, U.: Ökologischer Weinbau - eine Alternative zum bestehenden Systems. Der Winzer-Kurier 1986/6/30-32

HOFFMANN, U.: Anbautechnik aus der Sicht des ökologischen Weinbaus. Der Deutsche Weinbau, 1987, 1365-1368, 1400-1402.

KIEFFER, W., KÜTTEL, M.: „Ökologischer Weinbau" - Annäherung an einen Begriff. Der Deutsche Weinbau, 1988, 695-696.

KIEFFER, W., KÜTTEL, M.: Durchführung des ökologischen Weinbaus. Der Deutsche Weinbau, 1988, 1144-1151.

LINK, S.: AK Integrierter Weinbau. Weinwirtschaft Anbau, 1991, Nr. 1, 13.

LOTT, H., EMIG, K.H.: Alternativer Weinbau - Versuchsergebnisse aus Oppenheim. Der Deutsche Weinbau, 1982, 1130-1133.

PLATZ, R.: Gibt es zur Mineradüngung eine Alternative? Der Deutsche Weinbau, 1981, 928-930.

SCHIEFER, H. Chr.: Ökologischer Weinbau. Rebe und Wein, 1989, 421-425.

SCHRUFT, G.: Alternativer Weinbau in Theorie und Praxis. Deutsches Weinbau-Jahrbuch, 1985, 5-14.

-.-: Richtlinien des Bundesverbandes Ökologischer Weinbau. Der Deutsche Weinbau, 1989, 517.

-.-: Weinbau, umweltbewußt, qualitätsorientiert. AID Heft 1119, 1989.

-.-: Bewirtschaftung von Weinbergen in Wasserschutzgebieten. Ministerium für Landwirtschaft, Weinbau und Forsten, Rheinland-Pfalz 1989.

-.-: Qualitätsbewußter und ökologisch orientierter Weinbau. KTBL (Kuratorium für Technik und Bauwesen in der Landwirtschaft) Schrift Nr. 310.

V. ANHANG

1. Schädlingsbekämpfung

Die Schädlingsbekämpfung ist eine wichtige Maßnahme zur Sicherung der Ernte, die einen hohen Zeit- und Kostenaufwand erfordert. Ausführliche Informationen sind dem Buch „Rebschutz" im gleichen Verlag zu entnehmen

Spritzplan

Entwicklungsstadium der Rebe	Behandlungszeitpunkt	Rebenstadium	Bekämpfung richtet sich gegen
Nach dem Schnitt, vor dem Schwellen der Knospen	Winterbekämpfung	01	Schwarzfleckenkrankheit Kräuselmilbe Springwurm Schildläuse
Wollestadium der Knospen	Austriebsspritzung	02 bis 07	Schwarzfleckenkrankheit Kräuselmilbe Blattgallmilbe Springwurm Schildläuse Schmierläuse Rhombenspanner
Nach Entfaltung der ersten drei Blätter	Frühjahrsspritzung	08 bis 11	Schwarzfleckenkrankheit Roter Brenner Blattgallmilbe Kräuselmilbe Rote Spinne
Vor der Blüte	1. u. 2. Vorblütenspritzung	12 bis 18	Peronospora Oidium Heuwurm
Blütezeit	bei langer Blütendauer in die volle Blüte	19 bis 24	Peronospora Botrytis Oidium
Wenn 80% der Käppchen abgeworfen sind	1. Nachblütenspritzung	25 bis 26	
Schrotkorngröße bis Erbsendicke der Beeren	2. Nachblütenspritzung	27 bis 31	Peronospora Oidium Sauerwurm Spinnmilben
Vor dem Weichwerden der Beeren	3. Nachblütenspritzung	32 bis 33	Peronospora Botrytis Oidium Sauerwurm
ab 25° Öchsle	Abschlußbehandlung	35	Botrytis Peronospora Oidium Spinnmilben

2. Schadbilder von Nährstoffmangel

1 Auf der Grundlage einer ausreichenden Kali-Magnesia-Phosphat-Grunddüngung zeigen gut mit Stickstoff ernährte Bestände sattgrüne Blätter und reichen Behang.

2 Stickstoffmangel: hellgrünes bis zitronengelbes Laub, Rotverfärbung der Blattstiele und der nicht verholzten Sprosse.

Fotos: Dr. Adams/Dr. Gärtel

3 Phosphatmangel: Schmutzigbraune Blattrandverfärbung, Kümmerwuchs, mangelhafter Fruchtansatz

4 Phosphatmangel tritt - wie in dieser Aufnahme erkennbar - oft auch zusammen mit Magnesiummangel auf

Fotos: Dr. Platz

Kalimangelerscheinungen:

L i n k s (oben): Kalimangel macht sich im Anfangsstadium durch Abwärtskrümmung der Blattränder bemerkbar (Verdunstungsschutz)

R e c h t s (oben): Junge, in der Entwicklung befindliche Blätter zeigen Blattrandnekrosen, die sich später zur Blattmitte ausbreiten - gelegentlich auch inselförmig. Bei trockenem Wetter rollen sich die nekrotischen Blattränder nach oben und werden brüchig.

L i n k s (mitte): Bei weißen Rebsorten tritt im Spätsommer und Herbst bei intensivem Sonnenschein eine braune bis braunviolette Blattverfärbung ein. Die Intensität der Verfärbung variiert von Sorte zu Sorte. Häufig tritt diese Verfärbung zusammen mit der oben gezeigten Blattrandnekrose auf.

R e c h t s (mitte): Bei roten Rebsorten fällt die durch Kaliummangel hervorgerufene Rötung der Blattränder auf.

L i n k s (unten): Im Sommer, wenn die Spreiten ihr Wachstum nahezu abgeschlossen haben, kommt es zu Blattrandnekrosen nur noch selten - dafür zeigen sich während sonnenreicher trockener Tage leuchtende Flecke, wie farbloser Lack, die später zur „Blattbräune" führen.

R e c h t s (unten): Anhaltender Kalimangel stört das gesamte Wachstum der Rebe und beeinträchtigt damit entscheidend die Ausbildung der Beeren. Ihre Reifung wird verzögert, die Zuckereinlagerung und der Säureabbau werden vermindert. Die nebenstehend verkümmerten und unreifen Trauben stammen aus der Kalimangelparzelle eines Düngungsversuches.

Fotos: 1 = Dr. Platz, 2-6 = Dr. Gärtel

Links: Kalkmangel.

Rechts: Kalkchlorose: Vergilbung der Blattfläche, während die Blattadern mehr oder weniger grün bleiben, später Blattrandnekrosen.

Fotos: Dr. Platz, Dr. Gärtel

"Sequestren-Versuch" der LLVA Oppenheim. Durch gezielten Einsatz geeigneter Eisenchelat-Verbindungen kann die Chlorose selbst auf schwierigen Standorten wirksam und nachhaltig bekämpft werden (hinten behandelt, vorn unbehandelt).

Foto: F. Pfaff, Oppenheim

Magnesiummangel ist schon von weitem leicht erkennbar. Deutlich vergilben die Interkostalfelder und werden bei fortgeschrittenem Mg-Mangel nekrotisch (verbrennen).

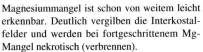

Fotos: Schöberl

Die Bilder sind der Schrift „Qualitätsweinbau" der Kali- u. Salz AG entnommen

Stiellähme bei der Sorte „Gutedel". Infolge eintrocknender Traubenstiele welken die Beeren unreif ein. Hohe Magnesiumzufuhr kann das Auftreten der Krankheit mindern.

Foto: Prof. Dr. Stellwaag-Kittler, Geisenheim

3. WEINBAULITERATUR

Zeitschriften

DAS DEUTSCHE WEINMAGAZIN, Verlag Dr. Fraund GmbH, Postfach 25 01 61, 55054 Mainz.

REBE UND WEIN, Verlag Rebe und Wein, Schwabstr. 20, D-7102 Weinsberg

DIE WEINWISSENSCHAFT, Verlag Dr. Fraund GmbH, Postfach 25 01 61, 55054 Mainz.

VITIS, Verlag der Bundesanstalt für Züchtungsforschung im Wein- u. Gartenbau, Geilweilerhof, D-6741 Siebeldingen

DEUTSCHES WEINBAU-JAHRBUCH, Waldkirchverlagsgesellschaft, Marktplatz 8, D-7808 Waldkirch/Brsg.

MITTEILUNGEN REBE UND WEIN, OBSTBAU UND FRÜCHTEVERWERTUNG, Verlag Höhere Bundeslehr- und Versuchsanstalt für Wein- und Obstbau, Wiener Straße 74, A-3400 Klosterneuburg.

SCHWEIZERISCHE ZEITSCHRIFT FÜR OBST- UND WEINBAU, Verlag Stutz, Zur Garbe, CH-8820 Wädenswil/Schweiz

KURZ UND BÜNDIG, Herausgeber BASF, Postfach 220, D-6703 Limburgerhof. Erscheinen eingestellt.

WEINBERG UND KELLER, Herausgeber Prof. Dr. Wilhelm Gärtel, Brüningstr. 84, D-5550 Bernkastel-Kues/Mosel. Erscheinen eingestellt.

DAS WICHTIGSTE, Berichtshefte der Kreuznacher Wintertagung. Herausgeber Landes-Lehr- und Versuchsanstalt für Weinbau, Gartenbau und Landwirtschaft, Rüdesheimer Straße 68, D-6550 Bad Kreuznach

VORTRÄGE der Rheinhessischen Weinbauwoche, Herausgeber Landes-Lehr- und Versuchsanstalt für Weinbau und Gartenbau, D-6504 Oppenheim/Rh.

Fachbücher

WEINBAU EINMAL ANDERS, Lenz Moser, Österreichischer Agrarverlag, Wien

WEINBAU, Vogt/Götz, Verlag Eugen Ulmer, Stuttgart

WEINBAU HEUTE, Ruckenbauer-Traxler, Leopold Stocker Verlag, Graz-Stuttgart

WEINBAU, Eggenberger, Koblet, Mischler, Schwarzenbach, Simon, Verlag Huber u. Co., Frauenfeld/Schweiz

TASCHENBUCH DER REBSORTEN, W. Hillebrand, H. Lott, F. Pfaff, Verlag Dr. Fraund, Postfach 25 01 61, 55054 Mainz.

REBSCHUTZ, W. Hillebrand, K. W. Eichhorn, D. Lorenz, Verlag Dr. Fraund, Postfach 25 01 61, 55054 Mainz.

QUALITÄTSWEINBAU, R. Platz, Kali und Salz AG, Postfach 10 20 29, D-34111 Kassel

WEINKUNDE IN STICHWORTEN, M. Hofmann, Verlag Ferdinand Hirt AG, Unterägeri (Schweiz)

KADISCH, E.: Der Winzer, 1 Weinbau, Verlag Eugen Ulmer, Stuttgart

SNOEK, H.: Das Buch vom Biologischen Weinbau, Verlag P. Pietsch, Stuttgart

Bilder, Zeichnungen

Abb. 1,2,3: Baron v. Racknitz, Weingut Kloster Disibodenberg, Odernheim/Nahe

Stichwortverzeichnis

Stichwortverzeichnis

369

Stichwortverzeichnis

Stichwortverzeichnis

Stichwortverzeichnis

Stichwortverzeichnis

Stichwortverzeichnis

374

Stichwortverzeichnis

Stichwortverzeichnis

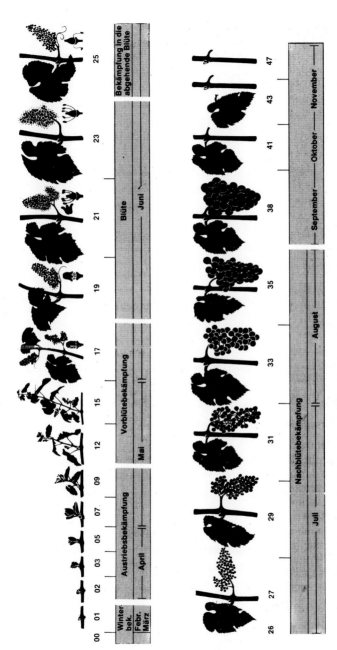

Entwicklungsstadien der Rebe von Dr. K. W. Eichhorn und Dr. H. Lorenz

Entwicklungsstadien der Rebe

von Dr. K. W. Eichhorn und Dr. H. Lorenz

Erläuterungen zu den Entwicklungsstadien

00 nicht beobachtet

01 Winterruhe, Winteraugen spitz bis rundbogenförmig, je nach Rebsorte hell- bis dunkelbraun, Knospenschuppen je nach Sorte mehr oder weniger geschlossen

02 Knospenschwellen, Augen vergrößern sich innerhalb der Knospenschuppen

03 Wollestadium, braune Wolle deutlich sichtbar

05 Knospenaufbruch, erstes Grün des Triebes sichtbar

07 Erstes Blatt entfaltet und vom Trieb abgespreizt

09 Zwei bis drei Blätter entfaltet

12 Fünf bis sechs Blätter entfaltet, Gescheine (Infloreszenzen) deutlich sichtbar

15 Gescheine (Infloreszenzen) vergrößern sich, Einzelblüten sind dicht zusammengedrängt

17 Gescheine (Infloreszenzen) sind voll entwickelt, die Einzelblüten spreizen sich

19 Blühbeginn, die ersten Blütenkäppchen lösen sich am Blütenboden

21 Vorblüte, 25 % der Blütenkäppchen sind abgeworfen

23 Vollblüte, 50 % der Blütenkäppchen sind abgeworfen

25 Nachblüte, 80 % der Blütenkäppchen sind abgeworfen

26 Blüte beendet

27 Fruchtansatz, Fruchtknoten vergrößern sich, "Putzen der Beeren" wird abgeschlossen

29 Beeren sind schrotkorngroß, Trauben beginnen sich abzusenken

31 Beeren erbsengroß, Trauben hängen

33 Beginn des Traubenschlusses

35 Reifebeginn, Beeren werden hell (beginnen sich zu verfärben)

38 Beeren befinden sich im Reifestadium (Lesereife)

41 Nach der Lese, Holzreife wird abgeschlossen

43 Beginn des Laubfalls

47 Ende des Laubfalls

Notizen